uinis ossib, agros.
r dentib, hircis
uit lethale venenu.

Ast aliæ Choreas agitant, Vetulæque canistris
Expediunt puerorum art, semes aqz membra.
Hic Furiæ Lamiæqz volant, et spectra tremenda

Exagitant miserum varijs specieb, agrestem
Quo ruitis miseri, quos tanta cupido Gehennæ
Et desiderium flammæ cruciabilis vrget?
I.L.G

Sagen aus dem Harz

Sagen aus dem Harz

gesammelt und herausgegeben
von Hans-Jörg Uther

Diederichs

Die Deutsche Bibliothek – CIP-Einheitsaufnahme
Sagen aus dem Harz / ges. u. hrsg. von Hans-Jörg Uther. –
München: Diederichs, 1994
ISBN 3-424-01225-4
NE: Uther, Hans-Jörg [Hrsg.]

Umschlaggestaltung: Zembsch' Werkstatt, München
Produktion: Tillmann Roeder, München
Satz: Uhl+Massopust, Aalen
Papier: Enviro plus mit 50% Recycling, Schleipen
Druck und Bindung: Spiegel Buch, Ulm-Jungingen

Printed in Germany

ISBN 3-424-01225-4

Inhalt

Zur Einführung

Harzsagen und ihre Überlieferung

Der Harz als das nördlichste deutsche Mittelgebirge ist eine der zusammenhängendsten deutschen Waldlandschaften und übt auf seine Besucher seit Jahrhunderten eine große Faszination aus, die sich bis heute in unzähligen Sagen niedergeschlagen hat: Da ist Wundersames von den Harzbergen und Klippen, seinen Seen, Höhlen und Gruben zusammengetragen. Die Schilderungen betreffen die Entstehung besonderer Naturauffälligkeiten und lassen frühe Zeugnisse menschlicher Besiedlung wieder lebendig werden. Andere Sagen erläutern den Ursprung der Orte aus einer Begebenheit heraus oder versuchen, den Namen mit Hilfe der Volksetymologie durch eine naiv-sprachmythische Ableitung zu deuten. All dies sind nicht unbedingt Phantasieprodukte des 19. Jahrhunderts – der Blütezeit des Sagensammelns –, sondern vieles davon ist teilweise schon in älteren schriftlichen Zeugnissen nachzulesen. Dahinter steht das seit alters spürbare menschliche Bedürfnis nach einer rationalen Erklärung. Topographische Besonderheiten, historisch seit Jahrhunderten bestehende Gebäude oder zerfallene Bauwerke werden mit einer narrativ glaubwürdigen ›Legende‹ versehen, die nicht selten in schriftlichen und mündlichen Überlieferungen über eine lange Zeit hinweg bewahrt wird.

Schon die frühe Chronik- und Historienliteratur des 16. Jahrhunderts, aber auch die wenig später, zunächst vereinzelt einsetzenden Reisebeschreibungen erwähnen den Harz und sein Umland und lassen in ihre Schilderungen Mythisches, Geglaubtes und Historisches einfließen. Eine sehr wichtige Quelle für die Vermittlung frühneuzeitlichen Wissens ist dabei etwa die »Chronica der Sachsen und Niedersachsen« (1589) von Johannes Pomarius oder die zu Beginn des 16. Jahrhunderts erst in lateinischer Sprache veröffentlichte und rund 60 Jahre später ins Deutsche übertragene »Beschreibung der Sachsen« (1563) des berühmten Theologen und

Geschichtsschreibers Albert Krantz (gestorben 1517). Die kompilatorisch angelegten Werke überliefern sagenhafte Berichte aus der mythischen Vorzeit, wobei sie ihre Vorlagen teilweise wörtlich übernehmen und oft auch mit einem Kommentar versehen. Bis weit ins 17. Jahrhundert hinein werden die Chroniken immer wieder herangezogen und als ›Autoritäten‹ zitiert.

Der Historiograph Krantz und mehr noch sein Übersetzer Faber, der die Chronik erweitert und mit Zusätzen versieht, warnt vor allzu unkritischer Durchsicht des Berichteten: Aus vielen, bisweilen unsicheren Quellen seien die Nachrichten zusammengetragen. Faber nun beschreibt die Geschichte der Sachsen bis zum Jahre 1504, nicht ohne Kritik an Krantz, und hält ihm vor, mit seinen »papistischen« Erzählungen öfter zu wundergläubig gewesen zu sein; manches habe Krantz auch in einem nicht leicht verständlichen Latein abgefaßt. Eingestreut sind einige Beispielgeschichten und »kindische« Fabeln. So finden sich fabulöse Berichte über Entdeckungen unerklärbarer Grausamkeiten, wenn es über die frühe Besiedlung durch die Sachsen heißt, daß sie auf der Harzburg Kinderleichen ausgegraben hätten, neben historisch verifizierbaren Nachrichten über Reichstage in Quedlinburg oder solche über die Belagerung von Goslar im Jahr 1211.

Später, etwa in der deutschen »Chronica« des Johannes Aventinus (1580), ist von der Herkunft der Sachsen gar zu lesen, sie seien mit ihrem ersten König Askanius »aus den Harzfelsen mitten im grünen Wald bei einem süßen Springbrünnlein herausgewachsen«, wie es noch in der Sagensammlung der Brüder Grimm heißt.

Reisebeschreibungen aus der ersten Hälfte des 17. Jahrhunderts, Vorboten eines offenkundig breiteren Interesses an Land und Leuten, bündeln die alten Überlieferungen und verwenden sie als willkommene Zutaten für ihre ansonsten nüchterne Darstellung. So äußert sich der Polygraph Martin Zeiller (1589–1661), der wegen seiner Reiseberichte mit nützlichen Tips und der Beschreibung von Reiserouten nicht ganz zu Unrecht der erste Baedeker in deutscher Sprache genannt wird, in seinem »Teutschen Reißbuch durch Hoch- vnd Nider Teutschland« von 1632 z. B. über den Brocken, er werde »vor den höchsten Berg in Teutschland gehalten, darauff die Zauberer ihren Sabbath halten sollen«. Die ältere

Ableitung des Namens Brocken von den germanischen Brukterern, die dort gesiedelt haben sollen, hält er wie frühere Chronisten für zweifelhaft und plädiert unter Berufung auf die umliegenden Bewohner für den Namen Blocksberg. Für die Herkunft des Namens Goslar zitiert er die Äußerung des Chronisten Heinrich Meibom (der Ältere, gestorben 1625), daß »Ler oder Lar vom Leger oder Lager herkomme und einen Sitz unnd Auffenthalt bedeute«, »also nun seye Goslar soviel als ein Lager oder Wohnung an dem Fluß Gosa, an welchem sie ligt«.

Neben den Chronisten und Verfassern von Reisebeschreibungen wurde im 16. und besonders im 17./18. Jahrhundert ein dritter Quellenbereich für die Tradierung von Erzählstoffen über bestimmte Orte, Landschaften und topographische Besonderheiten des Harzes bedeutsam: die aufkommende Fachliteratur zum Bergbau. Schließlich war der Harz eine der frühen Industrielandschaften, in der über eine lange Zeit hinweg dem Erzbergbau eine bedeutende Rolle zukam, was seinen Niederschlag auch in der bergbauspezifischen Literatur fand. Johannes Mathesius (1571), Georg Meyer (1595), Thomas Schreiber (1666), Franciscus Ernestus Bruckmann (1727/30) und andere beließen es nicht nur bei der Beschreibung von Fundstätten oder der Darstellung technischer Probleme bei dem Abbau von Eisenerz und der Verarbeitung, sondern äußerten sich ebenso wie das berühmte Vorbild Georg Agricola (1494–1555) hie und dort über das Vorkommen dämonischer Untertagsbewohner. Sie erschwerten den Bergleuten die Arbeit, seien selten hilfsbereit, ihr Erscheinen verheiße nichts Gutes, bedeute oft gar den Tod. Von den mythischen Figuren unter Tage erlangt der wegen seines Aussehens so genannte Bergmönch, in anderen Regionen auch unter dem Namen Meister Hämmerlin(g) bekannt, die größte Verbreitung.

Fließen orts- bzw. regionalbezogene Nachrichten zunächst spärlich oder bleiben im Hinblick auf den Wahrheitsgehalt der Vorlage meistens unkommentiert, so ändert sich die Situation in der zweiten Hälfte des 17. Jahrhunderts grundlegend. Immer mehr Bücher über Land und Leute beginnen zu erscheinen, und die Nachfrage nach ›Kuriositäten‹ steigt an. Schier unerschöpflich sprudelt die Aberglauben- und Kuriositätenliteratur des 17. und 18. Jahrhunderts (vor allem Athanasius Kircher, Johannes Praetorius, Eberhard Werner Happel). Da wird im »Neuen, allgemeinen Harzmagazin« von 1768 »Der Aberglaube auf dem Harz« zusammengetragen, selbst ein zweiteiliger Roman über den »Hartz-Robinson« erscheint 1755. Doch haben »dessen wunderbare Geburth, Reisen, Soldaten-Leben, Gefangenschaft, und andere lesenswürdige Begebenheiten« – so der neugierig machende Untertitel – überhaupt nichts mit dem Harz zu tun, sondern sind nur ein Indiz dafür, daß der Harz als Aufenthaltsort eines solchen Robinson offenbar vorstellbar war.

In den allgemeinen Reisebeschreibungen jener Zeit ist – im Unterschied zur Fachliteratur – der Anteil von Harzüberlieferungen des ›gemeinen Mannes‹ nicht unerheblich. Die Verfasser führen ihn als glaubwürdige Autorität an, er agiert stellvertretend für das ›Volk‹. Aber die ihm zugeschriebenen authentischen Beobachtungen entpuppen sich als die Wiedergabe anekdotischer Berichte von Fremdenführern. Immer wieder ausgeschrieben und mit neuen Phantastereien angereichert, bildet sich auf diese Weise seit dem späten 17. Jahrhundert ein feststehender Kanon von Sagen für bestimmte Orte, Bauwerke oder naturkundlich interessante Gegebenheiten aus.

Besonders Berge haben die narrative Phantasie angeregt, und von allen Bergen in Deutschland kommt dem Brocken dabei eine sehr bedeutende Rolle zu: Den ›Vater‹ Brocken kennt jeder, und für viele Zeitgenossen heute ist er der Berg aller Deutschen. Beispielhaft für die frühe Überlieferung ist das bekannte und oftmals zitierte Werk des Johannes Praetorius (1630–1680) über den Berg und seine dämonischen Bewohner anzuführen. »Blockes Berges Verrichtung« (1669) nennt der Vielschreiber seine Materialsammlung und druckt eingangs als einer der ersten einen Reisebericht in den Harz ab (verfaßt wohl von dem Hofmeister Tobias Steffeck von Kolodey), der eine Reise von Ballenstedt nach Blankenburg und zum Brocken mit dem Besuch der Rübeländer Höhlen beschreibt. Er gibt – ganz im Sinn der polyhistorischen Gelehrsamkeit seiner Zeit – eine vollständige Übersicht über den Gespenster-glauben und entwirft eine Systematik des Hexenwesens. Besonders eindrucksvoll auf die Käufer seines Büchleins muß das Titelkupfer gewirkt haben, welches das Pandämonium auf dem Brokken darstellt:

Der Blocksberg. Aus: Johannes Praetorius, Blockes-Berges Verrichtung. Leipzig 1669.

Symptomatisch für die schon zu Praetorius' Zeiten gültige Bedeutung des Brockens als eines für den Aberglauben wichtigen Ortes ist »Die curieuse Orographia, Oder Accurate Beschreibung derer berühmtesten Berge« (1714) des Pfarrers Johann Gottfried Gregorius (1680–1770). In seinem Kompendium – die zweite Auflage erschien bereits 1715 – handelt er alle ihm bekannten Berge nebst der ihnen zugeschriebenen Eigenschaften und Curiosa ab. Breiten Raum nimmt dabei die Beschreibung des Brockens ein. Unter Bezug auf die dämonologische Literatur des späten 16. und frühen 17. Jahrhunderts geht Gregorius auf das Gespenster- und Hexenwesen ein und diskutiert die bei Ulrich Molitor, Johannes Weyer und anderen geschilderten Hexenflüge und die dabei stattfindenden Erlebnisse.

Wie Gregorius' »Orographia« kompilatorisch angelegt, aber dennoch gleichermaßen unter medizinischen, historischen und naturwissenschaftlichen Aspekten die älteren Nachrichten verdichtend, legt Georg Henning Behrens (1662–1712) eine 1703 erstmals aufgelegte Beschreibung des Harzes unter dem bezeichnenden Titel »Hercynia Curiosa oder Curiöser Hartz-Wald« vor. Darin faßt er – manchmal unterbrochen von weitschweifigen Exkursen – alle damals erreichbaren Nachrichten über die Höhlen des Harzes zusammen. Ferner bringt er Informationen über Seen und wäßrige Erdfälle; die anderen Kapitel handeln von Brunnen, Flüssen, Steinen, Bergen und Schlössern, Lust- und Tiergärten und von Bergwerken. Charakteristisch für seine Sammlung sind die eingestreuten Reisetips – schließlich hat der Autor nach eigenen Angaben den Harz dreißig Jahre lang bereist – und die bei den Harz-Curiosa notierten Sagen des ›gemeinen Mannes‹, welche die Glaubwürdigkeit der Darstellung untermauern sollen. Nicht selten kennt Behrens auch mehrere Versionen einer Sage (etwa von der Roßtrappe). Ein Sachregister beschließt den Band und hat offenbar auch dazu beigetragen, daß das Buch in der Folgezeit zu einem unverzichtbaren Referenzwerk für alle Harz-Chronisten und -Reiseschriftsteller wurde.

Die schon angesprochene Tendenz zur Wiedergabe wenig glaubwürdiger Nachrichten hält in den detaillierteren Beschreibungen des Harzes an, die im 18. Jahrhundert zu erscheinen beginnen. Gleichwohl wird auch hier die Absicht spürbar, sich vom Berichteten mitunter zu distanzieren, dennoch wolle man es aber der Vollständigkeit halber nicht verschweigen. Exemplarisch ist hier die Chronik »Das alte Heydnische und Christliche Niedersachsen« (1714) des in Zellerfeld tätigen Theologen Caspar Calvör (1650–1725) zu nennen oder die ebenfalls als Chronik zu betrachtende »Historische Nachricht von der Unter- und gesamten Ober-Harzischen Bergwerke« (1765) des mit ihm weitläufig verwandten Henning Calvör (1686–1786) und die mit Urkunden gespickten »Alterthümer des Harzes« von Rudolf Leopold Honemann (1754/55). Honemann, »der Bergschreiber und erste Bediente auf der freien Berg-Stadt St. Andreasberg«, referiert sachlich die ihm bekannten Begebenheiten, vermerkt unter den jeweiligen Absätzen seine Quelle und bietet verschiedene Register zur schnelleren Erschließung des Inhalts. Anmerkungen vervollständigen die Berichte über chronikalische Ereignisse. Von Spekulationen hält er sich im wesentlichen frei. Äußerst distanziert berichtet er von Riesen im Harz, faßt die Meinungen über die Herkunft des Namens Brocken zusammen (nicht von den germanischen Brukterern, eher von niederdeutsch Brock = Bruch, Morast, da die Brockengegend zum Teil sumpfig sei), berichtet von Biel, dem Abgott der Harzsachsen, äußert sich kritisch über die angebliche Zusammenkunft von Hexen auf dem Brocken in der Walpurgisnacht, gibt eine Erklärung für den Namen Kinderbrunnen bei Goslar, erzählt vom Mönchstal und Mönchsbildnissen mit Grubenlichtern und großen Steinen eingehauen, nennt den Bergmönch, kommentiert die Entstehung der Teufelsgrube im Rammelsberg bei Goslar und erzählt über das Harzburger Marienbild.

Gegen Ende des 18. Jahrhunderts, als Reisen – und Harzreisen im besonderen – zur Erholung und zu Bildungszwecken immer mehr Mode und zum unverzichtbaren Erlebnis der privilegierten Bürger werden, erscheint fast jedes Jahr wenigstens ein Reisebericht über den Harz, der sich neben der Rheingegend als vorrangiges touristisches Ziel behauptet. Die unablässige literarische Propagierung der Burgen und Sehenswürdigkeiten des Harzes trägt wesentlich dazu bei, das aufstrebende Bildungsbürgertum zum Besuch des Mittelgebirges zu verlocken. Es ist zugleich die Zeit, in der nicht nur wie bei Benedikte Naubert (1756–1819) Sagen vom Jungfernsprung und von der Roßtrappe in eine novellenartige Märchenhandlung (1792) eingebunden sind, wobei die Geisterwelt naiv-selbstverständlich hingenommen wird, sondern sagenhafte Harzüberlieferungen finden herausgelöst aus ihrem ursprünglichen Kontext Eingang in die frühen deutschen Märchen- und Sagensammlungen und begründen damit eine bis heute anhaltende Verbreitung. Dies schlägt sich in einer Fülle spezieller Harzsagenbücher nieder.

Die Folge ist, daß sich nunmehr die Überlieferungsprozesse für Sagen überschneiden. Denn die Verfasser von Reisebeschreibungen sind bei der Schilderung regionalspezifischer Besonderheiten und wunderbarer Begebenheiten nicht mehr allein auf ihre Vorgänger und auf die Chronik-, Historien- und bergbauspezifische Literatur angewiesen, sondern sie entnehmen die Themen und Motive mehr und mehr den aktuellen Sagensammlungen und arbeiten sie für ihre Zwecke um. Diese Situation ergibt eine zum Teil recht merkwürdige Interdependenz zwischen Sagensammlung und Reiseliteratur und trägt zu einer ständigen Vermischung, Erweiterung, Umdichtung und Erfindung neuer Sagen bei, was in seinen Umfängen noch immer nicht hinreichend erforscht worden ist. Nachspüren kann man solchen Phänomenen in den berühmten Harzreiseberichten Johann Wolfgang von Goethes, Hans Christian Andersens oder Heinrich Heines, aber ebenso in den unzähligen und weniger bekannten Harzreisebeschreibungen.

Während die Verfasser solcher Reiseberichte Gesehenes mit ›Aufgelesenem‹ vermischten, entwickelten die Herausgeber von Sagensammlungen ein neues Bearbeitungsprinzip. Statt der gewohnten kompilatorischen Darbietung versuchen sie, aus den alten Harzüberlieferungen einen erzählerischen Kern herauszuschälen, der ihrer Meinung nach die Urform der Sage darstellt und mithin auch der historischen Wahrheit am nächsten kommt. So verfuhren auch die Brüder Grimm bei ihrer Kombination mehrerer Sagen zu einem neuen Ganzen, der sogenannten Rekonstruktion von Sagen. Sie, die bekanntlich viele Harzsagen in ihre Sammlung der »Deutschen Sagen« (1816/1818) aufgenommen haben, waren sich zum Teil gar nicht bewußt, daß die von ihnen eingesehenen Quellen häufiger auf ein- und derselben Vorlage basierten.

Der stete Fluß sagenhafter Texte, die Entdeckung des Harzes als eines hervorragenden touristischen Gebietes – die Landschaft wie geschaffen auch für das erwachende romantische Gefühl und jegliche Naturempfindung – lassen den Harz mit Hilfe dieser Vermittlungsinstanzen zu einer zentralen Sagenlandschaft des 19. Jahrhunderts heranwachsen.

Wesentlichen Anteil an der Popularisierung von Harzsagen hat der Halberstädter Generalsuperintendent Johann Carl Christoph Nachtigal (gestorben 1819). Nach dem Vorabdruck einiger Harzsagen bringt er im Jahre 1800 unter dem Pseudonym Otmar »Volcks-Sagen« heraus, darunter »Ilse, oder, die Bewohnerin des Ilsensteins«, »Die Teufels-Mauer«, »Die Roßtrappe«, »Die Teufels-Mühle«, »Der Mägdesprung«, »Hackelnberg«, »Das Hühnenblut« und vor allem eine Vielzahl von Zwergsagen. Im Vorwort schreibt er dazu: »Es sind: örtliche Volkssagen aus dem alten Hartingau, größtentheils aus dem zwölften bis sechzehnten Jahrhundert.« Nachtigal behauptet, solche Sagen hätten sich grundsätzlich über Jahrhunderte erhalten, sie würden hier getreu nacherzählt. Die Quellen (von ihm nicht angegeben) seien Volkslieder, Chroniken und mündliche Überlieferung. Doch muß er einräumen: Ein »vollständiger Beweis der Originalität jeder hier nacherzählten Sage, und ihrer einzelnen Züge, dürfte allerdings schwer sein«. Über den Nutzen von Sagen äußerte sich der heimatkundlich interessierte Geistliche in ähnlichem Sinn wie später auch die Brüder Grimm: Sagen dienten der Unterhaltung, ermöglichten Aufschlüsse über die früheren Kulturperioden des Volkes und vermittelten Erfahrungen, die für die Zukunft wichtig wären, böten Erklärungen für das Entstehen der Mythen, für die Bedeutung bestimmter Wörter und Naturgegebenheiten. Nach Nachtigals Vorstellung sollen seine Erzählungen dazu beitragen, eine Sammlung romantisch-historischer Erzählungen vorzubereiten, »nicht bloß zur Unterhaltung in den Stunden der Muße, sondern auch für den Menschenbeobachter und den philosophischen Geschichtforscher«. Schon aus diesen wenigen Worten ist deutlich herauszuhören, daß Nachtigal keineswegs nur getreu nacherzählt, sondern im Stil der Zeit seine Sagen romantisch-verklärend ausgeschmückt und mit diesem Bearbeitungsstil offensichtlich den Zeitgeschmack gut getroffen hat. Wie sonst ließe sich erklären, daß seine Sammlung von Sammlern wie etwa Johann Gustav Büsching (1812) oder Friedrich Gottschalck (1814) herangezogen und besonders von den Brüdern Grimm in der Vorrede zum ersten Band ihrer 1816 erscheinenden Sagensammlung gewürdigt wird. »In Absicht auf Treue und Frische verdient Otmars Sammlung der Harzsagen so viel Lob, daß dieses den Tadel der hin und wieder aufgesetzten unnötigen Bräme und Stilverzierung zudeckt.« Jacob Grimm selbst schätzte besonders die Otmarschen Zwergensagen »wegen ihrer eigentümlichen Heimlichkeit«, wie er später Ludowine von Haxthausen (1818) mitteilte.

»Ein Handbuch für Reisende und alle, die das Gebirge näher kennen zu lernen wünschen, mit Nachweisung über Naturschönheiten« legt C. Zimmermann 1834 vor, und dieser Buchtitel ist charakterisch für die anhaltende Reiseliteratur über den Harz. Hier wie auch in umfangreichen Beschreibungen der »Burgen und Burgfesten des Harzes« von F. Hoffmann (1836), der »Wanderung durch den Harz« Wilhelm Blumenhagens aus dem gleichen Jahr oder in der Darstellung einer größeren Region wie »Thüringen und der Harz, mit ihren Merkwürdigkeiten, Volkssagen und Legenden« von Friedrich von Sydow (1839 ff.) sind die im Umlauf befindlichen Harzsagen eine unverzichtbare Zutat – doch welche Veränderungen sind mit ihnen vorgegangen! Die Blütezeit solcher »historisch-romantischer« Ausgestaltungen, wie es als Signum in den Vorreden oder Titeln solcher Bücher öfter hieß, fällt zwar in die Mitte des 19. Jahrhunderts, aber einige dieser Sagenbearbeitungen wirken noch bis ins 20. Jahrhundert nach. Ein besonders eindrückliches Beispiel hierfür liefert das gut zwei Dutzend Male aufgelegte romantische Märchen »Prinzessin Ilse« (1852), das allerdings eher als eine Sage mit starken novellistischen Zügen aufzufassen ist. Als Verfasserin der bis zu ihrem Tod anonym erschienenen Erzählung zeichnete Marie Petersen (1816–1859). Das Geschehen kreist um die Entstehung der Ilse, doch wollte die Verfasserin das ›Märchen‹ ausdrücklich von der gleichnamigen Sage abgegrenzt wissen, in der die schöne Prinzessin Ilse mit ihrem Schloß und ihren Schätzen vor langen, langen Jahren unter den Ilsenstein versinkt.

Derartigen Literarisierungsversuchen stand eine mythologisch orientierte Richtung, die sich etwa um die Mitte des 19. Jahrhunderts in der Nachfolge der Brüder Grimm ausgebildet hatte, zwar ablehnend gegenüber, aber sie hatte ein offenes Ohr für die Verortung der Harzsagen in mythischen Bereichen und betrachtete die Sagen als Überreste einer Vorzeit – wie die Brüder Grimm von der Idee geleitet: »Die älteste Geschichte jedweden Volkes ist Volkssage« (Jacob Grimm, 1807).

Ein wesentlicher Vertreter jener Denkart ist der Zeitungsredakteur, Schriftsteller und Dichter Heinrich Pröhle (1822–1895). Der Sohn eines Pastors studierte in Halle und Berlin Philologie (Geschichte, deutsche Literatur und Altertumskunde), unternahm schon in früher Jugend zahlreiche Reisen in den Harz, nach Süddeutschland und Österreich-Ungarn und entwickelte ein ausgeprägtes Interesse für ›Land und Leute‹. Mit einer Arbeit über den Namen und die Herkunft der Brukterer und ihre Verbindung zum Brocken wurde er 1855 in Bonn promoviert. Insbesondere der Harz erweckte zeit seines Lebens sein Interesse, das sich in zahlreichen Ausgaben niederschlug. Der ständig von finanziellen Sorgen geplagte Pröhle war offenbar in seinen ausgeübten Berufen wenig erfolgreich, wie Zeitgenossen überliefern, und suchte durch seine zahlreichen Veröffentlichungen von Volksüberlieferungen, darunter auch verschiedene Märchen – die Brüder Grimm erwähnen Pröhle lobend im Anmerkungsband zu den »Kinder- und Hausmärchen« 1856 rund dreißig Male – sein Gehalt aufzubessern.

Im Unterschied zu den meisten Zeitgenossen hatte Pröhle die von ihm in Sagen festgehaltene Gegend also tatsächlich erwandert und die Texte nicht ausschließlich am Schreibtisch zusammenfabuliert. Während seine schriftstellerischen Arbeiten und auch die von ihm verfaßten Reiseführer vergessen sind, stellen die Harzsagen bis heute eine der wesentlichsten Quellen für nahezu alle nachfolgenden Herausgeber von Harzsagen dar. Pröhle hatte die Sagen systematisch und flächendeckend nach Orten und Themen zusammengefaßt und auch kommentiert. Seine mythologischen Herleitungen sind jedoch zeitbedingt und wissenschaftlich überholt. Später, das heißt in den achtziger Jahren, hat er die mythologischen Erörterungen über die Herleitung von Sagen als Erinnerung an heidnische Kulte (z. B. Crodo) zwar nicht zurückgenommen, aber doch abgeschwächt.

Wesentlichen Anteil an der Verbreitung von Harzsagen haben neben Pröhle noch der Berliner Gymnasialprofessor und Sprachwissenschaftler Adalbert Kuhn (1812–1881) und der Berliner Gymnasialdirektor Wilhelm Schwartz (1821–1899) sowie der Oberharzer Lehrer und Mundartdichter August Ey (1810–1870). Sie alle schöpfen zwar weitgehend aus dem gleichen Quellenbestand. Daraus entsteht dann aber insgesamt eine sprachlich geglättete Fassung, versehen öfter mit realistischen Schilderungen dieser präindustriellen Arbeitswelt. Auf diesen Sammlungen beruhen nahezu alle späteren Ausgaben, welche deren Texte erneut abdrukken oder sie nacherzählen und ausschmücken.

Erst innerhalb der großen Sagenreihe »Stammeskunde deutscher Landschaften«, herausgegeben von Paul Zaunert und verlegt vom Eugen Diederichs Verlag in Jena, erscheint 1928 ein repräsentativer Band mit »Harzland-Sagen«, der zugleich eine Synopse der Quellen seit dem 16. Jahrhundert bietet. In seiner Dokumentation der Harzsagen geht es dem Herausgeber, dem Pädagogen und Volkskundler Friedrich Sieber (1893–1973), wie seinen Vorgängern primär jedoch nicht um eine Entwicklungsgeschichte der Sage. Im Vordergrund steht vielmehr eine mythologisierende Stammestheorie, wonach die Sage als Ausdruck des Volksglaubens erscheint, der sich in diesen Zeugnissen bis in heidnische Zeit zurückverfolgen lasse. Sieber ordnet die Harzsagen nach Motiven und kombiniert aus dieser Weltsicht heraus unbefangen Versionen aus verschiedenen Gegenden und Epochen. Grundlage seiner Dokumentation sind außer einigen ungedruckten Materialien, die ihm von Sammlern überlassen wurden, rund 100 Quellen seit Ende des 16. Jahrhunderts. Sieber versteht seine Sammlung als einen Beitrag zur Geistesgeschichte der Landschaft, die einer Rückbesinnung auf Heimat und Ahnenreihe förderlich sein soll. Hervorzuheben unter den wenigen kommentierten Ausgaben der letzten Jahrzehnte ist noch die ergänzte Neuausgabe der Pröhle-Harzsagen durch den Göttinger Universitätsprofessor und Volkskundler Will-Erich Peuckert (1895–1969). Die von ihm betreute Sammlung enthält ein ausführliches Sach- und Ortsregister, darüber hinaus hat Peuckert

Nachdrucke und Nacherzählungen aufgeführt, Pröhles Sammeltätigkeit kritisch gewürdigt und das Ausspinnen der Harzsagen durch dessen Nachfolger dokumentiert.

Bei all diesen Versuchen, die Sagen des Harzes innerhalb der Reiseliteratur zu integrieren, sie zum Gegenstand mythologischer Betrachtung zu machen, sie zur Dokumentation regionaler Überlieferungen in Form einer Textsammlung zu präsentieren oder sie unter dem Gütesiegel ›alt‹ im Rahmen der Tourismuswerbung gewinnbringend für die Popularisierung vermeintlich urtümlichen Brauchtums (Walpurgisnacht) einzusetzen, sollte eine andere Vermittlungsform nicht vergessen werden, die ebenfalls viel zur frühen Verbreitung von Harzsagen beigetragen hat. Lesebücher, Harzzeitschriften und andere heimatkundliche Blätter tradieren Harzsagen (allen voran die Sagen der Brüder Grimm), um die Liebe zum Vaterland und zur Heimat zu wecken. Heute erscheint der Anteil von Sagen darin jedoch unbedeutend zu sein. Dafür, daß die Harzsagen so schnell nicht aussterben, sorgt jedoch seit vielen Jahrzehnten eine Souvenir- und Postkartenindustrie, welche die gängigen Harzsagen in Schrift und Bild vermarktet und die Besucher des Mittelgebirges trotz des inzwischen eingestellten Erzbergbaus mit dem alten Harzspruch überrascht:

Es grüne die Tanne,
Es wachse das Erz,
Gott schenke uns allen
Ein fröhliches Herz.

Stoffe und Motive

Die Harzsagen lassen thematisch zwei große Überlieferungsbereiche erkennen. Zum einen gibt es eine Gruppe von Erzählungen, die im engeren und weiteren Sinn den Bergbau und die Arbeit im Berginnern thematisiert und unerklärliche Vorfälle mit dämonischen Berggeistern und Zwergen in Verbindung bringt. Wie von übergroßen Geistwesen, z. B. dem Riesen von Wildemann (Nr. 140) oder dem Bergmönch von Clausthal (Nr. 112, 114) und anderswo, so ist in solchen Sagen oft auch von kleinen Wesen die

Rede. Gemeint sind primär Zwerge, die im Innern von Bergen oder in unterirdischen Höhlen wohnen. Oft werden sie als Bewohner solcher Stellen geschildert, die als frühgeschichtliche Siedlungsstätten oder Grabhügel bekannt sind. Die Wurzeln des Zwergenglaubens liegen vermutlich auch im Totenglauben. Die Zwerge leben in familienähnlich gedachten Völkern und sind, wie alle jenseitigen Wesen, ambivalent. Sie benötigen Menschen als Geburtshelfer (Nr. 314) und belohnen sie mit reichen Schätzen, bestrafen aber andererseits Raffgier und Neugierde. So kann es geschehen, daß der goldene Lohn der Zwerge beim Übergang von der unterirdischen in die diesseitige Welt zu Staub oder Kohle wird, wenn der Belohnte die Gebote der Zwerge mißachtet. Im ganzen existiert eine unglaubliche Fülle von Schatzsagen, und oft wird die Kunde über Schätze nicht nur Zwergen, sondern geheimnisvollen Leuten zugeschrieben, die von weither gekommen seien und im Harzgebirge und in seinen Flüssen erfolgreich Schätze ausgegraben hätten. Die Texte sind ein Niederschlag der früheren ökonomischen Bedeutung des Harzes für den Bergbau. Anstelle dämonischer Wesen oder der Venediger genannten Fremden sind die Schatzsagen manchmal auch mit der Gestalt der Weißen Frau verbunden. Hinter der Figur dieser unerlösten Frau steht die Vorstellung, daß Tote wegen eines zu Lebzeiten begangenen Unrechts für alle Zeiten im Grab keine Ruhe finden: Der Räuber, der Dieb, der Grabfrevler, der Mörder, sie müssen immer wieder des Nachts an den Ort ihrer Tat zurückkehren, bis die Tat gesühnt ist. Die Weiße Frau, zumeist mit einer bestimmten Person verbunden, ist ein solcher lebender Leichnam. Weiß ist die Farbe der abgeschiedenen Seele. In den Harzsagen fungiert die Weiße Frau vor allem als Schatzhüterin bzw. Schlüsselfrau (z. B. Nr. 252, 270, 278, 321).

Die zweite Gruppe umfaßt alle Erklärungssagen, welche die Namen von Ortschaften begründen oder hervorstechende topographische Besonderheiten: Die Ursprungssagen über den Mägdesprung im Selketal oder die Roßtrappe bei Thale sind beispielsweise eine neuere spezifische Ausprägung der mittelalterlichen Frauenjagdsagen, die von einer Verfolgung von Frauen durch dämonische Wesen wie Teufel oder Wilder Jäger erzählen; das Geschehen ist hier jedoch entdämonisiert. Die erotische Komponente mit der Schilderung eines lüsternen Menschen (bisweilen mit dämonischen Zügen) ist zum Teil abgemildert: Die Jungfrau (auch Riesin) flüchtet, um der Todesstrafe zu entgehen, oder wagt den tollkühnen Sprung als Ergebnis einer Wette zwischen der Frau und ihren Freundinnen. Eine Variation ergibt sich dadurch, daß einige dieser Erklärungssagen eine natürlich in Felsen entstandene Vertiefung als Fußabdruck deuten und zur Begründung für den Namen Jungfernsprung, Mägdesprung oder dergleichen die Sage von der verfolgten Unschuld anschließen, wie in den Harzer Sagen über den Ursprung des Namens Roßtrappe oder Mägdesprung (Nr. 263, 280). Die Verbindung zu den seit alters bezeugten Erzählungen über in Felsen sichtbare Fußabdrücke mag Anhänger der Mythologischen Schule wie Wilhelm Mannhardt und Friedrich Panzer bewogen haben, in diesen Erzählungen einen Nachhall alter Matronen- oder Götterverehrung oder vergessener Heiligenlegenden zu sehen.

Geradezu eine Anweisung für Höhlenforscher bieten dagegen die Beschreibungen der Rübeländer Baumannshöhle oder des Weingartenlochs bei Bartolfelde. Zahlreiche Seen und Flüsse haben die narrative Phantasie angeregt. Wassergeister in Ilse und Bode treiben ihr Unwesen mit den Ahnungslosen, die sich in ihre Nähe begeben, Hexen, Teufel und Zauberer bedrohen Mensch und Tier. Spukgeschichten aller Art künden von unheimlichen Vorfällen aus der Vergangenheit.

Dagegen ist der Anteil von Sagen, die historisch nachweisbare Personen aus Kirche und Adel betreffen, eher gering, was vor allem damit zusammenhängen dürfte, daß, abgesehen von der alten Kaiserstadt Goslar, die ganze Harzregion besiedlungsmäßig und historisch-politisch eine weniger bedeutende Rolle spielte als andere Gegenden und nur im Zusammenhang mit dem Bergbau interessierte. Nur einige Herrscher ziehen als Kristallisationsgestalten Sagenmotive auf sich. Einer davon ist beispielsweise Heinrich I., der in später einsetzenden Überlieferungen (seit dem 12. Jahrhundert) den Beinamen ›der Vogler‹ trägt und von dem erzählt wird, die Fürsten hätten ihn bei Überbringung der Krone beim Vogelfang angetroffen. Aber irgendwelche Begründungen für diese Art der Krönung sind historisch nicht nachzuweisen, der

Beiname scheint eine bloße Erfindung zu sein und dient etwa der Erklärung des Namens der Anhöhe Kaiser Heinrich bei Schulenberg (Nr. 140) oder als Begründung für den Namen Finkengrund bei Wiedelah (Nr. 73).

Wie tief eine historische Persönlichkeit im Denken der Menschen verwurzelt sein kann, bezeugen Sagen vom niemals sterbenden Herrscher, der in einer Höhle, einem Berg oder auf einem Schloß fortlebt und eines Tages, so erzählt die Sage, wiederkommen wird. Im deutschen Sprachgebiet konzentrieren sich solche Sagen besonders auf Kaiser Friedrich I. Barbarossa (um 1125–1190), der bei einem Kreuzzug in einem kleinen Fluß ertrank. Er soll im Kyffhäuser in Thüringen bis zu seiner Wiederkehr schlafen. Der Staufer Friedrich Barbarossa wurde im 19. Jahrhundert, in einer Zeit der romantischen Verklärung des mittelalterlichen Kaisertums, zur Zentral- und Symbolfigur eines politischen Mythos. Der Mythos sollte das Streben nach nationaler Einheit und auch imperialer Machtentfaltung nicht nur beleben, sondern auch rechtfertigen. In den Harzsagen übernimmt Heinrich I. die Funktion des Retters in höchster Not. In verschiedene Harzberge soll er entrückt sein. Mal ist es der Sudmerberg, mal der Petersberg, der Rammelsberg oder der Burgberg (Nr. 52). Andere Herrscher wie Heinrich IV. (Nr. 30, 32, 59) oder Karl der Große, der selten in einer Sagensammlung fehlt (hier hat er die Brockenhexen durch Aufstellen einer Schildwache vertreiben wollen, Nr. 8), begegnen seltener. Es sind eher regionale Adlige, die in der kollektiven Sagenerinnerung fortleben, wie der Graf von Hohnstein (Nr. 239), Ernst von Klettenburg (Nr. 248, 249), Ilger von Bielstein (Nr. 256) oder Wedekind von Dasenburg (Nr. 284).

Für viele Harzsagen charakteristisch ist der beträchtliche Anteil von Wandersagen und -motiven, das heißt von solchen Stoffen, die zwar auf den ersten Blick regionalspezifisch erscheinen, sich aber bei genauerer Betrachtung jüngeren Überlieferungsschichten zuordnen lassen und zeitlich keine längere Belegdichte für das geschilderte Ereignis bzw. den damit verbundenen Ort aufweisen. Solche Motive können in Verbindung mit anderen Regionen unter Umständen bis ins Mittelalter oder noch darüber hinaus zurückreichen, die Harzverortung jedoch ist nicht älter als 200 Jahre und offenbar das kreative Ergebnis rühriger Sagenfreunde. Das aus der Antike mit Ibykus verbundene Thema der Rache durch Tiere hat auf diese Weise eine neuere Variante aus dem Harz erhalten: Zwischen Clausthal und Osterode wird ein Kaufmann von Räubern überfallen, bittet vergebens um sein Leben und beschwört schließlich vor dem Tod vorbeifliegende Vögel als Zeugen der frevlerischen Tat, die dann auch zur Aufklärung des Mordes beitragen, da die Mordgesellen im Angesicht der gebratenen Vögel unverblümt über ihre Mordtat sprechen und sich so verraten (Nr. 133). Ebenfalls den mediterran-antiken Sagenmotiven zuzuweisen sind die Grenzfestlegungen durch Umschreiten des Landes, das etwa einem Ochsen, dem eine zentnerschwere Glocke umgehängt wird, bei der Festlegung der Goslarer Grenze aufgetragen ist (Nr. 71, vgl. auch Nr. 316). Das ›Sündenregister auf der Kuhhaut‹ ist eine schon im Mittelalter bezeugte Erzählung, die zu den Vorausahnungssagen gehört und das Verhalten störender Gottesdienstbesucher thematisiert. Sie begegnet in der Sammlung von Harzsagen erstmals bei Pröhle und ist hier in Zellerfeld lokalisiert (Nr. 123). Die Vorahnung greift auch das Thema des unverhofften Todes auf, auf den ein jeder Christenmensch vorbereitet sein muß. Daß verschütteten Zellerfelder Bergleuten ein letzter Wunsch gewährt wird (Nr. 124), stellt eine solche etwas rührselige Version des Themas vom plötzlichen Tod dar. Die Geschichte ist über unsere Vorlage (A. Ey) hinaus auch auf einem späten Neuruppiner Bilderbogen (Nr. 9210) dargestellt, nur daß dort aus Verkaufsgründen der Ort Zellerfeld nicht erwähnt ist. Auch wird aus den gleichen Gründen der extreme Ausgang, das unglückliche Ende, gemildert, indem ein Engel erscheint, der den Bergleuten den Ausweg aus dem Schacht weist, so daß das Motiv des Todes nach Erfüllung des Wunsches entfällt. Zu den bekannteren Sagen über den Tod gehört auch noch die nun in der Nähe Herzbergs angesiedelte Sage vom Galgenhügel (Nr. 180). Dies ist eine entferntere Variante der Sage von dem zu Gast geladenen Gehenkten, die wir auch bei den Brüdern Grimm finden und die schon seit dem Mittelalter bekannt ist. Während die älteren Versionen eine klare didaktische Zielsetzung haben, daß man über Tote nicht spotten soll, daß vermeintliche Erlebnisse und Beobachtungen Trunkener nicht immer der

Wirklichkeit entsprechen und frevelhafter Übermut mit dem Tod bestraft wird, ist die Sage hier rational gefaßt: Der Mann habe ihm unbekannte Geräusche falsch gedeutet, sie den Gehenkten zugeschrieben und sei daher in übergroßer Furchtsamkeit davongerannt.

Zu den beliebten Wandermotiven des 19. Jahrhunderts gehört die Thematik der unschuldig verfolgten Frau. Dank einer ungeheuren literarischen Tradition in der mittelalterlichen Roman- und Novellenliteratur, im Drama und im Volksschauspiel hat dieses Thema vielfältigen Niederschlag in der mündlichen Sagen-, Märchen- und Legendentradition gefunden. Hier berichtet eine mit Goslar verknüpfte Inzestsage vom namenlosen Herrscher, der seine eigene Tochter begehrt, die sich aber mit Hilfe Marias und ihres Hündleins Quedel seiner Nachstellungen erwehren kann (Nr. 51). Während märchenhafte Fassungen der unschuldig verfolgten Frau (Gänsemagd, Dornröschen, Allerleirauh) mit der glücklichen Wiedererkennung schließen, funktioniert die Sage das Geschehen in eine Gründungssage um: Am Aufenthaltsort wird auf ihre Bitte hin zum Dank für die göttliche Unterstützung eine Kapelle (oder wie hier ein Kloster) errichtet, das die Gerettete nach dem Hund Quedlinburg benennt.

Eine weitere populäre deutsche Wandersage, angesiedelt in Wildemann (Nr. 99) und Stolberg (Nr. 319), handelt von der Begegnung mit Geistern oder Toten in einer Kirche. Während in den neueren Ausprägungen der Besuch einer solchen Geister- oder Totenmesse für den lebenden Teilnehmer jedoch eine Gefahr bedeutet, gibt es, kulturhistorisch interessant, eine wesentlich ältere Schicht, wonach besonders begnadete Menschen zu Zeugen eines solchen Gottesdienstes der Engel und Heiligen werden: Der Einbruch des Jenseitigen bedeutet in solchen Fällen keine drohenden Gefahren für den Lebenden, sondern eine Auszeichnung.

Zu dieser Ausgabe

Seit vielen Jahrzehnten hat es eine solche repräsentative Sammlung von Harzsagen aus der Chronik- und Historienliteratur der frühen Neuzeit, aus Reisebeschreibungen, der Kuriositätenliteratur des 17./18. Jahrhunderts und den großen Sagenausgaben des 19. Jahrhunderts (vor allem Heinrich Pröhles Sammlungen) nicht mehr gegeben. Die Texte sind orts- und regionenweise angeordnet, ohne daß dafür eine bestimmte historisch-politische regionale Gliederung das Vorbild abgegeben hätte. Die regionale Gruppierung hat den Vorteil, daß alle relevanten Sagen der betreffenden Gegend bzw. des Ortes nahe beieinander stehen. Das Regionalprinzip ist aber nicht ganz so stringent eingehalten, wie die Zuordnung der Sagen aus Blankenburg oder Ilsenburg und Umgebung zeigt.

In dieser Ausgabe vereint sind unter anderem die schönsten Sagen der alten Kaiserstadt Goslar, der Bergstädte Clausthal, Zellerfeld, Altenau, Wildemann sowie der am Harz gelegenen Orte Wernigerode, Thale, Ballenstedt, Blankenburg, Harzburg, Grund, Osterode, Herzberg und natürlich die wichtigsten Brokkensagen, Erzählungen über den Hexentanzplatz und die Walpurgisnacht. Berücksichtigung fand auch das Harzvorland. Allerdings sind aus Platzgründen und wegen der Überschneidung mit den bereits vorliegenden Sagenbänden »Thüringen« und »Niedersachsen« die charakteristischen Sagen mancher Orte des Harzvorlandes, wie etwa Quedlinburg, Mansfeld, Halberstadt, Sangerhausen mit dem Kyffhäuser, Aschersleben und Osterwieck, ausgespart.

Es erscheint gerechtfertigt, die Brockensagen voranzustellen. Denn der höchste Berg des Harzes (1142 m) hat die narrative Phantasie weit mehr als andere Erhebungen des Mittelgebirges inspiriert und wurde schon früh zu einem Zentrum populärer Überlieferungen. Manche Erzählungen begegnen in zeitlich auseinanderliegenden Versionen, um den Wandel innerhalb von Überlieferungen zu dokumentieren, welche Elemente tradiert, ausgeschmückt oder gänzlich neu hinzugefügt worden sind. Die Erzählung über den Schmied von Ilsenburg (Nr. 36, 37) macht anschaulich, wie die Bearbeiter nach Pröhle dessen Themen und Motive aufgriffen und literarisch ausschmückten, nicht selten gar erheblich stärker dramatisierten. Ein anderes Beispiel bietet die Scharzfelder Sage vom Turmgeist (Nr. 198, 199), die nach der Vorlage von 1596 im 19. Jahrhundert unter anderem durch Friedrich von Sydow 1840 phantasiereich erweitert wurde. Mitunter werden auch ganze Erzählabschnitte wörtlich übernommen, ohne daß die Übernahme gekennzeichnet ist, wie etwa in der zwischen Blankenburg und Quedlinburg angesiedelten Sage von den diebischen Bewohnern der Zweglöcher, die im »Hannoverschen Magazin« von 1827 der Grimm-Version ziemlich wörtlich folgt (Nr. 267, 268) – ein Beispiel auch für die mitunter rasche Diffusion der nur in kleiner Auflage verbreiteten Grimm-Sagen.

Die Texte sind in ihrem sprachlichen Gehalt heutigem Sprachverständnis angepaßt. Gleichwohl ist eine nicht geringe Anzahl von Texten des 16. bis 18. Jahrhunderts bewußt in der Orthographie und im Sprachduktus der Zeit ihrer Veröffentlichung belassen worden, um den Reiz dieser Geschichten unmittelbar wirken zu lassen. Einige Texte sind in einer Mundartfassung wiedergegeben.

Das beigegebene Ortsregister ermöglicht ein rasches Auffinden der in den Texten genannten Städte, Dörfer und topographischen Besonderheiten. Mit Hilfe der am Ende jeder Erzählung in Klammern angegebenen Zahl läßt sich im Quellennachweis die hauptsächlich benutzte Quelle ermitteln.

Die Abbildungen aus zeitgenössischen Quellen zeigen Stadtansichten, etwa aus der berühmten Reihe »Das malerische und romantische Deutschland«, und Dämonengestalten und Fabelwesen, die als Berg- und Wassergeister, Hexen oder Teufel die Phantasie des Volkes beschäftigten.

Die Sammlung ist aus einer jahrzehntelangen Beschäftigung mit den Sagen des Harzgebirges erwachsen. Selbst in Herzberg am Harz geboren, ist mir der Harz seit frühester Jugend vertraut, seine Geschichten haben mich immer wieder fasziniert.

Die Ausgabe ist allen Bewohnern des Ober- und Unterharzes und seines Vorlandes als Volks-, Bilder- und Geschichtenbuch gewidmet und möge bei ihnen und den Freunden des Harzes Eingang finden.

Göttingen, 20. Juli 1994 Hans-Jörg Uther

Vom Brocken

Holzschnitt zum Dialog über die Frage, ob Frauen auf Wölfen reiten können, aus: Molitor, U.: De lamiis et phitonicis mulieribus [...] tractatus. 1489.

Von dem Prockelsberg in Thüringen

Dieses ist ein hoher Berg in Thüringen, genant der Prockelsberg, wirdt allzeit umb sich auff die sechzehen Meylwegs gesehen, dieser ist gar berümbt durch gantz Teutschlandt von den Hexen und

Unholden, daß sie allda jährlich in der Nacht Walpurgae oder den ersten May ihren Convent und Hoff halten sollen, allda von fernen Orten zusammen kommen, mit ihren Teuffeln allda bulen, die Nacht zubringen mit Spielen, Zechen und Tantzen, wie auß ihren Aussagen kundtbar unnd ist auch gantz glaublich, wie ich auch mit andern ubereinstimme, daß gleich wie die Nymphae unnd Veneres zu Adams Menschen lust haben unnd solcher begeren, also auch die Teuffel die Menschen mit ihren Wollüsten verführen und einen benanten Ort der Zusammenkunfft erwehlen, es hat ihn Wendelinus Helbachius Poeta also beschrieben: [...]

In Thüringen ist sehr wolbekant
Ein Berg, der Prockelsberg genant,
Welcher Berg, der jetzo berührt,
Über sechzehen Meyl gesehen wirdt,
Also daß den fern jederman
Der Sachs und Heß anschawen kan.
Dieweil er hoch ist, übertrifft
Mit seiner Höhe, wie ich bericht,
All Berg im Hartz und Thüringen.
Darüber er gantz hoch thut springen,
Über das ist er auch weit beschreyt,
Dieweil Nachtes zu Walpurg Zeit
In großer Zahl, wie ich bericht,
Die Zäuberin mit ihrem Gezücht
In gemein ein Reichstag allda halten,
Die Jungen so wol als die Alten,
Welche all der Teuffel dahin führet
In einem Huy, wie jetzt berürt,
Auff welchem sie mit Tantzen, Springen,
Mit Sausen auch die Zeit zubringen,
Mit bösen Geistern Unzucht treiben,
Wie solchs offt die Gelehrten schreiben,
Die Zäuberin auch selbst, wie bericht,
Bekennen thun in ihrem Urgicht.
Wann aber kompt der Hanen Geschrey,
So fahren sie wider heym ohn Schew,

Über hohe Berg und tieffe Thal,
Biß daß sie kommen allzumahl
Ein jede Hex an ihren Ort,
Wie man solches hat wol mehr gehort.
Treiben also ohn alle Schew
Ihr Hexenwerck und Zauberey
Wider Gott und das heylig Wort,
Auch offtermals anstifften Mordt.
Doch können sie, wie ich bericht,
Den frommen Leuten schaden nicht,
Umb welche her der Engelschar
Ein Wagenburg thut schlagen gar,
Wie solches offtmals mit großen Ehren
Reichlich die H. Schrifft thut lehren.
Ihr rechter Lohn und gewisses Pfandt
Ist Fewr, Schwerdt und ewig Schandt.
Ja, wann sie nicht thun Buß auff Erden,
So können sie auch nicht selig werden.
Dann wer verleugnet Jesum Christ
Mutwilliglich zu jeder Frist,
Den wil er widerumb viel mehr
Vor seinem Himlischen Vatter
Verleugnen gar am jüngsten Gericht,
Wie solches die H. Schrifft bericht.
Dies sey nun genug von Zauberin,
Auff daß wir aber unsern Sinn
Anwenden an den Prockelsberg,
Zu beschreiben gäntzlich merck,
So ist auch uberal allda
Derselbig Berg ein Practica
Der Landtleut, welche offt ohn Irren
Gut Wetter daher practiciren.
Dann wann ein starcker Nebel trifft
Recht solchen Berg, wie ich bericht,
So fällt gewiß denselben Tag
Ein Regen, ist wahr, wie ich sag.
Wann aber solcher Berg gantz frey

Ohn Nebel ist, ohn alle Schew,
So folgt ein schöner heller Tag,
Als dann darinn ein jeder mag
Mit Frewden an sein Arbeit gahn,
Auch wanderen, reitten und alsdann
Noch weiter, daß für solche Zeit
Gott werdt gedanckt in Ewigkeit. (1)

Von Gespensten im Hartz

Endlich und zum Letzten oder zum neundten folget in unserm Gespensten-Register auch nach Thüringen sonsten ohne das der benachbarte Hartz, in welchem unter andern Bergen dieses Orts der beruffenste ist der Brocks-Berg: Auf solchem aber sollen ebenmäßig der gemeinen Sage nach sich Teuffels Gespenster und Hexen jährlich einmahl in Sanct Walpurgis Nacht in großer Menge antreffen lassen [...]. Von der Graffschafft Mansfeld ist nicht so gar weit entfernet der Berg, welchen man in gantz Teutschland für den höchsten hält zwischen den beyden Städlein Osterwieck und Wernigerode gelegen mit Nahmen Brockels-Berg oder wie er sonsten außgeredet wird Blockes-Barch. So dannenhero sehr ist berühmet worden, daß die Hexen daselbsten hin von allen Orten und Enden sich verfügen und sammlen sollen, ihr Teuffelsfest und Höllischen Sabbaht zu begehen. (2)

Von Brockels-Berge

Es soll sich einsmahls eine Hexe dem Teufel mit einem Eydschwur verbunden und nach vollbrachter Verbindung von den Obersten der Teufel einen gemeinen Teufel zu ihren Diener bekommen haben, welchen sie hernachmahls ihr Märtinchen genennet habe. Dieses Martinchen hat sie nun nicht allein auf solche Conventus (Denn sie hatten solche Zusammenkünfte öffters, doch ist dieser Conventus in der Nacht vor Walpurgis der solenneste) sich einzustellen sehr angetrieben, auch selbsten warhafftig hingeführet, son-

Teufelsbuhlschaft. Holzschnitt aus: Molitor, U.: De lamiis et phitonicis mulieribus [...] tractatus. 1489.

dern auch, wenn sie nicht gerne gewolt, aufs grausamste gemartert.

Wollen sich aber die Hexen zu solchen Convente einstellen, so müssen sie vorhero unterschiedene Characteres, Circul und andere Gauckeleyen machen, sie müssen sich auch schmieren und dabey gewisser Worte sich bedienen. Die Salbe, damit sie sich beschmieren, ist aus wunderseltzamen Sachen pariret, meistens aber von ermordeten Kinder-Fette. Mit welcher Salbe sie entweder einen

Stecken, Besen oder sonst was darauf sie reiten will, beschmieret, zuweilen salben sie auch wohl gar ihre eigene Beine und andere Gliedmassen.

Ob nun wohl der Teufel eine solche Hexerin ohne solcher Schmierung könte fortbringen, wie er es denn auch zuweilen thut, so läst er sie doch solche Salbe sehr häuffig gebrauchen, damit sie desto mehr Kinder muß ermorden, woran denn der Teufel seinen sonderlichen Gefallen hat, welches daher leichtlich erhellet, daß er ihr zulässet das erste mahl was zu borgen, hernach aber muß sie es selbsten von denen ermordeten Kindern zurichten. Die Worte derer sie sich bey ihrer Farth bedienet, sind gemeiniglich diese: Oben aus und nirgend.

Das Instrumentum, das der Teufel zu dieser Fuhre gebraucht, ist bißweilen die Figur eines Bocks, Ochsens oder andern Thieres, ich sage Figur, weil es kein warhafftig Thier ist, sondern nur bloß eine Gauckeley, bißweilen auch Rohr, Spinn-Rocken, Besen, Ofen-Gabel und dergleichen Geräthe.

Der Ort, da er sie hinführet, ist der Brockels-Berg, der höchste im Hartzwalde im Braunschweigischen Gebieth gelegen, auf welchen er alle Hexen, die er im gantzen Teutschlande hat, versamlet.

Wenn er sie nun zusammen bracht hat, zündet er ein greßliches Feuer an, da setzet sich denn der Praeses oder der oberste Teufel dieses Convents in gar heßlicher Gestalt eines Bocks oder Hundes auf einen Thron. Zu diesen müssen sich alle Hexen nahen ihn anzubethen, nicht zwar alle zugleich und auf einerley Weise, sondern bald mit gefaltenen Händen, bald knlend, stehend, bald rücklings, mit einem Beine hinckend, den Kopf auff den Rücken niederhangend, daß das Kin gantz oben den Himel zu zu stehen komme. Darauff übergeben sie ihm Pech-Fackeln oder Kinder-Näbel zum Zeichen ihres Endschwures und küssen ihm den Hintern, öfters ermorden sie wohl gar ihre Kinder und opffern sie dem Teufel, und was am erschrecklichsten ist, so treten sie diejenigen Hostien, die sie bey Geniessung des Heil. Abendmahls im Munde behalten, und hernachmahls aufgehoben, in seiner Gegenwart mit Füssen. Nach solchen abscheulichen begangenen Sünden setzen sie sich zu Tische, und fahen an, diejenigen Speisen zu verzehren, welche ihnen der Teufel zugerichtet oder sie selbsten mit sich bracht haben.

Die Tische, dabey sie sitzen, sind unterschieden, und mit niedlichen doch auch zugleich recht lächerlichen Speisen besetzt, da denn bey einer jedweden Hexe ihr Teufel auf der Seite stehet, oder gegen übersitzet. Es fehlet auch bey diesen Schmause das Gebeth nicht, ehe sie anfangen zu essen, allein ihr Gebeth ist lauter Gotteslästerung, darinnen sie den Teufel als ihren Schöpffer und Erhalter preisen. Sie speisen aber meistentheils in verlarveten Gesichtern. Nach gehaltener Tafel fahen sie an zu tantzen, so das jeglicher Teufel seine Hexe bey der Hand führet, und rücklings mit zusammen gefasten Händen und schwanckenen Köpffen wunderliche Capriolen machet, und die hetzlichsten Schand-Lieder dabey absinget, und sich hernachmals aufs ärgerlichste mit ihr vermischet.

Hernach erzehlet eine jedwede Hexe, was sie vor Schand-Thaten verrichtet, je mehr sie nun ausgeübet, je besser sie gelobet wird, wenn nun eine nicht arg genug gewesen, so wird sie gratz geprügelt. Letzlich beschencken sie sich untereinander mit gewissen Pülvergen und Giffte, und ruffen sich ihres Praefidis oder Abgottes Decret zu:

Rächet euch an euren Feinden, sonst werdet ihr sterben müssen.

Von diesen Convente, wie auch aller andern und vorhergehender transportation dessen Ceremonien haben nun jederzeit viel Gelehrte gestritten, ob es warhafftig und in der That also geschehe? Einige haben es athrmiret und zugegeben, daß die Hexen durch Hülffe des Teufels zu solchen Schmause tantzen, und andere Uppigkeit warhafftig transportiret würden. Andere nicht wenige haben es negiret und halten es vor ein rechtes lauteres Teufels-Gemählde und Gauckeley. (3)

Vom Hexensabbat

Ein bekannter Skribent hat unter dem Namen eines Philosophi erzählet, wie er selber durch einen Geist dem Hexentanz zu besehen sei entführet und den ganzen Handel unvermerkt der anwesenden

Hexengesellschaft benachrichtiget worden. Da er erstlich nach gewaltsamer leiblicher Abfahrt ein hohes Theatrum nebst einen drauf stehenden Sessel erblicket, auf welch ein ungeheurer Bock mit großen Hörnern und erschrecklichen Angesichte neben andern kleine Böcke auf den Nebensesseln sich befunden. Worauf bald eine große Menge so Manns- als Weibspersonen, etliche auf Bökken, etliche auf Stecken, etliche auf Heugabeln, daher geritten kommen und nachdem alle Ankömmlinge dem Theatro zugeeilet, dem Bock angebetet, geopfert und Ehre erzeiget. Sobald dieses verrichtet, habe ein jeder erzählen müssen, was er Böses von der Zeit letztens Convents gestiftet und ausgerichtet.

Welche nun unter ihnen die allerschändlichen Greuel verübet, die wären vor andern von dem Bocketeufel verehret und vor seine beste Freunde erkläret worden. Welche aber wenig verrichtet, sein mit Schlägen übel traktieret worden. Und weil nun dazumahl eben etliche Neulinge vorhanden gewesen, welche sich zum ersten Mal auf dem Tanz präsentieret, wäre ein wunderlicher Tanz angefangen worden nebst andern abscheulichen Vermischungen. Endlich wäre der Actus also geendiget; daß der große Bockteufel der ganzen Versammlung den Hintern s. v. [sub verso: von hinten] gezeiget und alle Anwesende küssen und dadurch ihr Gelübde bekräftigen müssen. (4)

Vom Schall auf dem Brocken

Wenn ein Gewehr auf dem Brocken abgefeuret wird, giebt es einen geringen Knall, ob es gleich starck geladen gewesen, weil gegen dem Brocken nirgends eine gleiche Höhe zu finden, wieder welche der Knall prallen und zurück gehen könnte.

Daher gibt es auch auff demselben kein Echo oder einen Wieder-Schall, wenn gleich die Reisenden mit vollem Halse schreyen, da man hergegen in niedrigen Gegenden dergleichen hin und wieder anzutreffen pfleget. (5)

Reisende auf dem Brocken

Einige Curiosi haben es gewagt und sind mit der Compagnie über Nacht auf dem Brocken geblieben, um sich bey hellem Himmel an dem wunderbaren Lauff der Sterne zu belustigen, wozu sie einen Tubum Opticum [Fernrohr] mitgenommen und, um sich vor der Kälte zu schützen, ein Feuer angezündet.

Solches haben viele wegen der grausamen Gespenster vor unmöglich gehalten, weil nicht zu leugnen ist, daß der Teuffel offt an solchen einsamen wüsten Örtern, Bergen und Höhlen sein Spiel habe und die furchtsamen Menschen offt abscheulich bethöre. (6)

Was von den Zusammenkünften der Hexen zu halten sei

Hiebey ist nicht undienlich zu gedenken, was der Verfasser einer ungedruckten Erzehlung des Lebens Herzogs Julii zu Braunschweig und Lüneburg von dem Ursprunge des bekannten Mährichens, daß in der Walpurgis oder Philippi Jacobi Nacht die Hexen auf dem Brocken ihre Zusammenkünfte hielten, berichtet hat; daß nemlich dieser Wahn aus einem Mißverstande des Wortes Unholden entsprungen sey.

Denn als die Sachsen sich zum christlichen Glauben bekehren lassen, wären noch viele unter ihnen gewesen, die ihren heidnischen Gottesdienst nicht gänzlich hätten verlassen wollen und besonders über dem Wittekind, seiner Bekehrung halber, ungehalten geworden wären, die man daher Unholden oder Ungehaltene genannt.

Um aber von niemand erkannt zu werden und denen von Kayser Carl dem Grossen bestellten Fehm-Richtern nicht in die Hände zu gerathen, hätten dieselbe auf die höchsten Berge und folglich auch auf den Brockensberg sich begeben; woselbst sie der Göttin Hertha, auch Erth oder Nerth genannt, geopfert; und weil der Nahme Unhold nachgehends einen Hexenmeister hätte bedeuten müssen, wäre von dem gemeinen Manne vorgegeben worden, daß die Hexen auf dem Brockensberge zusammen kämen. Wie man denn auch noch grosse und oben platte in der Ordnung gesetzte Steine auf dem Brocken zeiget, welche denen damahligen Unholden Sachsen zu Altären gedienet haben sollen. (7)

Vom Götzendienst auf dem Brocken

Als Kaiser Karl der Große in den Jahren 779 und 780 nach Christi Geburt die Sachsen zur Annahme des Christentums zwang, wurde von diesen der Götzendienst auf dem Brocken gefeiert und in der Walpurgisnacht der Herta, nach anderen dem Krodo, auf dem Hexenaltar geopfert, und als Kaiser Karl zur Vertreibung der Hexen Schildwachen aufstellen ließ, suchten die Heiden solche durch abenteuerliche Aufzüge von ihren Posten zu verscheuchen.

Daher mag auch wohl die weit und breit bekannte Sage rühren, daß Hexen und Zauberer sich in der Walpurgisnacht auf dem Brocken (Blocksberg) versammeln, um dem Teufel zu opfern, ihn anzubeten, nach dieser Verehrung eine teuflische Mahlzeit und dann auf dem daneben befindlichen Hexentanzplatz den Hexentanz zu halten. (8)

Walpurgisnacht

Bey uns auf dem Hartz ist üblich, daß man auf Walpurgis-Abend an statt des Feuers die Feuer-Röhre loßbrennet, damit, wie sie sagen, die Hexen, welche an solchem Abend über den Hartz nach dem Brocken zu dem May-Tantz ziehen, die Feuer-Röhre nicht bezaubern mögen. (9)

Das Fest auf dem Brocken

Ein paar mutige Männer beschlossen einst, zur Walpurgisnacht auf den Blocksberg zu steigen. Das war leichter gesagt als getan, denn Ende April, wenn in der Ebene der Frühlingssturm braust, sind die Schluchten des Harzes noch mit Eis und Schnee gefüllt.

Das Brockenhaus. Gezeichnet von Ludwig Richter, gest. von J. Carter. Aus: W. Blumenhagen, Wanderung durch den Harz, 1836.

Doch es gelang ihnen, die Wege zu finden, und als der Abend des letzten Apriltages gekommen war, langten sie auf der Kuppe an. Es schien ihnen nicht ratsam, ein Feuer anzumachen, obwohl ihnen die Glieder vor Frost fast erstarrten, sondern sie gingen abseits und verkrochen sich hinter ein paar großen Felsblöcken, um abzuwarten.

Gegen Mitternacht vernahmen sie aus dem Heulen des Windes heraus ein Johlen, Kreischen und Pfeifen; es sind die ersten Hexen. Bald nahen von allen Seiten immer mehr, und im Nu wimmelt es auf der Kuppe. Sie fegen schnell den Schnee zur Seite, daß der Sturmwind ihn aufhebt und davonträgt; dann brechen sie die Äste der verkrüppelten Bäume, und bald lodert ein mächtiges Feuer auf. Am Waschbecken säubern sie sich schnell und streichen die zerzausten Haare glatt; denn jetzt ist die Zeit gekommen, wo ihr Herr und Gebieter eintreffen wird. Sie bilden einen weiten Kreis um das flackernde Feuer und lauschen. Da hebt ein gewaltiges Brausen an, die Erde erzittert, und plötzlich steht Urian mitten unter ihnen.

Er scheint mit allem wohl zufrieden zu sein, denn er besteigt sogleich seine Kanzel und redet zu der Gemeinde vom Hexen- und

Teufelswesen im verflossenen Jahre. Dann schreitet er nach dem Hexenaltar und nimmt die feierliche Einsegnung der jungen Hexen vor.

Inzwischen haben die Teufelsköchinnen aus Fleisch von allerlei sonderbarem Getier ein duftendes Gericht bereitet, selbst die Hexenküche fern auf der Höhe am Okertal mußte ihr Bestes hergeben, und alle schmausen und naschen und schlurfen dazu aus hohlen Schädeln den Trank, den der Hexenbrunnen am Hange spendet. Dann ergreifen einige Hexenmeister ihre Musikinstrumente, allerlei Knochen und Schädel, und liefern eine grausige, wilde Musik; selbst der Teufel geigt mit einem Knochen auf einem Pferdeschädel. Um ihn herum tanzen und springen die Hexen und Zauberer und schwenken die Fackeln. Doch bald wirft er seine Fiedel zur Seite und mischt sich selbst unter die Tänzer. So geht das wüste Treiben bis zum Morgengrauen. Beim ersten Hahnenschrei ist plötzlich alles verschwunden; selbst das Feuer erlischt, und der scharfe Frühwind bläst die Kohlen auseinander.

Jene mutigen Männer aber waren herzlich froh, daß es endlich im Osten dämmerte, und sie schritten munter zu Tale. (10)

Dust und Baldrian

Ein junger Bursche setzte sich auf den Kreuzweg, um in der Mainacht die Hexen auf den Brocken ziehen zu sehen. Er machte sich aber einen Kranz um Kopf und Leib und hatte sich über und über mit braunem Dust [Dost: Gewürzpflanze] und Faldrian (Baldrian) umwunden.

Die Hexen kamen auf Enten und Gänsen, schurrten in Mollen (Mulden), ritten auf Ofengabeln und Mistgrepen, und zuletzt kam die letzte und oberste Hexe, die sagte:

»Härrest du nich braunen Dust un Faldrian,
Sau woll ik üwel mit dik de Klange gahn.« (11)

Riesendarstellungen. Aus: Kircher, A.: Mundus subterraneus. Amsterdam 1678.

Der Harzriese

In der Vorwelt hauste im Harzgebirge ein mächtiger Geist, den man den Harzriesen nannte. Er war so groß, daß er von einem Berg zum andern schritt, und trug gewöhnlich eine ausgerissene Tanne in der Hand, wenn er auf den höchsten Bergen gesehen ward. Wer sich mit ihm einließ, ward von ihm beschenkt, entweder mit der Gabe, Wunder zu verrichten, oder mit Gold, welches glücklich und verständig angewendet, Glück verlieh, leichtsinnig aber verbraucht, Unglück und Elend bereitete, dem der es erhielt.

Unweit des Brockens lebten einmal arme Kohlenbrenner in ihrer Hütte, welche Brüder waren. In einer Nacht ging ihnen das Feuer aus, und der Älteste, welcher die Wache hatte, sah auf einem jenseitigen Berge ein Feuer flammen, vor dem allerlei wunderliche Gestalten umher gingen, dort sich Feuer zu holen hatte er jedoch nicht den Mut, aus Furcht, die Nähe des Harzgeistes könne ihm Unglück bringen. Dasselbe Feuer sah auch der zweite Bruder in der folgenden Nacht: Nur der jüngste von ihnen hatte in der dritten Nacht den Mut hinüber zu gehen und sich Kohlen zu holen für sein Lager.

Die fremden Erscheinungen gewährten ihm seine Bitte, sich brennende Kohlen mitnehmen zu dürfen, doch in seiner Hütte löschen sie wieder aus, er versucht zum drittenmal hinüber nach dem nächtlichen Feuer zu gehen, und jetzt wird ihm bedeutet, nicht noch einmal zu kommen. Verdrießlich, daß auch diese Kohlen unter dem Holze erlöschen, begibt er sich zur Küche, findet jedoch beim Anbruch des Tages mehrere Scheite in Gold verwandelt.

Diese Scheite machen ihn zum reichen Manne. Er wird Ritter, er baut sich eine Burg auf dem Harze, büßt aber nach wenigen Jahren alle seine Schätze wieder durch wildes kriegerisches Leben und böse Taten und wird als Raubritter gefangen, seine Burg erbrochen und sein Land vom Kaiser eingezogen.

Noch heute soll diese Burg von bösen Geistern bewohnt sein.

Der Geist des Harzgebirges wird noch jetzt auf vielen Münzen abgebildet, wie er den Tannenbaum in der Hand hält. (12)

Der große Mann am Brocken

Als im Juli des Jahres 1845 die große Hitze war, daß Menschen und Tiere fast verschmachteten und alle Quellen versiegten, haben mehrere Kuhhirten, die mit ihren Herden oben am Brocken weideten, einen riesengroßen Mann über den Berg schreiten sehen, und wo er hingetreten, ist das Gras wie fortgesengt gewesen. (13)

Der Hexensabbat

In Harzburg, Hasserode, Drübeck und anderen Orten gilt der 12. Mai als der Tag des Hexensabbats. Da steht der Teufel gleich nach Sonnenuntergang mit seinen zwei Hörnern und empfängt die Gäste, welche von allen Seiten heraufströmen. Eine lustige Musik ertönt, jedes Instrument, selbst der Dudelsack, hat einen melodiösen Klang; die Schalmei ist dasjenige, welches am meisten vertreten ist. Satanas führt seine Gäste an den Hexenaltar, weiht das Waschwasser und gießt es in das Becken; in demselben waschen sie sich alle die Hände. Dann findet jeder Gast das, was er begehrt, Speise und Getränk, Tanz und Spiel, Tänzer und Klatschschwestern.

Wer sich bekränzen will – und das wollen alle –, braucht nur über sich zu greifen, so hat er einen köstlichen Baldriankranz. Baldrian ist das Hexenkraut, aus welchem eine richtige Hexe sich auch ihre Hausapotheke herstellt. Die Lebenslust und Festfreude erreicht den denkbar höchsten Grad, und der Festgeber ist in allen Kreisen der Mittelpunkt.

Um Mitternacht ist alles aus. Es wird pechdunkel, denn der Himmel ist dick bewölkt. Bis Sonnenaufgang liegen da die Überreste des Festes umher, Katzen, welche sich als Dudelsäcke totgeblasen haben, Kleiderfetzen, Speisereste usw. Unter dem Hexenaltar befindet sich ein unterirdischer Gang zu späterer, beliebiger Benutzung, eine Art Licht, Kobolz genannt, kommt bisweilen aus demselben hervor. Die ersten Sonnenstrahlen aber stellen das Naturbild wieder her. (14)

Hexen als Besenreiter. Buchmalerei aus: Martin le Franc: Le Champion des Dames, 1451.

Der Hexenritt zum Brocken

Ein Junge hat eine Braut, die samt ihrer Mutter eine Hexe ist. In der Mainacht versteckt er sich unter's Bett und sieht, wie die Weiber aufstehen und aus einem Topf ihre Stöcke mit einer Salbe bestreichen, indem sie dabei sprechen: »Aber hagen un tüne!« Dann ziehen sie zum Fenster hinaus.

Der Bursche will sehen, wo sie bleiben, macht's auch so wie sie, versieht sich aber und sagt: »Dör hagen un tüne!« So muß er durch alle Hecken hindurch und kommt ganz zerrissen bei der Hexenversammlung an. Seine Geliebte sagt ihm, daß er nichts mitnehmen dürfe, als was man ihm gäbe. Es geht lustig her, sie tanzen und trinken Wein, und der Bursche bekommt ein Weinglas mit goldenem Fuß, das steckt er ein. Als alles vorbei ist, erhält jedes ein Tier zum Nachhausereiten.

Der Junge kriegt ein jähriges Kalb, und es wird ihm gesagt, was auch geschieht, er darf unterwegs beileibe nicht sprechen. Sie kommen an einen großen Fluß; das Kalb springt in einem Satze hinüber. Da sagt der Junge erstaunt und verwundert: »Das war ein Sprung für ein jährig Kalb!« Im selben Augenblick fällt er zur Erde und bleibt ganz betäubt liegen; das Weinglas in seiner Tasche ist zum Pferdefuß geworden. Er muß zwei Jahre wandern, ehe er wieder in seine Heimat kommt. (15)

Die Brockenfahrt der Hexe aus Salzgitter

Nun will ich dir von einer Hexe erzählen, die vor vielen Jahren in Salzgitter gelebt hat. Ich weiß diese Geschichte von meiner Großmutter. Die Hexe war geizig und harten Herzens, tat aber immer sehr fromm, denn das schlechte Rad knarrt bekanntlich am meisten.

In der Nacht zum ersten Mai hörten mehrere junge Burschen, die Maien geholt hatten, ein Geschrei und Gejohle in der Luft, als ob alle bösen Geister los seien. Da sie gerade auf einem Kreuzweg waren, auf dem die Eggen von Beimes lagen, setzten sie sich darunter und sahen viele Hexen auf Besen durch die Luft reiten. Mitten zwischen den Hexen ritt die Frau aus Salzgitter. Ihr rotes Haar flog ihr wie eine Flamme um den Kopf. Sie fuhr über Liebenburg dem Brocken zu. Die Burschen liefen nach Hause, holten die Leute aus den Betten und erzählten, was sie gesehen hatten. Da gingen junge und alte Männer, Frauen und Kinder vor das Haus der Frau, um aufzupassen, wann sie wiederkäme. Sie warteten die ganze Nacht und ließen sich die Zeit nicht lang werden. Als der Morgen graute, kam sie endlich angebraust. Da drangen die Leute in ihr Haus und sahen, wie sie mit dem Besen sprach, als ob der ein Mensch sei. Nun wußten die Leute, daß die Frau wirklich eine Hexe war. Unter Fluchen trieb sie die Leute aus dem Hause. Das nützte ihr aber nichts. Alle Welt wußte nun doch, was mit ihr los war. Ich könnte auch den Namen dieser Hexe sagen, ich will es aber nicht, denn es leben noch von ihr Kindeskinder in Salzgitter. (16)

Der silberne Krug

Bergmann Frick aus Zellerfeld suchte mit seinen Töchtern am Brocken Kronsbeeren, wurde aber dort von der Nacht ereilt, zündete ein Feuer an und legte sich daran mit den Mädchen nieder. Diese schliefen fest, der Bergmann aber wachte, da sah er eine Laterne daherkommen, die rief er an, und es traten drei Männer zu dem Feuer, die leisteten ihm während der Nacht Gesellschaft.

Am andern Morgen geboten sie ihm, selbst seinen Töchtern nicht zu sagen, daß sie bei ihm gewesen wären, und das hat der Bergmann auch treulich gehalten.

An dem Tage, wo der Bergmann gestorben ist, kommt ein Mann in seine Wohnung, bedauert seinen Tod und fragt die Töchter aus, ob ihr Vater nichts von drei Männern gesagt hat, welche in der Nacht am Brocken bei ihm gewesen sind. Da er sieht, daß selbst die Töchter davon nichts wissen, sagt er, so möchten sie den Lohn hinnehmen, der ihrem Vater bestimmt gewesen, und er stellt einen silbernen Krug hin, sagt auch, der einen Schwester solle der silberne Krug gehören und der andern, was darin sei, und geht fort. In dem Krug aber sind nichts als feine Gulden gewesen, und diese Männer mögen wohl Venetianer gewesen sein. (17)

Köhler und Venediger

Ein Köhler kohlte oben am Brocken, da kam jemand und bat um Nachtquartier, tat sich auch an dessen Scheibensuppe (Brotsuppe) ordentlich was zugute. Danach sagte er: Nachts um elf wollten sie auf eine Wiese gehen, wenn er ihn dann zuerst anrede, so solle er stehenbleiben, wenn er ihn aber wieder anrede, solle er mitgehen.

Vorher schritt der Fremde dreimal um des Köhlers Meiler, damit das Feuer nicht ausging. Der Fremde zog im Wald ein Buch aus der Tasche und rührte ihn an. Er las im Buch, und auf einmal wurde es Tag. Sie waren aber auf einer großen Wiese, da standen lauter Johannisblumen. Da sollte er pflücken, pflückte aber nur einen kleinen Strauß, der Fremde jedoch pflückte sich eine ordentliche ›Vase‹.

Danach sagte der Fremde in der Köte: es würden dem Köhler in diesem Jahr noch drei Pferde kaputt gehen, er solle doch ja das Sträußchen (das er unter die Bank geworfen hatte) aufheben. Wenn die Pferde kaputt gingen, solle er nach der Stadt gehen, sich einen ehernen Topf kaufen und dafür geben, was die Pötterfrau dafür fordere. Darauf solle er sich dreiviertel Maß Braunbier kaufen, es in den Topf geben, das Sträußchen zuschneiden und den Topf in die glänzenden Kohlen, die in der Köhlerhütte waren, roden und 48 Stunden stehen lassen. Dann solle er sich ein Loch roden und den Topf acht Tage in die Erde stellen. Wenn er ihn dann aufmache, so würde er sein Glück schon sehen.

Wirklich ging dem Köhler nach sechs Wochen ein Pferd kaputt, und nach vierzehn Tagen wieder zwei. Er tat aber alles, wie der Fremde gesagt hatte. Als er den Topf aufmachte, war so viel Gold drin, als er Braunbier hineingegeben hatte.

So konnte er sich seine Pferde wieder kaufen, und jetzt ist er ein Ackermann. Die Stelle, wo die Blumen standen, war aber an einem dreieckigen Pfahl zwischen der Brockenspitze und dem Borkenkrug.

Nach andern Erzählungen werden die Blumen erst unters Dach gesteckt, ehe sie gekocht und zu Gold werden, und der Köhler kauft sich zuletzt ein Haus in Hohegeiß. (18)

Wunschsumpf

Bei den Dreikäseklippen am Brocken, nicht weit von der Jungfernklippe, ist der Wunschsee, Wunschsumpf oder Wunschbrunnen.

Eines Mädchens von achtzehn Jahren Bruder wollte dort angeln, konnte aber keinen Grund finden. Am andern Tage nahm er ein Netz mit. Es ward im Wasser ganz schwer, war aber nichts wie Kieselsteine und Grund darin. Er warf es wieder aus und hatte ein Gerippe darin. Eine Stimme rief: Bei Sonnenuntergang, wenn er zurückkomme, solle er noch einmal einwerfen. Er tat es, und hatte einen großen verdeckten Kessel mit einem Deckel im Netz. Sie ziehen ihn heraus und öffnen den Deckel, der Rauch daraus zieht sich um den See, da steht ein großer Mönch vor ihm, der nachher in einen Felsen hineinging. Der verlieh ihm, daß er Fische fangen sollte in allen Farben, diese sollte er in Elbingerode mit seiner Schwester an einen reichen Mann verkaufen. Wirklich gab dann der reiche Mann für drei von den Fischen eine Hand voll Goldstücke. So ging's drei Tage lang. Der Mann ist der Satan gewesen und will nicht, daß in dem See noch jemand fischt. (19)

Der alte Klus

Am Fuße des Brockens hatte der alte Einsiedler Klus eine Hütte. Der war schlicht und recht und mied das Böse. Er hatte ein Gärtchen, wo er sich Früchte zog. Brot und anderes brachten ihm wohl die Landleute, denn die hatten ihn alle lieb und nannten ihn Vater, und er gab ihnen guten Rat und Kräuter, wenn sie krank waren. Manchmal ging er auch selbst in die Dörfer und betete mit den Alten und Kranken.

Da geschah es, daß er eines Tages in ein Dorf kam, wo sie ihn wenig kannten. Es fiel ihm ein, sie auf die Probe zu stellen, ob sie den Armen wohl von der Tür weisen würden. Und siehe da, als er um Brot bat, jagten ihn viele fort.

Da kam er an ein Haus, wo Kinder auf der Schwelle saßen. Die bat er auch um Brot, denn sie aßen eben. Aber sie liefen fort, denn sie fürchteten sich vor seinem grauen Barte. Nur ein kleines hübsches Mädchen, das Lieseken hieß, reichte ihm ihr Butterbrot und wollte ihr Tuch abbinden, weil es kalt war.

»Behalt dein Tüchlein«, sagte der Alte, »du frommes Kind. Und weil du mir altem Manne dein Brot geben wolltest, so will ich dir auch etwas schenken. Da gab er ihm ein kleines silbernes Kreuzchen und sagte: »Das trag immer an dir, und wenn du in Nöten bist, so sieh es an und bete; es wird dich dermaleinst aus großer Not erretten.« Und nun küßte er Lieseken und legte die Hand auf sie. Und Lieseken hob das Kreuzchen auf und zeigte es niemand.

Da fiel ihr aber ein, daß sie es tragen sollte, und nun erzählte sie alles ihrer Mutter. Sie knüpfte eine Schnur daran und band sie ihr um den Hals. Und Lieseken wuchs heran, ward groß und schön und war tugendsam. Viele Jahre vergingen, und Klus lebte immer noch und war wohl achtzig Jahre alt. Und er aß fast gar nichts mehr, und die Leute glaubten, die Engel brächten ihm Speise. Er wanderte manchmal noch immer rüstig durch die Gegend. Da ging er einmal über Clausthal hinaus, durch einen Wald. Da las eine Frau Beeren und sah ihn nicht, und sie sah häßlich aus. Und oben nur auf dem Baume saß eine Krähe, die rief: »gick gack«.

»Ei, so schwatze du«, sagte die Frau. »Weißt doch nicht, was unterm Baume liegt!« Und Klus ging weiter und dachte nach, was sie wohl meinen könnte. Und ihm ward angst und bange.

Als er weiter und weiter kam, sah er viel Volks sich versammeln, und sie sagten ihm, heute würde über eine Kindesmörderin gerichtet. Die brachten sie auch bald, und als der Stab gebrochen war, da kniete das schöne Mädchen nieder und weinte und nahm ein Kreuz von ihrem Halse ab und rief: »Ach, ich bin doch unschuldig! Ich bin gewiß und wahrhaftig unschuldig! Und mein Kreuzchen sollte mich aus höchster Not retten, und es wird mich doch noch retten!«

Da trat der Alte hervor und erkannte das Kreuzchen und rief überlaut: »Halt, Herr Richter! Sie ist unschuldig. Kommt mit in den Wald, ich will euch einen Baum zeigen, unter dem grabt nach!«

Das geschah, und man fand das Gerippe eines Kindes. Und jene Frau ward gefunden und bekannte, und Lieseken war gerettet. Da zog sie zu dem Alten und pflegte ihn, und er starb endlich, an die hundert Jahr alt, sanft und selig. Das geschah im Dreißigjährigen Kriege. (20)

Vom Brockenberg

Gehe hinter dem Brocken auf die alte Strassen nach dem Morgen Brodsthal zu, in demselben Thale gehe hin, bis du wieder an zwey andere Thäler kommest, deren eines zur Rechten, der ander zur Linken lieget, bleibe du aber in mittelsten so lange, bis du an einen großen Stein kommest. Zu demselben gehe und siehe dich um, so wirst du daran eingehauen finden, einen Mönch, der eine Keilhauen auf dem Rücken hat, derselben Spitzen nach gehe den Berg hinauf, so wirst du eine Saalweide und nahe dabey ein Loch finden, mit Wellen oder Reißig und Rasen beleget, die hebe auf und suche darinnen, so findest du Körner, die sich pletzen oder schlagen lassen, und sehr gut sind, die andern aber taugen nichts.

An eben selbigen Orte, findet man auch einen Münch am Wasser in Stein gehauen, gehe an den Wasser hinan, und siehe dich um, so wirst du einen Ahornbaum, der einer Kertzen gleich ist, finden, drey aus einem Stamm. Daselbst sind in einem Wiesenplatz drey Löcher, so aussehen, als hätten sie die Schweine gewühlet, darinnen findet man Körner, die sich breit schlagen lassen. Das Pfund soll 20 Gülden gelten. (21)

Wie der Name Wolfstein entstand

Als es noch viele Wölfe am Harz gab, brachen sie oft in die Herden, und man hörte, daß bald da, bald dort ein Fohlen nachts von der Hürde geraubt wurde.

Ein armer Fohlenhirt, der am Brocken seine Hürde hatte, kam gegen Abend zu seiner Frau in ihre Hütte und sagte: »Bring mir heute das Abendbrot hinaus, wenn der Mond scheint, ich muß jetzt noch weiter. Und bring den Jungen mit.«

Die Frau sagte: »Ich will kommen, aber den Jungen geb' ich der Nachbarin; es könnte wohl ein Wolf kommen, während ich in der Hürde bin.«

Der Mann aber tröstete sie und sagte: »Die Kinder behüten die Engel, bring ihn mit.«

Und als der Mond aufging, nahm die Frau das Abendbrot und ihren Jungen und ging hinaus zum Manne. Der freute sich sehr, und sie legten das Kind auf den Rasen und aßen vergnügt. Da springt es hinter den Sträuchern hervor, und ein Wolf ist es, der packt das Kind am Kleidchen und fort mit ihm nach dem Walde zu.

Der Mann läuft nach der Flinte, die Frau läuft dem Wolfe nach und schreit: »Ach, Wolf! Ach, Wolf! Mein Junge! Ach, ihr lieben Engel, helft!«

Und sie fällt auf die Knie. Und siehe, unser Herrgott regiert den Wolf, und er legt das Kind fein säuberlich nieder und läuft fort. Dem Kind ist kein Leid geschehen. Und das Kind ward groß und

Wolf als Kinderfresser. Aus: Laube, T.: Dialogi und Gespräch Von der Lycanthropia. Frankfurt 1686.

stark und wieder ein Fohlenhirt. Und nie nahte sich ein Wolf seiner Herde. Sie schlichen von weitem weg. Und die Eltern hatten da, wo der Wolf das Kind niederlegte, einen Stein mit einem Kreuz errichtet, der heißt noch heutigen Tages der Wolfstein. (22)

Die Hohneklippen

Drei Frauen besuchten die Hohneklippen und verirrten sich. Über den Hohneklippen, die über dem Kaiserwerth liegen, trat ein Männchen zu ihnen und führte sie umher. Plötzlich verschwand es. Da kam eine Zigeunerin und sagte, wenn die eine einen Jäger heiraten wolle, so würde sie sie zurückgeleiten. Das wollte sie nicht. Da verwünschte die Alte sie, daß sie drei Jungfern sein und bleiben, auch in Klippen verwandelt werden sollten. Das geschah.

Ein Jäger, der hier einst auf den Anstand wollte, hörte ein Winseln. Er ging ihm nach und fand eine halbverweste weiße Jungfer. Auf seine Frage erzählte sie ihm das Geschick der drei Jungfern, führte ihn an die Hauptklippe, hieß ihn hinaufsteigen und herunterschießen, dadurch wären sie erlöst.

Das tat er, brach aber beim Herunterklettern von der Klippe den Hals. Es wurde ihm auf der Klippe ein Leichentext gemacht. Auch wird die Klippe an jedem Johannistage von unbekannter Hand bekränzt gefunden, was aber eine sich um den Felsen schlingende und gerade um diese Zeit blühende Blume sein soll, und heißt die Kapellenklippe.

Eine andere von den Dreijungfernklippen heißt die Bärenklippe. Manche nennen sie auch ihrem Aussehen nach ›Die drei Käse‹. (23)

Morgenbrotstal

Im Morgenbrotstale am Brocken ist eine Quelle, davor hat ein fremder Mann gestanden und hat ein Sieb unters Wasser gehalten, und da sind lauter Perlen drin gewesen, die hat er in einen Holster, das ist in einen Ranzen, getan, und als der Holster voll gewesen ist, hat er sich die Hände gewaschen und gesprochen:

»Im Morgenbrotstale da wasch' ich mich,
Und in Venedigen da drög' (trockne) ich mich.«

Das alles hat ein Mann gesehen und gehört, der dort um den Brocken herum zu Hause gewesen ist. Wie nun der fremde Mann auf einmal verschwindet, so geht der hin, liest die Perlen auf, die er verschüttet hat und liegen lassen, und dann sagt er auch:

»Im Morgenbrotstale da wasch' ich mich,
Und in Venedigen da drög' ich mich.«

Sobald er das gesprochen hat, ist er auch in einer ganz fremden Stadt gewesen, darüber ist er sehr erschrocken und hat sich nicht zurecht finden können.

Nach einer Weile begegnet ihm auf der Straße ein Mann, der fragt ihn, wie er daher käme; da erzählt er ihm alles, und der Mann sprach, es wäre sein Glück, daß er ihm die Wahrheit sage; ob er ihn denn nicht erkenne? Er sei ja der fremde Mann, den er im Morgenbrotstale belauscht habe. Da nimmt er ihn mit nach Hause und bringt ihn zu Bette, und das Bett ist so kostbar gewesen, daß Knöpfe von Gold und Silber daran gewesen sind, das hat der Mann alles aus dem Morgenbrotstale gezogen. Als nun der Harzer am anderen Morgen aufsteht, bekommt er Waschwasser und muß sich die Hände waschen, und dabei muß er sagen:

»In Venedigen da wasch' ich mich,
Im Morgenbrotstale da drög' ich mich.«

Da ist er auch gleich wieder im Morgenbrotstale gewesen. Als er aber wieder an den Ort gekommen ist, wo er gewohnt hat, da hat es sich gezeigt, daß er viele Jahre fort gewesen ist, und hat doch geglaubt, es sei nur eine einzige Nacht dazwischen gewesen. (24)

Nahrungsgeister

In den Bergwerken und Hütten in der Nähe des Brockens zeigen sich die Nahrungsgeister. Dies sind Zwerge, und wo sie erscheinen, hat der Berg- und Hüttemann viel Glück und reichliches Eisen, auch helfen sie dem Hüttemann schmieden. (25)

Der Brockenjäger

Der ehemalige Oberförster Brunnengräber zu Schierke pflegte gern folgendes Abenteuer zu erzählen:

»Ich stellte mich eines Abends am Brocken an, um einen Hirsch zu schießen. Sieh, da wuchs einige Schritte vor mir ein schwarzer Kopf gleichsam aus der Erde hervor. Bald darnach kam auch ein Mann zum Vorschein, der sich mit einem angefüllten Quersack heraushob und sodann das Loch mit einem Stein sorgfältig bedeckte. Jetzt trat ich aus der Dickung hervor und ihm entgegen; denn ich hielt ihn für einen Wilddieb. Zwar setzte er sich anfangs mit einem Messer zur Wehr, aber meine Büchse brachte ihn bald zur Räson, und er mußte, wohl oder übel, mit mir nach Schierke hinunter wandern. Der Kerl verstand kein Deutsch; denn er war einer von den überall herumschnökernden Venetianern, die uns das Gold und Silber aus dem Lande schleppen. Während ich ihn nun in meinem Hause einstweilen gefangen hielt, übrigens es aber an nichts fehlen ließ, ihm aber die Zeit lang währen mochte, vielleicht er auch mich treuherzig machen wollte, schrieb er ein Rezept, das ich nach der Apotheke schickte und darnach ein weißes Pulver erhielt.

Mit diesem weißen Pulver nun machte er sein Kunststück. Denn als er dasselbe mit dem gelben Letten, den er im Quersacke hatte davontragen wollen, mittels eines großen Messers eine Weile umrührte, wurde der Letten fast ganz zu Silber gemacht. Jede Schmelzung in einem gewöhnlichen Goldschmiedstiegel gab – soll mich der Kuckuck holen! – eine feine Mark. Natürlich bewachte ich nun meinen hübschen Venetianer noch sorgfältiger als zuvor. Aber der Kunde war mir zu schlau und eines Nachts doch durch die Lappen gegangen. Zwar machte ich nachmals wohl noch manchen Versuch, aus der gelben Erde Silber zu scheiden, aber es wollte mir nie gelingen.«

Dabei pflegte der alte Mann einen Suppenlöffel vorzuzeigen, der aus dem Brockensilber gefertigt war. Noch ein anderer, glaubhafter Mann erzählte, daß einst (nun wohl vor 50 Jahren) ein Hirt aus Schierke zu ihm gekommen sei, weil derselbe gehört, daß er sich auf die Scheidekunst verstehe. Der Hirt habe ihm in einem Papier etwas braunen Sand und Erde gebracht und ihn gebeten, solches zu probieren. So habe er denn auch einen Versuch mit der Masse angestellt und darin ein gutes Teil Gold befunden. Natürlich habe er nun nicht gesäumt, sich nach Schierke zu begeben, um sich von dem alten Hirten noch mehr von der braunen Erde geben zu lassen. Aber leider habe er den guten Mann auf der Totenbahre gefunden. Zwar habe der Sohn desselben ihm nachmals auch von dem nämlichen sandigen Letten gebracht, aber es habe kein Gold darin gesteckt. (26)

Harzburg und Umgebung

Das Kattenvolk

Der ungefähr eine Viertelstunde weit von der jetzigen Harzburg liegende Berg, die Kattenaese genannt, imgleichen der in derselben Gegend sich winzig durch den grünen Wiesengrund schlängelnde Kattenbeek, sind noch deutliche Spuren davon, daß dieses Kattenvolk vormals die hiesige Gegend überzogen oder wenigstens eine Zeitlang seinen Aufenthalt daselbst gehabt hat. (27)

Die Sachsen auf der Harzburg (1073)

Die Sachsen bedencken ihre Gelegenheit auch und bawen hin und wider viel Festungen, der es noch zur Zeit nicht sehr viel in Sachsen hatte. Die Schlösser aber, so König Henricus vormals gebawet hatte, reissen sie gemeiniglich alle in Grund, unter welchen war das fürnemste Hartesburg, das verwüsten sie sampt dem Kloster und Thumherrn Hofe so dabey war, und welchs sie alles uber einen Hauffen reissen grimmig und unsinnig. Und das schier zu sagen ist, graben sie aus die Gebeine eines unschuldigen Kindleins des Königs Sohns, so daselbs begraben lag und verwerffen sie umbher. (28)

Von Krodo

Ich finde geschrieben, das alhie in Ostersachsen zur Harßburg ein Abgott nach Saturno gestanden, den der gemeine Mann Crodo geheissen. Dieser Abgott stand auff einer Seule und auff einem Barsche, das solte bedeuten, das sie wolten auff festen Füßen stehen. Auff dem Barsche stund er barfuß, zur Erinnerung, das die Sachsen ehe barfuß auff Schermessern gehen, als sich zu eigen geben solten.

Krodo auf dem Rücken eines Barsches. Holzschnitt aus: Chronica der Sachsen und Niedersachsen von J. Pomarius, 1589.

Denn der Abgott war mit einer leinen Schürtzen umbgürtet, zur Anzeigung, das sie von ihrem Gotte Saturno her frey weren und sich gegen ihre Verfolger, gleich wie der Barsch gegen den Hecht.

In der lincken Hand hielt der Abgott ein Ratt, zu bedeuten, das sich die Sachsen (gleich wie ein Ratt) ineinander schliessen solten. In der rechten Hand trug er einen Wassereymer mit Rosen, das Wasser bezeigete, das er were Mutter der Kelte, die Rosen im Eymer zeigten an, er were ein fruchtbarer Brun der Früchte, denen so seine Macht drumb beten, das die Kelte ihren Früchten nicht schadete.

Da nun König Carl in das Land kam und bekerte die Ostsachsen, fragt er, wer ir Gott were. Do rieff das gemeine Volck: »Crodo, Crodo ist unser Gott.«

Do sprach König Carl: »Heißt ewer Gott Crodo, das heist der Croden Teuffel.«

Hievon kam das böse Sprichwort (vom Croden Teuffel) unter die Sachsen. Also zog Carl hin zur Harßburg und verstörte den Abgott Crodo und legte den Thumb zu Salingstete, das nun Osterwick heist, in die Ehre S. Stefani.

In Ostsachsen ist auch zur Hartßburg, die auch vom Saturno Saterburg genant wird, ein Abgott gestanden, welcher nach Saturno sol geheissen, von den Sachsen aber, die ihn angebetet, Crodo genant worden sein. Woher der Name Crodo komme, kan man eigentlich nicht wissen, allein weil die Sachsen damit dem Saturno nachgeahmet, welcher griechisch krónos heist, daher dan seine Festa die Griechen Chronia, die Lateiner Saturnalia nennen, ist vermutlich, das von diesem Wort krónos der Name Crodo durch Wandelung des n in d und Wegwerffung des letzten Buchstabens gekommen ist [...]. Dieses Götzenbildt ist auch auff dem hohen Berg am Hartz zwischen dem Brocksberg und der Stadt Goslar innen gestanden, auff welchem Berge das Schlos Harteßburg zur Beschützung dieses Abgotts gelegen ist. (29)

Caesar auf dem Burgberg

Die Sage erzählt, daß der große Caesar 53 v. Chr. auf dem Burgberge gewesen sei und dem Saturnus hier einen schönen Tempel erbaut habe. 800 Jahre vergehen dunkel im Strom der Zeit, und bei Karl des Großen Sachsenkämpfen kommt die Rede wieder auf die Harzburg und auf den dort verehrten Saturnus, der aber um diese Zeit als Gott Krodo angebetet sei.

Er wurde auf einem stacheligen Fische stehend, mit dem Rade in der Linken und einem Fruchtkorb abgebildet und soll der Scator, der Erdebeherrscher, gewesen sein. Sein vermeintlicher Altar, der in Goslar noch aufbewahrt wird, soll in der Krodohalle, im Vorhof der früheren Burg, gestanden haben [...].

Die Zerstörung der Burg fällt in die Zeit zwischen 1650–54, und von der schönen Kaiserburg findet der Reisende weiter nichts mehr als einzelne Brocken (von Trümmern) verwitterter Steinhaufen; den trockenen Schlund eines Brunnens, in dem die Krone Heinrichs noch liegen soll. (30)

Die Krodoquelle

In Bad Harzburg fließt die berühmte Krodoquelle, die den Kranken Heilung bringt. Der Name Krodo soll folgenden Ursprung haben: Als Karl der Große das Christentum einführen wollte, stieß er auf den Widerstand der Niedersachsen.

Da zerstörte er gewaltsam den heidnischen Gottesdienst, besonders das Heiligtum des großen Düwels (Wotan) up den Hartesbarge.

Bei der Gelegenheit soll Karl die Einwohner gefragt haben: »Wecken Afgott bät Ji an?«

Sie antworteten: »Den Groten«.

Nach seiner Mundart machte Karl daraus Krodo und glaubte, der heidnische Gott dieser Gegend hieße Krodo. (31)

König Heinrich IV. in Harzburg und seine Gaben

Es heißt von Heinrich IV.: Er baute darin ein so stattliches Münster, zierte dieses mit so reichem Schatze und versammelte hier aus allen Gegenden eine so zahlreiche und so ansehnliche Geistlichkeit, daß mancher Bischofssitz mit seiner ganzen Einrichtung kaum dagegen aufkam, ja daß sogar einige dahinter zurückblieben.

Das schönste Stück des Kirchenschatzes, das er bei irgendeinem Bischof sah, verschaffte er sich durch Bitte oder Befehl, um es seinem Stift zu verleihen. Es paßt dazu, wenn noch heutzutage die alten Leute in Harzburg erzählen, die Kirche habe silberne Glocken gehabt. (32)

Ein Zwerg als Raubritter

Aus der Harzburg wird erzählt, daß einmal ein solches Zwergkind zum Raubritter geworden sei. Der Knabe hatte nämlich einen roten Rock und eine Nebelkappe, die die Eigenschaft besaß, sobald er sie aufgesetzt hatte, alle seine Wünsche zu erfüllen. Und da er nun als Ritter zu den Menschen gezählt sein wollte, der auch mit den schwerfälligen Menschen viel besser fertig werden konnte als mit dem rührigen Zwergvolk, so ließ er diese vermittelst seiner Zauberkappe auswandern und zwar nach dem Rammelsberg bei Goslar zum Kaiser Otto. Seine rührige Zwergennatur ließ ihn aber nicht ruhen, sondern machte ihn wünschen, daß sein Schloß auf dem Warninger Berge stehen möge. Als er dann die Wünschelkappe aufgesetzt hatte, war's gleich geschehen. Von nun an nannte er sich den Roten Ritter von Warning oder Warninger-Roe, woraus die Menschen mit der Zeit allmählich Wernigerode gemacht haben. (33)

Des Hackelnberg Traum

Hans von Hackelnberg war braunschweigischer Oberjägermeister und ein gewaltiger Waidmann. Eine Nacht hatte er auf der Harzburg einen schweren Traum; es deuchte ihm, als ob er mit einem furchtbaren Eber kämpfe, der ihn nach langem Streit zuletzt besiegte. Diesen Traum konnte er gar nicht aus den Gedanken wieder loswerden.

Einige Zeit darnach stieß er im Vorharz wirklich auf einen Eber, dem im Traum gesehenen ähnlich. Er griff ihn an; der Kampf blieb lange unentschieden, endlich gewann Hans und streckte den Feind zu Boden nieder. Froh, als er ihn so zu seinen Füßen erblickte, stieß er mit dem Fuß nach den schrecklichen Hauern des Ebers und rief aus: »Du sollst es mir noch nicht tun!«

Aber er hatte mit solcher Gewalt gestoßen, daß der scharfe Zahn den Stiefel durchdrang und den Fuß verwundete. Erst achtete Hackelnberg der Wunde nicht und setzte die Jagd fort. Bei seiner Zurückkunft aber war der Fuß so geschwollen, daß der Stiefel vom

Bein getrennt werden mußte. Er eilte nach Wolfenbüttel zurück; die Erschütterung des Wagens wirkte so schädlich, daß er mit genauer Not das Hospital zu Wülperode unweit Hornburg erreichte und bald daselbst starb.

Auf seinem Grabe liegt ein Stein, der einen geharnischten Ritter auf einem Maultier vorstellt. (34)

Die Räuber vom Eckernkrug im Schimmerwalde

Weit verrufen war der Schimmerwald zwischen Harzburg und Ilsenburg wegen der Räuber, die früher in ihm hausten. Eine alte Frau, die auf Clausthal am Zellbach wohnte und deren Tochter als hochbejahrte Frau in jener Stadt um 1850 nach der Erzählung einer alten Lerbacherin noch am Leben sein sollte, wurde einmal im Schimmerwald von der Nacht überrascht und suchte im Eckernkrug ein Obdach, da schlief sie auf dem Fußboden in der Stube.

In der Nacht aber kamen die Räuber, die führten einen dicken Mann gefangen daher, zerteilten das Fleisch und machten Wurst davon. Ehe sie das aber taten, leuchteten sie über die alte Frau hin und kitzelten sie sogar an den Fußsohlen, um zu sehen, ob sie wohl auch fest schliefe. Hätte sie sich dabei nur im geringsten bewegt, so wäre sie auch ermordet worden. Allein sie überstand alle Proben und sah doch genau, was vorging.

Am andern Morgen sagten die Räuber, sie hätten in der Nacht ein Schwein geschlachtet, ob sie denn nichts davon gehört hätte. Gar nichts, sagte die Alte, sie habe in ihrem Leben noch nie so gut geschlafen als diesmal, und dabei sah sie die Räuber sehr freundlich an. Da setzten die Räuber ihr Wurstsuppe hin. Die Alte vom Zellbach aß die Wurstsuppe und lobte sie. Hätte sie nur den geringsten Ekel gezeigt, so hätte sie sterben müssen.

Danach brachten ihr die Räuber eine frische Wurst, die schlug sie in ein Tuch ein und sagte, die wolle sie ihren Kindern mitbringen, und bedankte sich viele, viele Male dafür. So ließen sie denn die Räuber ihres Weges gehen.

Als sie aber eine Strecke weit im Wald fortgegangen war, traten zwei Männer zu ihr, die sie nicht kannte, und fragten, wo sie denn übernachtet hätte. Weil sie nun sagte: auf dem Eckernkrug, so fingen sie an, die Bewohner desselben durchzuhecheln. Sie sagten, daß von denen nicht viel Gutes geredet werde. Allein die Alte sagte, allen könne man's nicht recht machen, und die Lästerzungen lauerten selbst den Besten auf. Sie sei nicht leicht zu mildtätigeren Menschen gekommen als zu denen auf dem Eckernkrug. Zum Beweis wies sie noch die Wurst vor, die ihr dort geschenkt war. Hätte sie das nicht getan, so hätte sie doch noch sterben müssen, denn die Männer gehörten auch zu der Räuberbande.

Sie gingen jetzt von ihr fort, aber nach einer Weile traten wieder zwei Männer zu ihr, die machten wieder die Leute auf dem Eckernkrug schlecht und sagten so gerade heraus, sie hätten gehört, es seien Räuber. Da wies die Frau von neuem ihre Wurst vor und sagte, solche guten Leute gäbe es nach ihrer Meinung auf Gottes Erdboden nicht zum zweiten Male. Hätte sie das nicht gesagt, so hätte sie immer noch sterben müssen, denn auch diese Männer waren Räuber.

Sobald die Alte nun glücklich aus dem Schimmerwald heraus war, lief sie so schnell wie möglich nach der nächsten Ortschaft. Da erzählte sie der Obrigkeit alles, was sie gesehen hatte, und sogleich wurden die Räuber gefangen genommen. Als sie nun an Händen und Füßen gefesselt auf einem Saale dalagen, wurde das Mütterchen zu ihnen geführt und sagte aus, daß sie alle diese Männer auf dem Eckernkrug zur Nachtzeit aus- und eingehen und gesehen habe, wie sie den dicken Mann geschlachtet hätten.

Die Räuber aber schäumten vor Wut, als das Mütterchen, dem sie so schwer das Leben gelassen hatten und von dem sie nun doch überlistet waren, gesund und munter zwischen ihnen umherging. (35)

Der Kobold in Ilsenburg I

Schmied M. in Ilsenburg hatte einen Kobold, der machte ihm alles. Er wollte ihn einst wegbringen; da wurde für ihn ein Kleid wie für ein Sechswochenkind gemacht, ein kleiner Hut usw. Die Kleidung wird neben den Amboß gelegt.

Wie der Kobold als Sechswochenkind hereinkam, sagte er: »Behalten Sie den Kobold, er tut Ihnen keinen Schaden an Ihrer Seelen Seligkeit.«

Es ward ein Nagel auf den Amboß gelegt, der Kobold haute ihn mitten durch, legte die beiden Hälften übers Kreuz, schlug zweimal darauf, und es war ein Kreuz. Das Zeug nahm er unter'n Arm, und sie hörten ihn eine Stunde lang weinen. Das Kreuz ist über tausend Taler wert; wer es vor der Brust trägt, dem kann keine Kugel etwas tun. (36)

Der Kobold in Ilsenburg II

Der Schmied in Ilsenburg wollte sich seines Kobolds entledigen. Er ließ ein neues Kleid für ihn zur Reise anfertigen, in welchem der Kobold die Größe eines sechswöchentlichen Kindes hatte. Der Kleine bat: »Laß mich bleiben, es bringt dir keinen Schaden an Leib und Seele.«

Der Schmied aber weigerte sich. Darauf schmiedete der Kobold sich aus einem Nagel ein Kreuz, nahm sein Kleid unter den Arm und ging so laut weinend fort, daß der hartherzige Schmied sein Schluchzen noch lange hörte. Später hieß es in der Umgegend, daß ein eisernes Kreuz vorhanden sei, welches denjenigen, der es vor der Brust trage, gegen Schuß und Hieb schützt und daß schon tausend Taler dafür geboten seien. (37)

Die weisende Stimme

Zu Harlingerode lebte vorzeiten ein Bauersmann. Dessen Wirtschaft ging den Krebsgang, obwohl er ein redlicher Arbeiter war. Da guckte die Not aus allen Löchern. Doch bei aller Armut war er die Freigebigkeit in Person. Er gab das Hemd vom Leibe, wenn es sein mußte. Bald mußte er seine letzte Kuh verkaufen. Und als er abends mit dem Kaufgeld heimging, wurde er überfallen und ausgeraubt. Da haben die Kinder und die Frau sehr geweint. »Wir müssen sehen, was wird«, sagte der Mann.

Im Schlaf hörte er eine Stimme. Dreimal rief sie: »Geh nach der Klus und beherzige wohl, was du dort hören wirst.«

Der Mann ging. Am Felsen traf er ein kleines graues Männchen. »Was, auf einen dummen Traum bist du hierhergekommen? Höre, mir hat auch geträumt, ich soll nach Harlingerode gehn unter den großen Birnbaum in eines Bauern Garten, dort liege ein Kessel, mit Gold angefüllt. Denkst du, ich geh?«

Da ist der Harlingeröder eilends heim. Und fand in seinem Garten das Gold. (38)

Der Rotbart und andere deutsche Kaiser im Brunnen auf dem Burgberg

Im Burgbrunnen auf der Harzburg fährt es oft mit Kutschen umher und rauscht gewaltig.

Einige sagen, als Kaiser Heinrich IV. vor den Sachsen geflohen sei, habe er die Krone in den Burgbrunnen geworfen, und die sei da jetzt noch drin. Andere sagen, es sei ein Kaisersarg in dem Brunnen, und andere, ein Kaiser sei in diesen Brunnen verwünscht.

Den Kindern sagen die Mütter, sie sollten nicht zu dem Brunnen gehen, weil Kaiser Rotbart drinnen säße.

Daß die weiße Jungfer drinnen sei, weiß in Harzburg jedermann.

Einstmals ist ein Verbrecher namens Schöppenstedt in den Brunnen heruntergelassen worden, dem das Leben geschenkt werden sollte, wenn er glücklich aus einem Gang wieder herauskäme, der von dem Brunnen ausgehen soll. Als nun Schöppenstedt in dem Brunnen ist, kommt er an eine eiserne Tür, die tut sich auf, und da steht die weiße Jungfer vor ihm und sagt, das sei sein Glück, daß er nicht aus Abenteuerlust hierher käme. Sie hat ihn nun in dem Gang entlang geführt und ihm soviel Geld gewiesen und gesagt: »Wenn's bronswieksche Land mal pankerott wörre, soll dat wedder davon herestellt weren.«

Dann sind sie auch in eine Höhle gekommen, darin hat eine Tafel gestanden. Und was nun die Kaiser gewesen sind, Kaiser Otto, Kaiser Heinrich und der Rotbart, die haben alle an der Tafel gesessen und Speisen vor sich stehen gehabt, und dem einen Kaiser ist der Bart durch die Tafel gewachsen, und in der Höhle sind große Schätze gewesen an Kleinodien und Geschirr, zumal an Krügen und Kelchen, das hat ausgesehen wie Holz, ist aber Silber und Gold gewesen. Auch viele Pferde haben da herumgestanden, die hatten statt des Futters Dornenwasen auf der Hille (Raufe) und schienen von der Hille zu fressen, es ist aber nur zum Schein gewesen.

Zuletzt ist Schöppenstedt an dem jetzt sogenannten Schöppenstedter Grund wieder herausgekommen, an einer Stelle, die durch einen Kieserling bedeckt sein soll. Auf diesem Gang soll auch Kaiser Heinrich IV. zu seinen Lebzeiten heimlich aus der Burg vor den Sachsen entwichen sein. (39)

Der Basilisk auf dem Burgberge

Auf dem Burgberg und in seiner Umgebung hat sich früher eine ungeheure Schlange gezeigt, die ist so lang gewesen wie ein Heubaum und wird von einigen die große Otterschlange, von den meisten aber der Basilisk genannt.

Einige halten dafür, daß die weiße Jungfer aus dem Schloßbrunnen sich habe in diese Schlange verwandeln können, andere sagen, die Schlange sei der Teufel gewesen, der die Schätze in den unterirdischen Gängen und Höhlen von außen bewacht habe.

Das wissen die meisten, daß der Basilisk der Schätze wegen da gewesen sei, die in dem Gange hinter der eisernen Tür sind, und daß er den Menschen hat Furcht einjagen sollen, wiewohl er niemandem etwas getan hat.

Oft hat er auf der Burgwiese da gelegen und den Kopf auf den Boden gescheuert. Endlich, bei einem Waldbrand an der Stelle, die jetzt die Brandklippe heißt, soll der Basilisk verbrannt sein und einen furchtbaren Quik getan haben.

Aber andere sagen, der Basilisk sei seitdem schon wieder gesehen worden. Einmal soll auch ein junger Basilisk gesehen worden sein, der hat ausgesehen wie eine Puppe. (40)

Die weiße Jungfrau von Harzburg

Die weiße Jungfer, die in dem Burgbrunnen wohnt, ist schon vielen erschienen. Einstmals haben die Kinder einen ihrer Gespielen in den Brunnen gelassen und sind dann fortgelaufen, weil die Stunde geschlagen hat, wo sie in den Pfarrunterricht gemußt haben. Weil die Kinder nun so verstört gewesen sind, so hat der Pfarrer gleich gemerkt, daß etwas vorgefallen ist. Da mußten sie's sagen, und der Pfarrer ist mit anderen Leuten auf den Burgberg geeilt, und dann haben sie den Knaben wieder heraufgewunden. Der aber ist halb tot gewesen und hat die Jungfrau auch gesehen.

Oft hat die Jungfer an einem Twisselsbeerbaum über Ruhsacks Wiese an der Ostseite des Burgberges gestanden.

In den Grasgärten, die um den Burgberg herumliegen, und auf den Wiesen am sogenannten Krodobrink hat man sie öfter mähen sehen. Fast immer ist sie in der Freitagsnacht erschienen, und die Leute in Schulenrode pflegen zu sagen (wie man auch sonst im Halberstädtischen sagte):

Die ganze Woche wunderlich,
Der Freitag ist absunderlich.

Einmal ist die Jungfer in drei Freitagsnächten hintereinander in Schulenrode vor ein Fenster gekommen und hat einen jungen Burschen mit nach dem Schöppenstedter Grund haben wollen, damit er dort einen Schatz heben sollte.

In der dritten Nacht hat der Bursche gesagt: »Wenn ich meinen Bruder Valentin mitnehmen soll, so will ich mitgehen.« Da hat sie vor dem Fenster einen Seufzer getan und ist verschwunden. Die Leute selbst, vor deren Fenster dies geschehen ist, sagen, die Jungfer hätte beim Weggehen gesprochen: Nun wäre das Kindeskind noch nicht geboren, welches das Geld einmal heben könnte.

Auf dem Sintinnigsplatze (Sankt-Antoniusplatze) hat die Jungfer auch einmal gesessen und einem Köhler eine Blume gegeben. Wie er die Blume gehabt hat, führt sie ihn in eine Höhle in den Berg, und darinnen füllt sie ihm seinen Holster, sagt ihm aber, er solle den Holster nicht eher öffnen, bis er über das Wasser wäre.

Als der Köhler aus der Höhle geht, hat er die Blume darin liegen lassen, und da schlägt die Tür hinter ihm zu, daß ihm beinahe die Hacken abgeschlagen wären. Hätte er die Blume mitgenommen, so hätte er noch oft in die Höhle gekonnt. Auch hat er nachgesehen, was in dem Holster wäre, bevor er übers Wasser gewesen ist, und da ist es lauter Pferdemist gewesen. Was aber in den Ecken sitzengeblieben ist, das ist nachher, wie er übers Wasser gewesen ist, eitel Gold gewesen.

Diese Jungfer ist immer weit am Burgberge herum gesehen worden, aber ihr Aufenthaltsort ist nur der Brunnen gewesen. Einer, dem sie auch erschienen ist, hat erzählt, daß Sturm und ein gewaltiges Windbrausen von ihr ausgegangen wären. Einige sagen auch, daß aus der Jungfer später ein weißer Spitzhund geworden wäre, der sei auch immer in der Freitagsnacht auf den Wiesen um Schulenrode her gesehen worden. Andere sagen, die weiße Jungfrau aus dem Burgbrunnen erscheine noch jetzt.

Im Radautale, an der Köhlerlochbrücke, steht ein Ulmenbaum, dabei ist auch eine Jungfrau erschienen, man weiß nicht, ob es die aus dem Burgbrunnen gewesen ist, aber sie ist ganz so gewesen wie diese. Die hat gewollt, daß die Frau sich hinsetzen und sie erlösen sollte. Da hat die Frau sich hingesetzt, und die Jungfer hat sich in einen Lork verwandelt, ist an der Frau in die Höhe geklettert und hat sie küssen wollen; als aber der Lork [Frosch] der Frau bis an die Brust kommt, erschrickt sie so, daß sie davonläuft.

Ein andermal ist im Radautale, den Steinbrüchen gegenüber, eine Köhlerfrau gegangen. Da ist ganz deutlich das Wasser aus der Radau hinter ihr hergekommen wie eine große Flut und hat erlöst sein wollen. Die Köhlerfrau ist aber auch davon gelaufen.

Auch als in Neustadt unter dem Burgberge ein Haus neben dem Chausseehause gebaut ist, hat sich da unweit einer Linde eine blaue Jungfer und ein Licht gezeigt, und man meint, daß vielleicht vom Burgberge herunter Schätze dahin›gerückt‹ sind.

Endlich wird erzählt, daß am Breitenberge beim Papenberge ein Brunnen ist, da ist einmal Gerste herausgequollen, und als eine Frau die Gerste für ihre Hühner mit nach Haus genommen hat, ist es Geld gewesen. (41)

Das wundertätige Marienbild

Die Geschichtsschreiber melden uns, daß auf der Harzburg zur Zeit, als sie nicht mehr bewohnt gewesen, ein wundertätiges Marienbild gestanden habe, das vielen Kranken und Elenden geholfen. Die Leute in Schulenrode und im ganzen Amt Harzburg behaupten, diese Kranken hätten sich mit Wasser benetzt, das unter dem sogenannten Krodobrink hervorquillt, und hätten auch davon getrunken, und davon wären sie gesund geworden.

Zuletzt habe man den Gebrauch des Wassers bei den Kranken nicht mehr dulden wollen, und da hätte man alle die Krücken, welche die Kranken an der Quelle zurückgelassen, genommen und Bier damit gebraut. Wie aber die Krücken gebrannt hätten, da hätte es einen schrecklichen Krach gegeben und das Bier wäre sauer und noch nicht einmal für's Vieh zu gebrauchen gewesen. (42)

Das Salzwerk Juliushall

Auf Bartholomäitag wurde früher, als das Salzwerk Juliushall noch im Gange war, in Harzburg immer Spendenbrot an die Armen ausgeteilt, als das aber einmal versäumt wurde, da ist die Seele (Soole) in Juliushall ausgeblieben.

Da haben sie geläutet und Kirche gehalten wie gewöhnlich und Spendenbrot an die Armen ausgeteilt, und da kommt meine liebe Seele wieder an.

Wenn sie das Salz im Preise erhöht haben, so ist die Seele gleich ganz ausgeblieben. Und wenn sie in früheren Jahren das Salzwerk haben ganz still stehen lassen, so hat sich in Juliushall ein Geist gezeigt, darum daß das Salz von Juliushall den armen Leuten ist gar wert gewesen, denn es ist zwar grobkörniger gewesen als anderes Salz, hat aber besser gesalzen.

Und da hat der Geist von Juliushall so lange gespukt, bis sie das Salzwerk wieder haben aufnehmen müssen, und dann ist bei allen armen Leuten große Freude gewesen. (43)

Die Rabenklippen bei Harzburg

Zu der Zeit, als das Christentum unter den heidnischen Germanen verkündet wurde, kam ein Abgesandter des Bonifatius – der nach dem Osten gegangen war – nach Wernigerode, um die Menschen für die neue Lehre zu gewinnen. Doch man verspottete den frommen Mann, verfolgte ihn und drohte, ihn zu vernichten, wenn er nicht schleunigst aus dem Lande ginge.

Tief betrübt nahm er den Wanderstab, ging in den Wald, um über das Gebirge, wo er sich sicher wähnte, in einen anderen Ort zu kommen. Drei Tage irrte er suchend umher und nährte sich von Beeren und Quellwasser. Am vierten Tage fühlte er, wie das Fieber an ihm emporkroch. Hoch oben war er auf den zerklüfteten Felsen, die wohl kaum eines Menschen Fuß betreten, da sank er plötzlich hin. Seine Lippen flüsterten ein Gebet und baten Gott um Hilfe. Dann schwand sein Bewußtsein. Wie lange er dort gelegen, wußte er selbst nicht; aber als er erwachte, fühlte er sich wunderbar gestärkt. Der Schlaf in der segensreichen Luft hatte ihm wohlgetan. Doch spürte er großen Hunger. Doch wie ihn stillen? Da hörte er ein fürchterliches Gekrächze über sich näher und näher kommen.

Er hob den Kopf, und über sich auf dem Felsen sah er viele Raben sich um etwas zanken, was einer von ihnen im Schnabel trug. Plötzlich fiel es herab, gerade in seinen Schoß. Es war eine tote Taube. Wie vom Himmel gefallen kam ihm diese Speise.

Die Raben sahen verwundert dem fetten Bissen nach, der ihnen eben entgangen war, und wußten nicht, was tun. Dann begann ein Schimpfen und Zanken untereinander, und mit demselben Gekrächze, wie sie gekommen waren, flogen sie von dannen.

Der fromme Vater suchte Reiser, entzündete ein Feuer und briet die Taube an einem kleinen Spieß, den er immer mit sich führte. Als er sich gesättigt, stillte er seinen Durst aus einem Quell in seiner Nähe, ergriff seinen Stab und machte sich wieder auf die Wanderschaft. Er meinte, die Taube sei nicht weit her, und menschliche Wohnungen seien nicht mehr fern. Nach einigen Stunden erreichte er Harzburg und fand freundliche Aufnahme.

Die Klippen aber, wo er auf so wunderbare Weise vom Hungertode gerettet worden, nannte man fortan die Rabenklippen. (44)

Goslar und Umgebung

Die Klause und der Rammelsberg bei Goslar. Gezeichnet von Ludwig Richter, gest. von A. Macclatchie. Aus W. Blumenhagen: Wanderung durch den Harz. 1836.

Die Teufelsgrube

Es hat der Rammelsberg viel Gruben, es werden aber alle Gruben nicht gebauet, die aber gebauet weren, deren sind bey 14 und haben ihre Namen: Der Teutsche, Bley Zeche, Rottmann, Unter Teutsche, Tiefste, Straßfahrt, Silber Thal, Kahnekuhl, Breitling, Inny, Voigtsche, Hausschein, Hohewart, das Gesenck, und eine alte verlegene Grube, die Teuffels Grube genandt.

Wie man sagt, so habe der Teuffel neben andern Gewercken darin gebauet, sein Geld wöchentlich für die Grube geleget, und sein zugemessen Ertz weggebracht, und auf eine Zeit, da sie das Ertz nicht recht mit ihm getheilet, habe er die Grube in einen Haufen geworffen, wie sie noch liegt, und auf den heutigen Tag die Teuffels Grube genennet wird. (45)

Vom Namen Rammelsberg

Es schreiben die alten Sachsen, und ist eine allgemeine Rede zu Goslar, daß der Rammelsberg in wunderbahrer Weyse erfunden sey. Nemlich zu den Zeiten Keißer Otten des ersten, welcher wohnete auf der Hartzburg, und vielfältig in den Hartz-Gebirgen jagen ließe, begab sichs auf eine Zeit, daß seiner vornehmen Jäger einer, Nahmens Ramm, auf Befehl des Keysers an den Vorbergen des Hartzes jagete, von der Hartzburg bis an den halben Niedergang, und als der Jäger an einem Ort von wegen der Höhe eines Berges dem Wildt nicht mehr eylen kunte, hefftet er sein Pferd an einen Baum, in ziemlicher Höhe des Berges, trat ab, und folgete dem Wilde zu Fuß nach.

Dieweil er aber dem Wild fern folgen muste, verlanget des Jägers Pferd nach seinem Herrn, und scharret heftig an dem Berge. Wie sein Herr, der Jäger Ramm, wiederum zu seinem Pferd kahm, sahe er, wie sein Pferd so hart gearbeitet hatte, und viel Stein aus der Erde gescharret, welche alle der Jäger Ramm liegen sahe, und hub darunter auf eine Stuffe ertz, die schwer war, brachte dieselbe dem Keyser Otten, der denn aus des Ertzes Schwere und Farbe abnehmen konte, daß es ein metallisch Ertz seyn müste, und das Ertz in andern Landen auf die Metallen hat probiren, und versuchen lassen. Wiewol sich das Ertz ganz gering an Silber und Bley erzeiget, hat doch der Keyser aus Liebe, die er zum Bergwerk getragen, mit Bergleuten den Berg gewaltig angegriffen, und mit schürffen versuchen lassen. Da hat man das Ertz in solcher gar großen Menge angetroffen, desgleichen in der Christenheit bis auf diesem Tag in einem Berge allein nicht gefunden hat.

Dieweil der Keyser die Menge und Bestand des Ertzes erfahren, und gesehen, und die Bergleute den Berg je länger je mehr mit bauen angegriffen, hat der Keyser den Berg nach dem Jäger Ramm, den Nahmen geben, Rammelsberg, wie er noch auf dem heutigen Tag heist. (46)

Das Goslarische Bergwerk oder der Rammelsberg

Man lieset auch in einer alten Chronick, daß Herzog Magnus zu Braunschweig den Rammelsberg denen 6 Männern zu Goßlar verpfändet habe, welcher Herzog hernach Anno 1376 erschlagen worden, umb welche Zeit der Rammelsberg einmahl eingeschlagen, daß auff einen Tag bey 350 Wittwen worden, die vor dem Berge gestanden und ihre Männer beklaget haben.

Hierauff sey das Bergwerck hundert Jahr stille gelegen, dahero es in solcher Zeit zu Goßlar so einsam worden, daß auff allen Strassen daselbst das Graß gar hoch gewachsen. (47)

Der Rammelsberg

Zur Zeit, als Kaiser Otto I. auf der Harzburg hauste, hielt er auch an dem Harzgebirge große Jagden. Da geschah es, daß Ramm (nach andern Remme), seiner besten Jäger einer, an den Vorbergen jagte, der Burg gegen Niedergang, und ein Wild verfolgte. Bald aber wurde der Berg zu steil, darum stand der Jäger ab von seinem Roß, band es an einen Baum und eilte dem Wild zu Fuße nach. Sein zurückbleibendes Pferd stampfte ungeduldig und kratzte mit den Vorderhufen auf dem Grund.

Als sein Herr, der Jäger Ramm, von der Verfolgung des Wildes zurückkehrte, sah er verwundert, wie sein Pferd gearbeitet und mit den Füßen einen schönen Erzgang aufgescharrt hatte. Da hub er einige Stufen auf und trug sie dem Kaiser hin, der alsbald das entblößte Bergwerk angreifen und mit Schürfen versuchen ließ. Man fand eine reichliche Menge Erz, und der Berg wurde dem Jäger zu Ehren Rammelsberg geheißen.

Des Jägers Frau nannte sich Gosa, und von ihr empfing die Stadt Goslar, die nahe bei dem Berg gebaut wurde, ihren Namen. Das Flüßchen, das durch die Stadt rinnt, heißt ebenfalls Gose, desgleichen das daraus gebraute Weißbier. Der Jäger wurde in der Augustinskapelle begraben und auf dem Leichenstein mit seiner Frau in Lebensgröße ausgehauen; Rammel trägt in der Rechten ein Schwert über sich und Gosa eine Krone auf dem Haupt.

Nach andern hat nicht der Jäger, sondern eines Jungherrn Pferd Rammel geheißen, das man einmal an dem Berge anband, wo es so rammelte und stampfte, daß seine wohlgeschärften Hufeisennägel eine Goldader bloßmachten.

Noch sieht man auf dem Rammelsberge einen Brunnen, der Kinderbrunnen genannt, worauf zwei steingehauene Kinder stehen; daher, weil unter Heinrich II. eine schwangere Frau bei diesem Brunnen zweier Söhnlein entbunden wurde. Kaiser Otto soll auf dem Berg oben an dem Platz namens Werl ein Schloß oder einen Saal gehabt haben, vor dem er einst einem gefangenen König das Haupt abschlagen ließ.

Späterhin schlug das Bergwerk einmal ein und verdarb so viel Arbeiter, daß vierthalbhundert Witwen vor dem Berge standen und ihre Männer klagten; darauf lagen die Gruben hundert Jahr still, und Goslar wurde so einsam, daß in allen Straßen hohes Gras wuchs. (48)

Das Bildnuß aufm Rammelsgeburg

Im Jahre 1630 berichtet der Nürnberger Pfarrer [Zacharias] Theobaldus: Auf 'm Rammelsgeburg (gemeint kann – wie aus dem Zusammenhang hervorgeht – nur der Rammelsberg bei Goslar sein) soll einstmals ein Bildnuß, wie man den Teufel malet, seyn gefunden worden; sie sagen, das Berggespönst Ronzewall hab's gemacht. (49)

Die Teufelsgrube

Auf dem Rammelsberg, nahe bei Goslar, trifft man unter andern Silbergruben eine alte verlegene Höhle an, welche die Teufelsgrube heißt. Vor diesem besaß der Teufel diese Höhle, trieb sein Wesen darin und erlegte wöchentlich sein Geld dafür. Als aber einst die Bergleute das Erz nicht recht mit dem Teufel geteilt hatten, hat dieser die ganze Grube über den Haufen geworfen. Von ihm hat sie bis auf den heutigen Tag ihren Namen behalten. (50)

Der ehemalige Dom zu Goslar. Lithographie aus: Vaterländische Geschichten und Denkwürdigkeiten der Vorzeit. Braunschweig 1843–45.

Von der Prinzessin und ihrem Hündlein

Wie noch der Dom zu Goslar gestanden hat und es ist einmal ein Fremder gekommen und hat ihn sich ansehen wollen, so ist gewöhnlich ein Geistlicher mitgegangen und hat einem die Merkwürdigkeiten gezeigt, und da hat er denn auch den Leuten einen Sarg gezeigt, darin hat ein Frauenzimmer gelegen und ihr zu Füßen ein kleines Hündlein, und dabei hat er diese Geschichte erzählt.

Nämlich es ist einmal in Goslar ein Kaiser gewesen, der hat eine Tochter gehabt, die ist so schön gewesen, daß sich ihr eigener Vater in sie verliebt hat, und er hat sich gar nicht bezwingen können und hat sie zu seiner Gemahlin haben wollen. Aber die Prinzessin ist dazu zu gottesfürchtig gewesen und hat's nicht tun wollen.

Aber der Kaiser hat sich es nicht ausreden lassen. Sie sollte seine Gemahlin werden, es möchte daraus werden, was es wollte, und es ist schon der Tag zur Hochzeit angesetzt und alle Feierlichkeiten angeordnet.

Gut! Die Nacht vor der Hochzeit, wie sich das Mädchen gar nicht mehr zu helfen weiß, und sie ist in ihrem Schlafzimmer, da wirft sie sich auf ihre Knie und ruft die Mutter Maria an, sie möchte ihr doch helfen. Da erscheint ihr die Mutter Maria und fragt, was sie wollte.

Da erzählt ihr die Prinzessin ihre Not und bittet sie, wenn's nicht anders geschehen könnte, so möchte sie ihr doch lieber ihre Schönheit nehmen, ehe sie diese Sünde tun müßte. Da sagt ihr die Mutter Maria, ihr Wunsch sollte erfüllt sein.

Den andern Morgen, wie die Prinzessin aufsteht und sich im Spiegel besieht, kennt sie sich fast nicht mehr, so häßlich ist sie geworden, und wie sie der Kaiser zu sehen bekommt, will er erst gar nicht glauben, daß sie seine Tochter ist, aber endlich hat er sie doch erkannt, und sie hat ihm alles gesagt, wie sie's gemacht hat.

Da wird der Kaiser ganz wütend und will sie hinrichten lassen. Aber seine Minister legen sich ins Mittel, und alles, was zugegen ist, bittet ihn, er möchte ihr doch Gnade widerfahren lassen. Da sagt er endlich: nun ja, wenn sie in acht Tagen ein Altarbuch für den Dom fertig schaffen könnte, so wollte er sie wieder zu Gnaden aufnehmen.

Nun hat aber die Prinzessin ganz über alle Maßen schön weben und sticken können, und darum hat er alles gesagt, wie das Altarbuch sein soll, und macht's so schwer, daß wohl eins Jahr und Tag daran zu tun gehabt hätte. Aber die Prinzessin denkt: ›Wer dir einmal geholfen hat, kann dir auch wieder helfen.‹

Wie sie des Abends in ihrem Schlafzimmer ist, ruft sie wieder die Mutter Maria an, aber wer euch nicht kommt, das ist die Mutter Maria. Da wird ihr aber so angst, und sie weiß nicht wohin und woher.

Und die andere Nacht, wie sie wieder die Mutter Maria anruft, kommt sie auch nicht, und die dritte Nacht auch nicht. Da kommt sie ganz von Sinnen vor Angst, und sie ruft den Bösen an. Der kommt auch richtig und fragt, was sie will. Da sagt sie's ihm und bittet ihn, er soll ihr helfen. Sagt er, ja, das wollte er tun, wenn sie ihm ihre Seele verschreiben wollte. Sagt sie, nein, lieber wollte sie sterben als ihre arme Seele ins höllische Feuer schicken. Sagt er, sie möchte sich besinnen, morgen nacht wollte er wiederkommen.

Die vierte Nacht kommt richtig der Böse wieder, ob sie sich besonnen hätte. Sagt sie, nein, ihre Seele wollte sie ihm nicht verschreiben. Sagt er, nun, so wollte er ihr das Altarbuch machen, das heißt, wenn er in der letzten Nacht käme, zwischen elf und zwölf, und sie wachte, so wollte er ihre Seele nicht haben. Schliefe sie aber, so müßte sie sein werden.

Die andere Nacht wächst das Altarbuch zusehends und wird ganz wunderschön, wie's gar nicht zu erdenken ist, und sie wird auch gar nicht müde. So geht alles recht gut, bis in der letzten Nacht, wie das Altarbuch beinahe fertig ist. Da kann sie sich gar nicht halten vor Müdigkeit, und da schläft sie ein.

Nun hat aber die Kaiserstochter ein kleines Hündlein gehabt, zu ihrem Vergnügen, das das Quedel geheißen. Das Hündlein ist niemals von ihr gewichen, weder Tag noch Nacht. Das liegt auf ihrem Schoße und ist munter, wie sie schläft.

Gut! Wie's zwischen elf und zwölf ist, und der Böse trappt über den Saal, und wie er eben auf die Tür zukommt, hört's das Hündlein und fängt laut zu bellen an. Da erschreckt sich die Prinzessin und wird auch munter, und wie der Böse ins Zimmer tritt, wacht sie. Wie der Böse sieht, daß sie wacht, wird er wütend und greift nach dem Hündlein und schmettert's gegen den Boden, daß es auf der Stelle den Geist aufgibt, und darauf verschwindet er.

Aber zum ewigen Gedächtnis an diese Begebenheit hat die Kaiserstochter das Kloster Quedlinburg bauen und das Hündlein einbalsamieren lassen, und wie sie gestorben ist, hat sie befohlen, daß es mit ihr in einem Sarge liegen soll. Und das ist das Hündlein gewesen und das Frauenbild, das man in Goslar gezeigt hat. Das Altarbuch hat man zu jener Zeit auch noch sehen können, ob's aber jetzt noch vorhanden ist, das weiß ich nicht. (51)

Kaiser Heinrich im Sudmerberg

Kaiser Heinrich der Vogelsteller hat sich viel und gern in Goslar aufgehalten, und man weiß dort noch manches von ihm zu erzählen. Vor allem aber sagen sie, sei zu verwundern gewesen, von wie herrlicher Schönheit seine Frau gewesen, so daß er sich denn auch kaum hat trösten können, als sie endlich gestorben ist.

Als aber sein Schmerz sich etwas gelegt, da hat er seine eigene Tochter, die ihre Mutter an Schönheit fast noch übertroffen, freien wollen und hat ihr sein sündhaftes Verlangen kundgetan. Sie aber hat ihm darüber gebührende Vorhaltung gemacht und hat ihn endlich dahin vermocht, erst an die Höfe aller Könige und Herzöge in Europa zu ziehen, ob er nicht dort vielleicht eine Gemahlin finde, die schöner sei als sie.

Da ist er denn fortgereist und weit und breit umhergezogen, aber schließlich ist er heimgekehrt und hat gesagt, es sei rings keine schönere zu finden. Aber auch da noch hat sie seinen Bitten und Liebkosungen widerstanden, so daß er endlich die Bedingung gemacht, wenn sie eine Decke wirken könne, auf welcher alle Tiere, die sich auf dem Erdboden befänden, zu schauen wären, dann wolle er von seinem Begehren abstehen.

Da ist sie in die kleine Kapelle in der oberen Stadt gegangen und hat inbrünstig zu Gott gebetet, aber keine Beruhigung im Gebet gefunden, so daß sie endlich in ihrer Verzweiflung den Teufel angerufen, daß der kommen möge, ihr zu helfen. Der ist auch sogleich erschienen und hat gesagt, er wolle ihr die Decke bringen, wenn er sie nach drei Tagen und Nächten hier noch wachend fände.

Da hat sie denn ihr Hündlein mit in die Kapelle genommen und hat unter unablässigem Gebet ihre Zeit dort zugebracht. Als es aber in der dritten Nacht gegen Morgen kam, da hat sie der Schlaf fast überwältigt. Im selben Augenblick kam aber auch der Teufel daher, und das Hündlein, welches ihn sah, zerrte sie so heftig am Kleid, daß sie sogleich aufsprang. Da ließ der Teufel zornig die Decke fallen, warf das Hündlein wütend gegen die Mauern der Kirche und verschwand.

Als sie aber ihrem Vater die Decke brachte, da hat ihn gewaltiger

Schmerz erfaßt, und er hat nicht länger leben mögen, sondern sich in den Sudmerberg bei Goslar, der durch seine alte Warte weit in der Gegend sichtbar ist, verwünscht. Da sitzt er noch bis auf den heutigen Tag und wird erst wiederkehren, wenn Goslar einmal in großen Nöten ist oder wenn der jüngste Tag anbricht.

Andere sagen auch, der Kaiser sitze im Rammelsberg und habe noch vor seinem Tode drei Steine in die Mauern von Goslar einmauern lassen und gesagt, wenn diese herausfielen, dann würde er wiederkehren. Niemand weiß aber, welche Steine das sind. (52)

Das Teufelsloch zu Goslar

In der Kirchenmauer zu Goslar sieht man einen Spalt und erzählt davon so:

Der Bischof von Hildesheim und der Abt von Fulda hatten einmal einen heftigen Rangstreit, jeder wollte in der Kirche neben dem Kaiser sitzen, und der Bischof behauptete den ersten Weihnachtstag die Ehrenstelle.

Da bestellte sich der Abt heimlich bewaffnete Männer in die Kirche, die sollten ihn den morgenden Tag mit Gewalt in Besitz seines Rechtes setzen. Dem Bischof wurde das aber verkundschaftet und ordnete sich auch gewaffnete Männer hin. Tags darauf erneuerten sie den Rangstreit mit Worten, dann mit der Tat, die gewaffneten Ritter traten hervor und fochten; die Kirche glich einer Walstätte, das Blut floß stromweise zur Kirche hinaus auf den Gottesacker.

Drei Tage dauerte der Streit, und während des Kampfes stieß der Teufel ein Loch in die Wand und stellte sich den Kämpfern dar. Er entflammte sie zum Zorn, und von den gefallenen Helden holte er manche Seele ab. Solang der Kampf währte, blieb der Teufel auch da, hernach verschwand er wieder, als nichts mehr für ihn zu tun war.

Man versuchte hernachmals, das Loch in der Kirche wieder zuzumauern, und das gelang bis auf den letzten Stein; sobald man diesen einsetzte, fiel alles wieder ein, und das Loch stand ganz offen da. Man besprach und besprengte es vergebens mit Weihwasser, endlich wandte man sich an den Herzog von Braunschweig und erbat sich dessen Baumeister. Diese Baumeister mauerten eine schwarze Katze mit ein, und beim Einsetzen des letzten Steines bedienten sie sich der Worte: »Willst du nicht sitzen in Gottes Namen, so sitz ins Teufels Namen!«

Dieses wirkte, und der Teufel verhielt sich ruhig, bloß bekam in der folgenden Nacht die Mauer eine Ritze, die noch zu sehen ist bis auf den heutigen Tag.

Nach Aug. Lerchheimer: Von der Zauberei, sollen der Bischof und Abt darüber gestritten haben, wer dem Erzbischof von Mainz zunächst sitzen dürfe. Nachdem der Streit gestillet war, habe man in der Messe ausgesungen: »Hunc diem gloriosum fecisti.« Da fiel der Teufel unterm Gewölb mit grober, lauter Stimme ein und sang: »Hunc diem bellicosum ego feci.« (53)

Weißer Hirsch verweist die Bergleute

Am Herzberg bei Goslar hat man einmal einen Schacht anlegen wollen, weil man vermutet, daß dort noch viel Erze verborgen seien; da ist plötzlich ein weißer Hirsch erschienen und hat zu aller Staunen vernehmlich gesprochen: Sie sollten abstehen von ihrem Bemühen, denn so lange noch das Erz im Rammelsberge unerschöpft sei, so lange würde ihr Unternehmen fruchtlos sein; und darauf ist er plötzlich, wie er gekommen, wieder verschwunden. (54)

Die Klause

Die Klause, ein hoher Sandsteinfelsen, hat mehrere Gemächer, welche ein Einsiedler bewohnte.

Die Sage weiß von ihm, daß der heilige Christoph, nachdem er den Heiland nach Ägypten gebracht, nach Goslar gekommen sei, dort seinen Schuh ausgezogen und aus diesem ein Sandkorn, die Klause, gefallen wäre. (55)

Der Klus

Vor Goslar steht ein gewaltiger Felsblock, der Klus genannt, in dem ein Einsiedler gewohnt, dessen Kämmerlein noch zu sehen; dies Sandkörnchen hat ein Riese aus seinem Schuh geschüttet. (56)

Ramm und Gosa

Zu Goslar auf dem Franckenbergischen Kirchhofe ist zum ewigen Andenken ein Leichen-Stein aufgerichtet, darauf Kayser Ottonis II. Jäger Ramm und dessen Frau Gosa in Lebens-Größe gehauen zu sehen. Der Jäger trägt in der einen Hand ein Schwerdt über sich und die Frau eine Krone auf dem Haupte: Welche bey dem Kayser in so grossen Gnaden gewesen, daß er diese an dem Rammelsberg gebauete Stadt nach des Jägers Frau Goslar und den Fluß, der durch die Stadt fliesset wie auch das Bier, so man daraus brauet, Gosa genennet [...].

Der Rammelsberg ist ein hohes Gebirge auf dem Hartz bey Goslar. Das Silber Bergwerck ist zu Zeiten Kaysers Ottonis von dessen Jäger Ramm entdecket, welcher sein Pferd an einen Baum gebunden und dem Wilde zu Fusse nachgeeilet, welches unterdessen mit den Füssen vielfältig in der Erden gearbeitet und viel Steine ausgeschlagen, deren etliche der Jäger zum Kayser gebracht und ein metallisches Ertz befunden, auch das Ertz allda in solcher Menge angetroffen worden, als man dergleichen in der gantzen Christenheit in einem Berge allein nicht gefunden hat.

Der Kayser hat also diesem Berge nach seinem Jäger den Nahmen gegeben. (57)

Der Leichenstein des Jägers Ramm

Ein Denkmal, das sich in seiner Art dem Krodo würdig zur Seite stellen läßt, ist der im Seitenschiff der Frankenberger Kirche stehende Leichenstein des Jägers Ramm, der lange Zeit als der Entdecker des Rammelsberger Bergwerks angesehen wurde.

Als man vor mehr als dreihundert Jahren den Goslarer Bürgermeister Carstenbalder in der Sankt-Augustini-Kirche beerdigen wollte, fand man beim Grabmachen fast drei Ellen tief einen großen Leichenstein mit dem Bildnis eines Mannes und einer Frau. Sofort wurde er als der Grabstein des Jägers Ramm und seiner Frau Gose erkannt und zum ewigem Gedächtnis auf dem Frankenberger Kirchhof aufrecht hingestellt. Der frühere Prediger und Chronist Heineccius hat diesen Stein sogar in Kupfer stechen lassen.

Da eine Inschrift nicht zu entdecken war und man gar zu gern das Grabmal des Entdeckers des Bergwerks besitzen wollte, so wurde bona fide der Name Ramm und Gose nachträglich eingemeißelt. Daß der Grabstein irgendeinem Rittergrab angehörte, beweist das Schwert, welches der Mann in der Hand hält, und die Kopfbedekkung der Frau, die nur von Standespersonen Ende des dreizehnten und Anfang des vierzehnten Jahrhunderts getragen und Kruseler genannt wurde.

Es steht fest, daß der Rammelsberg sowie die Gose ihre Namen viel früher besaßen, ehe man von dem Märchen etwas wußte.

Wenn man dem im neunten Jahrhundert lebenden Mönch Otfried aus Frankenland glauben darf, so haben schon zu seiner Zeit und wohl auch früher im Harz Bergwerke bestanden, die unter Heinrich I. oder unter seinem Sohn Otto I. nur mehr ausgebeutet wurden als vorher.

Rammeln ist ein bergmännischer Ausdruck und bedeutet das Zusammenlaufen mehrerer Erzgänge. Gose ist gleich Gosse, und das alte niedersächsische Wort lar heißt so viel wie Lager, also Goselar oder Lager an der Gose. (58)

Der Saal im Petersberg

Am Petersberg bei Goslar, worauf sonst das Peterskloster gestanden hat, pflückte ein Kind eine Blume. Da tat sich der Berg vor ihm auf, und es kam in einen Saal, wo viele herrliche Pferde mutig wieherten und wo von Gold und Silber gegessen wurde.

Alle, die dort speisten, hatten goldene Kronen auf und gaben auch dem Kind einen silbernen Teller mit nach Haus. Die Eltern haben nachher den Eingang und auch diese seltene Blume nicht finden können. Es sollen aber die Männer im Petersberg die Kaiser gewesen sein, die in Goslar einst gewohnt haben. (59)

Die Goslarer Zwerge

Zwerge gibt es noch in großer Zahl, besonders am Petersberge. Einem armen Bauern aus Harlingerode, der seine letzte Kuh nach Goslar brachte, verhalfen sie zu großem Reichtum. Er brauchte den Schatz nur in seinem Garten unter einem Birnbaum zu heben. (60)

Die Erfindung des Pulvers

Daß aber in Goslar das Pulver erfunden sei und schon früher im Rammelsberge Anwendung gefunden, dürfte viele überraschen. Die Sage läßt den Berthold Schwarz im Barfüßerkloster zu Goslar leben und dort das Pulver erfinden.

Daß selbst gelehrte und berühmte Leute sich durch solche Behauptungen täuschen ließen, davon gibt das Werk eines Professors und Hofrats Zeugniß, in dem gesagt wird: daß schon im 2. Jahrhundert das Schießpulver zur Sprengung des Gesteins im Rammelsberge gebraucht sei, während die Erfindung und Anwendung des Bohrens und Schießens ins Jahr 1613 gesetzt wird.

Goslar wird also auf den Ruhm verzichten müssen, daß das Schießpulver in seinen Mauern erfunden sei. (61)

Der Kinderbrunnen von Goslar

Nahe bei der Kayserlichen Freien und des Heiligen Römischen Reichs-Stadt Goslar lieget an dem Ober-Hartz der, seiner Berg-Wercke wegen, weit und breit bekannte Rammels-Berg, welcher auff der Seiten gegen den Hertzberg, wo derselbe am höhesten und stickelsten ist, einen schönen klaren Brunnen hat, der eines Armes dicke quillet und von denen Einwohnern der Stadt Goslar und andern Benachbarten der Kinder-Brunn genennet wird, wie denn auch ein Gewölbe darüber geschlossen ist, über dessen Thür zwei in Stein gehauene Kinder zu sehen sind.

Von diesem Brunnen [. . .] meldet der Herr Schreiber [. . .], daß Anno 1016 ein Kayserlicher Hoff-Diener, welcher des ersten Erfinders derer Rammelbergischen Brudern Sohn gewesen und Günther Carl geheissen haben soll, der Rammelsberg von Kayser Heinrich dem Andern ausgebethen habe, da es sich denn zugetragen: daß einesmahls dessen hochschwangere Frau Beliebung gehabt, den Berg zu besehen, und sei dieserwegen mit ihrem Herrn, Lusts halber, dahin spatzieren gegangen: Als sie nun im Rück-Wege unter andern an den Berg und bei dem Brunnen angelanget, wären ihr daselbst die Geburts-Schmertzen plötzlich ankommen und hätte zwei junge Söhne zur Welt gebohren, von welchen Kindern der Brunnen noch heutigen Tages den Nahmen habe, daß er der Kinder-Brunn genennet werde, welcher auch hernach, auff Befehl Kayser Conrads des Andern dieses Nahmens durch Röhren in den damahligen Kayserlichen Pallast zu Goslar geführet worden. (62)

Vom wunderbaren Wasser des Kinderbrunnens

Der Kinder-Brunnen auf dem Rammels-Berge quillet eines Arms dick schön Wasser, über dessen Thür sind zwey in Stein gehauene Kinder zu sehen, zum Andencken einer vornehmen Frauen, die Anno 1016 dabey zweyer Kinder genesen, als sie diesen Brunnen besehen wollen. (63)

Frau Holle am Kinderbrunnen

Seltsam mag es erscheinen, daß Frau Holle sich hier in Goslar niedergelassen hat und am Kinderbrunnen Bestellungen auf Jungen und Mädel in Empfang nimmt. Sie ist aber schon jahrhundertelang im Herzberger Tal zu Hause, seitdem sie Gundel Karls Gemahlin an diesem Platz Zwillinge bescherte.

Gundel Karl war ein Neffe Ritter Ramms, des Jägers Ottos des Großen, der die Erzlager im Berg entdeckte. Er hatte es nicht mit ansehen können, daß Ramms und Ottos Werk allmählich verfiel. Und als der Bergbau unter seiner Leitung wieder Erträge brachte wie zuvor, führte er seine Gemahlin in die Gruben, ihr sein Werk zu zeigen.

Hernach trat Frau Holle zu ihnen und bescherte ihnen Zwillinge. Doch die Mutter starb an dem Ort, wo sich jetzt der Kinderbrunnen befindet. Der Brunnen wurde zum Andenken mit einem Stein eingefaßt, auf dem zwei Kinder dargestellt sind. Hier ist der Ort der Frau Holle. (64)

Der Zwinger

Kennst du den gewaltigen trutzigen Zwinger am Walle? Orthulf, ein gefangener sächsischer Heerführer, hat ihn, der Not gehorchend, mit seinen Mannen erbaut. Er wollte die Freiheit erkaufen und verstand sich zu so schwerer Arbeit. Ratsherr Heinzen führte beim Bau die Aufsicht, und aus Rache ließ Orthulf den Ratsherrn erstechen. Seit dem Tage erschien ein mächtiger schwarzer Hund und wachte über den Bau. Als er vollendet war, fand man Orthulf tot auf dem Lager, der Hund aber war verschwunden. Die Mauern des Turmes sind 21 Fuß dick, doch zuweilen dringt noch seltsames Winseln nach außen. (65)

Das Marktbecken zu Goslar

Auf dem Markte zu Goslar steht ein großes doppeltes Becken von Bronze, mit dem reinsten, klarsten, vom Fuße des Rammelsbergs hergeleiteten Wasser gefüllt. Dies eherne Becken rührt wahrscheinlich auch aus dem grauen Altertume her und soll, der Sage nach, vom Teufel hierher gesetzt sein, dem man so gern alles zuschrieb, was für Menschenhände und menschliche Taten zu viel schien, oder dessen Entstehung man sonst nicht enträtseln konnte. Es soll beim Anschlagen einen starken Ton von sich geben, den man eine halbe Stunde weit hören kann. (66)

Vom Goslarer Wasserbecken

Der Markt zu Goslar mit dem großen, metallenen Wasserbecken (Wasserbassin), das durch Röhren vom Rammelsberg her stets mit schönem, kristallhellen Wasser gefüllt wird und ein hohes Alter besitzt, bietet dem Reisenden eine große Sehenswürdigkeit.

Die Sage berichtet, daß es vom Teufel hierher gebracht sei, damit jeder, welcher ihn benötige oder sich ihm verschreiben wolle, an das Becken drei Schläge zu tun brauche, um ihn herbeizurufen.

Nach andern soll es zur Zeit des Faustrechts aufgestellt sein, damit ein fester Schlag daran aus dem weiten Bauche des Rammelsberges die Bergknappen zu Hilfe gegen Feinde rufen könne. (67)

Der Teufelsturm von Goslar

Im Jahre 1280 raubte Graf Siegfried von Blankenburg der Stadt Goslar das Vieh von der Weide; aber während seine Leute das Vieh wegtrieben, wurde er selbst ergriffen und ins Gefängnis gebracht. Da die Stadt gerade einen neuen Turm innerhalb der Ringmauer benötigte, gab sie dem Grafen auf, einen solchen zu bauen, dann sollte er seine Freiheit wiederbekommen.

Da ließ der Graf den sogenannten Weberturm bauen. Der Rat verweigerte aber dem Grafen trotzdem die Freiheit, weil der Turm nicht den Anforderungen entspräche. Da sagte der Graf wütend: »So soll denn in des Teufels Namen noch ein Turm gebaut werden!«

Das geschah denn auch, und dieser Turm erhielt den Namen Teufelsturm. (68)

Antonia vom Kloster Mariengarten

Das Steinbild an der Jakobikirche in Goslar mit der Nonne, die auf einem Lindwurm steht, das ist die verräterische Antonia vom Kloster Mariengarten, die den Truppen Gunzelius von Wolfenbüttel die verborgene Pforte in der Mauer öffnete. Nun steht sie da, ein Bild der Falschheit, für alle Zeit. (69)

Der lange Tanz zu Goslar

Ein Frühlingsfest ist auch der lange Tanz zu Goslar gewesen, wiewohl die Alten es anders wissen.

Sie sagen: nach dem bergmännischen Sprichwort: ›Neue Bergwerke, neues Geschrei‹ fanden sich zu Goslar aus dem Frankenlande immer mehr und mehr Bergleute ein, durch welche die Stadt mit Gebäuden stark vermehrt wurde. Die Sachsen aber, die in Goslar wohnten, gerieten bald mit ihren Nachbarn, den Franken, verschiedener Irrungen wegen, in Streit, besonders aber wegen des Wassers, das oben von den Franken verunreinigt wurde.

Da war oft Mord und Totschlag unter ihnen, so daß Schlagbäume und starke Zäune zwischen sie gesetzt werden mußten. Endlich haben sich die beiden Völker durch Heiraten befreundet, und zur Befestigung dieser Eintracht wurde der lange Tanz eingeführt. Da tanzten die jungen Männer und Frauen von den Sachsen bis zu den Franken und wiederum von den Franken bis zu den Sachsen. Bergleute mit Zithern, Geigen und anderer Musik zogen dem Zuge voran. Und alle sangen, wohl mit Anspielung auf die Verpfändung Goslars durch Karl IV.:

Kaiser Karolus hochgeboren,
Der Goslar hät vom Rieke (Reiche) einst verloren.
Der Rammelsberg hät einen silbern Faut,
Des tragen wir einen frischen Maut.
Mit düssen hübschen Jüngferlein
Maken wir von Tannen ein Kränzelein
Wente taun (bis zum) andern Jahre
Sau tanzen wir mit zwei Paare.
Wie willt dat woll bedenken,
Wie willt öhn dat wedder schenken. (70)

Die Goslarsche Grenze

Als die Freiheit der freien Reichsstadt Goslar im Sinken war und sie an Braunschweig fiel, wurden drei schwangere Bergmannsfrauen zu dem Herzog von Braunschweig, der die Stadt besetzt hatte, geschickt, um Gerechtsame für sie zu bitten.

Da befahl der Herzog, die Stadt solle einen Ochsen mästen drei Vierteljahre lang, dem solle eine zentnerschwere Glocke umgehängt werden, und so viel Wald er in einem Tage umschreiten könne, solle der Stadt gehören.

Es geschah auch also mit dem Ochsen, und der schritt dann das Okertal hinauf und kam auf dem Gebirge heraus bis zum Auerhahn, wo er gefüttert wurde. Unter Hahnenklee wurde er auf den noch jetzt so genannten Ochsenweg geführt, da ist er gefallen, und darum ist am Graneflusse noch jetzt die Grenze der Goslarschen Forst. (71)

Die verwiesene Papiermüllerin

Hinter Goslar lag eine Papiermühle, darin wohnten ein paar alte Leute, die hatten nur einen Sohn. Als der heranwuchs, schaffte er sich eine Liebste an, und das sahen die alten Eltern gar nicht gern. Er jedoch ließ sich nicht abhalten und freite sie.

Einige Zeit nach der Hochzeit starb die Alte, und der Papiermüller übergab dem Sohn die Meisterstätte und das ganze Kram, zog selbst nach Goslar und nahm da Quartier. Die Zeit lief hin, und die junge Frau gebar einen Sohn. Die beiden Dienstmädchen mußten bei der Wöchnerin wachen. Als es gegen Mitternacht war, wurden die Mädchen gleich der Wöchnerin müde, und alle schliefen ein. Als sie am Morgen aufwachten, lag der Knabe tot neben der Wöchnerin, und keiner wußte, auf welche Weise er zu Tode gekommen war.

Die Zeit ging wieder hin, und die junge Papiermüllerin gebar ein kleines Mädchen. Dabei ereignete sich alles wie zuvor. Eine Zeitlang nach dem Tode der Tochter gebar die Frau wieder einen Knaben. Da war unter den beiden Dienstmägden eine neue, die verzählte der andern in der ersten Nacht etwas, und dadurch blieben beide wach. Es war aber eine wunderbare Nacht, der Mond schien hell, und als es so gegen elf Uhr war, sprach das neue Mädchen, sie wollten gar ein bißchen aus dem Fenster gucken. Nun lag der Papiermühle gegenüber ein großes Angebäude, da entstand plötzlich ein Geräusch, und dann ging dort ein Fenster auf, und es guckte eine weiße Gestalt heraus. Als die Glocke zwölf schlug, schloß die weiße Gestalt das Fenster, huschte wieder über den Boden herüber und ging fort.

Wie der junge Herr am Morgen aufstand, erzählten die Mägde ihm alles. Er wollte ihnen anfangs nicht glauben und beschloß, in der folgenden Nacht selbst mit aufzubleiben. Sobald die Glocke nun elf schlug, kam die Gestalt wieder, und der junge Papiermüller erkannte seine Mutter. Schlag zwölf warf die Gestalt wieder das Fenster zu und verschwand.

Am andern Tag wurde der alte Papiermüller herbeigeholt, auch der blieb die Nacht auf und überzeugte sich, daß die ersten beiden Kinder von niemandem anders als seiner Frau getötet sein konnten. Er bestellte also sogleich zwei Barfüßermönche, welche den Geist verweisen sollten. Auch der Arzt und die Hebamme wurden herbeigeholt, für den Fall, daß der Wöchnerin etwas geschähe, weil der Geist auf der Kammer, wo sie lag, verwiesen werden sollte.

Die Barfüßer befahlen dem Müller, daß er während der Verweisung alles im Hause offen lassen sollte, und das geschah auch. Doch machte der Wächter, als er vorbeikam, die Haustür und das Dielenfenster zu. Die beiden Barfüßer beschrieben zurst drei Ringe auf dem Fußboden der Stube. Es waren aber die beiden ein junger Mönch und ein alter. Der junge setzte sich unten ans Bett an einen kleinen Tisch, nahm sein dickes Buch, legte es verkehrt und fing an, so darin zu lesen. Der alte Mönch stellte sich neben ihn.

Nun kam auf den Glockenschlag elf die Alte ans Fenster im Angebäude. Als sie ein Schäuerchen (Weilchen) hinausgeguckt hatte, schob sie das Fenster zu und kam herein. An dem vordersten Ring blieb sie stehen. Da sprach der junge Barfüßer: »Geist, bist du ein guter Geist oder ein böser Geist? So gebiete ich dir zu reden.«

Sie antwortete nicht, und er fragte zum zweiten Male. Sie antwortete aber wieder nicht, und als er zum dritten Male fragte, hielt sie ihm vor, daß er seiner Mutter einmal einen Pfennig weggenommen hätte. Er sagte zwar, daß er sich dafür Papier gekauft hätte, aber dennoch mußte er aufstehen und der Alte sich an seine Stelle setzen. Als der sie auch so anredete, begann sie sich zu schütteln und gestand, sie könne nicht ruhen, weil sie nicht gewollt, daß ihr Sohn seine Frau freien sollte, auch daß sie am Tode der beiden Kinder schuldig wäre. Und wenn das Mädchen dieses Mal nicht munter geblieben wäre, so wäre es dem dritten Kind ebenso ergangen.

Da verwies sie der Barfüßer ins Rote Meer, sie aber fing an zu betteln: Sie möchten ihr doch einen Winkel im Haus lassen, und wenn es nur ein Loch wäre, wo sie hineinkriechen könnte. Da fragte dieser Barfüßer ihren Sohn und ihren Mann, ob sie haben wollten, daß sie im Haus bleiben solle. Die wollten es aber nicht und sprachen: Nein, sie solle ins Rote Meer.

Sobald die Glocke zwölf schlug, wendete sie sich um und war verschwunden, ließ aber einen ganz entsetzlichen Gestank hinter sich. Als sie herunterkamen auf die Diele, wo der Wächter alles zugemacht hatte, hatte sie das eine Fach von den Fensterruten mit herausgenommen. Von der Zeit an aber ist sie nicht mehr wiedergekommen. (72)

Die Schweineherde im Finkengrund unweit Wiedelah

Der Finkengrund ist ein mit Wald bewachsener Hügel, dicht neben dem Dorfe Wiedelah, der Sage nach so genannt, weil Kaiser Heinrich I. dort seinen Vogelherd gehabt haben soll.

Mitten in dem Walde befindet sich eine stets mit Wasser angefüllte Schlucht. Alles, was man hineinwirft, versinkt, und ihre Tiefe ist unergründlich.

Einst soll dort eine Schweineherde untergegangen und aus einzelnen Schweinen sollen die Holzbüsche gewachsen sein, die aus dem Wasser hervorragen. Noch heute heißt die Schlucht der Schweinegrund. (73)

Hahnenklee, Lautenthal, Münchehof, Gittelde, Windhausen

Die »Drei Jungfern« in Hahnenklee

Vom Hahnenklee und den Drei Jungfern wurde mir von einem Andreasberger folgende Sage erzählt: Drei junge Mädchen, welche sämtlich verlobt sind, gehen im Gespräch über ihre Geliebten an einem schönen Sonnagnachmittag nach dem Orte, der jetzt noch die Drei Jungfern heißt. Unter halbgewachsenen Tannen lassen sie sich nieder auf dem Moos, plaudern von Hochzeit und sind, wie die Andreasberger gewöhnlich, frohen Mutes.

Da schaut die eine in die Höhe und verstummt, und den andern geht es nicht besser, denn sie sehen, daß ihnen gegenüber, hinter der Tanne, ja sogar darüber weg, ein greuliches Weibsgesicht zum Vorschein kommt.

Die Augen des Ungetüms glotzen teils gutmütig, teils zornig und wütend, bald auf dieses, bald auf jenes Mädchen. Die Haare der Schreckensgestalt wallen in langen, zottigen Locken über ihre entblößten Schultern und ihren breiten gelben Nacken herunter. Der übrige Teil des Körpers ist hinter der Tanne versteckt, über welche sie weg sieht. Mit hohler, gleichsam aus dem Grabe kommender Stimme spricht sie: »Welche von euch dreien diese Nacht, zwischen elf und zwölf Uhr, nach dem Hahnenklee kommt und denselben scheuert, die soll bald ihren Bräutigam heiraten.« Darauf verschwindet sie.

Nachdem die Mädchen sich von ihrem Schrecken erholt haben, gehen sie nach Hause und verabreden, da alle drei gern heiraten wollen, zur befohlenen Stunde an einem Platze über Andreasberg zusammenzutreffen und tun zu wollen, was die Frau Holle – denn sie ist es gewesen – gesagt hat. Der Abend rückt heran, und die Mädchen sind zehneinhalb Uhr an dem verabredeten Orte. Die Nacht ist trübe; die Eulen erheben ihr schaudererregendes Geschrei; in der Ferne hört man Donner, sieht aber keinen Blitz, auch weder Mond noch Sterne; alles ist so unheimlich und schaurig. Da verfolgen die drei Mädchen, in sich gekehrt und ohne zu reden, ihren Weg nach dem Hahnenklee. Aber an den Ort gekommen, den man Gesehr nennt, spricht das eine Mädchen: »Nein, ich gehe nicht weiter. Wer weiß, welche Fallbrücke uns das Weib gelegt hat«, und wendet sich um. Bald darauf macht's das zweite ebenso; das dritte, ein gutes und frommes Mädchen, spricht: »Und wenn es mir das Leben kostete, ich gehe und tue, was mir befohlen ist.«

Kaum ist es nun glücklich auf dem Hahnenklee angekommen und legt Hand ans Werk, so erscheint ihm abermals Frau Holle und spricht freundlich und liebreich: »Du hast Wort gehalten; ich halte auch Wort. Du bist also die folgsame und daher auch die bevorzugte unter euch dreien. Wisse, bald wird dich dein Bräutigam als glückliche Braut zum Altar führen; dagegen sollen die beiden andern losen Dirnen nie zum Traualtar gelangen.«

Kaum ist das Wort verklungen, so ist die Gestalt verschwunden. Die Wolken brechen, der freundliche Mond blickt nach seiner bescheidenen Wohnung. Dasjenige Mädchen, das auf dem Gesehr umgekehrt ist, hat einen Bergmann zum Bräutigam gehabt und die Hochzeit ist vor der Tür, ja der Tag schon bestimmt gewesen. Am Montage nach dem verhängnisvollen Sonntage bringt man ihren Bräutigam in Stücken nach Hause; er ist in den Schacht gestürzt und gänzlich zerschmettert. Die Braut desselben grämt und härmt sich so ab, daß man nach dreien Tagen sie und ihren Bräutigam zur Ruhe bestattet.

Des zweiten Mädchens Bräutigam ist im Kriege, von einer Kugel getroffen, tot zur Erde gesunken; nach einigen Wochen kommt die Trauerbotschaft. Die Verlobte desselben betrauert ihren Geliebten viele Jahre und stirbt als alte, verlassene Jungfrau, deren Hoffnungen nicht erfüllt wurden.

Das mutige und tapfere Mädchen aber, das dem Rufe des Schicksals folgte und den Hahnenklee scheuerte, bekam bald seinen Bräutigam zum Mann, und bei dem frohen Hochzeitsmahle, als nach Tisch der übliche Lobgesang gesungen und das ›Danket dem Herrn‹ gebetet war, guckte abermals Frau Holle über den Ofen herüber und reichte dem nächstsitzenden Gaste für das Brautpaar eine silberne Wiege, die bei näherer Untersuchung ganz voll blanker Andreasberger Sechsgroschenstücke war, womit das junge

Ehepaar seinen Haushalt gut anfing und glücklich, wohlhabend, ja reich beendigte.

Daher stammt auch die Redensart, wenn ein Mädchen auf Andreasberg keinen Bräutigam bekommt, so muß es den Hahnenklee scheuern. Ebenso sagt man da, wo der Ofen zwei hintereinander liegende Stuben heizt und so in der Wand steht, daß man darüber wegsehen kann: ›Schürach sachte, de Fra Holle horcht.‹ (74)

Der Mädchenrathausplatz

In Hahnenklee, wie überhaupt auf den Bergwerken des Harzes, fehlte es in früheren Zeiten gar sehr an Männern, und die Frauen mußten einen großen Teil der Arbeit mit versehen helfen, waren deshalb auch gewaltig hinter den jungen Männern her, und so kam es denn einmal, daß zwölf Mädchen zu gleicher Zeit einen jungen Burschen haben wollten und darüber auf einem Berge oberhalb Hahnenklee in einen Streit gerieten, wobei sie so heftig wurden, daß sie in jähem Zorn einander erschlugen; darum hat man die Stelle zum ewigen Andenken den Mädchenrathausplatz genannt. (75)

Zur Entstehung des Namens Hahnenklee

Daß es ein Hahn war, der einst im Kleefelde blankes Erz hervorscharrte und ob solcher Leistung der Siedlung den Namen Hahnenklee einbrachte, ist hinlänglich bekannt. So sagt der älteste der Hirten dort oben auf dem Bocksberg bei Hahnenklee.

Wenn jemand aber nun meint, dort im Harze sei es mit der Namenforschung gar leicht bestellt, so irrt der: denn würde er nicht gleich bei der Bezeichnung Mädchenrathausplatz festgeraten? Nur gut, daß alte Leute davon noch Kunde zu geben wußten. So wie es jetzt noch in Hahnenklee ist, die Männer waren von jeher sehr begehrt, weil es dort zumeist mehr Mädchen als Jünglinge gab. Wer sollte da alle Arbeit im Berge verrichten? Frauen mußten mit einfahren und es vor Ort den Männern gleichtun.

Nun, das ließ sich schon an. Aber wehe, wenn ein junger Mann auf die Freite ging! Dann wußte er nicht, welches Mädchen er wählen sollte. Und so kam es einst, daß ein volles Dutzend junger Mädchen auf einem Berge über Hahnenklee, wo sie miteinander beraten wollten, in Streit gerieten, da jede den Burschen haben wollte. Sie wurden so heftig, daß sie mit dem, was gerade zur Hand war, losschlugen, schlimmer als Männer im Kampf, und es blieb auch nicht eine einzige am Leben. So mußte denn der Bursche eine dreizehnte heiraten. Den Platz aber nannte man zum steten Angedenken den Mädchen-Rathaus-Platz.

Der alte Hirte vom Bocksberg über Hahnenklee hat es so von den ältesten Leuten gehört, die schon lange verstorben sind. (76)

Der Schatz auf dem Bocksberg

Vor langen Jahren wohnten drei Bergleute in Hahnenklee; dabei kehrten von Zeit zu Zeit Venetianer ein, die die Schätze im Bocksberg aufsuchten und in der Regel auch so viel fanden, daß sie zufrieden zurückgingen. Aus ihrer Heimat brachten sie dagegen allerlei Medizinsachen mit, die gegen viele Krankheiten gut waren. An diesem Handel verdienten sie auch reichlich. Die Bergleute merkten aber bald, daß es dieser Handel nicht allein war, der sie herzog, sondern daß ihr Hauptaugenmerk auf den Bocksberg gerichtet war, und jedesmal, wenn sie kamen, erst Erkundigung einzogen, ob schon vor ihnen Landsleute von ihnen hier gewesen wären und den Bocksberg besucht hätten. War das zufällig geschehen, so wurden sie jedesmal recht verdrießlich; waren aber keine vor ihnen da gewesen, dann sahen sie stillvergnügt aus. Es mußte der Bocksberg also für sie wichtig sein.

Als sie einst wieder da waren, sich so wie früher erkundigt hatten und in mondheller Nacht nach dem Bocksberg machten, stach ihnen einer von den drei Bergleuten, die beiläufig gesagt, Kameraden waren, nach und sah, daß sie am Bocksweg an einer abgelegenen Stelle den Boden aufgruben und aus dem Loche Erde in ihre Beutel füllten. Der Nachstecher hatte genug gesehen und sich genau die Stelle bezeichnet, wo das geschehen war.

Er eilte, daß er früher nach Hause kam wie die Venetier. Am folgenden Tag reisten diese ab, und die Bergleute verabredeten gleich, denselben Abend den Ort aufzusuchen und nachzusehen, was es da zu sehen gäbe, und sprachen schon von dem Reichtum, der sich da finden würde; der dritte aber sagte:

»Ich gehe nicht mit, denn was mir Gott hat zugedacht,
das wird mir ins Haus gebracht.«

Die beiden andern Bergleute gehen deshalb allein hin, suchen an dem Platz, finden aber nichts. Sie wollen am Ende aufhören und sind eben im Begriff, das Gezäh verdrießlich zusammenzunehmen. In dem Augenblick aber tut der eine noch einen derben Hieb in die Erde und ruft voll großer Freude, hier steckt etwas. Nochmals fangen sie an zu graben und bringen zuletzt ein Gerippe heraus; sie sind ungewiß, ob es von einem Reh oder einer Ziege ist.

Sind sie vorher schon verdrießlich, so sind sie es jetzt noch mehr. Trotz des Ärgers lacht aber doch der eine über den andern, nämlich von wegen der Täuschung. »Ja«, sagt der eine, »unser Kamerad muß aber auch seinen Teil davon haben, wir wollen ihm das Gerippe ins Haus bringen. Er ist angefahren, seine Frau liegt diesen Abend im Bette, die Türen sind offen; deshalb können wir es ihm ungesehen in die Stube bringen.«

Als es Nacht ist, bringen sie richtig das Gerippe in die Stube ihres Kameraden und fahren von da weg an. Ihren Kameraden finden sie noch auf dem Gedinge; er hat sich redlich gequält, und seine Löcher haben tüchtig gehoben. Als sie ankommen, fragt er gleich: »Na, habt ihr eure Scheuern voll? Ich glaubte, ihr brauchtet nicht wieder ein Fäustel in die Hand nehmen.«

»Ach«, antworteten diese, »laß dein Spotten, wir hätten besser getan, wenn wir angefahren wären.« Darauf arbeiten sie bis um zwölf, dann machen sie Schicht, gehen miteinander nach Haus, und jeder sucht sein Quartier.

Als der dritte mit brennendem Licht in seine Stube tritt, so ist er ganz erstaunt; denn ringsum im Zimmer stehen auf Tischen, in den Fensterbänken, auf den Kannelbrettern lauter prächtige Silberfiguren aus purem Gold und Silber: Hirsche, Rehe, Schweine, Kühe, Kälber, Ziegen, Vögel usw. Er kann sich nicht sattsehen, nimmt eine Figur nach der andern, wiegt sie in der Hand und wundert sich über die Schwere und Schönheit des Dinges. Nachdem er alles durchgemustert hat, legt er sich zu Bett und denkt: Deine Frau kann sich morgen auch erst darüber wundern, wo das hergekommen ist. Von dem Gerippe ist aber nichts zu sehen gewesen.

Am andern Morgen, als die Frau aufsteht, in die Stube tritt und den Gold- und Silberreichtum gewahr wird, läuft sie gleich zurück in die Kammer, weckt ihren Mann und fragt: »Mann, wo hast du die schönen Sachen her?«

Der aber antwortet, »das hat mir mein lieber Gott ins Haus gebracht«, dreht sich gemächlich um und schläft fort. Die Frau verschließt und verriegelt alles und besorgt ihre häuslichen Geschäfte. Kaum ist es Frühstückszeit, der Mann aufgestanden und hinausgegangen, um sich Waschwasser zu holen, so kommen die andern beiden Kameraden und wollen sich bloß das Bündel voll Schelte von wegen des Schabernacks abholen. Aber statt daß ihr Kamerad ärgerlich aussieht, geht er ihnen freundlich entgegen und spricht: »Kameraden, was ich euch gesagt habe, so ist es gekommen. Mein Gott hat mir großen Reichtum ins Haus gebracht. Kommt herein, ihr sollt euern Teil davon haben.«

Darauf führt er sie in die Stube; sie werden stumm und starr, dann sagt er: »Du, Kamerad, nimmst diese, du die Seite. Ich behalte diese hier, dann hat ein jeder so viel, daß er ferner nicht den Bohrer zu gerben braucht.«

Beide danken ihrem Kameraden für das große Geschenk und fragen zuletzt, was er mit dem Gerippe angefangen habe. Er aber weiß nichts davon. Da sagen sie es ihm, was sie getan haben; er aber hört gar nicht danach, antwortet bloß: »Tut nichts.«

Jeder packt seinen Reichtum zusammen und trägt ihn nach Haus; er ist schwer gewesen, so schwer, daß er's kaum fortbringen kann. Später haben die drei ihre Goldtiere nach Goslar verkauft; auch der Herzog von Braunschweig hat einige bekommen, und sie haben so viel Geld dafür erhalten, daß sie reiche Leute geworden und auch geblieben sind. Von der Zeit an hat keiner einen Venetier wieder auf dem Bocksberg gesehen; die Schätze im Bocksberg sind aber auch so lange verschlossen, bis hundert Jahre lang kein vierbeiniges Tier den Bocksberg betritt. Das ist aber noch lange hin. (77)

Ansicht von Lautenthal. Stahlstich aus: Ey, A.: Harzbuch. 2. Aufl. Goslar 1855.

Fahne und Wappen von Lautenthal

Nach einigen hat Lautenthal seinen Namen von dem Bache die Laute, der sich von den Bergen in das Tal, wo das Städtchen liegt, herunterstürzt.

Nach andern hat aber Stadt und Fluß seinen Namen davon, daß, als die ersten Ansiedler sich hier niederließen, sich oben am Bache eine Jungfer mit einer Laute aufgehalten hat. Daher kommt es denn auch, daß in der Bürgerfahne eine Jungfer mit einer Laute zu sehen ist, während das Wappen der Stadt einen Zwerg mit Hammer und Schlegel zeigt. (78)

Die Abstammung der Lautenthaler

Bei Lautenthal liegt der Zwergenberg, in dem vor alten Zeiten Zwerge gewohnt, von denen die Lautenthaler abstammen; daher gibt's denn auch dort fast nichts als Kröpel, und der eine ist lahm, der andre bucklig und der dritte blind. Die Lautenthaler selber aber wollen davon nichts wissen und sagen, nur das sei wahr, daß es hier ehedem Zwerge gegeben, die haben sich in einer Höhle bei der Stadt, welche die Schpartemihl heißt, aufgehalten. (79)

Vom Pochwerk bei Lautenthal

Im Innerstetal, oberhalb des Sägewerkes ›Hütschental‹ bei dem Bergstädtchen Lautenthal, stand vor Jahren auf der sogenannten Lehmwiese ein Pochwerk. Fleißig wurde hier das Erz zerkleinert. Waren die Pochjungen fort, so setzte wohl auch der Wächter die Pochstempel in Bewegung und arbeitete in der Nacht.

Freilich schaffte er trotz eifriger Arbeit wenig. Da, als er eines Abends bei dem trüben Schein seines Öllichtes arbeitete, stand plötzlich ein kräftiger Alter mit langem, weißem Bart vor ihm: »Leg dich auf den Bankkasten und schlafe, dann schaffst du viel mehr. Doch erzähle niemals und niemandem, daß ich hier war.«

Der Junge tat aus Furcht vor dem Manne, wie ihm befohlen war. Und bald lag der Knabe im tiefen Schlaf.

Als er erwachte, zwitscherten die Vögel, und die Tagschicht mußte ihn gleich ablösen. Da traute er seinen Augen kaum. Ein großer Haufen ›Stuff‹, das reinste Silbererz, lag fertig zerkleinert vor ihm. Noch mehr wunderten sich die Steiger und seine Kameraden; doch erfahren konnten sie nichts. So ging's manche Woche; das Pochwerk blühte empor.

Eines Tages konnte der Wächter doch den auf ihn eindringenden Fragen nicht widerstehen. Er erzählte, wie bequem er es habe und wieviel er damit schaffe. Als er sich nun am selbigen Abend wieder auf seinem Bankkasten ausstreckte, setzten sich langsam die Pochstempel in Bewegung und klopften ihn in seinen tiefen Schlaf. Aber was machte der Junge am andern Morgen für Augen, als er statt der Erze einen großen Haufen Pferdemist vorfand.

Der Alte hat sich dann dort nie wieder sehen lassen. Der Wächter mußte wie früher seine Arbeit verrichten, doch nicht mehr lange. Bald darauf ging das Pochwerk ein. (80)

Das Gespenst auf dem Kranichberg

Der Steiger Wolf, der von der Nachtschicht nach Hause kam und über den Kranichberg ging, um nach seiner Wohnung oben auf der Vorderstraße in Lautenthal zu gelangen, sah, wie von der Wiese hinter der Papiermühle weg (heute ist die Papiermühle das Elektrizitätswerk) eine weiße Gestalt, einen weißen Ziegenbock hinter sich herziehend, in dem kleinen Haus auf der Halde verschwand. Er wurde nach dieser Nacht ernstlich krank. Von dem Haus glaubte man, daß es mit dem Teufel im Bunde stehe. (81)

Von Frau Holle

In Lautenthal erzählt man den Kindern von der Frau Holle, daß sie früher unartige oder faule Kinder weggeholt habe, um sie zu erziehen. Noch hier und da werden dort Kinder, wenn sie sich nicht gut betragen, von den Großmüttern, welche die Frau Holle selbst gesehen haben wollen, damit bange gemacht, daß sie abends vor den Fenstern acht gebe und, falls sie nicht artig wären, sie mit in den Wald nach ihrer Wohnung nähme, woselbst sie saure Arbeit und schlechtes Essen bekämen.

Den Kindern sagt man dort auch, daß sie bei der Geburt aus dem neuen Teiche geholt werden. Solche Kinderteiche wird es bei uns wohl an jedem Orte geben, wenn auch in Lautenthal und anderswo nicht immer die Frau Holle genannt werden muß.

Bei Schulenberg oben sitzt im Festenburger Teich die große Wasserfrau, die hat die Kinder bei sich im Teich. Von da kommen sie in der Flut heruntergeschwommen und werden von den Leuten in Schulenberg aufgefangen, im untern Lerbach sagt man den Kindern, daß der liebe Gott die Kinder in den Teich ›wuppt‹ (wirft) und daß die Kinderfrau sie ›heraushäckelt‹.

»Will je ne denn ok beholen? Süst nehm' ick ne wedder midde und stoppe ne wedder bie«, sagt die Kindsfrau zu den ältern Geschwistern nach der Geburt eines kleinen Bruders.

An andern Orten redet man bloß von einem grundlosen Brunnen. Ein solcher grundloser Brunnen ist bei Hornhausen zwischen

Wilder Mann raubt Kinder. Holzschnitt von Lucas Cranach (1472–1553).

dem Bekendorfer und Neindorfer Wege. Wer daraus trinkt, kommt von Hornhausen nicht wieder fort. Ebenso springt bei Wippe eine Quelle aus dem Berge, welche niemand wieder fortläßt, der daraus getrunken hat.

Wenn es schneit, so sagt man in Wildemann in bezug auf die Frau Holle: Die alte Hexe zieht nach dem Brocken. (82)

Der Feuerholzmeister und die faule Rohne

Ein alter Feuerholzmeister in Lautenthal ging einmal mit der Försterei am Ähnertsberg über Lautenthal auf die Jagd.

Da ging er allein auf die andere Seite des Berges, nahm aber weiter nichts mit als seinen Vierfußstock. Auf einmal fiel ein Schuß, und als die Försterei hinkam, stand er da mit seinem Vierfußstock und hatte den Hirsch geschossen.

Da wird der Hirsch nach dem Försterhof in Lautenthal gebracht, und als er dort lag, verwandelte ihn der Feuerholzmeister in eine faule Rohne (Holzstuke). Da hat der Förster mehrere Waldarbeiter beordert und gesagt, wenn das eine faule Rohne wäre, so wolle er sie auch auseinanderhacken lassen. Sowie aber die Waldarbeiter auf die Rohne loshacken, hieb der eine sich ins Bein, und die anderen verwundeten sich ebenfalls an ihrem Körper, von der Rohne aber konnten sie nichts abhacken.

Da lag die faule Rohne drei Wochen lang auf dem Försterhof, dann aber war sie verschwunden. Da hat der Feuerholzmeister sie weggenommen und wieder in einen Hirsch verwandelt gehabt.

Einstmals war Schützenhof in Gittelde, da fand sich viel Försterei vom ganzen Harze zusammen, und auch der alte Feuerholzmeister ist dazugekommen. Da schoß er immer mit, und weil die Försterei auch gut schießen wollte, bat ihn einer nach dem andern um seine Büchse und legten alle der Reihe nach das Gewehr an, es ging aber bei keinem von der Försterei los. Da sagte der Alte: Wenn sie die grünen Röcke auszögen, so würden sie mit seinem Gewehr schon treffen. Da zog die Försterei die grünen Röcke aus, und da ging jeder Schuß los, und die Herren konnten gut mit der Büchse schießen. (83)

Der Zwergekrieg

Ein Bergmann war nach Lautenthal gewesen. Als er an die Berge kam, da wo die Lautenthäler Teiche liegen, hörte er einen Tumult, ein Schreien und Wehklagen, ein Rufen und Toben, als wenn kleine Jungen was miteinander vorhaben. Er geht näher und sieht, daß der Teich weg und eine große Wiese da ist, auf der zwei Heere Zwerge Krieg führen. Große Scharen kämpfen miteinander mit Säbeln und Dolchen, andere Scharen rücken im Sturmschritt aufeinander los und hauen mit ihren kleinen Schwertern wütend aufeinander ein, daß haufenweis die Toten und Verwundeten umherliegen und jammern und klagen.

Es ist ein Ringen und Fechten, daß es bei Großen nicht gut schlimmer sein kann. Dabei ein Trompeten und Trommeln, als wie's die kleinen Jungen wohl machen auf ihren kleinen Trompeten und Trommeln, und da ging alles wild durcheinander. Schießen konnten sie aber nicht, denn das Pulver und die Gewehre waren noch nicht erfunden. Dafür stachen und hauten sie sich aber ohne alle Gnade nieder. Keiner gab und nahm Pardon.

Als der Bergmann so zusah und sich über den Mut der Kleinen wunderte, kamen zwei Zwerge auf einem freien Platz zusammen, die hatten schöne Röcke an und starrten von Gold und Silber; auch hatten sie kleine Kronen auf dem Kopf und kleine funkelnde Sterne auf der Brust. Der eine war ein bißchen größer als der andere und auch stärker; deswegen warf er bald den kleinen auf den Boden. Da aber sprang der Bergmann zu und gab dem größeren mit einem zackigen Stock einen über den Kopf, daß der auch zu Boden stürzte und bald, nachdem er noch ein Weilchen gezappelt hatte, totging.

Nun kamen die andern Zwerge, die dazu gehörten, und wollten dem Bergmann zuleibe, weil er ihren König totgeschlagen hatte. Der Bergmann mähte aber dermaßen dazwischen, daß es eins, zwei, drei ging, da waren sie in den Wald gejagt, nur das eine Heer stand da noch, dessen König von dem Bergmann errettet war. Da kamen sie alle um ihn herum und küßten ihm Hände und Füße, ja sie wußten gar nicht, wie sie ihm dankbar genug sein sollten.

Der kleine König aber trat vor und befahl, die andern sollten einmal zurücktreten, er wolle seinem Erretter danken und etwas sagen. Ehrfurchtsvoll trat alles zurück, und der kleine König kam und dankte mit hübsch gesetzten Worten; ja, sagte er, hier könne er nicht genug danken, er möchte doch so gut sein und mitgehen nach seinem Palast, dann wolle er ihn erst königlich belohnen.

Der Bergmann ging mit, und sie kamen miteinander vor eine Höhle, da ging's hinein; dann in einem langen Gang fort und zuletzt in einen schönen Saal hinein. In dem Saal standen lange Tafeln, darauf standen Teller und Leuchter und Schüsseln von purem, reinem, blankem Silber, die Wände glänzten von Spiegeln und Edelsteinen, und es war eine Helligkeit und eine Pracht, wie's nur in einem Königssaal sein kann. Da kamen denn auch die vornehmen Herren, die zu dem Zwergkönig gehörten, alle mit Gold- und Silbertressen an den Röcken, und der Bergmann hatte seine Sonntagshose und Kittel an und seinen Schachthut auf, wie man's damals trug. Aber trotzdem mußte er sich obenan setzen neben den König, und einer rühmte den Bergmann noch mehr als der andere, der König aber am meisten.

Es wurde gegessen und getrunken, und der Bergmann sprach dem Braten und dem Wein tüchtig zu, so daß zehn königliche Diener für ihn allein immer auftragen mußten. Es fehlte aber an nichts, man wurde auch fröhlich und guter Laune; das gefiel dem Bergmann erst recht, und er sagte, das war wie auf einer Hochzeit. Auch ließen die Zwerge ihn hochleben und er den König und sein ganzes Volk. Kurz, sie wurden alle fröhlich und vergnügt.

Am Ende stand man vom Tisch auf, und er wollte nun nach Haus. »Noch nicht«, sagte der König, »erst muß ich dir was zeigen, auch muß ich dich erst belohnen. Komm mal her!«

Und er ging mit ihm in seine Silberkammer. Da hätte denn einer den Reichtum sehen sollen! Nein, so viel Gold und Silber kann kaum auf der ganzen Welt sein.

»Nun«, sagte der König, »nimm, was und wieviel du magst, und wenn du alles mitnimmst, je mehr du nimmst, desto mehr freue ich mich.«

Der Bergmann ließ sich nicht zweimal nötigen. Er steckte sich seine Taschen so voll, daß sie bald abrissen. Da geben ihm die Zwerge auch noch die Krone und das Szepter von dem König, der besiegt war und tot.

Als nun der Bergmann Abschied nahm, da weinte das ganze kleine Völkchen, und mit Tränen baten sie ihn, er möchte doch bald einmal wiederkommen. Es wurde ihm ordentlich wehmütig zu Sinn, als er die kleinen, guten Leute verlassen sollte; noch saurer wurde es ihm aber, den Lautenthaler Berg mit der Last hinaufzusteigen.

Froh und vergnügt kam er nach Hause, machte das Silber zu Geld und verkaufte die Krone und das Szepter an den Herzog von Braunschweig, und wenn ihm etwas fehlte, so suchte er seine kleinen Freunde auf, die halfen ihm jedesmal.

Er hat aber keinem Menschen das Loch gesagt, worin der Zwergkönig wohnte; das mochten sie ihm wohl verboten haben. Seine Familie aber ist noch vor dreißig Jahren recht wohlhabend gewesen, nachdem er schon lange tot war. (84)

Von einem Lautenthaler Bergmann

In Lautenthal lebte vorzeiten ein armer Bergmann, der war aber reich an Kindern, acht, alle wie die Orgelpfeifen, dabei nackt und bloß, und oft hatten sie nichts zu beißen und zu brechen.

Eines Tages lernte der Bergmann im Walde einen Fremden kennen. Der war so freundlich und wollte ihn von aller Not befreien. »Leg dich nur hin und schlafe, dann wirst du schon sehen, wie's kommt«, sagte er. Der Bergmann ist auch hundemüde und denkt, im Schlaf kann man ja doch nicht sündigen, und schläft ein.

Als er aufwacht, liegt er auf einem Bett von Samt und Seide. In der Stube stehen an den Wänden Kommoden, Tische, Stühle, Sofas von blinkeblankem Holz. Bilder hängen da in goldenem Rahmen, mannshoch, als wenn sie lebten. An der Tür stehen zwei Diener in Kleidern mit lauter Gold- und Silberzeug dran.

Als nun der Bergmann die Augen aufschlägt, treten die Diener heran und bücklingen und ärscheln, ducken sich wie vor einem König, fragen nach dem Schlaf, wollen ihn anziehen wie eine Docke (Puppe), aber der Bergmann, der sagt: »Ich habe Hunger im Karmisol, schafft mir was zu essen!« Da waren sie fort wie Windhunde. Wie nun der Bergmann sitzt und ißt, kommt auf einmal der freundliche Mann herein, den er dort bei Lautenthal gesehen und gesprochen hat. Na, die beiden begrüßen sich wie alte Bekannte, und nun weiß der Bergmann, daß er in Venedig ist. Jetzt führt ihn der Venediger an einen Spiegel. Und was sieht der Bergmann drin? Sein ganzes vergangenes Leben sieht er drin, die Hochzeit, die Taufen und manches, das er schon vergessen hat.

Dort glänzt noch so eine Spiegelwand. Sie gucken hinein. Da jammern Frau und Kind in Lautenthal, denn sie denken, er ist tot.

Zuletzt muß der Bergmnn noch vor einen dritten Spiegel treten. Da sieht er sich mit seiner Familie im Wohlstand. Aber er ist gierig dabei wie ein Hamster und wird dadurch wieder arm.

»Sieh«, sagt der Venediger, »das letzte wird nicht geschehen, wenn du mir folgen willst. Wenn du nach Hause kommst, so grabe unter dem Baum, der in deinem Garten steht, ein Loch, so zwei Fuß tief, bei Nacht, zwischen elf und zwölf. Du wirst darin eine gelbe Erde finden. Davon drücke dir jedesmal zwei Kugeln, so groß wie du sie mit deinen beiden Händen umspannen kannst, trage sie nach Goslar und verkaufe sie an den Goldschmied. Aber nur zweimal darfst du das in der Woche tun. Sonst ist's dein Unglück.«

Nun gucken sich die beiden noch ein paar Stunden Venedig an, dann ist's Schlafenszeit. Der Bergmann steigt wieder in seine Samt- und Seidenkiste, und die beiden Diener wieseln um ihn herum.

Früh erwacht er unter der Tanne im Lautenthaler Forst. Zu Hause, da gibt's einen Empfang, wie er schöner gar nicht sein kann. Abends knetet der Bergmann in seinem Garten die ersten Kugeln. Viel Geld kriegt er dafür. Lange Jahre ist er folgsam und genügsam und wird ein reicher Mann. Doch am Ende, da fährt ihm der Geizteufel in den Kopf. Er macht in einer Woche dreimal Kugeln.

Wie er von Goslar mit voller Tasche zurückkommt, wird er müde, mag er nun wollen oder nicht, er muß sich unter eine Tanne legen und schläft auch sogleich ein. Da erscheint ihm der Venediger, weckt ihn auf und spricht: »Siehst du, jetzt wirst du wieder arm werden, wie du früher gewesen bist. Das hast du nun von deiner Habgier!« Damit war er verschwunden.

Doch wie er das gesagt hatte, so wurde es, und wie es im Spiegel zu sehen war, so ist es auch gekommen. Stück um Stück verlor der Bergmann von seinem Reichtum. Zuletzt wurde er bettelarm, und am Ende ist er gar noch verhungert. (85)

Der Schildberg

Auf dem Weg zwischen Lautenthal und Seesen liegt der Schildberg, auf dem sich noch Spuren einer alten Ritterburg finden. Von ihm werden viele Spukgeschichten erzählt, und mancher will dort in der Nacht einen Leichenzug gesehen haben. Als noch mehr von der Burg zu sehen war als jetzt, soll sich auch dort am Johannistage eine Jungfrau gezeigt, den Wanderer in die Burg gelockt und ihm Schätze geboten haben, wenn er sie erlösen wollte. (86)

Die Schlüsseljungfrau am Vorwerk Fürstenhagen

Über dem Vorwerke Fürstenhagen oberhalb Münchehof ist eine große, mit Buschwerk umstandene Senkung. Das ist die tiefe Kuhle. Da ist ein Schloß versunken.

An dieser Stelle läßt sich zuweilen nachts um die zwölfte Stunde, manchmal auch am hellichten Tage zur Mittagszeit, eine weißgekleidete Jungfrau mit einem Schlüsselbunde zur Seite sehen. Wer ruhig vorübergeht, bleibt auch von ihr unbelästigt.

Es sind aber schon welche gewesen, die haben ihr etwas zugerufen. Das mag sie nicht, wird ärgerlich und verfolgt drohend die Vorwitzigen. Doch kann sie nur bis zum Kreuzwege kommen. Es soll eine verzauberte Prinzessin sein. (87)

Der Kaisergarten in Gittelde

Auf dem Kirchhofe Gittelde ist südwärts vom Turme der Rest eines alten Gebäudes zu sehen. Es sind zwei kurze Mauern, die im rechten Winkel zusammenstoßen. Im Volke heißen sie die Kaisermauern. Westwärts von dieser Kaiserruine, wie das alte Gemäuer auch noch genannt wird, liegt eine Wiese, die vom Kirchhofe durch einen Fahrweg getrennt wird. Auf ihr sind mehrere Gräben zu sehen, die nun schon beinahe ausgefüllt sind. Einige umschließen eine kaum merkliche Erhöhung von ungefähr rechteckiger Form. Hier soll der Überlieferung zufolge eine Pfalz Heinrichs I. gestanden haben. Im Volk heißt die Wiese der Kaisergarten. (88)

Die Staufenburg. Gezeichnet von Ludwig Richter, gest. von L. Beyer. Aus: W. Blumenhagen, Wanderung durch den Harz, 1836.

Von der Staufenburg bei Gittelde

Es ging plötzlich das Gerücht über das Land, in der Staufenburg und im Gebüsch um die Burg her, zuweilen an den Fenstern des Turmes und dann wieder an den Mauern lasse sich eine weiße Frau sehen, selbst am hellen Tage habe man sie gewahrt, nicht bloß bei Mondschein.

Niemand getraute sich fast mehr den Burgberg hinauf, denn so lieblich auch die Frau diesen oder jenen angeschaut, so habe es doch kurz darauf in seinem Hause irgendeinen Unfall gegeben.

Alles bewunderte die Mannhaftigkeit und Kühnheit des Herzogs Heinrich, es war der Jüngere zu Wolfenbüttel, der ohne Scheu und jetzt öfter als jemals in die Burg einzog. Die weiße Frau war allerdings schon gestorben; ja sie war für die Welt ganz tot, und dennoch lebte sie – freilich in Sünde. Das hing so zusammen:

Am Hoflager des Herzogs lebte Eva von Trotta, lieblich, schön und unschuldig. Wenn ein junger Rittersmann ihr sein Herz geschenkt und sie zum ehelichen Gemahl begehrt hätte, so hätte man sich nicht darüber wundern mögen, und es hätte wohl jeglichem wohlgefallen. Daß aber der Herzog ihr ungewöhnliche Gefälligkeiten erwies und ähnliche von ihr forderte, das konnte weder seiner Gemahlin Maria noch Gott gefallen, noch auch edlen Menschen.

Die Herzogin zürnte, klagte laut, rief ihren Vater zu Hilfe und dieser sogar den Kaiser. Der Herzog wollte von der Sünde nicht lassen und fürchtete sich doch, wie denn die Furcht jederzeit eine Folge der Sünde ist. Was geschah?

Eva von Trotta begehrte den Hof zu verlassen; ihre Bitte ward gewährt. Sie reist ab, wird in Gandersheim krank, man bringt sie in das Kapuzinerkloster, sie stirbt daselbst. Die Glocken läuten, die Rauchfässer werden geschwungen, das Miserere, das Ora ertönt, die Messe wird für die Tote gelesen, die im Hintergrunde der Kirche im Sarge liegt, feierlich wird die Leiche bestattet.

Aber Eva von Trotta war doch nicht gestorben, die Krankheit war nur Verstellung gewesen, und im Sarge lag nur ein Bild oder eine bemalte, große Puppe, und die ward auch in die Gruft gesenkt.

Eva reiste wohlgemut im Verborgenen auf die Staufenburg. Da war die weiße Frau. Und der Herzog kam und kam wieder, Jahre hindurch gab es für ihn keinen liebern Ort als die Burg. Er ist doch wie hingebannt, hieß es. Sieben Kindlein sprangen ihm entgegen, die er von Kirchberg nannte. Endlich aber ward doch das Geheimnis offenbar, und was man da sprach, kann man sich denken. Erst Zweifel, dann nach erlangter Gewißheit Entsetzen über den Betrug, sehr begründeter Zorn gegen die Klosterbrüder, die auch hier Helfershelfer des Lasters waren, dann laute Klage über den Herzog beim Kaiser. Das Gewitter war dem Losbrechen nahe, da starb Eva wirklich (1541), ihr folgte bald die beklagte Herzogin. (89)

Der Knabe aus Gittelde und die Jungfer von Burg Staufenburg

In Gittelde is en armen Taglöhner ewest, dä hät en Sohn hat, dä is twei Jahr olt ewest, dä gaht he in't Feld und willt wickeln (Gran binden). Sau sett se düssen Jungen hen sau in de Foor (Furche), un na ne korte Tiet fänget düsse Junge op einmal sau'n fürchterlich Geschrichte an. Da löppet hei nu flugs hen, da hät sik düssen Jungen saune Blinder-Schlange umme'n Hals eschlungen. Da lopet se'r midde na Hus un willt er midde na'n Dokter un hät dacht, dä Schlange solle schneen (abgeschnitten, operiert) weeren. Awer kein Dokter hät wollt dä Schlange schnien, denn keinder hat 'er konnt en Kop anne finnen, Kein Enne un keinen Anfang hät se'r konnt anne finnen.

Düsse Junge aber hät sik sau ower dä Schlange freut un hät esägt, dat dür sien Vogel wörre.

Na'n Jahre nun da gaht se wedder up dat Stücke (Feld), da sett se dat Kind weer up düsse Steee, da fänget dat en Geschrichte an: Sien Vogel wörre weg un da wörre rin kropen.

Da lopet dä Lüe hen un langet en Gefäß (Gerät, Spaten) un willt dä Schlange rooen, dat se da ut hervorsall, un endlicher Wiese komet se nu up dä Schlange up, un da kummt dä Schlange ut den Locke ruter. Da willt se dä Schlange kriegen un willt dä in de Stube setten oder in sau'n olt Buer. Aber düsse Schlange dä lät sik nich holen un maket wedder in den Lokke rinter. Da fänget se wedder an te rooen, da komet se hen up en Kettel vull Geld.

Un weil se hen up dat Geld komet, düsse Lüe, sägt düsse Schlange, als nu wörre sei erlöst, sei wörre 'ne verwünschte Prinzessinne von de Staufenborg. Düt Geld dat härre sei da verbuldert (eingegraben) un sei härre't all up mehrerlei Art emaket, dat se härre wollt erlöset sien, sei härre all sau schöne Blaumen up dä Stelle da eruter wassen laten un dä härren dä Lüe nich eacht un nich edan (ganz und gar nicht geachtet), dä Lüe härren sollt man dä Blaumen nafolgen, wu dä dicken Wörteln henewiest härren, denn wörren se up dat Geld henekomen un denn wörre sei erlöset ewest. Dä Lüe härren awer den Stamm (Wurzel) von dä Blaumen nich naefolget un härren die Blaumen affereten un rümmerher esmetten.

Na einiger Tiet hät dä Junge frien wollt, un da is hei wedder up düsse Stelle gahn un hät wollt Geld seuken. Da kümmt en witt Männeken un sägt: Hei soll man hen gahn nar Borg, da wörre 'n Gang, da kreigte hei wat. Sau weil hei na düsse Borg henkümmet, sau sägt da düsse Prinzessinne: »Mein Sohn, was wünschest du?«

Da sägt hei, hei wolle frieen un datau soll sei öne 'n betten Geld gewen. Da sägt se, wu hei dat von gewahr worren wörre, dat sei hier wörre. Da sägt hei, hei härre dat ehört, dat siene Oeldern härren vor öne dat veele Geld ekregen, aber hei härre da nist von ekregen un un härre öne düt witte Männeken da esägt, dat sei da wohne. Da kricht hei en paar Stapels Gold, düsse Bursche, taur Hochtiet. Da willt dä Oeldern wedder dat Geld hewwen, aber hei hät et nich heregewen, hei hält da Hochtiet vor. Da dä Hochtiet ut is, da stirft düsse junge Mann. (90)

Hexen in Gittelde

In Gittelde gab's früher viele Hexen, und die Häuser, in denen sie wohnten, konnte man daran erkennen, daß öfter Feuer über dem Schornstein brannte. Dann saß nämlich das Uriänchen oben drauf und brachte ihnen, was sie haben wollten.

War auch einmal eine solche Hexe dort, die hatte einen Knecht, der hieß Hans. Der mußte immer viel, viel Holz fahren, und doch sah er nie, daß etwas verbrannt wurde, und Essen war auch immer genug vorhanden.

Da wollte er wissen, wie das zuginge, und als die andern in die Kirche gingen, tat er auch, als ginge er mit, kam aber wieder zurück und schlich zur Hintertür ins Haus hinein, wo er sich unter einem Faß in der Küche versteckte. Es dauerte gar nicht lange, so kam es an und rief: »Hei kucket, hei kucket.«

»Sind ja alle in der Kirche!« sagte die Bauersfrau, aber wieder rief es: »Hei kucket, hei kucket, soll ich ihm den Hals umdrehen?«

»Ach, was willst du denn«, sagte die Frau, »sie sind ja alle in der Kirche!«

Nun fragte es: »Was willst du essen?«

»Bratbirnen«, sagte die Frau, und sogleich kekt es in die Schüssel, die sie hinhielt. Dann verlangte sie Klümpe, dann Sauerkohl, und auch das bekam sie beides sogleich. Hans aber sah alles mit an, hielt sich ganz still und schlich sich nachher davon. Als es nun zu Tisch ging, sagte er: »Mi is so oevel, mi is so oevel«, und wollte nicht mitessen, aber endlich mußte er doch etwas davon genießen.

Als sie nun endlich gegessen hatten, nahm ihn die Frau beiseite und fragte ihn, warum er nicht habe mitessen wollen, und da sagte er ihr denn, er habe alles mit angesehen und wolle jetzt gehen und es anzeigen. Sie aber bat ihn, er möge es nicht tun, sie wolle ihm auch viel Geld geben und ihn noch obendrein das Hexen lehren.

Da nahm er denn das Geld und ließ sich überreden, und die Frau sagte ihm jetzt, er solle hingehen und einen neuen Topf kaufen. Das tat er, und als er wiederkam, sagte die Frau, er solle sich draufsetzen und sagen: »Ik löv an diesen pot und schet innen leven Gott!«

Hans aber setzte sich drauf und sagte: »Ik löve an Got un schet in diesen pot.« Da sprang der Topf voneinander, und ein großer Lork (Frosch) saß darunter, und sogleich ging Hans hin und zeigte die Frau an. Da wurde ein großer Scheiterhaufen erbaut, um die alte Hexe zu verbrennen, und als sie nun darauf saß, rief sie Hansen zu: »Hast Mäuse gegessen statt Bratbirnen, hast Spinnen gegessen statt Klümpe, hast Würmer gegessen statt Sauerkohl!« Und da schlugen die Flammen über ihr zusammen.

Eine andere Hexe hatte gefreit, und als nun der Walpurgisabend kam, ging sie in die Küche, da standen sieben Flaschen, in die tauchte sie der Reihe nach ihren Finger und sagte:

»Stippe hier in stippe da rin
Oben ruter un niren an!«

ergriff dann, als sie sich beschmiert, eine Ofengabel und fuhr zum Schornstein hinaus. Der Mann, der alles mit angesehen hatte, wollte es ihr nachmachen, sagte aber:

»Stippe hier in stippe da rin
Oben ruter un alleweg an!«

Da ging's auch mit ihm fort, aber allerwärts stieß er an, daß er nur mit genauer Not heil davonkam. Als sie nun mit dem Tanz auf dem Blocksberg fertig waren, da hatte die Frau ihre Salbe bei sich und beschmierte sich damit und war bald wieder heim, der Mann aber hat zu Fuß nach Haus gehen müssen und ist erst sehr spät zurückgekehrt. (91)

Kaiser Heinrich und Eva von Trott

Kaiser Heinrich hat eine Geliebte gehabt, die hat Eva von Trott geheißen und auf der alten Staufenburg in einem Turm gehaust, wo sie in einer Hängematte ihre Stätte gehabt, so lange die Kaiserin auf der Burg gewesen.

Mit ihr hat der Kaiser drei Söhne gezeugt, die Dank, Teuerdank und Immerdank geheißen und in Kirchberg begraben liegen. Endlich ist es der Kaiserin aber doch verraten worden, und da hat er seine Geliebte nach Gandersheim gebracht, wo sie auch begraben liegt. (92)

Das Vorgesicht von Windhausen

In einer Nacht träumte der Frau eines Bergmanns, ihr Mann stürze in eine Grube und komme um. Beim Aufstehen erzählt sie ihrem Mann den Traum; dieser fuhr aber dennoch an. Einige Stunden später erhielt die Frau die Nachricht, daß ihr Mann in der Grube umgekommen sei, und bald nachher ward ihr auch die Leiche desselben ganz zerschmettert ins Haus getragen.

In der nächsten Nacht erscheint der Umgekommene seiner Frau in leibhaftiger Gestalt und steht vor ihrem Bette. Diese erschrickt gewaltig, doch er spricht zu ihr, sie möge ruhig sein und wohl aufmerken; denn er habe ihr ein ernstes Wort zu sagen. Darauf spricht er Folgendes:

Erzähle keinen Traum,
Und schäle keinen Baum,
Und röste kein Brot,
So wird Gott helfen in aller Not.
Hättest du deinen Traum verschwiegen,
So wäre dir dein Mann geblieben.

Damit verschwand er und erschien nicht wieder. (93)

Wildemann und Grund

Von Zellerfeld und Wildemann

Ich habe gehöret, daß vor Zeiten allhie solle ein Kloster gewesen seyn, zur Zelle genandt, gleiches Ordens mit dem Kloster Ringelheimb. Daßelbe soll seyn durch Kriegeswesen zerstöret worden undt der Ohrtt lange wüste gelegen.

Ich halte dafür, es werde bey dem Closter auch ein Flecken gelegen haben, da sich Bergleuthe auffgehalten, sowoll als zum Wildenmann, weil man nicht allein noch heutiges Tages spricht: Da undt da hat der Alte Mann gebawet, sondern auch der Herr Mathesius in seiner andern Berg-Predigt schreibet, daß Zellerfeldt undt Wildenman elter sein als Freyberg, da man doch von diesem itzigen Zellerfeldt undt Wildenman weiß, daß sie nicht hundert Jahr gestanden, wie wir die Ausrechnungh baldt darthun undt zeigen wollen. Diß aber sindt Herrn Mathesii Wordt:

Als aber uff eine Zeidt Fuhrleuthe vom Wildenman undt Zellerfeldt Pley in Behm auf den Guthenbergh fuhreten, werden sie in einer Wagengleist eines Sonnen-Glantz, wie noch heuthigen Tages das Freybergsche Ertzt steht, gewahr, da itzundt Freybergh steht, undt weil jenes dem Goslarischen Ertz nicht unehnlich war, nehmen sie etliche Stuffen mit sich undt bringens auff den Wildenman oder gen Goßlar.

Da es nun Silber helt, wenden sich etliche Sachsen herauff an das Behmische Gebirge, daher noch die Sachsen-Stadt bey Freiberg genandt ist. Also kompt das Alte Bergwerck auff zu Freybergh, ungefehrlich vor vierhundert Jahren, bey Zeithen Othonis des Marggraffen zu Meißen, davon die Marggraffen zu Meißen sindt reich worden.

Vom itzigem Zellerfeldt aber undt Wildenman haben die Alten berichtet, daß sie theils daselbst die ersten Heuser gedencken, wo nicht selber haben erbawen laßen, wißen auch, daß hie undt da noch Beum undt Holtz gestanden, da nunmehr die besten Heuser seyn. Der eine ist auß Sachsen undt Meißen, item von Jochimsthal undt fortan, so lang, der ander so lang hie gewesen. (94)

Von Wildemann

Als die ersten Bergleute in den Harz kamen und von Zellerfeld aus in die Umgegend gingen und Erze suchten, kamen sie auch in das Innerstetal, da wo jetzt die Bergstadt Wildemann ist.

Die Innerste war gerade angeschwollen gewesen und hatte eilige Gänge ausgewaschen. Diese fanden die Bergleute, dabei gerieten sie aber auch auf eine Menschenspur, die im Innersteschlamm zu sehen war. Die Bergleute wußten, daß keine Menschen weiter im Harze waren als sie; deshalb suchten sie weiter und sahen bald darauf einen Menschen in der Nähe der Gänge, der lief nackend und sein Weib auch, beide hatten Mooskappen auf dem Kopf und einen Laubgürtel um den Leib. Wenn ihnen die Bergleute nahe kamen, so rannten sie fort, so scheu und wild waren sie, und verstanden auch nicht, wenn sie gerufen wurden.

Oft hatten die Bergleute Jagd darauf gemacht, sie aber niemals erwischt. Deshalb gaben sie ihrem Herrn, dem Herzog von Braunschweig, Nachricht davon, und der ließ sagen, sie möchten die wilden Menschen fangen, mit Schlingen oder mit Bogen und Pfeil, sie aber ja am Leben lassen und dann nach Braunschweig schicken. Die Bergleute gaben sich alle mögliche Mühe, die Menschen zu fassen, es mißlang aber immer. Endlich verwundete man den Mann so, daß er nicht fort konnte, und fing ihn dadurch.

Er war groß und stark, hatte einen langen dicken Bart und lebte mit seinem Weibe, das ihm ähnlich war, in dieser Einsamkeit des Waldes. Sie nährten sich von Beeren und Wildfleisch, und der Mann hatte einen ziemlich starken Tannenbaum in der Hand, den er auch als Waffe gebrauchte. Dabei konnten sie furchtbar schnell laufen, waren gelenk wie die Eidechsen und stark wie Riesen. Es war daher keine Kleinigkeit, den Mann zu fangen.

Was das für ein Kampf war, kann man gar nicht erzählen. Als sie den Wilden Mann gefangen hatten, sollte er arbeiten, er tat's aber nicht. Man fragte ihn, woher er wäre und was er getan hätte, er antwortete aber nicht. Man reichte ihm Essen und Trinken, er berührte nichts. Dabei sah er immer nach der Gegend hin, wo die Gänge waren, als könne er sich nicht davon trennen. Bis dahin hatte man zwar Ganggestein gefunden, es war aber kein Erz darin.

Da nun der Mann durchaus stumm war und blieb und auch kein Wort verstehen wollte oder konnte, so schickte man ihn nach Braunschweig zum Herzog. Der Herzog bekam ihn aber nicht zu sehen, denn auf dem Wege dahin war er gestorben. An dem Tag, an dem die Nachricht zurückkam, daß der Wilde Mann unterwegs gestorben wäre, gruben die Bergleute an der Innerste das erste Erz auf, das war sehr reich an Silber, und die erste Grube daselbst wurde der Alte Wildemann, jetzt Ernst August genannt. Zum Andenken an den Wilden Mann, der wahrscheinlich die Eingänge so lange taub gemacht, solange er lebte, pflanzte man auf die Stelle, wo er gefangen war, eine Linde, baute sich da an, nannte den Ort Wildemann und nahm das Bild des Wildemanns in das Stadtsiegel auf, daher der Name und das Wappen der Bergstadt Wildemann.

Die Linde steht jetzt noch vor dem Rathause, ist aber ganz hohl, darin sind aber drei junge Linden empor gewachsen; sie stützen und erneuern die alte Linde.

Da, wo jetzt das Rathaus der Bergstadt Wildemann steht, wohnte vor Hunderten von Jahren in einer Höhle der Wilde Mann mit seiner Frau. Grüne Tannhecke und Moos war ihre Kleidung, und eine entwurzelte Tanne seine Waffe. Ritter Klaus, der Klein Clausthal erbaute, überraschte einst dieses wilde Paar vor einer Höhle, nahm den Mann gefangen, zähmte ihn und lehrte ihn den Bergbau. Das Wilde Weib aber entsprang und ist nie wieder gesehen.

Die uralte Linde vor dem Rathause in Wildemann soll nach einer alten Sage von dem hier gefangenen Wilden Mann als handfester Stock getragen, aus Wut in die Erde gestoßen und als Baum weiter gewachsen sein.

Nach einer anderen Sage sollten in dem hohlen Stamm dieser alten Linde kleine Moosweibchen gewohnt haben oder noch wohnen, die von dem Wilden Mann gejagt werden. (95)

Die guten Moosweiblein

Vor vielen, vielen Jahren stand bei Wildemann eine kleine Mooshütte, in der mehrere Moosweiblein wohnten. Diese kleideten sich über und über mit Moos, das sie wie ein Fell oder eine Decke umgab; sie waren absonderlich liebreiche und ungemein freundliche Wesen und hatten Gänsefüße. Die größte Teilnahme zeigten sie für Fremde und Reisende, die sich verloren hatten oder nichts zu essen bei sich trugen; mitleidig leiteten sie dieselben auf die rechte Straße und teilten ihnen Wurzeln und Kräuter zur Nahrung und Gesundheit mit. Dann baten sie aber flehentlich den Wanderer, er möge doch da oder dort drei Kreuze in einen der Bäume, die um ihre Hütte ständen, einschneiden oder einhauen, damit sie darunter Schutz vor dem Wilden Jäger fänden, der sie beständig jage, aber dann von ihnen ablassen müsse, wenn sie sich unter's Kreuz geflüchtet hätten.

Jeder erfüllte gern ihren Wunsch, und so lebten diese guten Wesen glücklich in ihrer Behausung. Einst kam aber ein tückischer und böser Bergmann des Weges auf die Mooshütte zu und zerstörte frevelhaft nicht allein die kleine ruhige Wohnung der Moosweiblein, sondern schlug auch alle die Bäume nieder, in welche die Schutzkreuze geschnitten oder gehauen waren. Von der Zeit an hat man kein Moosweiblein wieder gesehen. Der verruchte Bösewicht aber, der dies Unheil angerichtet hatte, wurde taubstumm und lahm. (96)

Schutzzauber bei Wildemann

An der Stelle von dem Städtchen Wildemann stand einst eine Mooshütte, in welcher Moosweibchen wohnten. Sie waren völlig in Moos eingehüllt und gingen auf Gänsefüßen. Sie nahmen sich aller verirrten Wanderer an, beschenkten sie und zeigten ihnen den rechten Weg. Als Dank verlangten sie von dem Wanderer, daß er in einen der Bäume, die um die Hütte standen, drei Kreuze einschneide, damit ihnen der Wilde Mann nichts anhaben könne. (97)

Hexenbutterwerk

Auf dem Wildemann war eine Frau, die schloß ein Bündnis mit dem Teufel. Sie handelte auch mit Butter, und der Teufel gab ihr einen Beutel, worin etwas war, man weiß nicht was. So oft sie butterte, sollte sie das unters Butterfaß legen.

Das hatte die Frau schon viele Jahre getan; da mußte sie einmal ins Backhaus gehen, und ihre Tochter ging auf die Nachbarschaft. Die Nachbarsfrau butterte auch gerade, da sagte das Mädchen: Sie müßte es machen wie ihre Mutter, dann bekäme sie viel Butter. Ihre Mutter hätte einen Butterbeutel, wenn sie den unter das Butterfaß legte, käme das Butterwerk sogleich oben heraus. Da sagte die Nachbarsfrau, ob das Kind nicht wüßte, wo die Mutter den Beutel hätte, und es lief sogleich hin, um den Beutel zu holen. Den legte sie unter ihr Butterfaß, da kam die Butter sogleich oben heraus. Als sie unten fertig gebuttert hatte, gab sie dem Kind den Beutel wieder, um ihn an seine Stelle zu legen, damit die Mutter nicht merken sollte, daß sie den Beutel gebraucht habe.

Dann wusch sie die Butter und wollte sie wiegen. Im dem Augenblick ging die Tür auf, und ein Mann im dreieckigen Hut und mit rotem Mantel kam herein. Er hatte einen Pferdefuß und einen Menschenfuß und sagte, ob sie denn Butter genug hätte, zog auch ein großes Buch heraus und sagte: Sie möchte hier erst unterschreiben.

Die Frau aber weigerte sich, sie hätte mit so einem Mann, wie er wäre, nichts zu schaffen. Der Mann antwortete, warum sie dann den Butterbeutel gebraucht hätte. Wenn sie nicht unterschriebe, müßte er seinen Teil von der Butter wieder wegnehmen. Einen solchen Mann wie ihn, sagte nun die Frau, ließe sie nicht an die Butter, sie wüßte, wieviel sie immer erhalten hätte. Er aber sagte, das wisse er besser als sie, was sein wäre und was ihr gehöre.

Die Frau nahm endlich ihre Butter davon und der Mann das übrige, damit ging er zur Tür hinaus. Die Frau aber war sehr mitteilungsbedürftig und wollte ihrer Nachbarin erzählen, was geschehen war. Als sie die Tür öffnete, klatschte der Mann ihr die Butter ins Gesicht und flog zum Schornstein hinaus. Die Frau aber schrie und lief auf die Straße. Da war der Mann schon hoch in der

Luft. Nun legte sich die Frau nieder und wurde krank. Am andern Tag, wo dies geschehen war, um dieselbe Stunde, war sie kalt, und ihr Gesicht war von der Teufelsbutter schwarz.

Es wird auch erzählt, daß in einem Harzdorf, dessen Namen um 1850 ein Geheimnis war, früher alle Frauen Hexen waren, ausgenommen eine, die der Teufel noch nicht in seine Klauen bekommen hatte.

Butterte eine von den Hexen, so war in fünf Minuten alles fix und fertig, und das ging folgendermaßen zu: Die Hexen hatten vom Teufel dafür, daß sie sich ihm ergeben hatten, ein Knäuel Garn zum Geschenk bekommen, welches, unter das Butterfaß gelegt, den Rahm in etlichen Minuten in Butter verwandelte, die sich nachher bei Gebrauch nicht verminderte.

Dies Knäuel hatte die Oberhexe in Verwahrung. Butterte nun eine von den Hexen, so ging sie hin zur Oberhexe und holte sich dasselbe, legte es unter das Butterfaß, und in wenigen Minuten war alles schon fertig, auch Butter die Menge..

Nun butterte eines Tages auch einmal die Frau, die keine Hexe war. Vom Morgen bis zum Mittag hatte sie schon gebuttert, aber noch schien es nicht, als ob es Butter werden wollte.

Da kommt ein Mädchen, welches mit der Tochter dieser Frau im gleichen Alter ist, und will dies zur Schule abholen. Das Mädchen sieht die Quälerei dieser Frau und macht sich so seine Gedanken.

»Wenn meine Mutter buttert«, sagt sie, »so ist es ripsch, rapsch, rupsch, dann ist die Butter fertig. Das geht ganz geschwind. Sie legt ein Garnknäuel unter das Butterfaß, dann hat sie so viel Butter, daß sie sie nicht alle bewältigen kann. Ob ich's einmal holen soll? Meine Mutter hat heute morgen auch gebuttert; jetzt ist sie aber ausgegangen.«

»Ja«, sagt die Frau, »hol es einmal.«

Rasch läuft das Mädchen hin und holt das Knäuel. Drauf geht es mit dem Mädchen der Frau in die Schule und läßt das Knäuel da. Nun legt die Frau das unter das Butterfaß, und in nicht weniger als fünf Minuten ist die Butter fertig, und die Frau hat auch viel mehr gehabt als sonst. Das Mädchen hat aber das Knäuel nicht wieder abgeholt, und so bleibt es denn bei der Frau liegen bis zum Abend.

Als es nun dunkel geworden ist und die Frau gerade in der Küche ist, kommt der Teufel im Schornstein herunter, ein dickes Buch unter dem Arm haltend, darin haben auch die Namen aller anderen Frauen im Dorf gestanden. Nun fängt der Teufel mit der Frau zu verhandeln an und sagt, da sie sich seines Geschenks bedient habe, müsse sie sich ihm auch ergeben.

Aber die Frau will anfangs nicht. Er hält ihr das dicke Buch vor und sagt, daß so viele ihm sich schon verschrieben hätten, so viel Namen darin ständen, nun solle sie sich entscheiden und auch mit ihrem Blut unterschreiben. Ja, sagt die Frau, der schon ganz mulmig wird, das könne sie so nicht tun, da wolle sie erst ihren Mann einmal fragen, was der dazu sagte; er sollte mittlerweile das Buch dalassen und morgen um diese Zeit wiederkommen.

Darauf macht sich der Teufel fort und läßt auch gutmütig das Buch da.

Abends spät, als der Mann nach Hause kommt, erzählt ihm seine Frau das Stückchen mit dem Teufel. »Nein«, sagt der Mann, »daraus wird nichts. Morgen gehst du zum Pastor, der wird dir schon sagen, wie wir uns verhalten sollen.«

Am andern Tage geht die Frau mit dem Buch zum Pastor, erzählt ihm das Ganze und fragt ihn, wie sie sich dabei zu verhalten habe. Dabei gibt sie dem Pastor das Buch hin, das der Teufel dagelassen, und sagt zu ihm, daß sie da unterschreiben solle, aber sie täte es auf gar keinen Fall. Da nahm der Pastor eine Feder und schrieb in das Buch unter die Namen:

»Christi Blut und Gerechtigkeit
Ist mein Schmuck und Ehrenkleid.«

»Heute abend«, sagte der Pastor, »wird nun wohl der Teufel um die Zeit wiederkommen. Legen Sie nur das Buch aufgeschlagen in die Küche und verhalten Sie sich ganz ruhig. Sie werden dann schon sehen, was sich tut. Anhaben kann Ihnen der Teufel nichts, er hat keine Macht über Sie.«

Die Frau tut, wie ihr aufgetragen, und legt das Buch aufgeschlagen in die Küche. Abends zu der bestimmten Zeit kommt auch der Teufel wieder im Schornstein herunter, aber schon ganz wütend. Als er das Buch sieht und das Geschriebene liest, tut's auf einmal einen Krach, und schon ist er zum Küchenfenster hinaus. Das Buch aber liegt noch an der gleichen Stelle, und als die Frau es anschließend verbrennt, werden die übrigen Frauen, deren Namen darin mit Blut geschrieben sind, vom Teufel frei. Das Küchenfenster hat nicht wieder eingesetzt werden können, und das Fensterfeld steht heute noch offen. (98)

Die Christmesse in der Wildemänner-Kirche

Am ersten Weihnachtsmorgen früh vier Uhr wurde sonst hier auf dem Harze in allen Kirchen heilige Christmesse gehalten, und scharenweise strömten dann in der Dunkelheit die frommen Christen zum Gotteshause, das heilige Christfest damit anzufangen. So war auch der Gebrauch in Wildemann.

Eine Frau daselbst, eine fromme und gute Christin, hatte sich am Heiligen Abend vorgenommen, am andern Morgen auch in die Christmesse zu gehen. Früh war sie schon zu Bett gegangen, um früh genug wieder aufzustehen und nicht zu spät zu kommen. Da wacht sie denn mitten in der Nacht auf, meint, es sei schon gegen drei, denn eine Uhr hat sie noch nicht gehabt, und Uhren hat's überhaupt damals noch wenig gegeben. Sie steht also auf, zieht sich an und geht zur Kirche; doch wundert sie sich so vor sich hin, daß noch nicht mehr Leute auf den Beinen sind, die auch nach der Kirche gehen. In ihren Sinne denkt sie, ist gut, bist du die erste. Als sie auf den Kirchhof kommt, sieht sie die Kirche hell erleuchtet; es ist aber noch alles totenstill darin und davor.

Sie geht hinein: Die Kirche ist leer, kein Mensch darin zu hören noch zu sehen. Da schlägt es Elf, und als es ausgeschlagen hat, beginnt das Festgeläute so feierlich in die Nacht hinein zu tönen, daß der Frau dabei schon die Augen übergehen. Dann strömen die Leute herein, aber nicht die, welche damals noch gelebt haben, sondern alles solche, die schon lang tot gewesen sind und im Grabe geruht haben, die aber alle die Frau gekannt hat; also Leute aus den Gräbern füllen die Priechen, die Stühle, und die Anverwandten der Frau setzen sich rechts und links neben sie. Nachdem ausgeläutet ist, beginnt ein feierlicher Totengesang mit Orgelbegleitung, so herzergreifend, daß die Frau fast in Tränen zerfließt.

Hierauf tritt der Prediger, der erst vor zwei Jahren gestorben und auf dem Wildemänner Kirchhof beerdigt war, auf die Kanzel und predigt so klar und so wahr, wie die Frau noch nie gehört hat, erteilt dann den Segen, und bei dem Worte Amen schlägt es Zwölf. Da ist alles verschwunden, die Kirche ist finster und leer, und die Frau muß im Dunkeln hinaustappen und nach Haus gehen.

Zu Haus angekommen, sinkt sie zum Tode erschöpft auf einen Stuhl nieder und kann kaum noch ihre Leute rufen, die ihr gleich ein Lager auf der Ofenbank zurechtmachen müssen. Hier liegt sie fast zwei Stunden in totenähnlichem Schlafe, rührt und regt sich nicht; dann tut sie die Augen auf, sieht um sich, erblickt alle die Ihrigen um ihr Lager versammelt, die da denken, daß sie nicht wieder erwacht und deshalb herzlich weinen.

Denen erzählt sie dann mit schwacher Stimme, was sie in der verflossenen Nacht erlebt hat, und als sie eben mit der Erzählung fertig ist, da läutet es zur wirklichen Christmesse. Jetzt gehen die Lebendigen dahin, aber die Frau stirbt in dem Augenblick und geht zum lieben Gott in den Himmel. (99)

Das Wildemänner Geld

Eine Frau in Wildemann nimmt ihr kleines Mädchen an die Hand, die Stricke auf den Arm und will trockene Äste aus dem Wald holen. Nun kommen sie hin, wo trockenes Holz ist. Die Frau legt die Stricke ab, das Kind setzt sich dabei, und die Mutter sucht Äste.

Aus Langeweile nimmt das Kind ein Ästchen und gräbt in die Erde hinein. Da kommt zuerst ein Zweimarienstück, dann ein Viergroschenstück, dann ein Ortstaler zum Vorschein, und es gräbt in seiner Freude fort und fort, bis seine Mutter kommt. Die Mutter steht mit einem Male bei ihm, verwundert sich über die Arbeit und das Glück des Kindes, sagt aber kein Wort, weil sie weiß, was das Sprechen dabei für Folgen hat. Da erblickt das Kind seine Mutter und sagt ganz glücklich: »Sieh, Mutter, wieviel Geld ich gefunden hab.« Sie zählen es, und es sind vier Taler, vierundzwanzig Groschen. Nun graben sie noch weiter und weiter, haben aber keinen Pfennig mehr gefunden. (100)

Der Bergmönch von Wildemann

[...] welche theile dem Kloster zustendig gwest sindt, helt man dafür, daß daß Closter von Walckred sonderlichen den Wildemanner Zog inne gehabt, beleget und gebawet hat, weil sich der Daemon Metallicus, der Bergteuffel, den die Bergleut daß Berg Mänlein nennen, in einer gestalt eines großen Mönchs hat sehen laßen, fürnemlich auff der Zechen Wildeman, da viel guter leute denselbigen gesehen, auch offtmals großen schaden gethan und angerichtet.

Denn er zuweilen etliche erdrücket, in die Radtstube geworffen, uber die farhten sich her gesperret, da den arbeitern nicht anders gedaucht, alß haben sie Ihme zwischen den beinen mußen hindurch fahren. Zuweilen wenn sie haben wollen außfahren, ist er zugefahren alß ein großer Mönch mit einem großen grubenlicht, daher ihn auch die arbeiters nicht anders genant haben Alß: Der Mönch der kömpt.

Diesem sey nun, wie man will, daß Kloster Walckenred habe auff diesem Zoge gebawet oder nicht, gibt unß so genaw keinen streitt; aber dennoch ist daß war, daß der Bergteuffel in einer gestalt eines Mönchs sich da hatt sehen laßen, wie sonderlichen denen bewust, die im anfang da angefahren und gearbeitet haben, und vielen großen schaden zugefüget, biß man in den Predigten den lieben Gott in seinem lieben Sohn dem bösen Geist zu stewern und zu wehren entlichen erbeten, und der liebe Gott seine gnade gegeben, daß er sich verloren und so sichtbarlicher gestalt nicht so offt und viel hat sehen laßen und nicht so viel unglück und schaden wie zuvorn begangen und angericht, dafür dem lieben frommen Gotte auch von Hertzen in Christo unserm Herrn zu dancken und ferner zu bitten, Gott wolle mit seinem schutz und schirm sambt den lieben Engeln umb Christi willen wider die bösen Geister bei unß wohnen. (101)

Der Schatzhüter

Eines Sonntags stieg der Steiger Türkmien aus Wildemann mit dreien seiner Leute auf den Schildberg, um den Schatz unter der Schloßruine zu heben. An einer hohlen Stelle im Mauerwerk schlugen sie ein und fanden eine eichene Treppe. Auf der stiegen sie hinunter in einen Keller. Der war aber leer.

Da hackten sie ein Loch in den Boden. Der Steiger kletterte hindurch und kam in ein großes Gewölbe. Beim Schein seines Grubenlichts sah er auf einem runden eichenen Tisch eine große Silbertrinkkanne stehen. Daneben lag auf einer Bank ein baumlanger Kerl in Hirschlederhosen und grünem Jägerrock. Mir nichts, dir nichts raffte der Steiger die Kanne vom Tisch und machte sich aus dem Staube. Da, mit einem Satz war der Lange hinter ihm her. Nun hieß es: Steiger, wehre dich.

Der Türkmien hat schließlich den Kerl unter die Knie gebracht und kam gerade zum Ende der Nachmittagskirche nach Wildemann. Die Kanne jedoch war ihm verleidet. Er verkaufte sie um einen Batzen Geld an einen Goldschmied in Goslar. Dafür ließ er zu Hause seine Küche neu ausmauern. Wie er das erste Mal darin Feuer machte, stürzte alles wieder ein. Das ging so mehrere Male. Da ging der Türkmien zum Pfarrer und stellte ihm die Geschichte vor.

»Laß nur eine neue Bibel mit einmauern«, sagte der Pfarrer, »dann wird der Böse schon die Finger davon lassen.« Das tat der Steiger auch, und das Mauerwerk blieb wirklich stehen. (102)

Venetianer am Harz

Bei einem Manne in Grund sind auch alljährlich Leute aus Venedigen eingekehrt, die haben sich von ihm in die Berge führen lassen und hatten einen Spiegel mit sich, wenn sie in den schauten, konnten sie alles sehen, was im Berge war. Das wußte der Mann und nahm ihnen einmal in der Nacht heimlich ihren Spiegel fort, und da sah er denn, daß der Iberg bei Grund einen eisernen Kopf, einen silbernen Leib und einen goldenen Fuß hatte, und der schwamm auf dem Wasser.

Frühmorgens, als die Venediger aufstanden, wußten sie schon, daß ihr Wirt ihnen den Spiegel fortgenommen hatte, und zwangen ihn sogleich, ihnen selben herauszugeben. Da sind sie denn fortgegangen und nie wiedergekommen, und der Mann hat wieder arbeiten müssen, um sich sein kärgliches Brot zu verdienen, während er früher von den Venedigern soviel bekam, daß er vollauf zu leben hatte. (103)

Der verschüttete Bergmann

Ein junger Bergmann, der einst ganz allein im Silbertrumm arbeitete, einer Grube, die nun schon lange verschüttet liegt, hörte solche Warnzeichen [des Berggeistes], aber er achtete ihrer nicht. Da prasselte auch schon das Gestein hernieder und verschüttete den Fahrschacht. Gleich sah der Bergmann: »Du bist verloren!«

»Ja, freilich, du Tor«, sprach da eine Stimme neben ihm, »konntest du nicht hören, solange es Zeit war?« Und der sprach, das war der Berggeist.

»O du«, bettelte der Bursche, »hilf mir heraus aus der Grube, daß ich die Sonne noch einmal sehe!«

»So folge mir.«

Da gingen sie durch schmale Gänge und Hallen, die funkelten und glänzten, daß die Augen schmerzten. Sie gingen lange, lange. Kamen in einen dunklen Gang, an dessen Ende das Tageslicht schimmerte. Froh stieg der Bergmann heraus und ging nach Grund zu. Unterwegs traf er zwei Berggesellen. Die schlugen ein Kreuz vor ihm und liefen schnell weiter. Beim ersten Hause spielten Kinder. Die folgten ihm in hellen Haufen von ferne nach.

»Hu, der lange Bart«, rief ein Knabe. Jetzt stand er vor seinem eigenen Hause. Die Mauer geborsten. Hohes Moos auf dem Schindeldache.

»Ja, ich bin doch der Gottlieb Just«, sagte der Bergmann in seiner Angst. »Gestern im Silbertrumm verschüttet. Kennt ihr mich denn nicht?«

»Gottlieb Just? Da kennen wir keinen. Der Silbertrumm, der wird seit Mannesgedenken nicht mehr befahren!«

Der Pfarrer kommt. Er hört die Erzählung: »Im Jahre des Herrn 1532 bin ich eingefahren im Silbertrumm.« Da geht ein Staunen durch die Menge: »1732 schreiben wir jetzt!«

Der Bergmeister sieht in den alten Schriften nach. Da stand geschrieben, daß 1532 der Silbertrumm wirklich zu Bruch gegangen und darin ein junger, fleißiger Bergbursch namens Gottlieb Just elendiglich umgekommen war.

Aber schon nach wenigen Tagen mußten die Bergleute von Grund ihren Kameraden auf den Kirchhof betten, wo seine Altersgenossen schon so lange schlummerten. (104)

Der Zwergenkönig am Hübichenstein

Vor alten Zeiten hat sich in der Gegend um den Hübichenstein bei Grund der Gübich sehen lassen. Nämlich tief unter dem Hübichenstein, da haben die Zwerge ihre Wohnung, und der Gübich ist ihr König. Er ist rauh von Haar wie ein Bär und hat ein sehr altes Gesicht. So hat er sich vor alten Zeiten den Leuten gezeigt. Wem er gut gewesen ist, dem hat er vielen Reichtum beschert; aber wer ihn beleidigt oder sonst seinen Zorn erregt hat, dem hat er manches Ungemach zugefügt. Er hat auch alle heilsamen Kräuter auf dem Harze gekannt und manchem dadurch zur Gesundheit verholfen; aber er hat es nie zugeben wollen, daß jemand auf den Hübichenstein gestiegen ist.

Der Gübich ist eigentlich von kleiner Statur, kann sich aber auch sehr ausrecken. Früher hat er alle hundert Jahre einmal auf die Oberwelt kommen dürfen; jetzt darf er nicht mehr. (105)

Der Hübichenstein

Auf dem Försterhofe in Grund wohnte vor alten Zeiten einmal ein Förster. Der hatte seine Frau früh verloren und nur noch einen einzigen Sohn. Der soll ein recht geschickter und auch recht guter Bursche gewesen sein, nur ein bißchen zu vorwitzig, so wie nun die Jugend ist.

Der Hubichenstein. Lithographie aus: W. Görges, Vaterländische Geschichten und Denkwürdigkeiten der Vorzeit, 1843–1845.

Einmal geht der Förstersohn mit seinen guten Freunden spazieren ins Holz. Wie sie nach dem Hübichenstein kommen, kommt das Gespräch auf den Hübichenstein, wie hoch er ist, und einer sagt, den wollt er sehen, der da hinaufsteigen könnte. Da sagt der Förstersohn, das wäre nichts. Er würd's wagen, die andern aber raten ihm ab. Denn wenn einer hinaufgestiegen ist, hat er nicht wieder herab gekonnt und am andern Tage zerschmettert unten gelegen. Aber der Förstersohn glaubte nicht daran, lachte und sagte, nun wollt' er's erst tun.

Er ließ sich nicht halten, was die andern auch angeben mochten, und stieg hinauf. Mag im wohl sauer genug geworden sein. Denn was man jetzt den kleinen Hübichenstein nennt, der ist vor Zeiten viel höher gewesen als der, den man jetzt den großen Hübichenstein nennt und hat deshalb auch ›der große‹ geheißen. Wie er oben steht, lacht er seine guten Freunde aus, spottet und sagt, sie wären so klein wie die Zwerge. So hat er eine ganze Weile gestanden.

Da fängt der Wind an zu gehen, und er denkt: Sollst nur wieder hinunter steigen. Hat nicht wieder hinunter gekonnt, hat nicht einmal die Füße regen können! Und unten die Leute konnten ihm nicht helfen, und zuletzt bat er seine guten Freunde, sie möchten ihm doch nur die einzige Gnade erweisen und ihn herunterschießen, daß er nicht lebendig hinunterstürzen müßte. Aber das mochte doch auch keiner tun.

Nun hört auch sein Vater davon, weil alle Leute aus Grund hinausrennen und sehen wollen, ob's wahr ist, und andere kommen wieder und sagen: Es ist wahr. Da geht der alte Förster auch hinaus und sieht mit seinen eigenen Augen seinen Sohn auf dem großen Hübichenstein stehen und kann ihm auch nicht helfen. Er fängt an zu weinen und rauft sich die Haare und ist fast von Sinnen vor Betrübnis. Aber da half alles nicht.

Am Ende, wie's Abend wird, wird der Himmel voll Wolken, und der Wind hebt an zu sausen, und es regnet, daß kein Mensch davor bleiben kann. Da haben die Leute den alten Förster mit Gewalt nach Hause weggeführt. Wieder zu Hause, denkt der: ›Was kann's helfen, du bist doch einmal ein geschlagener Mann, und du erweisest deinem Kinde nur eine Wohltat, und der liebe Gott wird dir's vergeben.‹

Da nimmt er sein bestes Gewehr und macht sich auf den Weg nach dem Hübichenstein. Wie er aus Grund hinaus ist, hört auf einmal der Regen auf; nur über Grund regnet's in Strömen. Sonst ist alles hell, und der Mond scheint recht klar.

Auf dem Wege zum Hübichenstein hebt er an zu weinen und zu beten und ist ganz hin vor Herzensangst und Betrübnis. Da ist auf einmal ein kleines Männlein bei ihm mit einem eisgrauen Barte. Das geht an einem Tannenzweig. Das Männlein sagt: »Glückauf« und fragt, ob er denn noch so spät ins Holz müßte?

Der Förster erschreckt sich, hat aber nicht Lust zu sagen, wohin er will und was er vorhat. Da fragt ihn das kleine Männlein, warum er denn immer so seufze, und was ihm denn fehle, daß ihm die Tränen immer über die Wangen liefen? Er sollte doch nur sein Herz aufschließen, es könnte ja noch alles gutgehen. Darüber wird der Förster zutraulich, und sagt, wenn er's noch nicht wüßte, er wäre der Mann, dessen Sohn jetzt auf dem Hübichenstein stehen müßte. Der Satan hätte ihn verführt (daß er hinaufgestiegen sei). Und sein Sohn hätte alle Menschen um Gotteswillen gebeten, sie möchten ihn doch herunterschießen. Aber keiner wäre so barmherzig gewesen. So wollte er's tun.

Denn das, meint er, würde ihm doch Gott nicht als Sünde anrechnen. Ob er denn warten sollte, daß sein leiblich Kind lebendig herunterstürzen und elendiglich seinen Geist aufgeben sollte? So käm' er doch schneller und ohne Schmerzen von der Welt.

Und darauf fängt er wieder an zu jammern und sagt, er hätte das doch nicht um seinen Sohn verdient, er hätte ihn mit saurer Mühe aufgezogen und zu Kirchen und Schulen gehalten, und er wäre doch auch sonst so gottesfürchtig gewesen, und hätte kein Kind betrübt und nicht einmal das Würmchen zertreten mögen. So wollte er doch lieber, daß er mit seiner Frau gestorben wäre, als daß er das Unglück erleben müsse, nun so verlassen zu sein im Alter und keinen Sohn zu haben, der ihm einmal die Augen zudrückte.

Das ist dem Männlein zu Herzen gegangen, aber wie der alte Förster noch spricht, ist auf einmal das Männlein verschwunden. Da sieht nun der Vater die Spitze des Hübichensteins, steht unten und legt an auf seinen Sohn. Der ruft und bittet ihn, er möchte nur schießen; er fürchte sich nicht, wenn er nur gleich von der Welt käme. Der Förster denkt, er will losdrücken, da kommen mit einem Male tausend kleine Männlein aus allen Hecken und Büschen hervorgesprungen. Die machen sich an ihn und werfen mit Tannenzapfen auf ihn und schneiden ihm Gesichter zu und schlagen ihn mit Heckbüscheln und Dornsträuchern um die Beine. Und wie er sich wehren will, wird's immer ärger, und fangen kann er keinen: Sie sind zu flink. Und mitten dazwischen steht das kleine Männlein mit dem eisgrauen Bart und treibt die andern an. Endlich sieht der Förster, daß er nichts ausrichten kann, und muß umkehren.

Wie er fort ist, da wird's auf einmal laut am Hübichenstein herauf, und es kommen allenthalben am Gestein viel kleine Männlein herauf, alle auf eisernen Fahrten, die gehen von unten an bis oben hin, und jeder hat ein messingnes Grubenlicht in der Hand, einige sind jung, andere alt, und rauh von Haar wie ein Bär. Der Erste, der heraufkommt, ist ganz alt, mit eisgrauem Bart, der geht ihm bis auf die Brust, in der Hand hat er ein silbernes Grubenlicht, das scheint wie die helle Sonne, und auf dem Haupte ein goldne Krone; und der hat den andern befohlen und ist der König. Das ist der Gübich gewesen.

Er spricht oben zum Förstersohn: »Wer hat dich geheißen, auf meinen Stein zu steigen? Eigentlich müßte ich dich hinunterstürzen lassen und einem andern sollt's nicht so hingehen. Aber dein Vater dauert mich, weil er ein braver Mann ist.«

Darauf bannt ihn der Gübich wieder los und sagt, er soll nur auf der Fahrt da hinuntersteigen. Dem Förstersohn brechen fast die Knie. Da ruft der Gübich ein anderes Männlein heran, dem muß er sich auf die Schultern setzen, das trägt ihn ganz säuberlich hinunter, daß der Förstersohn sich über die Kraft des Männleins wundern muß. Wie sie unten angekommen sind und der Zwerg den Förstersohn abgesetzt hat, faßt ihn der Gübich bei der Hand und führt ihn in sein Schloß unter dem Hübichenstein.

Da kommen sie in ein Zimmer, da blitzen die Wände von Stuferz, die Decke ist von einem Stück Schwerspat, weiß wie der Schnee, und von der Decke hängt ein großer Kronleuchter herab, ganz von Kristallen und Edelgestein, größer als im Goslarschen Zehnten; und der Fußboden ist mit grünen Tannenzweigen überstreut, und die Paneele glänzen nur so von Gold und Edelgestein.

Und mitten in der Stube steht ein Tisch von Glaskopf und ein silberner Stuhl davor. Darauf setzt sich nun der Zwergkönig, sagt zu dem Förstersohn, er soll sich setzen, und schlägt mit dem silbernen Schlägel gegen den Tisch von Glaskopf. Der gibt einen Ton von sich, so köstlich, wie man in der Welt nichts hört. Da kommen tausend kleine Frauen herein, die tragen Erdbeeren und Himbeeren auf, und der Gübich sagt zu dem Förstersohn, er soll davon nehmen. Also sprechen sie zuammen, und die andern Frauen und Männlein machen Musik dazu. Wie die Mahlzeit zu Ende ist, schlägt der Gübich wieder mit dem silbernen Fäustel an den Tisch von Glaskopf, und wie der köstliche Ton wieder erklingt, da tragen die kleinen Frauen Krüge herein von lauterm Silber; und der Gübich sagt zu dem Förstersohn, er soll Bescheid tun. Der sagt: »Glückauf!« und tut seinen Zug.

Aber so Herrliches hat er im Leben nicht getrunken. Wie nun der Förstersohn sich so erquickt hat, führt ihn der Gübich in eine andere Stube. Da steht eine große Braupfanne, voll lauter Wildenmännergulden, blitzblank, als wenn sie eben erst aus der Münze gekommen wären.

Der Gübich sagt, das wäre sein Reichtum, den müßten ihm seine Untertanen schaffen, und er hätte ja schon manchem Armen davon Gutes getan und wäre nicht den Menschen feind. Aber in Frieden müsse man ihn lassen! Und dergleichen hat er ihm noch viel gesagt.

»Willst du mir nun einen Gefallen tun«, sagt er, »so soll's dich nicht gereuen. Nämlich so lange wie der große Gübichenstein (sonst hat man ihn den Gübichenstein geheißen) der große bleibt, habe ich mein Recht dran und darf auch auf der Erde walten gehn, wenn aber der große Gübichenstein zum kleinen wird, so kostet's mich die Krone, und dann darf ich bloß unter der Erde herrschen. Da schießen nun immer die Leute nach Krimmern und Falken oben auf dem Gübichenstein, und das kann ich nicht leiden. Denn trifft's den Stein, so bröckelt etwas ab.« Wenn er, der Förstersohn, also dafür sorgen wolle, daß keiner seinen Sein beschädigte, so solle er zum reichen Manne werden und könne sich aus der Braupfanne nehmen, so viel er wolle.

Der Förstersohn verspricht's und gibt ihm die Hand drauf. Dann nimmt er sich aus der Braupfanne, so viel er will, füllt alle Taschen und häuft auch die Mütze voll. Wie das geschehen ist, führt ihn der Gübich in ein anderes Zimmer. Da ist ein Bett von Moos recht artig bereitet. Der Gübich sagt, er will seinen Gast morgen zeitig wecken, und er wünscht ihm gute Nacht.

Der Förstersohn hat noch nicht lange geschlafen, da weckt es ihn nur, und wie er die Augen aufschlägt, graut der Morgen, und wie er sich besinnt (es ist so kalt gewesen), liegt er unten am Hübichenstein, und seine Mütze mit den Wildenmännergulden liegt noch bei ihm, und die Taschen sind gepfropft voll. Das hat er alles der Obrigkeit erzählt und hat den Armen von seinem Reichtum abgegeben und eine Kirche bauen lassen in Grund, wo vorher keine gewesen.

Und die Obrigkeit hat ein Gesetz ausgehen lassen, daß keiner auf den Hübichenstein steigen dürfe und keiner da nach Krimmern schießen dürfe und nach Falken und Raben. Und so lang, wie der große Hübichenstein ist unversehrt gewesen, hat der Gübich da ein Wesen gehabt und viel Gutes gethan und manchen Bösen bestraft, und es hat ihn auch mancher gesehen.

Aber im Dreißigjährigen Kriege, da haben die Kaiserlichen die Spitze des großen Hübichensteins aus Mutwillen mit Kartaunen heruntergeschossen, und von der Zeit an hat kein Mensch den Gübich mehr gesehen. (106)

Clausthal, Zellerfeld, Buntenbock

Ansicht von Clausthal. Gezeichnet von Ludwig Richter, gest. von F. Geißler. Aus: W. Blumenhagen, Wanderung durch den Harz. 1836.

Der Bergmann bei den Geistern im Berge

Von den Berggeistern wußte man vor alten Zeiten noch viel zu erzählen, aber heutzutage kommt's immer mehr ab.

So war auch einmal ein Bergmann im Schacht beschäftigt, da tritt ihm ein kleines weiß gekleidetes Männchen entgegen mit einem Licht in der Hand und winkt ihm zu folgen. Da tut er's auch, und sie kommen endlich in einen großen Saal, in dem sitzen lauter Bergoffizianten, alle so gekleidet wie das Männchen, und essen und trinken. Auch dem Bergmann wird ein Becher mit Wein gereicht, und als sie ihn ordentlich bewirtet haben, gibt ihm das weiße Männchen eine Goldzacke und sagt, wenn sie ihm jemand fortnehmen würde, so solle er es ihm nur sagen, dann werde er dem, der sie ihm genommen, den Hals umdrehen und ihm die Zacke schon wiederschaffen. Als er ihm das gesagt, führt er ihn wieder hinaus aus dem Berg und verschwindet.

Als nun der Bergmann nach Hause kommt, da ist ihm alles fremd, er kennt keinen derer, die ihm begegnen, und keiner kennt ihn, so daß er endlich zum Prediger geht, der muß das Kirchenbuch nachschlagen.

Da ergibt sich, daß er drei Menschenalter unten im Berge bei den Geistern gewesen, und ihm war's doch nur wie wenige Stunden vorgekommen.

Der oberste der Bergoffizianten aber, als der von der Erzählung des Bergmanns hörte, bekam Verlangen nach der Goldzacke und ließ sie dem Manne, als er sie gutwillig nicht geben wollte, endlich mit Gewalt fortnehmen.

Da ist der Bergmann wieder in den Schacht gegangen und hat's dem weißen Männchen geklagt. Da ist es hingegangen, hat dem Offizianten den Hals umgedreht und dem Bergmann seine Zacke wieder gebracht, davon ist er denn so reich geworden, daß er sein Leben lang genug gehabt. (107)

Die Grube Silberner Mann

In einer Grube ist man beim Absinken auf einen Menschenkopf von gediegenem Silber gekommen, und wie man weiter absinkt, kommt eine ganze Menschengestalt von lauterm Silber zum Vorschein, die stellt den Bergmönch vor, wie er leibt und lebt. Und darum hat niemand es wagen dürfen, dieses Bild zu beschädigen.

Und lange, lange Jahre ist diese Grube die ergiebigste auf dem Harz gewesen, und wegen ihres Wahrzeichens hat sie der Silberne Mann geheißen.

Aber einmal läßt sich einer durch Habsucht verleiten, daß er von dem Bilde einen kleinen Finger abschlägt. Da springt aus der Wunde ein gewaltiger Wasserstrahl heraus, daß die Menschen kaum haben aus der Grube herauskommen können. Die Grube aber ist ertränkt bis auf diesen Tag. (108)

Der verleumdete Bergmann

In einer Grube arbeiteten einst zwei Bergleute miteinander, von denen der eine, ein heimtückischer Mensch, seinem ehrlichen und biedern Kameraden seiner Rechtschaffenheit wegen äußerst gram war und gar manchen Schabernack tat.

Beklagte sich der wackere Dietrich darüber und verwarnte man den boshaften Matz, so leugnete dieser jedes Mal mit großer Frechheit, daß er der Täter sei, wenngleich auch jedermann von seiner Schuld überzeugt war.

Eines Tages, als die Glocke die Beendigung der Schicht angekündigt hat, sieht Dietrich, daß sein unredlicher Kamerad ein Stück Siberstufe einsteckt. Mit ernsten Worten hält er ihm seine strafwürdige Tat vor und droht, ihn bei Wiederholung derselben dem Schichtmeister anzeigen zu wollen.

Der Ertappte wirft einen grimmigen Blick auf den Warner, der diesem genugsam sagte, daß er wohl Ursache habe, vor dem Rachsüchtigen auf der Hut zu sein.

Kurze Zeit nachher, als beide eben zu Tage kommen, wendet der heimtückische Matz sich mit den Worten an den Schichtmeister: »Herr! Jener« – auf Dietrich deutend – »schändet die Knappschaft! Oft nimmt er ein Stück Silberstufe mit nach Hause; auch vorhin hat er wieder eins eingesteckt.«

Der ehrliche Dietrich fällt wie aus den Wolken, da er die Anschuldigung vernimmt, erwidert aber sofort mit ruhigem Tone: »Trage ich wirklich eine Stufe bei mir, so hast du Bösewicht selbst sie mir heimlich zugesteckt.«

Der Schichtmeister, dem sowohl die Rechtschaffenheit des einen als die Bosheit des andern genug bekannt waren und der daher auch der Ausage des Dietrich in Bezug auf die Stufe vollkommen Glauben schenkte, fordert den Matz auf, die Unwahrheit der gegen ihn erhobenen Beschuldigung darzutun.

Hohnlachend erwidert er sogleich: »So wenig, wie meine Nase von Erz ist, ebenso wenig wahr ist auch, was jener Dieb über mich ausgesagt.«

Kaum aber hatte er die Worte gesprochen, so fliegt aus dem Schacht ein Stück Erz heraus und ihm mit solcher Kraft mitten ins

Bergleute beim Ausschmelzen von Silber. Holzschnitt aus: L. Ercker: Beschreibung der Erz- und Bergwerksarten. Frankfurt a.M. 1629.

Gesicht, daß er taumelnd und laut aufschreiend rücklings zu Boden stürzt. Als er sich wieder aufrichtet, schauen ihn alle mit Verwunderung und jubelndem Gelächter an, denn er hatte plötzlich eine sechs Zoll lange Nase von Erz. Somit war seine Lüge offenbar und die Unschuld des Verklagten erwiesen. An allen Gliedern bebend, gestand er auch sofort seinen Betrug ein und mußte zur Strafe ins Gefängnis wandern. So lange er lebte, behielt er aber seine Erznase. (109)

Der Bergmann und die Haulemutter

Einmal des Morgens ganz früh kommt ein Bergmann von seiner Arbeit nach Haus. Da hört er eine weinerliche Stimme, die aus einer Haustürschwelle herauszukommen scheint. Er tritt näher und sieht ein altes Mütterchen in einer Haustür sitzen, das tut ganz erbärmlich, daß es ihm recht zu Herzen gegangen ist; denn es ist Winter und recht kalt gewesen.

Da fragt er sie: »Mütterchen, was fehlt euch denn?«

»Ach, mich friert, ach, mich friert«, sagt sie klagend, »und mich will keiner ins Haus aufnehmen.«

»Du lieber Gott«, sagt der Bergmann, »was es doch für unbarmherzige Menschen gibt! Kommt, Alte, geht mit mir und wärmt euch in meinem Hause.«

So geht er, die Alte ihm nach, und beide kommen ins Haus. »Da setzt euch hinter den Ofen und ruht eure alten Glieder.« Der Bergmann aber setzt sich an seinen Tisch, um noch ein wenig zu essen. Er hat also dem Ofen den Rücken zugekehrt, und wie er denkt, er will den ersten Bissen an den Mund führen, kommt auf einmal eine lange dürre Hand über seinen Kopf her und nimmt ihm die Bissen vom Tische weg. Wie der Bergmann sich umsieht, da ragt das alte Weib über den Ofen weg und hat sich durch die ganze Stube hergestreckt und greift mit der Hand nach seinem Essen und ruft: »Ich will auch was haben, ich will auch was haben, ich will dich haben!«

Da erkennt der Bergmann, daß es die Haulemutter ist, die er ins Haus aufgenommen hat, greift fluchend nach seiner Axt und haut damit auf die alte Haulemutter ein. Die macht sich geschwind wieder ganz klein und flieht vor den Schlägen des Bergmanns zu dem geöffneten Haus hinaus. (110)

Die Haulemutter

Ein Bergschmied vom Clausthal fuhr vor fünfzig bis sechzig Jahren eines Morgens früh um ein Uhr an. Wie er am Zellbach durch das sogenannte Prachtgäßchen kam, hörte er eine feine und dünne Stimme, die zu ihm sprach: »Bleiste schtiehn! Bleiste schtiehn!«

Weil er aber wußte, daß die Frau, welche in dem kleinen Hause an der Straße wohnte, eine Hexe war, so dachte er gleich, das ist die Hexe, die dir einen Schabernack antun will, und lief, was er laufen konnte, daß er fortkam.

Aber gleich hörte er hinter sich ein Trappeln und Rappeln, Jauchzen und Schreien, daß ihm Hören und Sehen verging, und doch sah er nichts.

Mit einem Male tat's einen Satz, und er fühlte auf seinen Schultern eine schwere Last, gleich als wenn sich ein Mensch darauf setzte und mit den Beinen vorn herunterhinge. Er fühlte auch, wie die Finger gleich Krallen in die Haut eingeschlagen wurden. Und das Ding verließ ihn nicht eher, bis er die Gaipeltür aufgemacht, an welcher er matt und erschöpft auf dem untern Burgstädter Zug ankam.

Dann aber gab's ihm einen derben Schlag in den Rücken, daß er ohnmächtig im Gaipel hinstürzte und sich erst nach einigen Stunden von seiner Not erholen konnte. Des Abends, als er nach Hause kam, hatte er noch die schwarzen Flecke auf Schultern und Rükken. (111)

Die unheimliche Begegnung mit dem Bergmönch

Zwei Nachtschichter standen vor Ort, aber der Bohrer wollte nicht bohren, und es war, als bohrten sie auf lauter Hornstein. Am nämlichen Abende machten ihre guten Freunde sich lustig, und da beschwatzte einer den andern, daß sie hinausfahren wollten.

Sie fuhren also auf einem Stollen nach einer andern Grube hin und wollten da hinausfahren. Als sie durch den Stollen waren, kehrte auf einmal der Vordermann um und schrie: »Alle guten Geister loben Gott den Herrn!« und machte, daß er vor seinem Kameraden vorbeikam. Da sah der den Bergmönch, der stand vor dem Stollen und hatte ein silbernes Grubenlicht in der Hand, so groß wie ein Scheffel, und die Flamme ging bis an die Stollenkappen, und seine Augen waren so groß wie Wagenräder, und seine Beine waren wie Spinnengewebe. Und wie er seine Hand ausstreckte und den beiden den Hals umdrehen wollte, da stürzten sie fort und fuhren zurück.

Aber der Bergmönch lachte aus vollem Halse. Die Nachtschichter fuhren in vollem Laufe bis nach ihrem Schachte und da hinaus. Wie sie noch eine Fahrt hatten, da stand der Bergmönch quer über dem Fahrloche, und wie der erste den Kopf hinausstreckte, klemmte ihn der Bergmönch zwischen seine Beine, zog ihn aus dem Fahrloche heraus und drehte ihm den Hals um. Wie der andere Nachtschichter das sah, fuhr er wieder hinein, aber der Bergmönch folgte immer nach. Da dachte er, sollst nur gleich wieder an deine Arbeit gehen, vielleicht tut er dir nichts; fuhr gleich wieder zurück, und wie er vor Ort war, fing er an zu hämmern.

Aber er hatte so harte Strosse, daß das Feuer immer so gestrahlet hat vom Bohrer und daß er allein einige Stunden hat bohren müssen, und der Bergmönch stand immer dabei. Und wie der Nachtschichter fast nicht mehr das Fäustel regieren konnte und dachte, er wolle sich einen Augenblick erholen, da hob der Bergmönch die Hand auf und wollte ihm eine Ohrfeige geben. Da hat er wohl oder übel hämmern müssen, bis er sein Loch nieder hatte, und der Bergmönch hat dazu gelacht, daß die ganze Strecke geschallt hat. Wie das Loch nieder war, blieb der Bergmönch noch immer stehen.

Kurz von der Sache zu reden: Der Bergmann mußte auch noch schießen. Da warf's denn einen Haufen herein, daß es was Ungeheures war. Und der Bergmönch wollte immer noch nicht weg. Und es konnte alles nichts helfen, der Bergmann mußte aufräumen. Wenn er nun eine Masse Berg an den Wangen aufgemauert hatte, lag noch wieder eben so viel auf dem Haufen. Und das Aufgemauerte war weg, und der Haufen ward nicht kleiner. Zuletzt konnte er nicht mehr, es ward ihm ganz schwarz vor Augen, und er sank in Ohnmacht.

Da ging der Bergmönch ins Feste. Wie der Nachtschichter aufwachte, war alles aufgemauert und alle Arbeit getan. Er hat nachher die Geschichte oft verzählt. (112)

Das Nachtwächterhorn und der Dreißigjährige Krieg

Als einst auf Clausthal der Nachtwächter zwölf Uhr geblasen hatte, kam er über den Kirchhof. Da begegnete ihm ein kleines Männchen, das von ihm verlangte, daß er nochmals zwölf tute. Der Nachtwächter aber weigerte sich heftig und sagte: »Ich habe bereits zwölf durchgetutet, und zweimal darf ich nicht tuten.« Damit ging er seiner Wege.

Den andern Abend kam der Nachtwächter um zwölf abermals auf den Kirchhof. Das kleine Männchen kam abermals zu ihm und forderte erneut ungestüm, daß er nochmals tuten solle. Der Nachtwächter jedoch tat es wieder nicht.

Den andern Abend, als der Nachtwächter über den Kirchhof kam, war das kleine Männchen wieder da und forderte von ihm abermals, daß er nochmals zwölf tuten solle. Auch diesmal weigerte sich der Nachtwächter aufs äußerste, das Männchen ließ aber nicht locker, er mußte tuten. Wie er nun losgeblasen hatte, mußte er sich umsehen, und er sah lauter Feuer und Soldaten am Himmel.

Hierauf sagte das kleine Männchen zu dem Nachtwächter: »Dies ist ein Zeichen, daß bald Krieg entsteht.«

Hernach war das kleine Männchen verschwunden, mitsamt den Soldaten und dem Feuer. Der Nachtwächter verzählte dies vielen

Leuten, und diese schützten sich so viel wie möglich vor dem Krieg. Kurz nachher entstand auch der Dreißigjährige Krieg. Dieses Männchen soll der Sage nach der Berggeist gewesen sein. (113)

Die Hexen vom Clausthal

Die Hexen ziehen am ›Wolpersabend‹ (Walpurgisnacht) besonders als Katzen nach dem Brocken. Eine Frau und ein junges Mädchen aus dem Clausthal kamen einst am Walpurgisabend, jede mit einem Korb schwer beladen, nach dem Clausthal heim und setzten sich an einen Kreuzweg, um sich auszuruhen. Da kamen unzählige Katzen, die nach dem Brocken zogen, so daß das Mädchen sich vor Furcht hinter der Alten verkroch.

Diese aber wurde von einer der Katzen beim Namen gerufen und erhielt den Auftrag, der Frau Steiger L. im Vorbeigehen zu sagen, sie möchte den Tanz nicht versäumen.

Wirklich rief die Alte vor des Steigers Haus: »Frau Steiger L., versäumen Sie den Tanz nicht!« Da kam auch schon die Frau Steigerin als eine fette schwarze Katze aus dem Hause gesprungen und eilte dem Brocken zu. (114)

Vom Mönchstal bei Clausthal

Das Mönchstal bei Clausthal hat seinen Namen vom Bergmönch, der hat hier seinen Lieblingsaufenthalt gehabt. Es hat auch hier früher sehr reiche Gruben gegeben. Da ist der Bergmönch manchmal in der Grube erschienen, ja wohl gar in die Bucht gekommen, und die Bergleute haben sich so an ihn gewöhnt, daß sie eben keine Furcht mehr vor ihm gehabt haben.

Aber manchmal hat er auch seine Launen gehabt, hat die Schütten aufgehoben, daß man die Wasserräder nicht hat zum Stehen bringen können, oder hat die Kunst aufgehalten oder die Bergleute erschreckt durch allerlei abenteuerliche Spielereien und Neckereien. Dadurch wird er endlich den Bergleuten zur Last, und so haben sie ihn gern los sein wollen.

Endlich folgen ihm einmal ein paar Bergleute nach und legen, wie sie so gehen, Kreuze vor sich hin. Da geht der Bergmönch zuletzt in eine Schlucht hinein, welche hinten durch eine nackte Steinwand geschlossen wird. Der Bergmönch sieht sich noch einmal um und sieht ganz zornig aus. Darauf rührt er den Stein an. So wie er den Stein angerührt hat, tut der sich voneinander, und der Bergmönch tritt hinein. Gleich darauf schließt sich die Wand wieder fest zusammen.

Seit der Zeit ist der Bergmönch nicht wieder in die Gruben gekommen, aber diese sind auch alle überschwemmt, und man hat sie auflassen müssen, und bis auf diesen Tag sind die Wasser im Mönchstal nicht zu bewältigen, und keine Grube hat Glück. An der Stelle, wo der Bergmönch in den Fels gegangen ist, auf der nämlichen Felswand ist das Bild eines Bergmanns zu sehen. (115)

Das Männlein auf dem Gefluter

Im achten Clausthaler Pochwerk hat einst einmal ein Nachtschichter gepocht, der tat gern was, wenn er mußte, daher wünscht' er sich, wenn doch einer für ihn pochte. In der Nacht, so gegen Pfingsten, ist auf einmal abgeschützt, und das Pochwerk steht gleich stille. Der Nachtschichter geht aufs Gefluter und will wieder anschützen. Da sitzt oben ein kleines Männchen darauf und sagt zu ihm:

»Ruhe dich,
Ich poch für dich!«

Dabei fragt es, wie es denn hereinpochen sollte. Da sagt der Nachtschichter, er solle nur arm hereinpochen. Darnach geht er ins Kämmerlein und legt sich aufs Ohr. Das Männlein weckt den Schläfer und gibt ihm ein Goldstück und sagt:

»Verrätst du mich,
So poch ich dich!«

Am andern Morgen sind alle Kästen voll von armem Schlieg. Der Steiger wundert sich und sagt, wie der Nachtschichter das angefangen habe, und spricht: Ja besser wär's, wenn es nun gleich reicher Schlieg wäre.

Am zweiten Abend geht's wieder so, da sagt der Nachtschichter, er möchte nun reichen Schlieg haben. Alle Kästen sind am folgenden Morgen voll vom reichsten Schlieg. Am dritten Abend wird um elf Uhr abgeschützt, der Nachtschichter geht wieder aufs Gefluter und findet da das kleine Männchen und dankt ihm für seine Arbeit und sagt dabei, wenn's nur immer so ginge. Das Männchen sagt:

»Verrat mich nur nicht,
Ich tu meine Pflicht.«

Das tut denn auch der Nachtschichter lange Zeit, denn er hat's dabei nur gut gehabt, und sein Steiger hat die meisten Röste geliefert, und sein Pochwerk ist in kurzer Zeit das beste geworden. Darüber will das Bergamt Aufschluß haben, damit es in andern Pochwerken auch so gemacht werden kann. Der Steiger wird gefragt, der weiß es aber nicht und fragt den Nachtschichter. Der aber will mit der Sprache nicht heraus.

Endlich kommen die Herren nach dem Pochwerk, der Oberbergmeister, Pochverwalter, Obersteiger und noch andere, und da soll der Nachtschichter bekennen, wie er's anfängt, so viel und reichen Schlieg zu schaffen. Er will und will erst nicht daran; denn auf dem Schrank sitzen zwei kleine Männchen. Das eine droht, er soll's nicht verraten; das andere winkt, er soll's sagen. Endlich, weil sie ihn alle so anhauchen und abkanzeln, ja mit Absetzen und Verbrennen drohen, weil er ein Hexenmeister wäre, so sagt er's, und da sind die Männchen weg, und die Herren sind ebenso klug wie vorher, denn das haben sie nicht einrichten können.

Des Nachts um elf Uhr wird wieder abgeschützt. Der Nachtschichter geht hinauf nach dem Geschütz, und das Männlein ist wieder dabei und fragt, was es pochen sollte. Da sagt der Nachtschichter, die Herren hätten ihn gezwungen, es sagen zu müssen, und nun wolle er ihnen auch einen Streich spielen; diese Nacht möchte das Männchen Fleisch und Blut herein pochen. Ja, sagt das Männchen, das hätte es sich auch schon vorgenommen. Darauf legt sich der Nachtschichter hin. Kurz vor elf Uhr ist der Nachtsteiger dagewesen und hat mit dem Nachtschichter gesprochen. Um elf Uhr kommt der Nachtsteiger wieder, da haut das Pochwerk, er geht hinein und siehe da, der Nachtschichter liegt unter den Stempeln und ist zerstampft.

Da hat man's denn gleich heraus gehabt, daß ihn das Männchen untergeschürft hat. (116)

Mer soll d'n Teifel net porren

Is emol ä Barkmann gewest. Wenn dar hot vor Ort geschtanden un hat sich epper geschnieft oder darkleinig, su hot er gesagt: »Da, Teifel, dan sost du ha'n!«

Dos hot er lange Zeit su getriem.

Ämol schtieht er aach vor Ort un schnieft sich un saat: »Da, Teifel, dan sost du ha 'n!« Su wiere dos gesaat hot, schtieht a dr Teifel vor 'ne.

»Was hoste do gesaat, Karrell! Dos prowier mer noch ämol; soste sahn, wie dersch gieht!«

»Haha«, saat d'r Barkmann, en wos woste mir tun? Du host an mir kä Täl.«

»Na, ich sa' dersch«, schpricht d'r Teifel, »tuste mersch noch ämol, ich ill net häße, ie ich häß, gietersch ene Värtelschtunne schlacht!« Un do dermit verschwindt er.

De annre Nacht, wie d'r Barkmann wieder vor Ort schtieht, klatsch! »Da, Teifel, dan sost du ha'n!«

Schwuppdich, is d'r Teifel wieder do. »Ich sa' dersch! Mach mich net zacket! Kann su wos net leiden. Loß mersch unterwang!«

»Haha! du alwerner Teifel! Ich bin hie in män Beruf. Kannst mir nischt tun! Schar dich deine Gäng!

»Na, ich sa' dersch in guten! Namm dich in acht!« Do drauf verschwindt er.

De annre Nacht is d'r Barkmann wieder vor Ort. Klatsch! »Da, Teifel, dan sost du ha'n!« In Aamblick is d'r Teifel do: »Karrel, ich sa' dersch zum letztenmol! Loß mich zufrieden, oder es giehter schlacht!«

»Haha! Du sost mich wull Iaam lossen! Schar dich deine Gäng!«

»Ich ho' dersch zum letzenmol gesaat. Prowier mersch net wieder!« Wack isser.

De annre Nacht, wie mei Barkmann wieder vor Ort schtieht, klatsch! »Da, Teufel, dan sost du ha'n.« D'r Teifel is wieder do un is glatt unriemsch vor Wut.

»Wart, Jerg! Nu will ich dersch eindränge! Du sost mich zum letzenmol gefoppt ha'n!«

Do dermit verschwindt er. Mei Barkmann ober lacht sich schief un ätscht 'ne wos aus. Gut das Ding.

In der namling Nacht macht sich d'r Herr Uriäng nong Klastol, nimmt ä paar Fensterscheim ausen Kerringfanster, fährt in d'r Kerch nein un langt die silwern Lächter von Altar un prakteziert se dan Barkmann ins Haus un unter sän Bett. D'r Barkmann kimmt geeng Morring häm un legt sich zu Bett un hot aus nischt wos Arges.

Na, ganz frie an Morring wärd's all publiek, daß de Kerch beschtuhln is, un 's kimmt a d'r Owrigkeit ze Uhren. De Herrn hin nooch d'r Kerch un sahn de Beschäring. Nun isses ober Winter gewast, un es is von d'r Kerch aus ene Schpur gange nooch d'r Schulgaß zu. Da Schpur wärd nochgange, un weil se aam in dan Barkmann sän Haus fiehrt, wärd kleich neingemaschiert un flucks gefissentiert.

Dar Barkmann is aam aufgeschtanden, un weil er noch de Schlof in de Aang hot un sich das net ze reime wäß, su schmeißt er de Piedels un d'n Herrn gleich ä Schock Dunnerwatter an Kopp un will wissen, wosse in sän Haus ze suchen ha'n.

Dos wier sich finden, häßt's. Forsch arschte sollt' er ju sei Maul halten. Wos will er machen? Har muß es sich gefallen lossen, lett sich's a gefallen un denkt: ›Wardt iech schneiden!‹ saat ober: »Wenner ober nischt findt, saat, Karrels kennter das Ding? ('s is a Axtenhalm gewast.) Soll iech ä Watter regieren!«

Ober dos Ding kimmt annerscht, wie er iech lächtsen denken kännt. Untern Bett waren de Lächter gefunden. Un nu trawelljee la port! Marsch in d'n Pfardieb seiner Schtet! Drauf ins Verhär, hie verzehlt er, wos 'ne mit d'n Teifel begälnt is. Ober de Herrn lachena in de schieren Zähn' un denken: ›Dar Karrel wäß wull, wie's elfte Gebut häßt; ober hie kimmste an de unrachten.'

»Wart!« häßt's hie, »dir soll d'r Schpaß balle vergiehn! Marsch mit dir of d'r Traktur!« Na, dar muß all ä Karrel sein, dan do net es Läkeln vergiehn soll. Har kann's net aushalten un bekennt: ja, har hätte de Lächter geschtuhlen. Na, wie da es Ortel gelaut hot, kännter iech lächtsen vierschtellen. Es Ortel häßt: har sull gehängt waren. Na prost!

De Nacht vor d'r Exekuzion kimmt d'r Teifel zum Barkmann in d'n Pfardieb seiner Schtet: »Na, Jerg, wie gefällt's der in d'r Fisitenschtuh? Hoste endich genunk? Oder hoste a Lust zum hanneften Falster?«

»D'n Teifel offen Kopp«, saat d'r Barkmann, »ich sah wull, du bist a Erzgeneralschpitzbub, un var di porrt, dan kost's Hals un Kraang.«

»Na, ich sah, du bist klieker geworren. Här, ich will d'r än Vierschlohk machen. Verschreib mer deine Seel, su soste dei bissel La'm behalten.«

»Was! icha? Meine Seel? Dan Teifel will ich d'r verschreim!«

»Na, besinn dich! Forwahr, es is ene verdammte Himmelfahrt, wu d'r Mäster Hammerling dru'm of d'r wartt un dir mit d'n Schtrick d'n Willkummerts gitt. Loß dich net ämol hänge! Mer kann's net zwämol prowieren.«

»Heija! Loß dich abmooln of Leschpapier mit Eelfarwa, bist zwämol ze sahn!«

»Na här, än verdammt harten Kopp hoste denn ober doch. Verschprach mer, daß de mer su deschpektierlich net wieder begähne witt, su soste deine Seele un a dei La'm behalten. Giehste dos ein?«

»Nu jo, dos i wos annerscht; dos will ich eingiehn.«

»Na gut! Dos is dei Gelick! Wennste nu morring offen Galling schtiehst un d'r Schinderknecht will d'r de Schlink iwern Kopp schmeißen, denn gieh mant schlank wack offen Galling hin un schteig d'r Fahrt ob; 'swärd dich käner hinnern.« Na, gut das Ding.

D'n Took drauf, 's noochmitlogs, wiere seine Armensinderschmohlzeit aam in Leiwe hot, wärd er ausen Gefängnis rausgefiehrt. Offen Markt is ä Rummel Menschen, daß es ganz wos Grundluses gewast is. Ganz Klastol is of d'n Bänen; die gucken 'ne aan a wie a wild Getierg. Mitten offen Mark is ä Gebrickrich aufgefiert, do sitzen de Herrn droffe in vullen Schtaat. Do wird 'ne noch emol es Ortel viergelasen un gefragt, epper wos derwider einzewenden hot? Ober har saat kä Wort. Alsu, das Ortel is geschprochen, der Schtock der is gebrochen.

Do fiehren se'n wieder nunter in d'n Krähsch, dan de Zaldaten gemacht ha'n. De heiling Engels schmeißen na of än Karrn of 'ner Kuhhaut. D'r Schriftgelehrte mit sän Alkoran setzt sich bei 'ne un schwatzt 'ne was fier, wure net drauf härt. De grußen Schilersch vor d'n Karrn, de Korrent derhinter, schtimme d'n Lieningtansermarsch aan. Je, Fuchs! Vorwärts gieht's zu d'r Schtadt naus, nong Galling. Na, es Harz hot 'ne denn doch ober gepuckert, wierre d'r Fahrt nauf schteigt. Unt schtiellt er of d'r deitschen Siewena, un d'r heilige Engel denkt all: Nu hoste dei letzt bissel Brut in Laiwa.

Ober wie 'ne d'r Musche Plicks de Eees iwern Kopp schmeißen will, wutsch! Do bickt er sich, wutscht 'ne untern Arm wack, gieht of d'r deitschen Siewena hin nooch d'r Fahrt un schteigt nob. Wierre unten is, guckt er noch emol su von ohngefahr zurick. Wierre sich umguckt, wos dan Dunnerwatter! Do schtieht d'r Teifel bei d'n Schinderschknecht un hot än Schtruhwisch un hält'n in d'r Ees nein un zeigt d'n Leiten, was kä Gesicht is. Wierre dos ane Weil aangefahnt un sich saat gelacht hot, gieht er mitten dorch den Rummel Menschen dorch. Käner halt 'ne aan, daß er ungeschuren hämkimmt. Do schtoppt er sich äne un guckt zum Fanster naus. Na prost!

Endlich kumme de Leit wieder zurick von der Exekuzion. Suwie de ärschten vor sän Haus kumme un sahn, daß d'r arme Sinder zum Fanster raus guckt: »Harr Jeses!« schrein de Leit, »d'r Dellequent gieht all wallen!« Har leit in sän Fanster un schmökt, daß es pafft! De ärschten reißen aus wie Schoflader. Ober wie's publiek wärd, daß d'r Dellequent zum Fenster naus guckt, kömme immer meh aan. Un zuletzt wärd vor dan Haus ä Tumult un ä Schawuhl, as wenn de Walt zu Grund giehn soll. Har bleit ruhig in Fanster ling un fletscht, as wenn er än Lorck an Schtrick hot. Endlich, wie er sän Schpaß lang genung gehabt hot, redt er de Leit aan: »Kinnersch un ihr Leit! Wos hotter den fier? Seid doch gescheit! Kummt rein! Ich bin doch kä Geschpenst! Ä Geschpenst kannn doch net schmöken. Un de Geschpenster giehn doch aach an Took net vallen.«

Ober käner hot den Hannel getraut. Drim is a käner zu 'ne ins Haus ganga.

Endlich kimmt a sei Kamerad. Dar faßt sich ä Harz un redt ne aan: »Bengel, bists oder isses dei Gäst?«

»Ach, sei doch gescheit! Wenn's mei Gäst wär, kännt ich ju net schmöken.«

»Ja, sa' mant, Bengel, was de gemacht hast? Du hängst ja leibhaftig an Galling!«

»Is net wahr!«

»Harr Jeses, hoste denn mit d'n Teifel ä Verbindnis gemacht?«

»Ach, Schwatzenwark! Wenn ich mit d'n Teifel ä Verbindnis gemacht hätt', wier dar mich hie sitzen lassen? Kumm rein, so will ich dersch verzehln.«

Na, su gieht denn sei Kamerad nein zu 'ne in de Schtuh, un weil alle Leit sahn, daß ersch salwer is un net sei Gäst, so kumme se ah rein, daß de Schtuh geschtoppet vull wärd.

Un do hat er allen Leiten de Geschichte von vornst aan verzehlt, wie ich se eich verzehlt ha'.

»Ober wie is doch des mant mieglich?« saat sei Kamerad, du sitzt hie un labst, un mer ha'n dich doch alle an Galling bummeln sahn un net ä Schtruhwisch?«

»War wäß, wos ihr gesahn hat! Satt doch noch emol zu, ob ihr mich noch draan satt!«

Genung, es giehn weche hing nong Galling. Wos sahn se? Än Schtruhwisch!

Satt! su is mei Barkmann dismol noch mit an blau Aag dervon gekumme; ober ihr gläbt mersch, daß er zitter dar Zeit d'n Teifel net wieder geporrt hot. Un ihr tut aach an gescheitsten, wenner su was unterwaang lott. Denn wenner d'n Teifel an d'r Wand molt, su kimmt er. (117)

Silbernaaler Gruben

In dem vorigen Betriebe der Silbernaaler Gruben haben sie einen Kunstknecht gehabt, der hat am Sonnabend, als die Bergleute Schicht gemacht haben, dem Kunstjungen alles übergeben, ist nach Zellerfeld gegangen und hat sich da verweilt bis Montagnacht um Zwei. Dem Jungen hat er angekündigt, es möge geschehen, was da wolle, so solle er nicht hineinfahren.

Wie er nun zurückkam, stand das ganze Gesenke (die Tiefe) voll Wasser, und da sind sie eingefahren, er hat aber dem Kunstjungen angekündigt, es möge geschehen, was da wolle, so möge er nichts sagen, sondern nur immer achtgeben, auf daß er's auch so machen könne, wenn er einmal Kunstknecht wäre.

Als nun der Kunstjunge zusah, so ging das Wasser ohne weiteres an den Wänden herauf. Da sie nun herauskamen, war das ganze Gesenke schon leer, und da waren auch schon die Frühschichter, die fuhren hinein und konnten ohne weiteres ihre Arbeit beginnen. Der Kunstjunge hatte auch niemand etwas verraten, wiewohl die Leute in Zellerfeld wußten, daß der Kunstknecht zu Haus war und sich in der Zeit nicht um die Kunst bekümmerte. Endlich drohte aber der Geschworner dem Kunstjungen mit Ablegen (Dienstentlassung), wenn er nicht bekenne, und da hat er gesagt, was er gesehen hat.

Sobald er's ausgesprochen hat, ist er tot zu Boden gestürzt. Der Kunstknecht aber ist verschwunden und soll auch der alte Markscheider mit ihm fortgegangen sein, der den Dammgraben angelegt und, wie das Volk sagt, verpfuscht hat, und der soll die alten Kunstrisse vom Harze mit sich genommen haben. (118)

Die Maus

Als der Dreizehnlachterstollen belegt wird, setzt man im Bergamte den Bergmeister H. zum Führer der großen Arbeit; das ist im vorigen Jahrhundert gewesen. Dieser Mann hat keine Frau, nur eine Haushälterin gehabt, die für sein Hauswesen mit Leib und Seele sorgte. Hat der Herr sein Mittagsessen verzehrt, so pflegt er in der Regel ein kleines Schläfchen zu machen.

Einst spricht er zu seiner Haushälterin: »Kathrine, wenn ich eine halbe Stunde geschlafen habe, so weck, mich; aber ja keine Minute früher oder später, denn meine Ehr und mein Leben hängen davon ab.«

Die Haushälterin setzt sich also vor ihren schlafenden Herrn hin und paßt auf ihn und die Sanduhr.

Als er eine Viertelstunde geschlafen hat, kommt ihm mit einem Male eine Maus aus dem Munde gekrochen, läuft an ihm herunter und verschwindet auf der Erde. Eine Minute vor der bestimmten Zeit des Aufwachens kommt sie wieder zurück, kriecht dem Bergmeister in den Mund und ist verschwunden; mit einem tiefen Schnarchen erwacht der Schläfer, dann kriegt er schnell sein Anfahrzeug her, zieht das an und geht fort, um nachzufahren. Das ist oft geschehen, und jedesmal hat er von der Maus Nachricht bekommen, ob die Leute falsch arbeiten oder ausgerissen sind oder ausreißen wollen, und keinmal ist er vergebens angefahren, etliche hat er immer auf ihren Schleichwegen abgefaßt.

Ein gewisser Bergmann Schramm ist mit mehreren Kameraden vor Ort, sie arbeiten auf dem Durchschlag, und wollen sich den Freitag nachmittag zu gut machen. Als sie dem obersten Fahrloch nahe kommen, sehen sie den Bergmeister oben daran stehen und kehren wieder um; das dreimal, und jedesmal ist er da.

Nach Beendigung der Schicht fragen sie den Gaipelaufseher, wie lange denn der Bergmeister diesen Nachmittag da geblieben sei. Der Gaipelaufseher hat aber den Bergmeister nicht gesehen. Ebenso wird die Haushälterin des Bergmeisters gefragt, wie lange ihr Herr den Freitag nachmittag ausgewesen sei. Die aber antwortet, er sei nicht aus der Stube gekommen; und doch haben ihn die Gedingheuer alle am Fahrloche gesehen. Bei der Abnahme des Gedings sagt der Bergmeister zu diesen Leuten: Wenn die denn wieder ausrissen oder ausreißen wollten, so würden sie nicht wieder aufs Geding kommen. (119)

Der dem Teufel vermachte Junge

Da unten im Prachtgäßchen in Clausthal wohnte vor langen Jahren eine Frau, die hatte ihren Jungen dem Teufel vermacht, damit er ihr dafür recht viel bringen sollte. Wie die Zeit nun bald herum war, daß der Teufel nach ihrer Meinung den Jungen holen mußte, da machte sie sich fort ins Land und läßt ihr Kind zu Haus.

Des Abends in der Dämmerung sitzt der Junge hinterm Tisch auf der Bank, und seine Wirtin und ihre Schwester sitzen und spinnen beide. Alles ist still, die Räder schnurren bloß, und draußen saust der Wind; es ist ein recht grauslicher Abend. Da hören sie mit einem Male ein Gepolter und ein Spektakel im Schornstein herunter und hinein in den Ofen, daß den Frauen Hören und Sehen vergeht.

Zur Tür können sie nicht hinaus, die ist zu. Hinaus wollen und müssen sie. Sie springen also zum Fenster hinaus und sagen: »Junge, komm mit!«

»Ach«, schreit der, »ich kann nicht, ich kann ja nicht vom Platz, es ist, als wär' ich festgebannt.« Sie lassen ihn also sitzen und machen so schnell sie können, um auf die Nachbarschaft zu laufen und Hilfe zu holen. Als sie wieder kamen mit Hilfe, da ist der Junge vom Platz weg, die Wände sind mit Blut bespritzt, und es ist eine wahre Wüstenei in der Stube. Alles übereinander geworfen, Tische und Bänke umgestürzt, und mitten in der Stube liegt der Junge mit zermalmten Armen und Beinen und ist tot. (120)

Die Buttermilchbetstunde

Es ist auch einmal in Zellerfeld ein Superintendent gewesen namens Calvör, dessen Frau ist sehr geizig gewesen. Wenn ihr Mann ins Fenster Pfennige gelegt hat für die Armen, so hat sie diese unterschlagen und versteckt. Wenn sie am Donnerstag gebuttert hat, hat sie die Buttermilch mit Wasser vermischt, und wenn sie Butter verkauft hat, hat sie immer eine falsche Waage gehabt und so die Leute betrogen.

Als sie gestorben ist, da hat sie keine Ruhe gehabt und ist walten gegangen, und man hat nicht im Haus bleiben können vor Geheul und Lärm.

Endlich hat man einen Pater aus Goslar kommen lassen, um sie zu bannen. Der hat sie zitiert, und als sie kommt, sagt er allen, die dabei sind, sie sollten sie ja nicht anrühren. Aber einer hat's doch getan, als sie ihm ihre Hand hingestreckt hat. Da haben ihm gleich die Finger gebrannt.

Der Pater fragt sie, was ihr Begehr sei. »Ach, ich brenne im höllischen Feuer«, jammert sie, »und habe keine Ruhe. Im Keller ist das Geld, um das ich die Armen betrogen habe.«

Darauf hat sie der Pater verbannt und ihr verboten, jemals hier wieder zu erscheinen. Das Geld aber ist gefunden, ein großer Keller voll, im Keller vergraben. Dieses Geld ist auf Zinsen gelegt worden, und die Zinsen werden alle Donnerstage nach einer Betstunde an die Armen verteilt. Die Waage aber ist in der Kirche aufgehängt. Die Betstunde nennt man in Zellerfeld die Buttermilchbetstunde. (121)

Spuk bei Zellerfeld

Vor Jahren ist's beim Zellerfelder Brauhause nicht richtig gewesen. Wann da einer des Nachts zwischen elf und zwölf Uhr vorüber gegangen ist, so hat sich's ihm hinten auf den Rücken gesetzt, und der Mensch hat's mit sich schleppen müssen, bis er zu Boden gesunken ist. Nicht jeder, dem das begegnet, ist daran gestorben, aber auf dem Rücken hat er immer die Spur von eingedrückten Händen oder einer Menschenfigur gehabt. Das kommt daher, weil das Brauhaus früher ein Kloster gewesen ist, und nun üben die Mönche Rache dafür, daß man dies Kloster aufgehoben hat.

Auch hat der Nachtwächter in der Gegend manchmal einen Mann ohne Kopf umhergehen sehen. Wenn man dergleichen sieht, muß man still vorübergehen, sonst gibt's einem den Rest. Bergleuten begegnet es bisweilen, daß sie des Nachts auf ihrem Anfahrwege plötzlich eine schwarze und unabsehbare Mauer vor sich sehen. Sie tun dann am besten gleich umzukehren, denn wenn sie einen weiten Umweg machen, kommen sie wohl zu ihrer Grube, aber sie müssen dann auch an diesem Tage ihr Leben lassen. (122)

Der Geisterseher

Ist auch einmal auf dem Zellerfeld einer gewesen, der ist an einem Sonntage geboren, des Nachts zwischen elf und zwölf Uhr; der hat auch Geister sehen können, und wenn er einem des Nachts begegnet ist, hat er mit ihm gesprochen. Aber nur mit guten Geistern hat er zu tun gehabt, denn er ist ein frommer Mann gewesen. Mit bösen Geistern hat er sich nicht abgegeben.

Nun war einmal Fastnacht. Da war er auch in der Kirche. Und wie der Pastor auf der Kanzel stand und Gottes Wort auslegte und sagte, wie der Bergmann sich verhalten müsse, wenn er Gott lieb und angenehm sein will, da saßen auch zwei auf der andern Emporkirche dem gegenüber, der Geister hat sehen können. Die schwatzten miteinander und lachten und hörten gar nicht darauf, was der Pastor sprach. Und hinter ihnen stand der Herr Urian (der hat Geister sehen können, hat's mit seinen leiblichen Augen gesehen) und hatte eine Kuhhaut und eine große Feder in der Hand. Und mit der Feder schrieb er auf die Kuhhaut alles, was die beiden schwatzten, mit großen Buchstaben, daß es der andere hat lesen können.

Wie der Pastor aufhörte zu predigen und das Vaterunser betete und den Segen sprach, hörten die beiden noch nicht auf zu schwatzen und zu lachen; und der Böse konnte es nicht alles auf eine Kuhhaut bringen. Da trat er mit dem einen Fuße auf die Kuhhaut, und mit den Händen zog er sie an sich, und wie er so zog mit aller Gewalt, rutschte ihm die Kuhhaut unter dem Fuße weg. Da fiel der Böse rücklings nieder und streckte die Beine gen Himmel. Das fiel dem Bergmann so ins Lachen, daß er sich nicht halten konnte, und er lachte so laut, daß die ganze Kirche davon schallte. Der Pastor hat ihn aber gleich gesehen und erkannt und hat ihn sich gemerkt, und wie die Leute aus der Kirche gingen, stellte er sich ins Kirchenhaus, wartete, bis der Bergmann herauskam, und sagte zu ihm, er möchte doch ein paar Augenblicke mit ihm gehen, er hätte ein paar Worte mit ihm zu sprechen. Gut das Ding!

Wie sie beim Pastor ins Haus getreten waren, ging er mit dem Bergmann gleich auf seine Studierstube, und da hielt er ihm Gottes Wort vor und hielt ihm eine Strafpredigt, die ist aus dem FF gewesen; ob er sich denn nicht der Sünden schäme, daß er sogar an seinem höchsten Feiertage im Gotteshause vor allen Menschen den Segen verspottete. Dafür könne es ihm nun und nimmermehr gutgehen. Wie der Pastor fertig war, sagte der Bergmann: »Nun, Herr Pastor, sind Sie fertig?«

»Ja«, sagte der Pastor.

»So erlauben Sie mir wohl auch, daß ich spreche.« Sagte der Pastor, wenn er etwas zu sagen hat, mag er's sagen. Da verzählte ihm der Bergmann alles, was er gesehen hatte und sagte ihm alles wieder, was der Böse auf die Kuhhaut geschrieben hatte und gab ihm die Hand drauf.

Wie das der Pastor hörte, sagte er gleich zu ihm, so möchte er ihm doch den Gefallen tun und nur noch ein paar Augenblicke verziehen lassen: und schickte hin und ließ die beiden rufen. Wie sie kamen, ließ er den Bergmann in das Nebenzimmer treten. Darauf fragte er die beiden, was sie heute morgen unter der Predigt gesprochen haben. Aber sie blieben dabei, sie hätten nicht gesprochen. Da machte der Pastor die Tür auf, und der Bergmann, der da hat Geister sehen können, trat in die Stube und sagte so und so, das und das und verzählte auch, wie's der Böse gemacht.

Da erschraken die beiden und bekannten, und nun wollten sie es auch in ihrem Leben nicht wieder tun. Da war's gut, und der Pastor gab ihnen noch manche gute Lehre mit auf den Weg. Den andern Sonntag saß der Bergmann, der ein Sonntagskind war, wieder in seinem Stuhle, und gegenüber saßen die beiden anderen. Wie der Pastor auf der Kanzel stand und Gottes Wort auslegte, da stand richtig der Böse wieder hinter den beiden und hatte seine Kuhhaut und seine große Feder. Aber die Bergleute sprachen kein Wort und hörten aufmerksam zu. Und wie der Pastor das Vaterunser betete und den Segen gab, beteten sie recht andächtig mit. Da nahm der Herr Urian seine Kuhhaut zwischen die Zähne und zerriß sie, und seine Feder zertrat er mit den Füßen und stürzte wütend durch den Gang und die Treppe hinunter und zur Kirche hinaus.

Und alle Menschen haben den Lärm gehört, aber keiner hat gewußt, wo er herrührte. Aber der da hat Geister sehen können, hat alles gesehen und hat's nachher oftmals verzählt. (123)

Die Vorahnung

Drei Bergleute, welche Holzarbeiter und Nachtschichter sind und eines Nachmittags haben anfahren müssen, fühlten an diesem Tage eine solche ungewöhnliche Angst, daß sie erst nicht anfahren wollten, dann aber, auf Gott vertrauend, endlich an ihren Beruf gingen. Ihre heutige Arbeit besteht darin, einen Stollen auszubessern, der dem Einsturz droht. Frisch beginnen sie ihr Werk und freuen sich über das Gelingen ihrer Arbeit. Um zehn Uhr abends kracht es und donnert es mit furchtbarer Macht, die Lichter werden ausgeschlagen, und nachdem sie wieder Feuer haben und die Ursache des Getöses aufsuchen, finden sie zu ihrem größten Schrecken, daß die Strecke zugestürzt ist, auf welcher sie zurück müssen, und sie verschüttet sind.

»O barmherziger Gott!« ruft der eine, ein unverheirateter Mann, »könnte ich doch noch einmal deinen blauen Himmel sehen, dann wollte ich ja gerne sterben!«

Der zweite, welcher erst seit Wochen glücklich verheiratet ist, wünscht: »Könnte ich nur noch einmal eine Mahlzeit mit meiner Frau einnehmen!«

Der dritte aber, der eine zahlreiche Familie hat, ruft verzweifelnd aus: »Was soll aus meiner Frau und meinen vielen Kindern werden! Könnte ich nur noch ein Jahr leben und deren Versorgung sicherstellen, dann, ja dann will ich gerne sterben!«

Kaum hat dieser ausgesprochen, so wird's auf einmal sonnenhell um die Unglücklichen, und eine Gestalt gleich unserm Schatten im dicken Nebel steht vor ihnen, angetan mit einer Geschworenenkleidung, Schachthut auf, mit einer Mönchshalskrause, und spricht mit Grabesstimme: »Eure Wünsche sind erhört. Folgt mir.«

Sie folgen ihm.

Auf tut sich die Strecke. Er führt sie durch und hin an den Fahrschacht und zeigt nach oben. Der Berggeist aber springt in den Treibschacht und verschwindet. Die Leidensgefährten fahren zu Tage, wohl wissend, was ihnen bevorsteht.

Kaum tritt der junge Mann aus dem Gaipel und erblickt den blauen Himmel, so stürzt er tot zur Erde. Seine beiden Kameraden legen ihn auf ein neues Brett und tragen ihn wie einen umgekommenen Bergmann nach Hause. Nachdem sie die Leiche an Ort und Stelle abgegeben haben und vor der Tür des Leichenhauses stehen, nehmen sie unter Tränen Abschied, und der eben Verheiratete spricht: »Kamerad, du kennst mein Schicksal, auch ich folg noch diesen Abend dem, der hier im Hause ruht; dort oben sehen wir uns wieder. Leb wohl! Leb wohl! Glückauf!«

So eilt er nach Hause, erzählt seiner Frau in Eile den Vorfall, ißt etwas und stirbt in den Armen seines guten Weibes. Beide Umgekommenen werden miteinander begraben. Der Dritte ordnet erst seine Familienverhältnisse, versorgt seine Kinder und stirbt gerade auf den Tag nach einem Jahre, nachdem er zuvor mit seiner Familie das Abendmahl genossen hat. Auch er wird wie ein Umgekommener betrachtet und so beerdigt wie jene. (124)

Der Berggeist und der Bergmann

In einer Grube des Zellerfelder Reviers arbeitete einmal ein junger rüstiger Bursche. Der war arm. Aber trotzdem hatte er seine Augen auf die Tochter des Bergmeisters geworfen. Der Bergmeister war ein grimmiger Mann, hochfahrend, stolz und grausam mit den Bergleuten.

Einst traf der Bursche im Schacht den Berggeist. Der sagte: »In drei Monden sollst du verlobt sein, und in allen sieben Bergstädten werden sie dich segnen, wenn du das eine vollbringst, was ich dich heißen werde.« Und obgleich der Bursche nicht wußte, was es war, gab er vor Freude die Hand drauf.

Nun geschah es, daß in selbiger Zeit der Fürst des Landes nach Zellerfeld kam. Der fand Gefallen an dem munteren Burschen. Er trug dem Bergmeister auf, ihn tüchtig auszubilden, denn er habe Großes mit ihm im Sinn. Da nahm der Bergmeister den Burschen in sein Haus. Und schon nach kurzer Zeit gab es Verlobung. Aber der junge Bräutigam, der machte gar kein lustiges Gesicht. Nein, wie ein Schatten schlich er hin. Und das kam daher, weil ihm jetzt der Berggeist den Auftrag gesagt hatte: »Befreie den Harz von diesem grausamen Bergmeister. In einem Jahre muß es geschehen sein!«

Der Bergmann brachte das nicht fertig. Er kniff aus, ließ sich vom Schacht versetzen und bei der Hütte anstellen. Und dachte: Hier hat der Berggeist keine Gewalt! Aber nach einem Jahre, als er zu seiner Verlobten ging, stiegen Dämpfe aus dem Boden, nahmen des Berggeists Gestalt an mit Grubenlicht, Hinterleder und Schachthut. Und andere Dämpfe, die waren wie böse Wetter und ballten sich zur Wolke. Und dann sprang aus dem Grubenlicht eine lange, lange Flamme, sprang in die Wolke hinein. Die loderte auf und verbrannte den Burschen. (125)

Die Kapelle zu Clausthal

Der Sage nach zerstörte Bonifatius hier in Clausthal ein Götzenbild und stiftete an dessen Stelle eine Kapelle oder Zell, woraus später ein Kloster wurde, welches unter dem Erzbischof von Mainz stand. (126)

Die Entstehung von Zellerfeld

Die Stadt Zellerfeld soll nach einer Sage auf einer Kapelle oder Zelle entstanden sein, die der heilige Bonifatius an der Stelle erbaute, wo das von ihm zerstörte Götzenbild stand. (127)

Der Zellerfelder Freischütz

Vor alten Zeiten hat in Zellerfeld ein Förster gelebt, der ist ein Freischütz gewesen. In seinen Lehrjahren hat er nämlich gar kein Glück im Schießen gehabt und ist darüber ganz trübsinnig geworden. Also geht er auch einmal ganz verdrießlich im Revier umher und denkt bei sich selber, er will nun die Jägerei ganz aufgeben.

Da begegnet ihm auf dem Wege ein Grünrock, der fragt ihn, was er so betrübt aussähe? Da sagt's der Jägerbursche.

»Wenn's weiter nichts ist«, antwortet der Grünrock, »dem ist leicht abzuhelfen, es gehört nur ein bißchen Mut dazu. Ich will's dir sagen, Kamerad. Geh zum Abendmahl, und den wahren Leib behältst du im Munde. Wenn du dann aus der Kirche kommst, nimmst du deine Flinte und gehst ins Holz, und da nagelst du den wahren Leib an einen Baum und schießt drei Male darnach im Namen des Teufels. Hast du das getan, so magst du in die blaue Luft schießen, du triffst, was du willst.«

Mein Jägerbursch hat sich betören lassen und ist auf diese Weise ein Freischütz geworden. Er hat als Förster manchmal seine Geschicklichkeit sehen lassen, des Spaßes wegen. Zuweilen, wenn er an langen Winterabenden Gesellschaft gehabt hat, so hat er gefragt, was sie essen wollten, Hasenbraten oder Rehbraten oder einen Auerhahn. Dann hat er seine Flinte genommen, zum Fenster damit hinausgeschossen und gesagt, sie sollten in den Garten gehen oder in den Hof oder auf die Gasse, da liege es.

Und wenn sie dahin gegangen sind, wo er gesagt hat, haben sie es auch gefunden. Manchmal hat er auch gefragt, wo's liegen soll, und jedes Mal hat's da gelegen, wo es die Leute haben wollten.

Einmal bat ihn einer, er möge ihn doch auch die Kunst lehren. Aber das wollte er nicht, und erst nachdem dieser geschworen, er wolle diese Kunst nicht weiter lehren, auch niemand sagen, wie er, der Förster, ein Freischütz geworden sei, erzählte er's ihm.

Lange Jahre hatte er so sein Wesen getrieben. Endlich, wie er auf dem Totenbette liegt und schon im Sterben ist, springt er plötzlich auf und stürzt wie wahnsinnig durch die Stube und schreit: »Nein, Teufel, noch nicht! Noch sollst du mich nicht haben!«

Aber was half's? Mitten in seinem Geschrei stürzt er tot nieder. Und wie man genau hinsieht, ist ihm der Hals umgedreht und ringsherum ein blauer Streif, wie ein blaues Halsband. Da hat es jener Mensch erzählt, was es für eine Bewandtnis mit dem Förster gehabt habe. (128)

Frau Holle und die Flachsdieße

In Clausthal wohnten einst zwei Mädchen, die hatten nicht Vater noch Mutter und mußten sich deshalb von ihrer Hände Arbeit nähren. Das einzige, womit noch etwas verdient werden konnte, war Spinnen. Eins der Mädchen spann recht fleißig, das andere aber schwatzte gern und brachte damit die Zeit hin, und des Abends war es das erste, das anfing zu nicken und zu schlafen. Wenn die Fleißige des Abends um elf Uhr aufhörte, so hatte die Faule schon ein paar Stunden geschlafen. Daher hatte denn das fleißige Mädchen so recht seine Not mit der faulen Schwester.

Nun kam Ostern ins Land. Am Osterheiligenabend saß die Fleißige und spann, während die andere fortgegangen war, um die Osterfeuer zu sehen und Kurzweil zu treiben. Als die Liese nun so saß und spann, schlug es eben Elf. Da ging die Tür auf, und herein trat eine schöne Frau. Sie trug ein langes, weißes, seidenes Kleid, hatte schöne lange, goldgelbe Haare und hielt in der Hand eine schöne Dieße, so weiß wie Silber und so fein wie Seide. Sie grüßte mit freundlicher Stimme das gute Mädchen, das seinen letzten Flachs eben als Faden auf die Rolle laufen ließ, befühlte das Garn und sprach:

»Fleißige Liese,
Leer ist die Dieße,
Fein ist der Faden,
Bist wohl beraten.«

Dann berührte sie mit ihrer goldenen Dieße das Spinnrad des Mädchens, lächelte freundlich und verschwand. Und wer war das? Das war die Frau Holle.

Die fleißige Liese ging nach dieser Erscheinung zu Bette; ihre Schwester kam später nach Haus und legte sich auch hin. Am Ostermorgen, als die beiden Mädchen aufstanden, da stand statt des hölzernen Spinnrades ein glänzend goldenes da, das funkelte und glitzerte ganz prächtig, und das Garn, das die Liese gesponnen hatte, war so fein und weiß wie Seide. Beim Abhaspeln fand sich auch noch das große Glück, daß das Garn auf der Rolle nicht abnahm, sie mochte noch so viel abhaspeln, die Rolle blieb voll. War das aber eine Freude!

Als aber die Faule nach ihrem Spinnrad sah, da fand sie zu ihrem großen Schrecken, daß statt Flachs Stroh auf der Dieße war. Und in ihrem Kasten lag statt der gehabten schönen Leinwand Häcksel.

Darum spricht man noch jetzt: Am Heiligen Abend muß die

Dieße leer sein, sonst kommt die Frau Holle und bringt Häckerling. (129)

Der Rabe von Clausthal

Auf Clausthal war ein Herr, der hatte einen Raben und ein Dienstmädchen. Der Rabe schleppte alle silbernen Löffel fort, und der Verdacht fiel auf das Dienstmädchen. Sie sagte auch in der Tortur aus, daß sie schuldig sei. Da sollte sie bei der Ziegelhütte gerichtet werden, und vor ihrem Tode sagte sie noch, sie sei unschuldig, es war aber schon zu spät. Nachher wurde an dem Hause des Herrn ein neues Dachgerenn gemacht, da hat es sich gefunden, daß der Rabe alles dorthin getragen hat. Da ist das Mädchen von der Richtstelle wieder aufgegraben worden und hat ein ordentliches Begräbnis erhalten. (130)

Der Stein auf den Seidelsköpfen

Auf den Seidelsköpfen bei Clausthal, mitten im Walde, steht an dem Fahrwege, der vom Bohlwege nach der Arota im Innerstetale führt, links bei dem jungen Tannenkamp ein etwa 75 Zentimeter hoher, vorn 50 Zentimeter breiter und nach hinten dreikantig zulaufender Stein, der die Inschrift trägt: Nach mündlicher Überlieferung soll hier ein Müllergesell auf dem Wege nach dem Clausthaler Schützenfest, das damals auch im Juni gefeiert wurde, erschlagen sein. Vermutlich kam er von der Neuen Mühle auf dem Innerstetale herauf. Doch wird auch erzählt, daß es ein Müllergesell aus der Flambacher Mühle gewesen sei, der den Auftrag erhielt, eine größere Geldsumme nach Grund zu bringen. Dies habe ein hinter der Tür stehender Handwerksbursche gehört, der dann in einem Vorprung dem Müller aufgelauert und ihn ermordet habe.

Nach anderer Angabe ist hier in dem angrenzenden Graben bei starker Wasserflut ein Grabenwärter ertrunken, was allerdings weniger glaubhaft erscheint. Der Graben ist jetzt ziemlich flach und liegt schon seit langer Zeit trocken. (131)

Die Neue Mühle an der Innerste

In der Neuen Mühle an der Innerste auf dem Oberharz soll es spuken, und das liegt daran, daß dort die alten Papsttümer zerstört sind, als die Mühle gebaut ist. Denn wo jetzt die Mühle steht, da hat früher ein Kloster gestanden. Und als in protestantischen Zeiten die Mühle gebaut wurde, faßten die Geister der alten Mönche die Arbeiter bei den Füßen und ärgerten sie ständig. Auch brannte an einer Stelle ein Flämmchen, und ein dicker Mönch war den ganzen Tag sichtbar, ein Gespenst, das wies den ganzen Tag dahin, wo das Flämmchen brannte. Endlich ließen die Arbeiter, weil sie vor lauter Geistern nicht mehr aus noch ein wußten und auch vermuteten, daß hier Schätze vergraben worden seien, einen Pater kommen und fragten, was hier zu tun sei. Ja, sagte der Pater, als er das Treiben der Geister eine Zeitlang mit angesehen hatte, hier stände sehr vieles, und davor könnten die Geister nicht ruhen.

Er hieß nun die Arbeiter an der Stelle, wo das Flämmchen brannte, unter seiner Anleitung nachgraben, und da fanden sie einen dreimal verschlossenen Kasten, der war gewiß voll lauter Geld. Aber der Pater sagte, ehe das Geld herausgenommen werden könne, müsse er den Kasten erst mit nach Hause nehmen und viele Gebete darüber sprechen. Da haben sie ihm den Kasten mit vier Pferden dahin gefahren, wo er zu Hause war, und die vier Pferde konnten den Kasten kaum von der Stelle bewegen. Als der Pater das Geld in dem Kasten zu der vereinbarten Zeit nicht wieder nach der Neuen Mühle brachte, machten sich die Arbeiter auf nach der Wohnung des Paters.

Da war der Pater in die weite Welt gegangen, der Kasten aber stand noch da. Als sie ihn nun endlich öffneten, war nichts mehr drin als ein roter Pfennig, das andere hatte der Pater in aller Stille herausgenommen und vor sich her dahin geschickt, wohin er sich zunächst begeben wollte.

Als die Neue Mühle schon im Gange und im vorigen Jahrhundert an die Weibgensleute verpachtet war, schwärmten die Mönche und Schüler dort so viel auf den Gängen umher, daß die Knappen sich oft kaum getrauten, Korn aufzuschütten, wenn die Mühle klingelte.

Mitunter trugen die Geister auch Puffjackenkleidung und grüne Schachthüte, und so sahen die Knappen sie das Korn aussacken.

Einstmals war ein Mühlenknappe dort, der las viel in der Bibel und verstand mit den Geistern umzugehen. Der war einmal an einem Sonntagnachmittag allein in der Mühle und im ganzen Hause. Er hatte alle Türen verriegelt und las wieder in der Bibel, da kam der Teufel zu ihm in die Stube. Der Mühlenknappe merkte sofort, daß es der Teufel war, und fuhr ihn hart an, wo er hereingekommen sei. Auch zeigte er ihm die Stelle in der Bibel, die er aufgeschlagen hatte, und da stand geschrieben: ›Hebe dich weg von mir, Satan.‹ Da flog der Teufel mit großem Geräusch zum Dach hinaus und nahm noch drei Schindeln mit, die haben sie später niemals wieder einsetzen können.

In dem Wohnhaus auf der Neuen Mühle erschienen oft die Geister, lauter Mönche und Bergleute. Da traten denn auch herein oft die zwölf Schüler, von denen trug immer der erste ein Buch. Drinnen blätterte er die ganze Stunde von elf bis zwölf, denn die Geister kamen immer mit dem Schlag elf Uhr herein, und mit Schlag zwölf gingen sie wieder fort.

Der erste trat mit seinem Buch an den Tisch, der zweite war auch sehr wißbegierig und sah ihm über die Schulter ins Buch hinein. Der zwölfte aber stellte, wenn sie kamen, eine Glocke auf den Tisch, und die nahm er Punkt zwölf Uhr, wenn sie fortgingen, wieder hinweg, und das gab dann einen ordentlichen Klang, wenn er die Glocke vom Tisch aufhob.

Unter den übrigen Geistern, die sich sehen ließen, waren drei, die ihre bestimmten Namen hatten bei den Leuten in der Mühle. Der eine war das Dickauge, dem hing ein dickes Auge aus dem Kopf heraus. Er trug ein weißes Laken, das hatte er vor der Stirn in einen Knoten zusammengebunden. Dieses Dickauge hat nur immer geklopft, um die Leute zu ärgern, und die Leute wurden darauf aufmerksam, so war es immer dieses boshafte Wesen. Und dann hieß es: Ach, es ist das Dickauge! Und sie kümmerten sich nicht weiter darum. Ein anderer Geist hieß Fegelork, der hat immer mit einem neuen Besen in der Mühle umhergefegt. Das beste Wesen von allen war das Freundliche. Das hatten alle sehr lieb, wenn sie ihm auch nicht seinen Willen taten.

Denn es hat immer einen Stuhl mit in die Stube gebracht, den hat es in die Mitte gestellt, und daneben hat es gestanden, und dann hat es jedem zugewinkt, daß er sich auf den Stuhl setzen sollte. Das jedoch tat keiner, und wenn nach einer Stunde um zwölf sich niemand drauf gesetzt hatte, nahm es seinen Stuhl auf und ging mit ihm wieder zur Tür hinaus, dann sah es aber nicht mehr so freundlich aus, sondern war betrübt, daß niemand sich auf seinen Stuhl setzen wollte.

Das Freundliche erscheint in der Regel alle sechs Wochen; ihm schien es am wohlsten zu sein, wenn eine recht lustige Gesellschaft mit Tanz und Zitherspiel sich vergnügte, was mitunter geschah, wenn recht viel Leute aus den naheliegenden Ortschaften in der Nacht mahlen ließen. Gar oft ist das Freundliche so mit seinem Stuhl in eine solch heitere Gesellschaft auf der Neuen Mühle getreten. (132)

Die Rebhühner

Es ist einmal ein Kaufmann von Clausthal nach Osterode gegangen. Wie er in die Gegend hinkommt, die jetzt der Heiligenstock genannt wird, sprengen zwei Menschen auf ihn los und greifen ihn an. Der Kaufmann ist unbewaffnet gewesen und hat sich gegen die beiden Räuber nicht wehren können. Er bittet sie daher, sie möchten ihm doch das Leben lassen, das Geld möchten sie nehmen. Aber die Räuber sagen: »Wenn wir dir das Leben lassen, so verrätst du uns. Du mußt sterben.«

Er schwört zwar hoch und teuer, daß er sie nicht verraten will, aber vergeblich. Wie sie ihm die Kehle abschneiden wollen, indem fliegt ein Schwarm Vögel vorbei. Da sagt der Kaufmann: »Nun, wenn ihr denn keine Barmherzigkeit haben wollt, so sollen euch diese Vögel verraten.«

Aber die Räuber lachen und schneiden ihm den Hals ab. Darauf gehen sie nach dem Clausthal zu. Wie sie vor die Ziegelhütte kommen, sagt der eine: »Weißt du was? Wir wollen erst einen nehmen.«

Gut das Ding! Sie gehen also hinein. Wie sie in der Stube sind, fragen sie den Wirt, was er Gutes zu essen habe.

»Hübsche Vögel, eben erst gefangen.«

»Gut! Bringt uns ein Gericht!« Das tut auch der Wirt. Wie sie die Vögel fast aufhaben und auch einen Tüchtigen dazu genommen haben, werden sie lustig und fangen an, verblümterweise miteinander zu reden und zu spotten, und der eine sagt zuletzt: »Am besten im Bauch, da können sie's nachher dem A... t verraten.«

Darüber fangen sie höllisch an zu lachen. Nun hört nur zu, wie das Ding noch kommt! Hinter dem Ofen, da liegt der Knecht und hört dies, und bei Gelegenheit macht er sich auf und steckt's dem Wirt. Der denkt: ›Halt, das ist nichts Richtiges‹, schickt den Knecht nach Clausthal und hält die Räuber durch allerlei Gespräch am Tisch, bis die heiligen Engel von Clausthal kommen und den Räubern frei Quartier im Gefängnis anweisen.

Nach vier Wochen haben sie schon am Galgen gehangen. So haben doch die Vögel die Spitzbuben verraten. An der Stelle aber, wo der Mord geschehen ist, hat man ein Kreuz aufgerichtet, und davon hat der Ort den Namen Heiligenstock erhalten. (133)

Die Kirche zu Zellerfeld

Vor alten Zeiten ist einmal bei einem großen Brande auch die Zellerfelder Kirche mit abgebrannt, und man hat kein Geld gehabt, um sie wieder aufzubauen. Da hat eine Henn mit ihren Küchlein an der Stelle, wo jetzt die Kirche steht, einen großen Schatz aufgescharrt. Von diesem Gelde ist die Kirche erbaut, und zum Wahrzeichen hat man über den vier Kirchtürmen die Henne in Stein abgebildet, die noch jetzt zu sehen ist.

Aber es ist in der Kirche gar nicht zu bleiben gewesen. Denn wenn die Kirche angegangen ist – während der Predigt –, hat der Teufel einen solchen Lärm mit Poltern und Schreien und Brüllen veranstaltet, daß niemand es aushalten konnte. Da waren nun schon viele Versuche gemacht, ihn zu vertreiben, aber alle vergebens, bis endlich ein fremder Mann sich eingefunden, der gab sich für einen Teufelsbanner aus. Und den nahm man zu Hilfe. Der forderte den Teufel vor und beschwor ihn, daß er die Kirche verlassen mußte.

Ein Mönch bannt einen Teufel. Aus: J. Hartlieb, buch aller verpoten kunst unglaubens und der zauberey (15. Jahrhundert).

Unter großem Lärm ist da der Satan da unten aus der Kirche nach der Seite des Marktes zu durch die Mauer hinausgebrochen. Das Loch, durch welches er hinausgefahren ist, hat man oftmals zumauern wollen, allein am andern Morgen war der Stein immer wieder herausgehoben, und bis auf diesen Tag ist die Öffnung zu sehen.

Früher hat auf dem Zellerfelder Gottesacker auch eine Kirche gestanden. Wenn nun ein Bergmann umkommen sollte, so war die Nacht vorher die Kirche ganz erleuchtet, und wenn einer den Mut hatte, daß er hineintrat, so hat er den Bergmann, der umkommen sollte, vor dem Altar im Sarg gesehen.

Einmal kommt eine Frau, sieht auch die Kirche hell, und weil sie eine mutige Frau ist, tritt sie in die Kirche. Da ist's ganz hell, wie von tausend Lichtern, obgleich nirgends eins zu sehen ist. Aber vor dem Altar steht ein Sarg, und in dem Sarg liegt ihr eigener Mann und ist tot. Wie sie das gesehen hat, geht sie gleich nach Hause und bittet ihren Mann, doch morgen nicht anzufahren. Aber der Bergmann hat doch umkommen müssen, obgleich er nicht angefahren ist. Denn als er sich am andern Tag zum Schlafen auf die Ofenbank legte, ist von dem Gesims ein Glätteisen herabgefallen, ihm gerade auf den Kopf und hat ihn auf der Stelle getötet. (134)

Valtin Hille gab ein Zeichen

Valtin Hille, der viel Jahr Richter auf'm Zellerfeldt gewesen, ein guter, ehrlicher, frommer Man, und der Gemeine viel Jahr woll fürgestanden, viel nützlicher gebew alß Kirchen-, Schull- und Brawhauß erbawet, starb den 31. Julij 1572 und trug sich, weill die Leiche über Erden stund, eine seltzame geschichte zu.

Denn ein weib so beschrien war vnd bey Jederman fast berüchtiget, sie solte dem guten Man vergeben haben; und wie die in Erfahrung kommen, er sey gestorben, ist sie zu dem Cörper gegangen, das leinlaken, damit der zugedeckt, aufgeschlagen und bey der nasen gefast, gezogen vnd gesaget: Valtin Hille, die Leute sagen, ich habe dir vergeben. Ist das war, so gib ein Zeichen von dir. Darauf wer blut zur nasen herausgegangen, ihr an die Hand gekommen und sie an das leinentuch gewischet, daran es ist besitzen blieben.

Solches ist für den Oberberghauptman kommen, etliche, darunter der Pfarrherr Herr Johan Gnaphaeus selbst gewest, zu besichtigen vnd eigentliche warheit zu erfahren geschicket.

Da ist daß warzeichen befunden worden, darauf daß weib eingezogen, aber nichts wiederfahren noch geschehen, sondern wieder auf freye Füße kommen, welches mannich Menschen verwundert hat und etliche zum theill sich daran geergert. (135)

Der Wassermann

Wenn man von Zellerfeld nach Schulenberg geht, liegt rechts ab vom Wege, wo man eben in den Wald hineintritt, ein Tal, das das Langertal heißt. Oben in der Spitze desselben steht noch jetzt ein Sumpfwasser hinter durchfurchtem Teichdamm, das der Langer-Teich genannt wird. In diesem Teiche hat der Wassermann vor vielen Jahren seinen schönen Kristallpalast gehabt, und, das versteht sich von selbst, darin wohnte er. Wie er daraus vertrieben wurde, das wird so erzählt:

Einstmals gehen ein paar Mädchen aus Zellerfeld dahin und wollen trocknes Holz holen. Beide sind flink, jung und hübsch. Als sie auf den Teichdamm treten, so steigt aus dem Wasser halb herauf ein Mann, sein Haar ist grün und trieft von Wasser; seine Brust ist breit und hochgewölbt und sein Gesicht freundlich und gut; ja, die Mädchen, obgleich sie sich erst erschreckt haben, freuen sich über ihn. Das geht aber so geschwinde, daß man's kaum sagen kann. Der Mann – es ist nämlich der Wassermann gewesen – hat eine Rolle Band in der Hand, das glänzt und spielt in allen Farben. Dies Band wickelt er los und läßt es vom Winde den Mädchen über dem Wasser zuwehen. Als die Spitze den Damm erreicht, wo die Mädchen noch stutzig stehen, winkt er ihnen, das Band zu fassen.

Das älteste Mädchen, das so recht habgierig und putzsüchtig ist, greift gleich zu und wird auch in dem Augenblick an dem Bande, das es nicht wieder loslassen kann, in das Wasser hinabgezogen, ohne daß es das andere Mädchen ändern kann. Mit dem Mädchen verschwindet aber auch der Wassermann in dem Wasser.

Das zurückgebliebene Mädchen läuft, was es laufen kann, nach Haus und erzählt dem Vater des verunglückten Mädchens, was alles passiert ist. Der nimmt gleich seine sieben Söhne, jeder mit Kratze und Trog und einer Axt versehen, und fort geht's nach dem Langer-Teiche. Da sie aber hinkommen, sehen und hören sie nichts von dem Mädchenräuber. Sie sehen so lang, sie sehen so tief in den Teich, können aher nichts wahrnehmen.

Da spricht der Vater: »Kommt, laßt uns den Damm durchgraben, daß das Wasser aus dem Teiche fließt, dann werden wir auch den Dieb darin finden.«

Mit aller Kraft und Eile beginnt die Arbeit, und in kurzem fließt das Wasser schon durch die Rinne und hilft mit, den Damm zu durchbrechen. Das Wasser nimmt zusehends ab, und schon sieht die Spitze eines Kristalldaches aus der Oberfläche des Teiches, und noch immer arbeiten die acht rüstigen Männer.

Endlich, da sie dem Wasser die Durchbrechung des Dammes allein überlassen können, gehen sie mit ihren Äxten an den Berg und hauen große Tannenbäume um. Diese prasseln mit Gekrach den steilen Hang hinunter, werden auf den Teichdamm vollends hingezogen und dann in den Teich auf das heraussehende Dach geschoben. So ist bald die Brücke dahin gelegt, und der älteste der Söhne geht mit seiner Axt im Arm drauf hin.

Da steht er nach wenigen Schritten oben über, wo der Wassergeist haust. Sein Blick schaut hinab in die Räume des Wassermanns. Der junge Bergmann sieht, wie der Unhold seine geraubte Schwester in seinen Armen zusammenschrumpfen läßt, sie dann gleich in eine gläserne Flasche tut und die Öffnung verschließt. Augenblicklich aber schlägt der Bergmann das Dach mit seiner Axt ein; es entsteht ein furchtbarer unterirdischer Donner, und dabei steigt der Wassermann wie ein blauer Nebel aus dem zertrümmerten Dache in die Luft und verschwindet darin.

Zwei von den Brüdern, die am beherztesten gewesen sind, steigen hinein in das Innere des Kristallpalastes und eilen gleich zu der gläsernen Flasche, in welcher ihre Schwester in ein kleines Herz verwandelt ist, das aber noch schlägt. Der eine der Brüder nimmt die gläserne Kapsel von der Flasche, und in dem Augenblick steigt eine kleine Flamme aus dem Gefäß empor, die sich mehr und mehr vergrößert, dann die Gestalt einer menschlichen Figur annimmt und endlich die geraubte Schwester wird, wie sie leibt und lebt.

Voll Freude nehmen die Brüder das überglückliche Mädchen und tragen es auf's Trockene. O wie freuen sich alle, wie freut sich das Mädchen, wie geht sie aus einem Arm in den andern, und der Jubel über die Rettung ist ohne Ende. Alle danken Gott innig dafür. Hierauf aber sagt das Mädchen: Ihre Brüder möchten sich auch derer erbarmen, die noch da unten in eben solchen Flaschen schmachteten. Da gehen zwei und zwei der Brüder hinunter in das Haus des Wassermanns, jeder rettet ein Mädchen und trägt es auf's Trockene; es sind in allem sieben wundersam schöne Frauen gewesen.

Als nun alles, wovon man vermutet, daß es Leben hält, aus dem Palast gebracht ist, da wird das prächtige Haus auf den Rat des Vaters mit Äxten zertrümmert. Ein jeder aber, der daran mitgeholfen hat, nimmt ein Stück von der Kristallwand mit heraus. Den Teich verlassen alle, wie er damals war und wie er jetzt noch ist. Jeder der Brüder hat das Mädchen angefaßt, das ihm am besten gefiel, acht sind hingegangen voll Trauer und Herzeleid, sechzehn sind wieder gekommen voll Jubel und Fröhlichkeit.

Kurze Zeit nach dieser wunderbaren Rettung wird ein Hochzeitsfest gehalten, hier in Zellerfeld, wie es seit der Zeit nicht wieder vorgekommen ist; denn das gerettete Mädchen wird mit seinem Bräutigam und die sieben Brüder mit ihren geretteten Bräuten auf einen Tag ehelich verbunden.

Als man am Abend, wo die ganze Gesellschaft in einem großen Hause versammelt ist, auf die Begebenheit zu sprechen kommt, der man das Fest verdankt, so will man den fremden Gästen auch Schein und Beweis davon geben, und jeder der glücklichen jungen Ehemänner holt das Stück Wand her, das er sich vom Kristallpalast des Wassermanns abgeschlagen hat. Da entsteht aber neue Freude und neuer Jubel und Bewunderung, denn die großen dicken Eisplatten haben sich in dicke und schwere Silberplatten verwandelt, und dadurch ist die ganze große Familie wohlhabend und reich geworden.

Seit der Zeit hat sich aber der falsche Wassermann nie wieder im Langer-Teich sehen lassen. So oft man aber dahin kommt und den Teichdamm ansieht, der jetzt noch durchbrochen ist, und das Wasser, das noch immer so unheimlich aussieht, so denkt man jedesmal mit Schrecken und Freude an diese Begebenheit. Das war die merkwürdige Geschichte vom Wassermann. (136)

Der Bergmann wird unsichtbar

Ein Bergmann ging einst auf die Schulenberger Höhe, um sich ein Schulterstück (eine Stange Holz) zu holen. Droben wußte er gerade zwei trockene Stämme. Vom grünen durfte er nicht nehmen, sonst bekam er es mit dem Förster zu tun.

Wie er an die Stelle kam, stand dort nur noch ein trockener Baum. Daneben aber stand ein Apfelbaum mit ein paar Äpfeln drauf. ›Willst dir doch einen mitnehmen‹, dachte der Bergmann, ›denn ein Apfelbaum im Tannenwald, das ist doch was Seltenes hier im Harz.‹

Er schlug sich einen Apfel herunter, huckte sein Schulterstück auf und ging nach Hause. Als er aber den Apfel essen wollte, hätte er sich bald einen Zahn ausgebissen, denn darin steckte etwas Hartes. Das war ein goldener Ring. Der Bergmann dachte: ›Hätte ich nur alle Äpfel heruntergeholt, so hätte ich heute genug verdient.‹

Noch war's dazu nicht zu spät. Er lief wieder auf die Schulenberger Höhe, aber kein Apfelbaum war mehr da. So nahm er sich wenigstens noch ein Schulterstück mit, damit er was für den Weg hatte. Dabei mußte er den Ring anstecken. Den hatte er bis jetzt in der Hand getragen, damit er ihn nur immer wieder besehen konnte.

Als er aber mit seinem Holz nach Zellerfeld hinunterkam, liefen alle Leute vor ihm weg, doch der Bergmann wußte nicht warum. Zuletzt ging er in die Stube und fragte seine Familie: »Worim laft ihr denn vor mer wack?«

Da wollten alle gleich wieder ausreißen. Er hatte aber die Tür zugeriegelt. »Ach«, sagte seine Frau, »wo steckst du denn nur. Wir hören dich ja, aber sehen tun wir dich nicht.«

Der Wilde Jäger. Aus: Das Buch vom Aberglauben. Leipzig 1791.

Der Bergmann dachte an den Ring und zog ihn ab. Da sahen ihn auf einmal alle in der Stube stehen. Seine Kinder erzählten ihm, wie es gewesen ist. Ein Stück Holz ist zum Torweg hereingekommen, das hat in der Luft geschwebt, ist in den Holzstall hinein, und doch hat's niemand getragen. Das war so schauerlich. Nun wußte der Bergmann, daß ihn der Ring unsichtbar gemacht hatte. Er hat ihn behalten, solange er lebte, und hat vieles gesehen, was andere nicht gesehen haben. Als der Bergmann aber gestorben war, da ist der Ring auch weg gewesen. (137)

Die Rehberger Klippe

Vom Oderteiche zieht sich ein Weg stundenlang an der Wand des Rehberges hin; rechts rauscht der zwischen Granitblöcken eingeengte Kanal, halb über ihm ragen die Felsbrocken und düstere Waldungen des Rehberges; links stürzt sich der Berg jäh ins Tal. Nach der Volkssage jagte hier bei Tag und Nacht einst ein wilder Jäger und störte selbst am Sonntage die heilige Ruhe.

Ein frommer Einsiedler, der am Fuße der Rehberger Klippe, just wo sie am höchsten emporstarrt, seine Klause hatte, ermahnte den ungestümen Schützen, abzulassen von seiner tollen Jagd; aber dieser verhöhnte den Klausner und trieb die gierige Meute um so kräftiger an, ein weißes Reh zu verfolgen, das drüben am Berge stand.

Das geängstigte Tier floh an den Rand dieser jähen Klippe, vor ihm der schreckliche Abgrund. Näher kam die wilde Jagd, das Tier wagte den gräßlichen Sprung, ward gerettet und barg sich in die Hütte des Einsiedlers. Toll stürzte die verfolgende Rotte nach, wie von Teufelsgewalt getrieben und geblendet; aber zerschmettert lagen Hund und Roß und Jäger vor den Füßen des Klausners. Von da an jagt nun um Mitternacht die Wilde Jagd in dieser Gegend; wütende Jäger schreiten durch die Finsternis, mit ihnen Riesen und Zwerge und aller Spuk und Höllengraus. Die Klippe heißt seitdem Rehberger Klippe. (138)

Die Schlericke in der Schalk

Ein junger lediger Bergmann geht an einem Sonnabendnachmittag nach der Schalk in die Heidelbeeren; er will sich einen kleinen Zeitvertreib machen und seines Bruders Kindern Heidelbeeren mit nach Haus bringen. Oben in dem Schalker Tal findet er Heidelbeeren, so dick wie die kleinen Kirschen und zuckersüß. Es dauert gar nicht lange, so hat er seinen Korb voll und und will eben wieder nach Haus, als ein hübsches Mädchen auf ihn zukommt und dann winkt, daß er ihm folgt. Sie geht im Tal hinauf, steigt dann einen Moosberg hinan, die Stufen sind so weich wie Moos, daß sie wie auf Seide gehen.

Oben darauf steht ein Moosschloß, die Wände sind von Moos, aber weich und wunderschön. Es ist so eigentümlich hübsch darin, daß es ihm vorkommt, als wäre er unter der Erde ganz in Wald und Moos gehüllt, auch ein Geruch, der seinesgleichen nicht hat.

Die Dame (es ist die Schlericke gewesen) führt ihn in ein Zimmer, darin ist alles mit grünem Sammet überzogen; Spiegel, von der Decke bis zur Erde, Tische, Sofas und Stühle von grün glänzendem Holze. In diesem Zimmer kommt sie auf ihn zu und tut, als wollte sie ihn umarmen und küssen. Er freut sich darüber herzlich und eilt ihr entgegen. Indem er aber sie auch umfassen und küssen will, so macht sie den Mund etwas auf, da kommen ein paar Krötenpfoten zum Vorschein. Der Bergmann erschrickt, geht aber doch näher, meint, er habe sich getäuscht. Als er aber nur noch einen Fuß von ihrem Mund entfernt ist, da öffnet sie ihn ganz und heraus sehen zwei Kröten mit feurigen Augen und ekligem Atem.

Das ist aber doch dem Bergmann zu viel. Voll Schrecken stürzt er zum Haus hinaus, und im Fortlaufen hört er noch ein schreckliches Stöhnen und klägliches Ächzen. Als er unten am Berge ankommt und sich umsieht, ist der Moosberg mit dem Moosschloß und der Schlericke verschwunden. Hätte er sie geküßt, gewiß wäre er reich und glücklich geworden, so aber wird sie auf ihre Erlösung noch lange warten müssen. (139)

Kaiser Heinrichs Vogelherd und der Wilde Mann

Beim Schulenberg an der Oker liegt eine Anhöhe, auf der jetzt eine Schmiede steht, die heißt Kaiser Heinrich; hier soll Kaiser Heinrich seinen Vogelherd gehabt haben, und als die Boten kamen, um ihm zu melden, daß er zum Kaiser gewählt sei, gerade mit seinen Netzen beschäftigt gewesen sein und ihnen gewinkt haben, so lange zu warten, bis er noch einen Zug getan.

Zu diesem Vogelherd ist er immer vom Staufenberg, über Grund und Wildemann, herübergekommen; damals ist nun der Harz noch zum großen Teil wüst und unbewohnt gewesen, und die der Gegend kundigen Jäger haben ihn dann den Weg durch Schluchten und Täler führen müssen; da hat er denn auch einmal an der Stelle, wo jetzt das Städtchen Wildemann steht, den Wilden Mann getroffen, der hier früher am Harz gehaust hat, und davon hat der Ort nachher seinen Namen bekommen; und ebenso wie ihm derselbe mit einer Fahne in der Hand entgegentreten, hat man denn auch den Wilden Mann mit einer Tanne in der einen und einer Axt in der andern Hand zum Wahrzeichen der Stadt genommen; und so ist er auch auf den Wildemannsgulden zu sehen.

Ein solcher Wilder Mann tritt auch noch alljährlich am Freischießen, das man um Johannis hält, auf und ist ganz in Moos eingekleidet. (140)

Die Molche

Hinter dem Buntenbock hatte ein Arbeiter eine Eisensteingrube. Er hatte aber in dieser Grube immer so viele Molche vom gelben und schwarzen Aussehen, daß er sie in der Karre herausfahren mußte, denn sie krochen ihm sogar auf sein Essen und verdarben es. An einem Feuer schüttete er dann immer seine Karre um und verbrannte die Molche.

Am Morgen nach dem Tage, wo er so viele Karren voll verbrannt hatte, fand er noch einige in der Grube, die glänzten so eigenartig. Und indem er diese auch noch ins Feuer tragen wollte, da winkte ihm der Bergmönch. Er aber achtete nicht darauf und verbrannte sie. Von nun an arbeitete er im Tauben (ohne Ausbeute). Wäre aber der Arbeiter dem Bergmönch gefolgt, so hätte dieser ihm gewiß etwas offeriert, und er hätte sein Glück machen können, denn gewiß sind die Molche eitel Gold gewesen.

Die Grube ist von dieser Zeit an ganz in Verfall geraten, viele Arbeiter waren schon darin und haben keinen Eisenstein mehr gefunden. Sie heißt jetzt die Molchsgrube zum Andenken an diese Begebenheit. (141)

Der bunte Bock

Wo jetzt Buntenbock ist, soll früher nur ein Sägemühlenhof gestanden haben; andere sagen, auf dem alten Hofe, aus dem Buntenbock entstanden (es soll der jetzige Bormannsche Hof sein), habe die einzige adelige Familie des Oberharzes gewohnet und von der Viehzucht gelebet.

Seinen Namen aber soll der Ort auf folgende Weise erhalten haben. Der Besitzer des ersten Hofes, aus dem Buntenbock entstanden ist, stellte einer Frau nach, schenkte ihr einen bunten Bock, der die Zierde seines Hofes war. Er hat diesen nachher an seinem Torwege abmalen lassen. Einige Alte, die um 1850 noch nicht lange verstorben waren, wollten ihn noch dort gesehen haben. (142)

Der Werwolf

Vor alten Zeiten haben auf dem Buntenbock vier Leute Gras gemäht, von denen konnte sich der eine in einen Wolf verwandeln. Nun kam ein Handelsmann vom Clausthal herunter mit zwei Pferden und einem Füllen und ließ sein Vieh dort weiden. Drei Grasmäher schliefen, der vierte aber, der sich in den Werwolf verwandeln konnte, schnallte seinen Riemen um und fraß als Werwolf das Füllen auf. Dann legte er sich zu seinen Kameraden schlafen.

An seiner Unbehilflichkeit merkten seine Kameraden, daß er das Füllen gefressen haben mußte, und begannen darauf zu sticheln. Da schnallte er seinen Wolfsriemen um, lief als Werwolf in den Wald und ist seither nicht mehr gesehen worden. (143)

Altenau und Andreasberg

Der silberne oder goldene Hirsch

Vor vielen Jahren ist in Altenau ein Jäger gewesen, welcher auf einer Wiese im Schultal gelegen und geschlafen hat. Auf einmal sind ein paar Männer gekommen, welche Venetianer gewesen sind. Diese Männer sind immer nach dem Bruchberge gegangen und haben Gold herausgeholt, was kein anderer Mensch zu finden gewußt hat. Sie haben ihn aufgeweckt und ihn gefragt, ob er ihnen nicht den Weg nach dem Bruchberge zeigen könne. Der Jäger hat hier in der Gegend gut Bescheid gewußt und also gesagt, den könne er ihnen wohl zeigen. Darauf sind sie mit ihm fortgegangen nach dem Bruchberge. Da sind sie miteinander nach einer kleinen Grube gegangen, welche wie ein Stollen in den Berg hineingeführt hat. Hier haben sie die gelbe Erde, welche sich in derselben befunden, ausgewühlt und in einen Beutel getan. Das ist aber das pure Gold gewesen. Wie sie fertig sind, haben sie sich hingelegt und geschlafen. Als sie wieder aufwachen, da sind sie alle in Venedig.

Der Jäger hat sich nun aber in der großen Stadt nicht zu finden gewußt; da haben ihn seine zwei Gefährten in der ganzen Stadt herumgeführt, ihm in ihrem Hause auch ihre ganzen Schätze gezeigt, die sie gehabt. Sehr viele Schränke zeigen sie, wo alles, was man hat nur erdenken können, von Silber und Gold gewesen ist; auch alle Mineralien. In dem einen Schrank ist eine ganze Jagd gewesen. Hirsche, Rehe, wilde Schweine und alle wilden Tiere, entweder von Gold oder Silber. Der Jäger hat einen silbernen Hirsch zum Andenken bekommen. Des Abends legen sie sich zu Bette, und wie sie am anderen Morgen aufstehen, da ist der Jäger wieder im Schultale auf der Wiese, wo er gelegen hat, und die Venetianer sind in Venedig geblieben. Seinen silbernen Hirsch hat der Jäger einmal wieder nach der Grube gebracht, um sich von der Erde auch was zu holen, da hat er aber weder den Weg zu der Grube noch die Grube selbst finden können. (144)

Der Wilde Jäger im Krücker

Des Wilden Jägers Jagdzug wird zumeist in der Gegend um Altenau und am Bruchberg und an den Vorbergen des Brockens erblickt. Dort hat er auch seinen Ausjageplatz. Mit Hoho und Hundegekläff braust er über die Wälder. Aber der Zug geht auch die Täler hinab weit in das Vorland des Harzes hinein. Man muß sich hüten, Hackelberg anzurufen, sonst ergeht es einem wie dem Zimmergesellen aus Hattorf.

Der hatte die ganze Woche auf dem Clausthal gearbeitet. Da er aber noch ein Richtefest gefeiert hatte, hatte er seine Freunde verpaßt, mit denen er sonst immer zusammen nach Hattorf ging. Sosehr er sich auch beeilte, konnte er sie doch nicht mehr einholen. Als er im Krücker war, hörte er plötzlich lautes Rufen, und da er glaubte, es wären seine Freunde, schrie er voller Freude »Hoho«. Aber wie erschrak er, als sich plötzlich eine schwere Last auf seine Schulter senkte, die er kaum zu tragen vermochte und die mit jedem Schritte schwerer wurde. Erst als er auf die Klinke seiner Haustür drückte, verschwand der Huckup von seinem Rücken. (145)

Nachschreien

Auch am Harze kommt der Wilde Jäger vor. Der Wilde Jäger kann nicht leiden, daß man ihm nachruft. Am Eichelkopf, einem bewaldeten Berge, der zum Bruchberge gehört, waren einmal Zimmerleute, um Bauholz zu fällen. Die sitzen des Abends – es ist Winter gewesen – in ihrer Kote ums Feuer und haben aus nichts was Arges. Auf einmal geht's in der Höhe »Hoho hoho«, und dazwischen Hundegekläff und Geschrei, wie wenn ein großes Treiben ist. Und der Lärm kommt immer näher und braust vor der Kote vorüber. Das ist der Wilde Jäger mit seiner Gesellschaft.

Die Zimmerleute sind darüber sehr erschrocken, werfen sich voll Angst auf den Boden und sind ganz still. Aber einer ist keck und tritt in die Tür der Kote, und wie der Wilde Jäger vorüber ist und der ganze Zug, macht er das Jagdgeschrei nach und ruft »Hoho

hoho hoho«. Auf einmal fällt ein schwarzer Klumpen auf den Herd, daß Funken und Brände den Zimmerleuten um die Köpfe fliegen. Das Feuer aber ist aus.

Wie sie's wieder angezündet haben, sehen sie, daß eine große Pferdelende auf dem Herd liegt, und der Zimmermann, der dem Wilden Jäger nachgerufen hat, ist tot. Aber der Wilde Jäger ist nicht immer so bös.

Sind einmal etliche junge Mädchen in die Heidelbeeren gegangen. Die verirren sich im Walde, und statt daß sie sich herausfinden, kommen sie immer tiefer in den Wald. Und es wird Nacht, und sie haben nichts zu esen gehabt. So sind sie vor Mattigkeit und Angst und Hunger fast tot. Auf einmal läßt sich der Wilde Jäger hören und zieht in der Ferne vorbei. Da bekommt das eine der Mädchen, die ein keckes Ding gewesen ist, den Einfall, dem wilden Jäger nachzuschreien. Wie sie dem Wilden Jäger nachschreit – da plötzlich steht er mitten unter den Mädchen und fragt, was sie ihn gerufen hätten? Das Mädchen sagt, sie hätten sich verirrt und müßten bald vor Hunger sterben, und hätten nichts zu essen; er möge ihnen Brot und Salz und Fett geben, dann wollten sie ihm gute Reise wünschen. Da lacht der Wilde Jäger und sagt, für diesmal sollte es ihnen geschenkt sein, aber sie sollten's nicht wieder wagen. Fort ist er; und auf der Stelle brennt ein Feuer, und ein Topf steht darauf und eine Brotsuppe drin. Da haben sich die Mädchen alle gepflegt und haben sich darauf schlafen gelegt, und den Morgen haben sie sich auch aus dem Walde gefunden. (146)

Der Knabe und die Venediger

Beim Oderhause, welches eine Stunde von Andreasberg liegt, sind einmal zwei Venediger gekommen, die haben einen kleinen Jungen da angetroffen, den haben sie mit nach Venedig genommen und ihn da bei sich behalten, bis er vierzehn Jahre alt gewesen ist. Wie er da eines Morgens aufgewacht ist, ist er wieder im Odertale gewesen und die Venediger bei ihm. Die haben ihn da in den Berg geführt und ihm die Schätze und die Kunst, der Schätze Herr zu werden, beigebracht. Da hat der in seinem späteren Alter gänzlich von diesen Schätzen gelebt, die Venediger haben ihn aber mit einem Glückwunsche verlassen.

Sie sind vorgedrungen in diesem Berge bis nach dem Kleinen Brocken, der zweiunddreiviertel Stunden vom Oderhaus liegt; daselbst sind sie zu einer Tür, die von Stein gewesen ist, herausgekommen. (147)

Die Windeltreppe

An der Windeltreppe unweit des Rinderstalles bei Andreasberg sah ein Mädchen einen ganz neuen Topf voll Pferdemist. Sie ließ ihn stehen, sagte es aber ihrer Mutter, und die machte ihr Vorwürfe, daß sie den Topf nicht mitgenommen. Da gingen sie zusammen hin, der Topf war weg, aber es lagen noch einige Viergroschenstücke da.

Ein andermal sah das Mädchen da einen neuen Topf voll Pferdewürmer, vor denen fürchtete sie sich und ließ ihn stehen. Das dritte Mal lagen auf bloßer Erde, wie auf einem Maulwurfshaufen, nichts als Heringsschuppen. Die nahm sie in ihre Schürze, da waren es nachher lauter blanke Mathier.

Andere erzählen: Am Wurzelwege bei der Engelsburger Grube habe ein Bergmann einen ganzen Tannenstucken voll Karpfenschuppen gefunden. Was er davon mitnahm, sind nachher lauter Mathier gewesen. Als er darauf mit andern wieder nach der Stuke ging, haben aber die übrigen Karpfenschuppen nicht mehr dagelegen. (148)

Der Bergmönch im Harz

Zwei Bergleute arbeiteten immer gemeinschaftlich. Einmal, als sie anfuhren und vor Ort kamen, sahen sie an ihrem Geleucht, daß sie nicht genug Öl zu einer Schicht auf den Lampen hatten. »Was fangen wir da an?« sprachen sie miteinander, »geht uns das Öl aus, so daß wir im Dunkeln sollen zu Tag fahren, sind wir gewiß unglücklich, da der Schacht schon gefährlich ist. Fahren wir aber

Bergleute beim Zerkleinern der Erze. Holzschnitt aus: Agricola, G.: De re metallica Libri XII. Basel 1556.

jetzt gleich aus, um von Haus Öl zu holen, so straft uns der Steiger, und das mit Lust, denn er ist uns nicht gut.«

Wie sie also besorgt standen, sahen sie ganz fern in der Strecke ein Licht, das ihnen entgegenkam. Anfangs freuten sie sich, als es aber näher kam, erschraken sie gewaltig, denn ein ungeheurer, riesengroßer Mann ging, ganz gebückt, in der Strecke herauf. Er hatte eine große Kappe auf dem Kopf und war auch sonst wie ein Mönch angetan, in der Hand aber trug er ein mächtiges Grubenlicht. Als er bis zu den beiden, die in Angst da stillstanden, geschritten war, richtete er sich auf und sprach: »Fürchtet euch nicht, ich will euch kein Leids antun, vielmehr Gutes«, nahm ihr Geleucht und schüttete Öl von seiner Lampe darauf. Dann aber griff er ihr Gezäh und arbeitete ihnen in einer Stunde mehr, als sie selbst in der ganzen Woche bei allem Fleiß herausgearbeitet hätten.

Nun sprach er: »Sagt's keinem Menschen je, daß ihr mich gesehen habt«, und schlug zuletzt mit der Faust links an die Seitenwand; sie tat sich auseinander, und die Bergleute erblickten eine lange Strecke, ganz von Gold und Silber schimmernd. Und weil der unerwartete Glanz ihre Augen blendete, so wendeten sie sich ab, als sie aber wieder hinschauten, war alles verschwunden. Hätten sie ihre Bilhacke (Hacke mit einem Beil) oder sonst nur einen Teil ihres Gezähs hineingeworfen, wäre die Strecke offengeblieben und ihnen viel Reichtum und Ehre zugekommen; aber so war es vorbei, wie sie die Augen davon abgewendet.

Doch blieb ihnen auf ihrem Geleucht das Öl des Berggeistes, das nicht abnahm und darum noch immer ein großer Vorteil war. Aber nach Jahren, als sie einmal am Sonnabend mit ihren guten Freunden im Wirtshaus zechten und sich lustig machten, erzählten sie die ganze Geschichte, und montags morgen, als sie anfuhren, war kein Öl mehr auf der Lampe, und sie mußten nun jedesmal wieder, wie die andern, frisch aufschütten. (149)

Sankt Andreasberg

Die Bergstadt Sankt Andreasberg ist benannt nach der ersten dortigen Grube: Andreaskreuz, die noch jetzt im Betriebe ist. Die Grube aber soll daher den Namen haben, daß die ersten Bergleute hier zwei übereinander setzende Gänge antrafen, wovon es nach uralter christlicher Bergmannssprache heißen soll: Die Gänge machen ein Andreaskreuz. Nach dem Bergmannsglauben verspricht ein solches Kreuz edle Anbrüche. (150)

Die Ratskatze

Im Jahre 1374 hat sich ein Planet gezeigt, der gar selten kommt und der lange Jahre nicht zu finden gewesen ist. Da lebten die Leute auf Andreasberg in großer Angst, was dieser Schweifstern, der hinten wie ein Bein geformt war, ihnen wohl bringen möchte. Auch kamen sie jeden Abend zusammen und wollten den Schweifstern sehen.

Zwei Abende saßen sie in ihrem Rathaus beisammen und warteten auf den Stern, aber er zeigte sich erst am dritten, und wie! In dem Rathaus waren nämlich so viele Mäuse gewesen, daß es auf Andreasberg nicht genug Katzen gab, um sie wegzufangen.

Da kamen die Andreasberger durch ein Schreiben aus Paris an eine gute Katze, die ließen sie sich mit Expreß kommen, und die Herren von Andreasberg räumten ihr das schönste Rathauszimmer ein, drinnen wurde sie in einer Stunde so groß und dick, daß sie nicht mehr zur Stubentür hinaus konnte. Als nun die Andreasberger zwei Abende vergeblich auf den Kometen gewartet hatten, da brachte sie am dritten Abend dreihundert Junge zur Welt.

Nun hatte das Rathaus in St. Andreasberg dreihundert Fenster, und da saß in jedem der dreihundert Rathausfenster eine junge Katze. Zuletzt brachte die alte Katze noch einen Ziegenbock zur Welt, und der hatte den erwarteten Kometen hinter sich. Da kamen die Leute aus ihrem Traum, was der Komet bedeutete.

Aber er hatte noch mehr zu bedeuten als dies. Denn um dieselbe Zeit kamen viele Schneider nach Andreasberg, die hatten in Holland eine Rebellion gemacht und waren von dort vertrieben. Weil aber auf dem Rathaus kein Platz war, so wurden sie bei dem Ziegenbock in den Stall gesperrt. Da hatte aber am andern Morgen der Ziegenbock die vielen Schneider aufgefressen.

Seit dem großen Kometen essen die Leute auf dem Andreasberg das Fleisch vor der Suppe. Die Katze aber ist alt geworden 52 Jahr, 52 Wochen und 52 Tage, und von den dreihundert jungen Rathauskatzen stammen noch die Andreasberger Katzen ab. (151)

Der wundersame Fund

Uff einer andern fürnehmen Zeche, genant die Gnade Gottes, hat man in dem Silbergange ein Bergmänlin funden, eines Fingers lang, von reinem Silber, mit der Kittelkappen, Arßledr, Trog voll Ertz uff der Achsel und sonsten Gestalt wie ein Bergmann, welches die Natur in der Erden also artig formiret hat, daß es mit Verwunderung anzuschawen gewesen.

Uff einer andern Zeche, der Samson genant, hat man ein Crucifix funden, worauff der Leichnamb Christi mit der Dornen Cronen, außgestreckten Armen und auffgenagelten Händen biß unten an den Leib von feinem Silber formiret, als obs Menschen Hände gemacht hätten. (152)

Der Rauschenbach

Im Rauschenbach war einmal ein Aufseher beim Tannenpflanzen. Zu dem kam ein Mann, das mag wohl ein Venediger gewesen sein. Der nahm ihn eine Strecke weit unter eine Tanne, da gruben sie und fanden unter einer Wurzel einen gelben Ton. Davon nahm der Mann den ganzen Holster voll und redete auch dem Aufseher zu, daß er wenigstens drei Kugeln davon mitnahm.

Dafür hat ihm nachher ein Hamburger Kaufmannsdiener 55 Taler gegeben, und es ist eine Art Gold gewesen. Als sie aber wieder unter die Tanne gegangen sind und nachgegraben haben, fanden sie nichts mehr. (153)

Der Bergmönch in St. Andreasberg

Auch in St. Andreasberg ist der Bergmönch bekannt. Er war ein wirklicher Mönch und wollte die Bergwerke einrichten, brachte es aber nicht zustande. Den Rehberger Graben fing er an zu bauen, der die ganzen Wasser nach Andreasberg bringt, war auch fast damit zu Ende, da wurde er darüber bankrott.

Nach seinem Tode ließ er sich nun, weil ihn der Gedanke an den

Ansicht von Andreasberg mit Stollen. Aus: Bruckmann, F. E.: Magnalia Dei in locis svbterraneis Oder Unterirdische Schatz-Cammer [...] 2. Wolfenbüttel 1730.

Bergbau nicht ruhen ließ, sehen, im Wäschgrund und dort, wo die Grube Samson, vielleicht der tiefste Schacht der Erde, steht. Überall, wo er gegangen ist, haben sie nachher Erz gefunden, und daher rühren die Andreasberger Bergwerke, die reichsten auf dem Harze.

Der Bergmönch ist von Geburt ein Graf gewesen, und wie er sich als Geist hat sehen lassen, hat er Puffjacke, Hinterleder und Licht gehabt, das Licht ist nicht ausgegangen, und wenn der Wind noch so stark geweht hat, daß er Bäume ausgerissen hat. (154)

Die verschütteten Silbergruben

Die reichsten Silberbergwerke am Harz waren die schon seit langen Jahren eingegangenen beiden Gruben Der große Johann und Der goldene Altar. Davon geht folgende Sage:

Vorzeiten, als die Gruben noch bebaut wurden, war ein Steiger darübergesetzt, der hatte einmal, als der Gewinn groß war, ein paar reiche Stufen beiseite gelegt, um, wenn der Bau schlechter und ärmer sein würde, damit das Fehlende zu ersetzen und immer gleichen Gewinn hervorzubringen. Was er also in guter Absicht getan, das ward von andern, die es bemerkt hatten, als ein Verbrechen angeklagt und er zum Tode verurteilt.

Als er nun niederkniete und ihm das Haupt abgeschlagen werden sollte, da beteuerte und beschwur er nochmals seine Unschuld und sprach: »So gewiß bin ich unschuldig, als mein Blut sich in Milch verwandeln und der Bau der Grube aufhören wird; wann in dem gräflichen Haus, dem diese beiden Bergwerke zugehören, ein Sohn geboren wird mit Glasaugen und mit Rehfüßen, und er bleibt am Leben, so wird der Bau wieder beginnen, stirbt er aber nach seiner Geburt, so bleiben sie auf ewig verschüttet.«

Als der Scharfrichter den Hieb getan und das Haupt herabfiel, da sprangen zwei Milchströme statt des Blutes schneeweiß aus dem Rumpf in die Höhe und bezeugten seine Unschuld. Auch die beiden Gruben gingen alsbald ein.

Nicht lange nachher ward ein junger Graf mit Glasaugen und Rehfüßen geboren, aber er starb gleich nach der Geburt, und die Silberbergwerke sind nicht wieder aufgetan, sondern bis auf diesen heutigen Tag verschüttet. (155)

Der Bergmönch im Wäschgrund

Im Jahre 1849 hat der Bergmönch sich zuletzt sehen lassen. Damals sollte die Grube Andreaskreuz eingestellt oder doch nur noch schwach betrieben werden. Da zeigte sich der Bergmönch im Wäschgrund und ist gegangen bis nach dem Berge Matthias Schmidt, wo der Andreaskreuzer Gang hingeht. Das dauerte wohl vier Wochen, und viele Leute sind des Abends zwischen neun und elf Uhr hingegangen, um ihn zu sehen. Seitdem ist nun auch wieder Erz da, und die Grube steht in gutem Betriebe. (156)

Das grüne eiserne Schwein mit dem hohen Busch

In Andreasberg läßt sich ein eisernes grünes Schwein sehen, welches schon einmal einem Bergmann die Hose ausgezogen hat. Es hat einen hohen grünen Busch auf dem Buckel und richtet viel Schaden in den Geschneiten (Dohnenstiegen) an, kann sich auch leicht verwandeln. So hat es sich zum Beispiel vor den Augen eines

Bergmannes in ein Stachelschwein und in einen Vogel verwandelt. Es kann sich außerdem unsichtbar machen. (157)

Die Frau mit dem Flachs

Einmal ging ein Mann spätabends über den Berg, um aus St. Andreasberg noch Wolle zum Spinnen für seine Frau zu holen. Da saß vor einer Höhle eine alte Frau und bündelte Flachs, welches sie dem Manne zum Spinnen anpries und es schüttelte, daß es in der Abenddämmerung prächtig anzusehen war. Es wollte es aber nicht nehmen, da es Wolle sein sollte, und ging. Bald begannen die Schuhe zu drücken, und als er sie auszog, um nachzusehen, was ihn drückte, fand er Goldbrocken darin in Größe von Haferkörnern. (158)

Die feurige Kröte

Es kommt einmal ein Schneider nach Andreasberg, aber nicht ganz hin. Nein, bis auf den Frau Hollenplatz, und da bleibt er. Der Abend ist so hübsch, zwar nicht finster, aber auch nicht hell, just wie eine hübsche Sommernacht auf dem Harz. Er denkt, du willst dich hier hinlegen, sparst du doch das Schlafgeld, und wilde Tiere gibt es hier ja wohl nicht. Moos ist bald so viel zusammengerupft, das Bett gemacht, er drauf, und in ein paar Minuten hat er mit der Welt nichts mehr zu schaffen. Fest schläft er, wie ein Ratz.

Da ist es mit einem Male, als risse ihm jemand die Augen auf. Der Berg ist ganz rot, wie der Himmel, wenn die Sonne untergehen will, und doch sieht er keine Flamme, nichts, wovon er so rot geworden ist. Als er darüber verwundernd aufguckt, bemerkt er, daß das Rote unten vom Berg kommt und immer höher steigt, ja daß eine gefährlich große Kröte den Berg hinaufkriecht und davon die rote Farbe des Berges herrührt.

Er will auf, kann aber nicht; es ist, als wäre er festgebunden an der Stelle. Das Untier kommt langsam immer näher und näher auf ihn zu. Natürlich bekommt unser Schneider denn doch nicht gerade geringe Angst: Ein Schneider ist ohnehin nicht beherzt. Was will er machen, er kann nicht weg; der Angstschweiß tritt ihm auf den Leib, denn das Tier glüht über und über und sperrt den Rachen weit auf. Den heißen Atem kann man sogar sehen, und die Augen glotzen ihn an. Na, denkt er, die will dir zu Leibe, die macht dich kalt. Noch zwanzig Schritt ungefähr ist sie von ihm, da schlägt's zwölf Uhr auf dem Turm des Glockenbergs, und als es den letzten Schlag tut, da ist alles auf einmal verschwunden, und der Berg schwarz und finster. Die Sterne gucken hie und da aus den Wolken, und jenseits, dort wo Morgen liegt, geht der Mond auf. Der Schneider kann auch aufstehen und macht sich gleich nach Andreasberg hinein. Da begegnet ihm der Wächter, der bläst zwölf. Der Schneider bittet ihn, er möchte ihm doch ein Nachtlager verschaffen. Der bringt ihn hin nach seinem Nachtwächterquartier, und da bleibt der Schneider bis zum Morgen. Sagt aber da kein Wort, was ihm passiert ist.

Des andern Morgens, so gegen zehn, geht er zum Pastor und erzählt ihm den Vorfall auf dem Frau Hollenplatz. Der Pastor aber sagt, er wolle diesen Abend mit hin, dann würden sie sehen, was sich tun ließe. Der Schneider solle nur nicht bange sein. Die Kröte wäre gewiß verwünscht, und er (der Schneider) müsse sie erlösen. Dazu gehöre aber Herzhaftigkeit; auch dürfe er nicht sprechen, sonst wäre alles verloren.

Ja, sagte der Schneider, er wolle allen seinen Mut zusammennehmen. Es wäre die Kröte aber ein scheußliches Ungetüm.

Wenn's das auch wäre, sagt der Pastor, so müsse er es doch küssen. Des Abends halb elf gehen sie miteinander nach der Stelle, setzen sich nebeneinander auf die Erde, und der Pastor sagt nochmals zum Schneider: »Wenn ich nun in diesem Buche lese, so bist du ganz stille, laß kommen, was kommt, und wenn dich die Kröte auch halb tot macht. Du sollst sehen, es ist dein und mein Glück, auch der Kröte ihr's, dann sind wir alle reich.«

Dahinter steckt sicher etwas. Der Schneider verspricht auch, dem Rat zu folgen. So warten sie, bis es elf schlägt. Mit dem Schlag elf wird der Berg nach und nach hell und heller und diesmal noch viel heller als das vorige Mal. Sie sehen schon die Kröte, wie sie am Berg langsam herauf kriecht; diesmal ist sie auch viel feuriger und abscheulicher, kommt auch schneller heran.

Der Pastor liest, was er kann, und sucht den Schneider zu stärken, sieht ihn öfter tröstend an und winkt ihm, daß er ja Mut behielte. Endlich kommt sie so nahe, daß sie dem Schneider mit ihren glühenden Pfoten auf die Beine tritt. Er fühlt den heißen, giftigen Hauch aus ihrem Feuerrachen, sie steigt höher an ihm herauf. Ihm schlägt das Herz. Der Pastor liest und sieht ihn scharf an, als wollte er sagen: Du, halt aus, zieh nicht weg. Am Ende kommt sie ihm fast an den Mund, ihr Hauch riecht nach Schwefel, es dämpft ihm bald den Atem ab. Da will sie ihn küssen. Aber nun kann er es nicht mehr aushalten, voll Abscheu wendet er das Gesicht weg, und da schlägt es zwölf.

So wie's den ersten Schlag tut, da ist alles verschwunden, und der Pastor sagt voll Verdruß und Ärger: Nein, so ein Narr, solch eine Memme, wie der Schneider wäre, gäb's nicht weiter. Nur noch einen Augenblick hätte er aushalten sollen, so wäre alles geschehen.

Der Schneider sagt darauf, wenn er sich nicht abgewandt hätte, so hätte er ersticken müssen. Es ist nun vergebens gewesen, sie gehen also miteinander nach Haus und am folgenden Abend um dieselbe Zeit nohmals hin. Alles kommt wieder so. Der Berg wird aber diesmal so glühen, daß es wie Tag gewesen ist, und die Kröte brennt über und über. Der Schneider nimmt sich vor, er will's diesmal besser machen. Hält auch aus bis dahin, daß ihn die Kröte fast mit ihrem Rachen berührt, da verläßt ihn aber der Mut, und er wendet das Gesicht wieder ab, und in dem Augenblick schlägt es wieder zwölf, und alles ist verschwunden.

Nun hört man in der Ferne ein Heulen und Schreien, als wenn ein Mädchen heftig weint. Da sagt der Pastor: »Jetzt ist alles vorbei, und unsere Angst und Mühe ist vergeblich, und das Geschöpf muß verwünscht bleiben.«

Von der Zeit an hat man nichts wieder davon gesehen, und der Berg ist nie wieder rot geworden; außer des Abends, wenn die Sonne recht rot unterging, dann hat auch wohl der Berg noch einmal etwas rot ausgesehen. Der Schneider ist weiter gegangen, hat aber den Vorfall in Andreasberg seinem Wirt erzählt, bei dem er die Tage hindurch gewesen ist, und der hat's wieder erzählt. (159)

Osterode, Lerbach, Herzberg, Scharzfeld und Umgebung

Name und Entstehung des Bergdorfes Lerbach

Wie das Lerbach noch nicht gewesen ist, da ist einmal ein sehr reicher Ritter durch das herrliche Lerbacher Tal geritten, der hat nach Clausthal reiten gewollt (damals hat die Straße nach Clausthal über die rote Soole geführt).

Dieser Reiter ist aber sehr weit hergekommen, und sein Pferd hat vor Durst nicht mehr von der Stelle gekonnt. Da band er sein Pferd auf die Wiese dicht über dem Hause, worinnen um 1850 der Vorsteher Bode wohnete. Damals hat aber da ein Osteröder Rinderstall gestanden. Der Reiter ging, nachdem er sein Pferd angebunden hatte, zum Berge herunter und wollte für sein Pferd unten Wasser suchen.

Als er nun herunter kam, war wegen der langen Hitze kein Fingerhut von Wasser in dem Bache, er ging ganz hinauf im Bache bis dahin, wo jetzt Hasens Krug stehet. Wie er nun bis dahin gegangen war und noch kein Wasser gefunden hatte, da lief er wieder den Berg hinan und sprach die Worte aus: »Ei du verdammter leerer Bach!«

Unter der Zeit aber hatte die Rinderhirtin sein ohnmächtiges Pferd in den Rinderstall gezogen und es da getränket. Als nun der Reiter da sein Pferd wieder froh wiehern hörte, ging er hin, holte sein Pferd wieder und beschenkte die Leute hierfür so reichlich, daß sie die Rinder zu hüten nicht mehr nötig hatten.

Darauf – sagen einige – habe Heinrich der Finkler, der Städteerbauer, auch das Bergdorf Lerbach erbauet und ihm wegen des Wortes von jenem Ritter den Namen gegeben: Lerbach.

Die meisten aber erzählen so, daß die Hirtenfrau im Tale und im Walde umher Kräuter gesuchet habe. Sie habe sich auf des Ritters Pferd geschwungen, das unbewachet dagestanden, weil der Ritter Wasser gesuchet, und sei mit ihm nach dem Rinderstalle gejaget.

Das Pferd, das ein Schimmel gewesen, sei nun trotz des vorgeschobenen Riegels nicht im Stalle zu halten gewesen, sondern daraus auf wunderbare Weise verschwunden. Aber von dem Gelde, das in dem hintenaufgeschnürten Mantelsacke gewesen, sei Lerbach erbauet.

In das Mühlental, das an das große Lerbacher Tal stößet, soll auch der Rinderhirte verwiesen sein, der an dem Raube teil hatte.

Einige erzählen auch, der Ritter, der dem Bergdorfe Lerbach den Namen gegeben, habe zuvor sein Pferd schon am Teufelsloche bei Osterode tränken wollen, und weil der Rand desselben zu steil dazu gewesen, so habe er gesaget: »Du Teufelsloch!« und dadurch auch dem Teufelsloche den Namen gegeben. (160)

Lerbach und der Bergmönch

Hinter Lerbach hat sich auch der Bergmönch gezeigt. Er winkt einem Fuhrmann zu dem Probierschacht hin und rief, es solle sein Schaden nicht sein, wenn er ihm folge. Der erwiderte, daß er seine Pferde nicht stehen lassen könne. Als der Bergmönch zum dritten Male rief, wurden die Pferde wild und stürmten mit großem Gebrause den Berg hinauf. (161)

Von einer Wirtsfrau, die nicht treu gehandelt hat

Eine Wirtsfrau in Lerbach hat die Leute betrogen mit Gewicht und Gemäß, hat Wasser zwischen die Milch getan und überhaupt nicht richtig gehandelt.

Einstmals ging sie in den Keller und wollte einem Reisenden ein Glas Bier holen. Als sie bei dem Bierfaß stand, so stürzte mit einem Male der Keller nieder, die Frau fiel sich tot, und die Angehörigen mußten drei Tage arbeiten, bis sie endlich die Frau fanden, und danach ist sie dann anständig begraben worden. Aber von der Zeit an ist sie spuken gegangen.

Wenn die Leute des Abends noch in den Stall gewollt haben, hat sie bei der Kuh gesessen. Haben sie in den Keller gewollt, dann hat sie vor dem Weinfaß gesessen. Und wenn sie morgens einheizen

Betrügerische Wirte. Neujahr-Wunsch für alle Bierwirthe, so das gerechte Bier verfälschen, 1783.

wollten, so hat sie vor dem Ofenloch gesessen. Jedesmal mußten ihr die Leute erst einen kräftigen Schlag geben, ehe sie fortgegangen ist.

Die Leute wußten sich zuletzt gar nicht mehr zu helfen und erzählten es einem alten Mann, der sagte: »Ach, Lüe, jie möttet den Pastor un einen Pater or einen Kapziener kohm laten, dat jöck dei dat ole Speukedink in dat Möhlendahl verwiesen kann.«

Also kamen die Verweiser an und forderten das alte Spukeding hervor. Als sie nun kam, so sagte der Pastor: »Hanne Charlotte, du sollst in das Mühlental verwiesen werden.«

Da sagte das alte Spukeding: »Ach, ne, ne, ek kann nich ut mienen Krauge ruter gahn, dat is et Mienige, et is dat Mienige.«

Der Pater ließ nicht locker und verwies sie in das Mühlental. Aber das Gespenst war immer wieder in dem Gasthaus gesehen worden und auch in dem Mühlental.

Einen Abend kam sie einmal zwischen elf und zwölf Uhr wieder und bettelte, daß sie doch nur eine kleine Stelle unter der Treppe haben möchte, aber da kam der alte Wirt und sagte zu der Verwiesenen: »De hest nu diene Stehe in den Möhlendahle, da geist du ok weer hen, oder ek will dek Beine maken.«

Da schrie sie noch einmal: »Ek sal ut mienen Krauge gahn, dat is et Mienige, et is det Mienige.«

Da ward auf einmal ein Sausen und ein Brausen in dem Gasthof, daß einem jeden angst und bange werden konnte, und da war das alte Gespenst auf einmal fort und ist nun bloß noch in dem Mühlental spuken gegangen, und da hat sich kein Mensch hinwagen dürfen vor ihm.

Also dieser Wirt hat einstmals in diesem Tal Feuerholz gehabt und hat da mehrere Frauen genommen, die das Holz tragen sollten. So gingen sie denn hin und trugen an dem Feuerholz. Als das eine Mächen sein Bündel aufgehuckt hatte, kam das alte Gespenst und setzte sich auf das Holz hinten drauf. Da konnte das Mädchen nicht aufstehen. Da warf es das Bündel Holz ab und lief nach Lerbach. So ist es vielen Mädchen beim Holzholen im Mühlental ergangen. (162)

Güllen-Kerke

In Lärpche was en Mann, dä het Schubert eheten. Den het de Nacht erdrömmet, ehi solle da hen gahn up siene Wiesche un solle roen, da wörre sau viele Gold, dat von den Golle könne ne güllen Kerke buet weren.

Gat hei hen den Morgen na siener Wieschen un roet. Weil e'n Schur eroet het, sägt e: »Wat sall ek miene Wiesche tenichte roen? Ik finne doch nüscht.« Da deit et en gefährlich Brummen under öne un dröhnt orntig. Dat is dat Gold ewest, wu de güllen Kerke härre konnt von ebut weren. Hei het hernacher noch emal eroet, aber nüscht efunnen, weil et erste mal esproken het, damit het et verscherzet, un't Gold is wedder retour egahn. Von der Tiet an hett dä Barg Güllen-Kerken. (163)

Lieblingsspeisen der Zwerge

Die Lieblingsspeisen der Zwerge waren Roggenmehlbrei und Erbsen, welches beides auch in Lerbach während der Zwölften nicht gegessen werden darf. Auch auf Möhren waren sie so erpicht, daß sie für Möhren Geldstücke hingelegt haben. Wenn man das Licht brennen ließ, so schützte das die ungetauften Kinder vor den Zwergen. (164)

Frau Holle oder die Lutterjungfer

In der Gegend um Lerbach ist Frau Holle eine Verzauberte, welche erlöst sein wird, wenn ihr Faß ohne Boden voll sein wird. Nun geht sie als Ruhelose umher, bald Gutes, bald Böses im Sinn. Das Volk benutzt ihren Namen, um den Kindern zum Gehorsam zu verhelfen.

Einmal im Jahr (am Osterabend, auch Frau-Hollen-Abend) fährt sie mit dem Teufel in einer Kutsche spazieren und redet Leute an. Wem sie dann die Hand reicht, der verbrennt sich an derselben. Am Ostermorgen steigt sie vom Hausberg herab und wäscht sich in der Lutter, daher heißt sie auch die ›Lutterjungfer‹. (165)

Aus alten Zeiten

Auf einer Anhöhe neben dem Johanniskirchhof in der Ortschaft Freiheit vor Osterode erhob in vorchristlicher Zeit sich ein dem Dienste der Göttin Ostarod oder Astaroth geweihtes Heiligtum, welches 723 von Bonifatius, dem Apostel der Deutschen, zerstört wurde.

An dieser Stelle wurde später, wahrscheinlich nach Befestigung der Stadt (also nach 919), eine Burg erbaut, von deren Stärke heute noch ein aus dickem Mauerwerk aufgeführter, halb eingefallener Turm ohne Dachung als letztes Überbleibsel aus grauer Vorzeit Tagen Zeugnis gibt.

Die Burg, welche nach dem Aussterben der Grafen von Lutter-

Teufelsdarstellung. Holzschnitt aus: D. Klein: Tragi-Comedia. Eßlingen 1570.

berg 1143 von den Vormündern Herzog Heinrichs des Löwen in Besitz genommen war und in dem Streite zwischen Heinrich und Albrecht dem Bären 1152 (die Villa opulentissima Hosteroth) zerstört wurde, soll nach der früher hier verehrten Göttin Ostara (Gottheit des aufsteigenden Lichtes) genannt sein, und dieser Name dann auf die zu ihren Füßen liegende Stadt sich übertragen haben.

Noch heute heißt die alte Turmruine der Osterod. Generalsuperintendent und Konsistorialrat Caspar Calvör, welcher vierzig Jahre lang Bergprediger in Clausthal war, schreibt dazu in seiner ›Geschichte des alten Niedersachsen‹:

Die Rudera, so von einem alten steinernen Gebäude bis auf diese Stunde (1714) auf einem Hügel hart vor der Stadt gegen Mitternacht hart nach dem Hartz zu vorhanden, sollen Überbleibsel seyn von einem Götzen-Tempel, darin die Astaroth (wiewohl andere dieselbe mittagswerts der Stadt, auf dem neuen Schloß lociren, welche Astaroth etliche für die heydnische Göttin Juno, andere für die Venus, noch andere für den Mond, die Melechet, und Regina Coeli oder Himmelskönigin Jer. 41, 17 ff. halten) soll geehret, von den Cimber-Sachsen aber in diese Lande gebracht seyn. Und von dieser Astaroth soll die Stadt Osterode als eine Rode oder ausgerodeter extirpirter Hayn, so vormahls der Astaroth geheiliget, den Namen haben. (166)

Ostara und Osterode

Eine große Menge von Steinen liegt an einer bestimmten Stelle in der Nähe des Dorfs Osterode, jedoch ohne alle Ordnung, umher.

Man glaubt, in dem Dorfe Osterode (so wie auch auf dem Falkensteine am Poppenberge) sei die Göttin Oster oder Asteroth verehrt worden, und die obenerwähnten vielen Steine bezeichneten den Ort, wo der Altar gestanden. (167)

Osterode. Lithographie aus: W. Görges, Vaterländische Geschichten und Denkwürdigkeiten der Vorzeit, 1843–45.

Der Leineweber und die Ostermorgenjungfrau I

Ostersonntagsfrühe war's, als ein armer Leineweber nach Osterode hinabstieg. Voll bitterer Sorge im Herzen wollte der Mann Brot suchen, denn es herrschte eine große Teuerung im Lande, also, daß es ihm schwer wurde, sein Weib und die fünf Kindlein zu sättigen und zu kleiden. Der frische, reine Frühlingsmorgen löste den Kummer und brachte Hoffnung in des armen Webers Gemüt, und obgleich seine Augen voll Tränen, sprach doch seine zitternde Lippe ein Trostsprüchlein von Gottes Huld und des Heilands Liebe. So wollte er eben über die hellsprudelnde Söse setzen, als er vom grünen Ufersrande am Fuße der Burg ein gar liebliches Mädchen erblickte, das seine nackten Füßlein badete und in goldgelben Locken strahlte. »Glückauf«, sprach die Jungfrau. »Nur einmal im Jahre erscheine ich hier, als Freudengeberin, am lichthellen Ostermorgen. Wer mir dann begegnet, den beglücke ich, wenn er es verdient. Du weinst und bist doch voll Zuversicht. Wenn es heute Mitternacht ist, steig zur Burg auf; links an der Mauer, an hoher Turmeswand, wirst du eine hellglänzende

Lilie schauen, die pflücke, und was du dann siehst, das nimm, es ist für dich.«

Und als nun die Mitternacht heraufzog, ging, mit einem frommen Spruch auf den Lippen, aber mit großer Angst im Herzen, der Weber zur alten Burg, schaute auch wirklich die Lilie, brach sie und steckte sie an den Hut. Alsbald stand die schöne Ostermorgenjungfrau wieder vor dem armen Weber und wies auf eine Senkung, woraus ein Kessel aufstieg, angefüllt mit puren Goldstücken.

Davon nahm der Glückliche, so viel er tragen konnte, und wurde nun in Osterode der Begründer und Beschützer aller betriebsamen und kunstgeübten Fabrikarbeiter, also daß der Ort der reichste und geschickteste wurde, weit in der Gegend.

Die Zauberlilie nahm der Weber aber auch mit nach Hause. Diese kaufte nachher der Herzog und nahm sie in sein fürstliches Wappen auf. (168)

Der Leineweber und die Ostermorgenjungfrau II

Es war an einem Sonntag in der Frühe, als ein armer Leineweber der Stadt Osterode zuwanderte. Der Morgen hob heiter lächelnd sein rosiges Antlitz über die grünen Berge, balsamische Frische schwebte über den Tälern und Tiefen, die Gipfel der waldigen Höhen schwammen in bläulichem Duft und die betauten Waldblumen funkelten im goldnen Sonnenglanz.

Der Gesang der Vögel schallte aus dem Dickicht, leiser Glokkenklang wehte aus den Tälern herauf. Über der ganzen Gegend schwebte ein milder, seliger Friede.

Der Wanderer war lange, ohne auf die Schönheit des Morgens zu achten, vorwärts geschritten, denn ein tiefer Kummer belastete sein Herz. Seine geliebte Frau lag daheim krank, sechs hungrige Kinder harrten, samt der Mutter, sehnlich seiner Wiederkehr, und – mit leeren Händen kehrte er zu den Seinigen zurück.

Ein reicher Vetter, von dem er Hilfe erwartete, hatte ihn mit harten Worten abgewiesen, und der weite Weg zu dem Fühllosen war umsonst getan. Die Zukunft lag düster und nebelvoll, wie ein Gedicht Ossians, vor ihm. Als aber die Sonne höher emporstieg, als die ganze Natur um ihn her blühte und duftete, der Bach murmelte, die Vögel fröhlich zwitscherten, da wurde auch er ruhiger. Denn wenn das Morgenlicht sich zeigt, ist jedem gedrückten Gemüt die Last minder fühlbar, und diese Erfahrung sollte uns glauben machen, während der Nacht hätten wirklich boshafte, neidische Gnomen Gewalt über den Menschen, über dieses Zwitterwesen, welches mitten inne zwischen Erde und Himmel lebt, und diese hämischen Erdgeister schlüpften scheu in ihre Spelunken, sobald der erste Lichtstrahl, wie ein überirdischer Freund, den schwachen Adamskindern zu Hilfe käme.

›Wie schön, wie herrlich‹, dachte er, umherschauend, ›ist doch deine Schöpfung, o Gott – und welch verhängnisvolles Geheimnis ist es, das nur den Menschen allein so oft ausschließt von jenem allgemeinen Genuß. Warum quält nur er sich im Staube und sorgt ängstlich für seinen Unterhalt, während doch alle Vögel so freudig singen und die Blumen so harmlos duften, unbekümmert um den folgenden Tag.

Warum bin ich nicht getrost wie sie? Warum vertraue ich nicht meinem Gott? Kleidet er nicht die Lilien des Feldes? Hält er nicht unsere Tage in seiner Hand? Zwar bin ich von der Welt und den Menschen verlassen und weiß nicht, welcher Rabe mir und den Meinigen heute Speise bringen wird –, aber doch werde ich nicht sterben, sondern ferner leben und ferner atmen!‹

»Hoff, o du arme Seele,
Hoff, und sei unverzagt.«

So sang der Ermutigte und hätte wahrscheinlich noch weiter gesungen, wenn ihm nicht eine fremdartige, glockenhelle Stimme einen guten Morgen zugerufen. Der Sänger blickte nach der Gegend hin, aus welcher der Zuruf erscholl, und stand wie festgezaubert bei dem Schauspiele, das sich ihm darbot.

An den Wellen des Baches, der am Wege dahinmurmelte, saß nämlich eine weißgekleidete Mädchengestalt und badete die wunderniedlichen, kleinen Füße, die rund und voll und weiß wie Marmor den Leineweber anleuchteten, daß er sich nicht erinnern konnte, je etwas Schöneres gesehen zu haben.

Ehe er sich von seinem Staunen erholen konnte, stand die schöne

Fremde schon vor ihm und sprach mit der wohllautendsten Stimme, die er jemals gehört hatte: »Du sangst da eben ein schönes Lied, das so recht für Bekümmerte gemacht ist. Möge jedem, der es in seinem Unglück singt, die Hilfe so nahe sein wie dir, denn wisse, du bist zur glücklichen Stunde dieses Weges gekommen. Nur einmal im ganzen Jahre ist es mir erlaubt, hier an dieser Stelle zu weilen, und wer mir da begegnet und es verdient wie du, den mache ich glücklich, wenn ihn Reichtum glücklich machen kann. So höre denn: Wenn die Mitternachtsglocke die zwölfte Stunde verkündigt, so verlaß deine Hütte, und geh schweigend den Berg hinan, auf welchem die Trümmer der alten Burg Osterode stehen. Zwischen den eingesunkenen Mauern wirst du eine Blume erblikken, die pflücke du ab, und sogleich wird dein Auge alle die Schätze erschauen, welche der Schoß des Burgberges verbirgt und von welchen du nehmen magst, so viel dir beliebt. Jetzt gehe deines Weges und bringe deinem treuen Weibe Trost und Hoffnung. Meine Zeit ist verronnen.«

Der Leineweber hatte kaum Zeit gehabt, die schöne, schlanke Gestalt mit dem blassen, lieblichen Antlitze, der durchsichtigen, feinen, wie aus sanftem Mondlicht gewebten Haut, dem großen, blauen, schwermütigen Augenpaar und den langen, goldenen Locken recht zu betrachten, als sie schon seinen Augen auf unbegreifliche Weise entschwunden war.

Wunderbar ermutigt setzte er seinen Weg fort, denn oft schon hatte er von Freunden und Bekannten erzählen hören, wie oben in den wüsten Trümmern der alten Burg eine schöne stille Jungfrau hause, die zuweilen den Menschenkindern erscheine und sie nur selten unbeschenkt entlasse.

Mit frohen Hoffnungen näherte er sich der Hütte, in welcher sein bleiches Eheweib mit dem Häuflein der Kinder bereits ungeduldig seiner Rückkunft entgegen gesehen hatte. Er erzählte. Die Kranke staunte, und beide vergaßen ihr Elend und harrten ungeduldig der Stunde, mit welcher eine neue, schönere Epoche ihres Lebens beginnen sollte, ein Leben voller Lust und Sonnenschein.

Mit bleiernen Füßen schlich die Mitternacht endlich herbei, und der Leineweber erhob sich, um bei dem ersten Schlag der Turmuhr auf dem Platz zu sein, drückte seiner Frau noch einen Kuß auf die blassen Lippen und wanderte hoffend und bangend hinaus.

Es war eine herrliche, stille Nacht. In der Tiefe der Landschaft schlug die Wachtel im Weizenfelde. Man hörte deutlich in der Ferne die Räder der Mühlen rauschen. Der Vollmond schien tageshell am wolkenlosen Himmel.

Die malerische Ruine der Burg setzte sich dunkel ab gegen die tiefblaue Luft, nur die Zinnen des hohen, einsam sich erhebenden Turmes erschienen im Lichte der Sommernacht magisch versilbert. Noch hatte der einsame Wanderer die Hälfte des Burgberges nicht erreicht, als die Uhr der Stadt bereits die zwölfte Stunde verkündete und mit ihrem dumpfen, feierlichen Schalle das Herz des Leinewebers elektrisch durchzuckte.

Die Glockenschläge in der Nacht haben etwas eigen Rührendes, Ergreifendes. Ach, wenige schwärmend Fröhliche ausgenommen, dringen sie ja nur in das Ohr des Unglücklichen. Dem leidenden Kranken, der das Licht des Tages ersehnt, dem wachen Herzen des Hoffnungslosen, der ein Kissen mit Tränen netzt, der verzweifelnden Liebe am Sterbelager des Geliebten erschallt ihr Klang. Für sie bezeichnen diese Töne den Gang der Zeit, die der Glückliche schlummernd und träumend nicht mißt.

Bewegt und himmlisch schauernd schlich er in die Ruine hinein. Ein sonderbarer Glanz strahlte ihm aus einem Gewölbe entgegen, und als er dem magischen Lichte folgte, sah er, daß eine glänzende weiße Lilie, die aus dem Steinboden emporgesproßt war, den hellen Schein verbreitete. Im Hintergrunde der Halle aber saß die schöne, bleiche Jungfrau, geschmückt mit einem silbergrauen Gewande und einem Kranz von weißen Rosen in den blonden Locken. Sie schlug die dunkelblauen Augen auf und heftete sie mit Freundlichkeit auf den Eingetretenen, winkte ihm zu, näher zu treten und die strahlende Blume zu pflücken.

Der Leineweber tat, wie ihm geheißen, und brach mit zitternden Händen die Lilie ab. Kaum war sie in seinen zitternden Händen, als ein furchtbares Dröhnen im Innern des Berges entstand, der Boden dicht neben seinen Füßen versank krachend in die Tiefe und hervorstieg in roter Glut ein gewaltiger Kessel, bis an den Rand angefüllt mit funkelnden Goldstücken.

Es bedurfte einer nochmaligen Ermahnung von Seiten des blassen Burgfräuleins, ehe sich der staunende Arme von seiner Überraschung erholen und die Taschen und den Hut mit den glänzenden Münzen füllen konnte. Mit tiefen Bücklingen verließ er die Halle, langte glücklich in seiner Hütte an, und als die frühe Morgensonne den Hausaltar des Leinewebers vergoldete, fand sie zwei frohe Menschen, die, eingedenk der frühen drückenden Armut, miteinander sorgfältig überlegten, was mit dem unerwarteten Segen anzufangen sei, um in Zukunft ein heiteres und sorgenfreies Leben zu führen. Das Ergebnis ihrer langen Beratung war, daß sie ihre bisherige armselige Wohnung verließen, ein neues, schönes Haus erkauften und in Stille und Fleiß glückliche Tage verlebten.

Alljährlich aber an dem Tage, an welchem sie ihr Glück gefunden, wanderten sie hinauf nach der alten Burg und dankten dem wenn auch nicht sichtbaren Burgfräulein für die Gründung ihre Glücks. (169)

Die Hünenrippe

An einer Kette am Rathaus bei der Kirche in Osterode hängt ein gewaltiger Knochen, der eine Länge von ungefähr drei Ellen haben mag. Das Volk nennt ihn die Hünenrippe. (170)

Verbannt in ein Bild

In ein entlegenes Kämmerchen des Schlosses bei Osterode war, wie die Sage ging, der Geist einer Nonne gebannt, die ein Verbrechen begangen und deren Seele im Grabe keine Ruhe hatte. Sie beunruhigte lange Zeit die Bewohner des Schlosses durch ihr nächtliches Toben, ward aber endlich von einem Jesuiten in ein Holzbild gebannt, das nun in ein einsames Gemach eingeschlossen wurde.

Jahre vergingen, und niemand wagte dem unheimlichen Orte zu nahen. In neuerer Zeit wagte es ein junger Mann, der von dem Spuke hörte, die Tür zu erbrechen, um das gespenstige Holzbild in Augenschein zu nehmen. Er fand alles, wie ihm gesagt worden war. Ein unförmliches, mit vielen wunderbaren Schnörkeln versehenes Bild lehnte in einem Winkel des kleinen Kämmerchens, und er bemühte sich, es in sein Zimmer hinabzutragen.

Da er nicht vermögend war, es wegen seiner Schwere auch nur von der Stelle zu rücken, eilte er hinweg und kehrte augenblicklich in Begleitung einiger Knechte nach dem Gemache zurück. Vergeblich aber spähte er nach seinem Bilde. Es war auf unerklärliche Weise verschwunden, und das Gesinde fürchtete schon, der Spuk werde von neuem beginnen, allein es hat sich nichts wieder sehen und hören lassen, und der Geist der Nonne muß endlich die ersehnte Ruhe gefunden haben. (171)

Die Osterjungfrau

Wu de Markkerke in Osterroe steit, hät immer en klein Mann uppen Stein esäten un hät da ebäet. Wenn de Jäger von en Graf Osterrot nu int Sloß inkummet (heimkehrt), hät e dat den Hären vertellt. Nu ritt de Graf Osterrot mal sülbest medde, da sitt e da ok wedder in Holte. Nu sägt e, nu woll hei ok da en Bethus henbuen laten, da hät e de Kerke dehen buen laten.

Da is de Stadt Osterroe ut eworren un de Peiterzilligenstrate is de erste Strate west. Düsse Graf Osterrot hät da erst alles int Wark ebrocht. Et is en groten Mann ewest un hät veel, veel Kram ehat.

De Graf Osterrot harre ne Dochter, da is e von estorben un hät se sienen treune Knappen öwwergeben. Da fällt en Krieg in, da komet veele Ritters un dä eine strenge un freche Ritter hölt um dä Dochter an. Se sägt aber ne, sei will nich. Da kümmt e taun tweiten male met veelen Ritters un holt noch emal an. Se sägt aber wedder ne, se frie nich. Da kummt e taun dridden male, da is e aber mit veelen Vulk ekomen un hät alles verrungeniert un inpumperdiert, un hei, dä ole Kanppe von Graf Osterrot, lät darub ok vele ankomen, aber se hät se nich konnt twingen.

Da sägt e da, of se wohl denken künne, dat hei se verwünschen künne, dat se da möste in ören Kelder bi ören Schätzen sitten. Da sägt se, ja, dat möst se s alles gefallen laten, se friee öne aber nich, et mögte er drumme sin.

Da hät hei se in den Kelder ebrogt met samt ören Schätzen un is en Hund ewest an de Kedde. Da hät hei se doch de Macht egeben, dat se alle Ostermorgen in öre Gestalt west is un is da von de Borg erunder hinnern Bärengraben ekomen un hät sek da in Lerbacher Water wuschen.

Da is emal en Lineweber komen un hät sin betchen Arbeit wollt da erupper dragen taun Harze. Da hät se sek ewuschen un hät ene Lillige vor sek hat. Denn is sei kriedewitt west anetogen. De Lineweber bütt guen Morgen un sägt: Sa freu un se härre all ne Lillige vor sek? Da sägt se ja, un wenn hei ok eine hebben wolle, sau solle hei met ör komen; da geit e met ör rupper. Als hei rupper kümmt, da steit en Lilligenbusch vorn Kelder, wu se inne sitt. Da brikket se öne eine af un sägt: hei soll se nich verschenken, ok nich verköpen. Da is se wedder in den Kelder rinner estegen un de Lilligenbusch un nist steit da. Na nu hät hei se verwünschet hat, dat se mit en meuschen Ritter solle erlöset weren. Darup hewwe'n Siebenjährigen Krieg bekomen un da is en Ritter von harze runner mit sienen Päre gerae ekomen. Da steit se da ok wedder un wäscht sek un da hät se ne Rose vor sek hat. Da beut hei ör ok en guen Morgen au un sägt: »Sau freu un all ne Rose?«

Da sägt se ja, wenn hei eine hebben wolle, soll hei met ör gahn, se wolle öne ok eine schenken. Da is e met erupper gahn. Da steit dä Rosenbusch vor den Kelder, da brikket se ne Rose af un gift ne dei ok. Un da well se nu geschwind in den Kelder un hei fadde de Kelderdöre. Da liet se allwedder an de Kedde. Da hat hei de Kedde aferetten un da steit se vor öne, hät hei se erlöset. Da hät e öre ganzen Schätze upelaen up en Wagen un sind hen efeurt na Frankreich. Seitdem hät se sek nich mehr seien laten. (172)

Die Osterjungfer

In der alten Burg über Osterode wohnte ein Edelfräulein, dem die Mutter früh und dem der Vater auch gestorben war, ehe er sie hatte verheiraten können. Er hatte sie deshalb einem alten Burgkaplan anempfohlen. Ein roher Ritter von der Harzburg begehrte sie zum Weibe; doch hatte sie sich ihm versagt. Da überfiel er am Abend vor dem Osterfeste die Burg, zuerst mit dem Vorgeben, von einem Fehdezuge zurückzukehren, und weil sie alle sehr ermüdet seien, Herberge zu erbitten.

Als seine Leute im Burghofe standen, erhoben sie die Schwerter und drangen auf das waffenlose Gesinde ein. Der Ritter aber sprang die Treppe hinauf, um nach dem Burgfräulein zu suchen. Den alten Burgkaplan, der ihm entgegentrat, schlug er mit seinem Schwerte nieder. Doch dieser verfluchte ihn im Zusammenbrechen und verwünschte ihn.

Als dann der Ritter in das Zimmer des Fräuleins eindrang und sie zu ergreifen versuchte, schwang dieses sich mit dem Aufschrei: »Ihr Heiligen, schützt die Unschuld!« aus dem Fenster. Im nämlichen Augenblicke erbebte das Schloß, ein Sturm erhob sich, und es brach in sich zusammen, den räuberischen Ritter und seine Leute unter sich begrabend. Das Fräulein indes kam wohlbehalten in der Tiefe an. Es wurde in eine Höhle unter dem Berge versetzt. In dieser wohnt es nun; aber an jedem Ostermorgen vor Sonnenaufgang läßt es sich auf der Erde sehen, weswegen man es auch die Osterjungfrau nennt. Sie neigt sich dann am Wasser, in welchem sie sich badet, so daß sie immer jung, gesund und schön erscheint. Jedem, der unverschuldet in Not geraten ist, zeigt sie sich dort, nimmt ihn hinab in ihre Höhle und läßt ihn mit reichen Geschenken wieder gehen. (173)

Der Cholerageist

In Osterode lag in einem Hause jemand krank an der Cholera im August 1850. Da kam ein Geist, welcher ganz weiß war, und sprang von einem Winkel zum andern an dem Bette vorbei und fragte immer: »Wollt ihr mit? Wollt ihr mit?« Die Mutter des Knaben sah den Geist ganz deutlich; der Kranke aber wurde sehr ängstlich und rief seiner Mutter zu: »Mutter, siehst du mich nicht?«

Er starb schon früh am andern Morgen, und außer ihm in den folgenden acht Tagen noch fünf andere im selben Hause. (174)

Dreierlei Seelen

In Osterode sagt man, es gäbe dreierlei Seelen, weiße, fahle und schwarze. Die weißen sind die guten, die fahlen gehen geradezu und suchen jedem, der ihnen in den Weg kommt, was auszupuhlen (anzuhaben); die schwarzen aber sind die ganz schlechten.

Einst ging eine Frau aus Osterode nach Braunschweig, wo gerade Messe war. Unterwegs eines Nachts kamen drei Seelen ihr in den Weg, die weiße ging an ihre rechte Seite, die fahle hinter ihr, und die schwarze schwebte immer vor ihr her mit einem Knotenstock und einer feurigen Zunge. Diese Seelen haben die Frau eine Stunde lang verfolgt, da wurden sie immer kleiner und kleiner, und zuletzt waren sie ihr ganz aus den Augen verschwunden. Als aber die Frau wieder etwas gegangen war, da fing es plötzlich über ihr an, Steine zu regnen, und dies dauerte wohl eine Viertelstunde lang.

Den anderen Tag, als sie in Braunschweig angekommen war, traf sie einen Mann aus Herzberg, dem es auf diesem Weg ebenso ergangen war. Merkwürdig dabei war: Von den vielen Steinen, die es regnete, hatte die beiden kein einziger getroffen. (175)

Hans von Eisdörp

Hans von Eisdörp war saun ruchlosen Mann, dat hei sek von sienen Landslüen afsondere und sammele sek ne Banne, womit hei sek in Höhlen uphcilt. Hiermit dee hei der Stadt Osteroe veelen Schaden un den Dörpern, dei in der Gegend lieht, ook, denn hei dee rauben un stehlen un nam ook den Heers (Hirten), dä da öhre Veih weiden deen, da Veih af, wat hei denn mit sienen Verbündeten verteren dee; un wenn se öne nahsporen deen, sau güngen se ümmer irre, denn öt war saun Schlukop, dat hei sienen Pären de Haufisen verkehrt undernägeln dee.

Sau betreif hei düt ne ganze Tied lang, bet hei endlich dorch siene Dristigkeit mal an Kracke sat (sich festrannte). Oet war nämlich in Osteroe mal Jahrmarket, wo hei sek ok bie anfund; da gung hei in ein Wirtshus un dee da zechen mit sienen Verbündeten.

Nun war dat Gesetze sau: dat ein jeder, dä sik blot wegen de Jahrmarket-Frieheit in de Stadt true, ümme drei Uhr all wedder ruter sien mußte; ümme drei, denn sau leit de Obrigkeit lühn un denn sau war dat Jahrmarket ute.

In den Wirtshuse aber, da harren öne schon welke kennt, de waren glik hen nahn Gerichte lopen, un einer harre glik de Uhr verstellt, dat Gerichte dat harre glik Lüe schicket, de öne sollen feste nöhmen. De Uhr de schlaug drei, un nu stürme hei mit siener Banne glik eruter. Aber butten (draußen), da word hei öbel mit sienen Verbündeten begrüßet, se neihmen öne glik feste, un nu word hei hen nahn Dore brocht.

Nah einiger Tied wärd von den Gerichte dat Urteil fällt, dat hei solle von veier Ossen in veier Deele reten werden. Un düt is up Seikenhowe scheihn. Dat eine Deel davon hebbetse nah der Wagelos brocht un da begraben, dat andere nah den Brennewienssteine. Up den Brennewienssteine, da zeiget sek nu alle Abende ne Lüchte, de von einem Deele bet taun anderen radschleit un teletzt weder up den Brennewienssteine verschwind. (176)

Das Kloster auf dem Hausberge

Auf dem Hausberge unweit der Aschenhütte bei Hörden soll früher ein Nonnenkloster gestanden haben und in einem Kriege von Franzosen zerstört sein. Lange Zeit wurden die Nonnen in ihrem Kloster gefangen gehalten, und die Feinde ließen sie bald verschmachten, und da wollten sie sich einen heimlichen Gang graben bis nach dem Forsthause Lüderholz, das an der Straße zwischen Herzberg und Osterode liegt. Dabei aber fanden sie eine silberne und eine goldene Glocke; wenn sie mit der silbernen Glocke läuteten, brachten Engel Speise, läuteten sie mit der goldenen, so brachten sie den schönsten Wein, und so wurden die Nonnen von den Engeln gespeist und getränkt, bis sie aus der Gefangenschaft erlöst waren. (177)

Das Hegerfeld

In der Nähe des Forsthauses Lüderholz liegt das Hegerfeld, und daran grenzt das Bärenholz oder der Silberhai. Auf dem Hegerfeld aber hat ein Nagelschmiedemeister aus Herzberg Land gehabt, und als er eines Tages dort an seinem Acker gearbeitet hat, ist ein Handwerksbursche gekommen, der hat sich bei ihm in Dienst begeben. Der Handwerksbursche aber hat statt der Nägel nur Gerätschaften geschmiedet, ist auch oft mit seinem Meister nach dem Hegerfeld gegangen, da haben sie ein Loch gegraben und viel Gold herausgeholt.

Als nun der Meister davon wohlhabend geworden war und was im Burnus hatte, wurde der Geselle eines Tages so ängstlich und hieß seine Meistersleute einen Kessel mit Wasser herbeischaffen. Da ist auch alsbald eine Kugel in den Kessel geflogen, und der Geselle hat gesagt: Die käme weit her und hätte ihn treffen sollen; hat sie auch sogleich wieder fortgeschickt und gesagt: jetzt träfe sie den, der damit nach ihm gezielt hätte. Danach aber ist der Geselle fortgegangen, und der Meister hat die Stelle auf dem Hegerfeld nicht wiederfinden können.

Ein andermal hat auch ein Mann an seinem Acker gearbeitet und sich niedergelegt zum Schlafen, da hat er, wie er so dagelegen, einen eisernen Kasten erblickt, ist zu der Stelle hingeeilt und hat lauter zinnerne Schüsseln drinnen gesehen. Die hat er eben herausnehmen wollen, da ist aber seine Frau gekommen und hat ihm zugerufen: »Hans Heinrik, wat makest de denn da?«

Wutsch, war der Kasten mit dem Zinn und den Schüsseln fort.

Auch eine Jungfer mit Schüsseln hat sich in der Nähe vom Hegerfeld und vom Forsthaus Lüderholz gezeigt. Es soll auch auf dem Hegerfeld selbst früher das Hegerdorf gestanden haben. (178)

Teufelstümpel

Wenn man von Herzberg nach Osterode kommt, so liegt an der Landstraße nach der rechten Hand ein Tal, in dem sehr viel Seen und Teiche gelegen, ein Teich an dem andern. Sie sind mit lauter guten Speisefischen, also mit Hechten, Karpfen, Forellen, Persen, Karauschen und andern dergleichen besetzt. So halten sich auch wilde Enten, Gänse, Wasserhühner, Schnepfen usw. in großer Menge auf selbigen auf. Man nennet diese Seegegend den Teufelstümpel, ohne daß man weiß, was zu dieser Benennung Gelegenheit gegeben.

Der gemeine Mann gibt vor, daß sich der böse Geist den Tag nach Johannis an einem gewissen Orte hierum soll sehen lassen, und zwar allezeit in der Gestalt eines Tieres, bald als ein Ochse, als ein Pferd, als eine Gans: Und wenn andre hierdurch verleitet würden, soll er sie schabernacken und ihnen mancherlei Verdruß, auch Unheil zufügen. Doch dieses sind Geschichten, in deren Richtigkeit die Klügern ein großes Mißtrauen setzen. (179)

Der Galgenhügel

Nordwestlich von Herzberg am Harz erstreckt sich zwischen dem Sieberflusse und der nach Osterode führenden Landstraße ein mit mächtigen Buchen und Eichen bestandenes Gehölz, das Eichholz, welches seines Blumenreichtums wegen, besonders Maiblumen, gern aufgesucht wird. In der Nähe dieses Hölzchens, dicht beim Bahnwärterhaus, erhebt sich anmutig ein kreisrunder Hügel, der mit einigen Bäumen bepflanzt ist. Aber es knüpft sich eine grausige Erinnerung daran. Er ist nämlich ein Galgenhügel, im Volksmunde ›Das Gericht‹ genannt. Auf ihm wurden im Anfange des vorigen Jahrhunderts die beiden Mörder Achtermann und Lohrengel gehenkt. Diese hatten in Lütjenhausen eine Frau ermordet. Sie wurden vom Herzberger Schlosse nach alter, hergebrachter Sitte auf einer Kuhhaut zum Richtplatz geschleift. Zum Zeichen der ewigen Gerechtigkeit ließ man, der ›guten alten Zeit‹ gemäß, die Verbrecher noch lange Zeit am Richtpfahl hängen. In Verbindung mit dieser schrecklichen Begebenheit wird folgende Anekdote erzählt:

Am Abend des Hinrichtungstages, als die Leichen der beiden Verbrecher noch am Galgen hingen, kehrte in einer Herzberger Wirtschaft am Schloßberge ein Mann mit einem Eselfuhrwerk ein, der noch nach Osterode fahren wollte. Es wurde ihm geraten, die

Ansicht von Herzberg mit Schloß. Gezeichnet von Ludwig Richter, gest. von A. Dworzack. Aus: W. Blumenhagen, Wanderung durch den Harz, 1836.

Nacht in Herzberg zu bleiben, denn in der Nähe der Straße seien Mörder aufgehenkt, da würde es sicher spuken. Er aber erwiderte, er fürchte sich nicht, und fuhr ab.

Als er in die Nähe der Richtstätte kam, rief er: »Achtermann und Lohrengel, wollt Ihr mit?« Da hörte er ein Klappern und glaubte die Leichen in baumelnde Bewegung versetzt; auch hörte er eine Stimme, die rief: »So warte doch, wir wollen ja auch mit!«

Der Mann glaubte nun nichts anderes, als daß die Gehenkten von ihrem Galgen heruntersteigen und ihn angreifen wollten. Er schlug daher tüchtig auf seinen Esel los, damit er so schnell als möglich dem drohenden Unheil entginge, und kam in Schweiß gebadet in einer Osteröder Gastwirtschaft an, wo er sich ausruhen wollte.

Nach einiger Zeit traten ein paar mit Mause- und Rattenfallen handelnde Kroaten in die Gaststube. Als sie den erschöpften Eseltreiber da sitzen sahen, machte einer ihm Vorwürfe, weil er nicht gewartet hätte, sie hätten es ihm doch zugerufen. Das Geräusch, das nach Meinung des ängstlichen Fuhrmannes von der Bewegung der Gehenkten herrühren sollte, war also durch die Mausi- und Razzifallen verursacht. (180)

Ursprung von Herzberg

Zur Erbauung der Stadt Herzberg oder Hirzberg, wie die alten Diplomata schreiben, soll folgendes Gelegenheit gegeben haben.

Es hätte Albertus Ursus, Markgraf zu Brandenburg und Herzog zu Sachsen, der ein gewaltiger Jäger gewesen, einstens in den beerwaldischen Heiden, so unweit Herzberg gelegen, gejagt und einen starken wohlgehörnten Hirsch angetroffen, demselben fleißig nachgestellet, solchen aber niemals zum Stande bringen können, sondern es wäre derselbe stets, sobald er der Leute ansichtig worden, vor ihm geflohen. Endlich hat er ihn doch nach vieler Mühe in der Gegend, da hernach die Stadt angeleget worden, gefällt und ihn durch den Kopf geschossen.

Es soll solcher Hirsch nebst Alberti Brustschilde, daran Albertus' Hand, einen Bogen führend, im Schloß Beerwalde im sechzehnten Saeculo noch sein gesehen worden, auch solches mit der Stadt altem und großem Insiegel zu beweisen sein. (181)

Der Auszug der Bergleute

In Herzberg ist zur Zeit Kaiser Heinrichs ein Berghauptmann gewesen, der hat eine wunderschöne Frau gehabt, welche der Kaiser zu seinem Willen gezwungen, als ihr Mann einmal abwesend war. Als er nun nach Hause kam, hat sie ihm ihr bitteres Leid geklagt, und der Berghauptmann ist im Zorn nach Goslar gegangen, wo er den Kaiser zum Zweikampf gefordert hat. Der hat ihn aber schimpflich fortgejagt, und da ist der Berghauptmann hingezogen, hat die Bergleute, so ihm untergeben gewesen, aufgewiegelt und ist mit ihnen nach Sachsen gezogen. Dort haben sie in Freiberg die ersten Bergwerke angelegt. (182)

Die Herzberger unverweste Leiche

Conrad Schachtrupp aus Herzberg am Harz, der im Jahre 1677 im Alter von einundsiebenzig Jahren starb, war ein wohlhabender und (wie das Kirchenbuch berichet) zeitlebens auch ein rechtschaffener Handelsmann. Er wurde in der Sankt Bartholomäikirche (abgebrochen 1840) in einem von ihm erbauten Familiengewölbe beigesetzt. Bei der Öffnung des Grabgewölbes im Jahre 1787 fand man seinen Leichnam völlig unverwest vor, was auf den in den Gewölben vorherrschenden Salpeter und die Staubtrockenheit zurückzuführen war. Diese Ursache der Mumifizierung wurde jedoch zu damaliger Zeit nicht leicht erkannt.

Statt dessen verbreitete sich in der Stadt die schaurige Erzählung, nach der Schachtrupp einen Meineid geschworen haben sollte und darum im Tode nicht verwest sei. Mit der Mumie des Schachtrupp wurde nachher in der Stadt viel Unfug getrieben. Es hat erst etliche Jahre gedauert, bis im Jahre 1791 der Herzberger Arzt Dr. Reimke die Mumie an das Museum in Göttingen schickte.

Nach einer anderen Lesart soll der damalige neue Pastor in Herzberg die Mumie dem Göttinger Assessor Blumenbach zugeschickt haben. Wie der nicht verweste Leichnam Schachtrupps nach Göttingen eigentlich übergekommen sei, davon wird wie folgt erzählt:

Nachdem Schachtrupp in Herzberg ausgegraben war, kam die unverweste Leiche in das Beinhaus. Göttinger Studenten, die einen Ausflug nach Herzberg gemacht hatten, erfuhren hiervon von einem Gastwirt und fragten, ob sie die Leiche einmal sehen könnten. Es war aber Abend. Der Gastwirt antwortete, er hätte eine tüchtige Magd, wenn diese ein gutes Trinkgeld bekäme, würde sie die Leiche holen.

Das Mädchen wurde ins Gastzimmer gerufen, und die Studenten erboten sich, ihr einen Gulden Trinkgeld zu zahlen, wenn sie die Leiche hole. Nach einer halben Stunde erschien die Magd mit der Leiche auf dem Rücken und warf diese in die Gaststube. Nachdem die Studenten die Mumie betrachtet hatten, wurde das Mädchen gebeten, den Toten wieder fortzuschaffen.

Es weigerte sich aber mit dem Hinweis darauf, daß es einen

Gulden nur für das Holen der Leiche erhalten habe. Da auch der Wirt die Leiche nicht behalten wollte, banden die Studenten sie auf den Gepäckhalter der Droschke und nahmen sie so mit nach Göttingen. So kam sie in das ehemalige naturhistorische Museum an der Prinzenstraße. In diesem Museum wurde Schachtrupp noch 1870 in einem Schranke zur Schau gestellt. Seine rechte große Zehe fehlte. Die sollen die Ratten abgefressen haben, als er auf dem Totenbett gelegen hatte. An dieser fehlenden Zehe ist Schachtrupp bei der Ausgrabung auch gleich wiedererkannt worden.

Die Mumie des Herzberger Handelsmannes ist später, nach Auflösung der Blumenbachschen Sammlungen, lange Jahre verschwunden gewesen. Erst bei der Entrümpelung im letzten Kriege wurde sie in einer dunklen Kellerecke wieder aufgefunden. Sie ist heute, noch wohlerhalten, im Gerichtsmedizinischen Institut der Universität in einem Schaukasten augestellt. (183)

Das versunkene Schloß bei Herzberg

Der Sage nach hauste hier vor grauen Jahren ein Graf, der ein wildes und gottloses Leben führte, und da er sich, trotz mancher Warnungszeichen, nicht zu Gott bekehrte, sondern nur nach seines Herzens Gelüsten lebte, so versank endlich unter Donner und Blitz sein Schloß in einen Erdschlund, und Wasser stiegen empor und bedeckten geheimnisvoll die schaurige Tiefe. (184)

Der Satan als Mädchen

Über einem Camine des Schlosses Herzberg wird eine wahre Geschichte vorgestellet, die sich [...] mit einem alten Hof-Gaertner auf diesem Schlosse zugetragen haben soll.

Diesem alten Gaertner soll, als er Wurtzeln ausgegraben, Satan in der Gestalt eines sehr schönen Frauenzimmers erschienen seyn und ihn in eine grosse Versuchung gefuehret haben, ich weiß nicht, ob einen unterirrdischen Schatz zu hohlen oder die Fleisches-Lueste mit ihr zu vollbringen, die er aber standhafft ausgeschlagen.

Der alte Gaertner ist mit seinem grauen Haupte, Barte und runtzelichten Gesichte und mit der Mine eines, der sich von einer anderen Person loß machen und nichts mit ihr zu schaffen haben will, ueber die massen wohl gezeichnet. Nicht weniger stellet das vermeyntliche Frauenzimmer alle ihre Annehmlichkeiten in einer besonders reitzenden Gestalt vor. (185)

Der Jües

Der Jües (Jüus, Ghys), ein kleiner Landsee, welcher fischreich und unendlich tief ist. Auf seinem unerforschlichen Grunde erblickt man bisweilen bei kaltem Wetter Mauertrümmer, welche die Rudera [Überreste] eines Schlosses sein sollen, in dem ein sündiger Ritter eine Nonne verführte und nachher in ihr seine eigene Schwester erkannte. Unter Donner und Blitz sank kurz hernach das Schloß in die Tiefe und wurde vom Wasser verschlungen.

Merkwürdig ist, daß mitunter verfaulte Tannenstämme aus der Tiefe auftauchen, obgleich in der Nähe gar keine Tannen zu finden sind. (186)

Untergegangenes Schloß im Jües

Bei Herzberg liegt ein Teich, der heißt der Jües, in dem ist vor langen Jahren ein Schloß untergegangen, und das ist schon so lange her, daß es die Herzberger gar nicht mehr recht glauben wollten, drum haben sie einmal einem Taucher viel Geld geboten, er solle doch hinuntersteigen und zusehen, ob es wahr sei. Der hat's auch getan, und als er unten ankommt, steht da ein prächtiges Schloß mit einer Tür, das ist gar herrlich anzuschauen. Da ist er denn wieder hinaufgestiegen und hat alles erzählt, und da haben sie ihn gebeten, er möge doch noch einmal hinuntersteigen und in das Schloß hineingehen, damit er ihnen erzählen könne, wie es darin aussehe. Auch das hat er getan, ist wieder hinabgesprungen, ins Schloß gegangen und hat eine wunderschöne Prinzessin mit einem großen Schlüsselbund an der Seite darin sitzen sehn.

Blick auf Herzberg mit Schloß. Stahlstich aus: Ey, A.: Harzbuch. 2. Aufl. Goslar 1855.

Als er darauf wieder herausgekommen und alles erzählt, hat man gar sehr in ihn gedrungen, er solle noch zum dritten Male hinuntersteigen und ein Wahrzeichen mit heraufbringen. Aber das hat er nicht gewollt.

Endlich haben sie ihm viel viel Geld geboten, wenn er es täte, und da hat er sich doch umstimmen lassen und ist zum dritten Male hinabgestiegen. Aber er ist nicht wieder heraufgekommen, sondern statt seiner ist an der Stelle, wo er hinabgetaucht, ein großer Blutstrahl emporgequollen. (187)

Der versunkene Ackerhof

Auf dem Güß, einem großen Wasser bei Herzberg, hat ein großer Ackerhof gestanden, worauf steinreiche Leute gewohnet haben.

Einstmals ist ein Bettler nach diesem Ackerhofe gekommen und hat Nachfrage um ein bißchen Brot getan. Da hat ihm die Herrin ein bißchen Brot gegeben, und der Bettler hat gesagt, sie möchte ihm doch auch ein wenig Butter geben, denn er wäre so alt und schwach, und deshalb täte ihm auch mal ein bißchen Zubrot gut, und solche Leute wie die auf dem Ackerhofe hätten es ja auch nicht gespüret an ihrem Reichtum, wenn sie dem Bettler ein bißchen Zubrot gegeben.

Da hat die Herrin das Brot zurückgenommen und Dreck auf das Stück geschmiert vom jüngsten Kinde, das sich soeben beschmutzt hatte.

Der Bettler, welcher altersblind gewesen ist, ist dann seiner Wege gegangen, ohne bemerkt zu haben, was auf seinem Brote gewesen ist.

Unterwegs aber hat der Alte Appetit verspüret und sein Brot hervorgezogen, um es aufzuspeisen. Als er nun dabei merkt, was die reichen Leute getan, denkt er bei sich selber, sie hätten doch an dir verdient, daß sie gleich samt ihren Schätzen untergingen. In demselben Moment ist sogleich der Ackerhof mit Scheunen und Ställen untergegangen, und sein Wunsch ist sogleich eine Strafe für die schlechten Menschen geworden, die ihnen Gott gesandt hat.

Nach dieser Zeit ist ein Wassertaucher gekommen, der ist so lange in diesem Wasser gewesen wie in keinem anderen. Als derselbe nun herausgekommen ist, hat er geagt: Nun und nimmer ginge er wieder in dieses Wasser, denn unten im Wasser wäre er auf ein Haus gekommen, vor demselben hätten vier große schwarze Pudelhunde mit feurigen Augen gelegen, die hätten Feuer gespien, und ihresgleichen hätte er auf der Erde noch nie angetroffen, denn ein Hund wäre wohl so groß wie ein Löwe gewesen, und er hätte, wenn er sich nicht für einen Dachdecker auf dem Dache ausgegeben hätte, sterben müsen.

Da sind einige Herren unter den Zuschauern gewesen, die haben dem Wassertaucher tausend Taler geboten, wenn er einen Ziegel von dem Dach des Hauses hole. Der Wassertaucher, der geldgierig gewesen, ist noch einmal untergetaucht und nie wieder ans Tageslicht gekommen. Vermutlich haben ihn die vier Hunde zerrissen. Die vier schwarzen Hunde sind aber umschichtig nachher in Herzberg umhergegangen und haben jeden, der nachts auf die Freite gegangen ist, ins linke Bein gebissen. (188)

Der Freischütz von Herzberg

In Herzberg hat ein Oberförster gewohnt, der hat keinen Jägerburschen behalten können, weil sie ihm immer von einem andern Förster, der Freikugeln hat schießen können, totgeschossen worden sind. Eine ganze Zeitlang hat er darum keinen Burschen gehalten.

Einst kam ein Jägerbursche und bot seine Dienste diesem Oberförster an, der aber wollte ihn nicht annehmen und verzählte, wie es ihm noch bei jedem Burschen ergangen wäre.

Der Jäger sagte: Ach, wenn's weiter nichts wäre! Diesem Ding wolle er schon den Pflock beistecken. Der Oberförster nahm also den Burschen an. Den andern Tag, als der nun ins Holz ging und der Freischütz nach ihm schießen wollte, stellte er seinen Hut zwanzig Schritt von sich und fing die Freikugel darin auf, lud sie in sein Gewehr und schoß den Förster tot. Von dieser Zeit an hat der Oberförster seinen Burschen behalten. (189)

Die Jungfrau der Hanskühnenburg

Am westlichen Abhange des Bruchberges hängt eine ruinenartige Klippe, die Hanskühnenburg. Da hat sich in der Vorzeit einmal ein Ritter vor seinen Feinden verborgen gehalten. Nach und nach haben sich mehrere zu ihm gefunden. Mit diesen hat er erst seine Feinde überfallen und gezüchtigt.

Nachher aber ist er ein Raubritter geworden. Da hat er die ganze Gegend geängstigt und viel zusammengeraubt, und weil er so verwegen gewesen ist, hat man ihn Hans den Kühnen oder den kühnen Hans genannt. Sein Schloß ist nun verwünscht in eine Klippe.

Es kam einmal des Nachts ein Köhlerjunge in die Nähe der Hanskühnenburg. Da sieht er unten am Fuße der Klippe eine Jungfrau, die trägt ein weißes Kleid und ein großes Bund Schlüssel in der Hand. Sie winkt ihm stillschweigend dreimal. Aber die Furcht hält ihn zurück. Wie sie ihm zum drittenmal gewinkt hat und er nicht kommt, da tut sie einen tiefen Seufzer, und eine Tür öffnet sich, darin verschwindet sie. Wie das der Köhlerjunge des Morgens seinem Vater erzählt, schilt der ihn aus, und sagt: »Du hättest ihr nachgehen sollen, das ist eine verwünschte Schloßjungfer gewesen. Dir war der Schatz zugedacht, der in der alten Burg liegt.«

Die andre Nacht geht der Köhlerjunge wieder nach der Hanskühnenburg. Aber wer nicht kommt, das ist die Jungfrau. (190)

Riefensbeek und Kamschlacken

Die Ortschaften Riefensbeek und Kamschlacken standen früher an der Stieglitzecke oben auf dem Bruchberg, und auf der Hanskühnenburg wohnten früher Riesen, die wurden aufrechtstehend begraben. Als nun Riefensbeek von einer großen Wasserflut den Bruchberg heruntergeflossen ist, stieß es die Riesen immer an den Kopf. Die stiegen aus den Gräbern, da kam oben Kamschlacken auch noch angeschwommen. Das hielten sie dort auf, darum liegt es nun dicht unter der Begräbnisstätte der Riesen, die noch jetzt der Kerkhof heißt und früher der Riesenkerkhof geheißen haben soll.

Riefensbeek und Kamschlacken sind früher ein Ort gewesen, und die Häuser, die drinnen gestanden haben, sind Hüttenhäuser gewesen, und alle haben zusammen einem Superintendenten gehört.

Der Hüttenteich, der über Kamschlacken liegt, wird noch heutigen Tages der Superintendententeich genannt. Da sind einmal Kartenspieler gewesen, die haben so viel Leben beim Kartenspielen gemacht und vor dem Zechenhaus gesessen und gespielt. Da sagte der eine beim Trumpf-Ausspielen:

»Trumf rut!
De Superdente teilt det Geld ut.«

Das hat der Superintendent gehört und daran gemerkt, daß seine Leute von der Hütte mehr profitierten als er, und da hat er alle seine Hütten, von denen er 99 gehabt hat, eingehen lassen. (191)

Der Wilde Jäger im Harze

In Lauterberg, Walkenried usw. hört man in jedem Herbste das Rufen und Hundebellen des wilden Jägers. Am meisten verbreitet aber ist die Vorstellung, daß – so wie in unsern Sagen auch manche Schlüsseljungfer nur alle sieben Jahr erscheint – auch nach dem Ausdrucke eines Andreasbergers der wilde Jäger alle sieben Jahr einmal die Waldung durchmachen muß.

Auch über Sieber zieht der wilde Jäger alle sieben Jahr hin mit seinem Gefolge. Er kommt mit einem Windstoß angefahren, in dem man seine Jagdmusik vernehmen kann.

In Osterode sagt man: ›Wenn's in der Nacht dreimal um Hilfe ruft, so gehe nicht hinaus, denn es ist der Pöpas.‹ Damit soll der wilde Jäger gemeint sein. (192)

Die Schatzgräber im Siebertal

Vor vielen, vielen Jahren lag im Siebertal, da wo jetzt die sogenannte Lange Wiese ist, eine Kupferhütte. Eine große Menge Schlacken, welche nun aber größtenteils zum Straßenbau verwandt worden ist, bezeichnet noch jetzt die Stelle ziemlich genau.

Die Besitzer der Kupferhütte, welche sehr reich gewesen sein sollen, sind gleich der Hütte selbst in einer Nacht verschwunden. Am andern Morgen war weiter nichts mehr zu sehen als ein großer Schlackenhaufen. Man sagt, sie hätten ihr Geld vor ihrem Verschwinden unter die Schlacken vergraben. Bald nachher sah man jede Nacht zwischen elf und zwölf Uhr eine blaue Flamme auf dem Schlackenhaufen leuchten, welche ein schwarzer Mann (der Böse) bis zwölf Uhr zu unterhalten suchte. Das Gerücht von einem Geldfeuer verbreitete sich bald in der Gegend. Viele haben das Feuer auch gesehen, aber keiner wagte es, den Schatz zu heben. Endlich fand sich ein Mann aus Lonau, welcher sich schon viel mit Schatzgräberei beschäftigt hatte. Er wollte auch diesen Schatz heben und nahm zu diesem Zwecke einige Leute von der Lonauer Hammerhütte mit dahin. Auf dem Wege sagte er zu ihnen: »Daß aber keiner beim Graben ein Wort spricht, sonst ist alles verloren.«

Die Leute versprachen es und gaben sich die Hand drauf. Mittlerweile waren sie zu rechter Stunde bei der Stelle angelangt. Sogleich ging die Arbeit vor sich, und es dauerte gar nicht lange, da kamen sie auf einen großen Kessel, welcher mit holländischen Dukaten gefüllt war. Jetzt mußte nur noch der Kessel gehoben werden. Schnell wurden Hebebäume herbeigeholt und nun ging's Huhupp! huhupp! Bald war der Kessel heraus. Da hörte man auf einmal ein Fuhrwerk. Die Schatzgräber stellten ihre Arbeit ein Weilchen ein, um zu sehen, was es gäbe. Und siehe, ein Wagen kam daher im schnellsten Fluge mit vier Tauben bespannt. Der Fuhrmann sagte: »Guten Abend, geht's gut?«

Aber keiner antwortete. Gleich darauf kam ein Kerl in einer Mulde sitzend dieselbe Straße dahergerutscht und sagte ganz schnell: »Sollt' ich wohl noch dran kommen? Sollt' ich wohl noch dran kommen?«

Dabei arbeitete er mit Macht, um zu dem Taubenwagen zu kommen. Da lachte einer der Schatzgräber und sagte: »Müßte dek dä Düwel dran fahren!«

Wup! war die Flamme weg; auch der Kessel war verschwunden. Die Männer aber standen noch eine Weile auf der Langen Wiese und machten lange Gesichter. Da bekamen sie mit einem Male graue Haare und starben bald darauf vor Gram. (193)

Der Wilddieb von der Sieber

In der Sieber wurde 1853 ein Wilddieb durch Unvorsichtigkeit eines Jägers erschossen; dem lag vor vier Jahren ein kleiner Junge krank, und man verzweifelte, daß er wieder genesen würde; da sprach der Wilddieb: »Stirbt mir der Junge, so schieß ich den lieben Gott tot.«

Richtig, der Junge starb. Da ging der Wilddieb hinaus, legte seine Büchse an und schoß in die helle Sonne. Gerade als dies geschehen war, verdunkelte sich durch Zufall die Sonne, und der Wilddieb dachte wirklich, er hätten den lieben Gott erschossen, wurde sogar bange, daß ihm die andern deshalb auf den Kittel steigen würden.

Kurze Zeit nachher begab es sich, daß die Frau einen kleinen Jungen gebar; da erkannten alle, die das verstorbene Kind gekannt hatten, in diesem Kind wieder das erste. Das Kind lebt noch, konnte schon, wie es einige Wochen alt war, sprechen und erzählte oft von seiner Himmelsreise. (194)

Der verwiesene Förster Kempf

In dem Harzdorfe Sieber lebte vor vielen Jahren einmal ein Förster mit Namen Kempf, der war sehr hart und unbarmherzig gegen seine Waldarbeiter.

Wenn die Leute um Lohnerhöhung baten, dann erhielten sie zur Antwort: »Ich will euch noch züchtigen, daß ihr pfeifen sollt wie die Mäuse und Heu fressen wie die Kühe.« Aber er mußte auch für diese Härte büßen; Läuse und Flöhe ließen ihm Tag und Nacht keine Ruhe, bis er starb. Kurz vor seinem Tode hat er auch ein Mädchen über einen Ameisenhaufen an einem Baum festgebunden, und so haben die Ameisen sie zu Tode gequält.

Nach seinem Tode hat er auch keine Ruhe gefunden, das zeigte sich schon bei seiner Beerdigung. Als sein Leichenzug sich von der Försterwohnung nach dem Kirchhofe bewegte, sahen sich einige von den Trägern um. Und da sahen sie, daß der Förster Kempf aus der Dachluke seinem Leichenzuge nachsah.

Auch zu spuken hat er sogleich angefangen, unter anderm bei den Fischreusen der Försterei am Sieberflusse, und wenn seine Frau beim Heumachen gewesen, ist er immer hinter ihr hergeschritten. In der Försterwohnung war nichts als Poltern und Spuken, so daß kein neuer Förster wieder in das Haus ziehen wollte. Was war zu tun? Es wurde ein Pater bestellt, der den Förster verbannen sollte.

Der Pater kam. Als er aber sein Werk an dem Förster beginnen sollte, sagte Kempf: »Du kannst mich nicht verbannen, denn du bist ein sündiger Mensch, du hast das sechste Gebot übertreten.«

Der Pater wußte nichts dagegen zu sagen und zog unverrichteter Sache ab. Darauf wurde ein anderer Pater beordert. Als der kam, sagte der Förster wieder: »Du kannst mich nicht verbannen, denn du bist ein sündiger Mensch.«

»Sag an«, sprach der Pater, »was habe ich getan?«

»Du hast gegen das siebte Gebot gehandelt. Du hast eine Möhre vom Felde gestohlen.«

»Ja«, antwortete der Pater, »ich habe freilich in meinen Schülerjahren einmal eine Möhre aufgezogen, um meinen Durst am heißen Tage damit zu stillen; aber ich habe auch in die dabeistehende Möhre ein Viergroschenstück gesteckt, womit die Möhre mehr als bezahlt war!« Da mußte der Förster schweigen, und die Verweisung begann.

»Erscheine in deiner Jägerkleidung«, sprach der Pater mit harter Stimme.

Der Förster aber kam in einer fürchterlichen Gestalt. »Fort!« schrie der Pater, »so will ich dich nicht sehen.« Er mußte fort, kam aber immer wieder in so gräßlicher Gestalt.

Zum vierten Male kam er endlich heulend und schreiend in seiner Jägerkleidung. »Halt!« rief der Pater, »zwischen der Tür bleibst du stehen, mit einem Fuße in der Stube, mit einem auf der Diele.« Darauf fuhr er fort: »Ich sage dir, daß du mit dem heutigen Tage dies Haus räumst und deinen Aufenthalt im Roten Meere nimmst.«

Nun begann der Förster zu bitten und zu flehen: »Ach, laß mich doch hier, wenn's auch nur im Keller ist.«

»Nein.«

»Gib mir ein Plätzchen auf dem Hühnerwiemen!«

»Nein«, sagte der Pater, »fort mit dir.«

Da heulte der Förster fürchterlich. Der Pater aber ließ die Pferde vor seinen Wagen spannen. Als er wegfuhr, sah man eine Schleife hinter dem Wagen des Paters mit Hühnern bespannt. Auf der Schleife aber saß heulend der Förster und wurde so in das Rote Meer gebracht, wo er sich noch jetzt aufhalten soll. Im Försterhause aber war es fortan ruhig.

Andere erzählen die Verweisung selbst also. Dem ersten Pater hat Kempf vorgehalten, er sei nicht rein, er habe einmal als Kind eine Rübe auf einem fremden Acker ausgezogen und nicht bezahlt, da hatte der Pater keine Macht über ihn. Es kam ein zweiter Pater, dem hielt Kempf vor, er habe als Kind auf fremdem Acker eine Erbsenschote abgerissen und nicht bezahlt. Da hatte auch der keine

Macht über ihn. Einem dritten Pater hielt Kempf vor, er habe als Kind eine Kornähre vom fremden Felde mitgenommen und nicht bezahlt. Der aber sagte, die sei ihm von selbst in den Schuh gefallen und verwies Kempf ans Rote Meer.

Ein Fuhrmann mußte Kempf bis an die Siebersche Grenze bringen, und der Pater riet ihm, wenn Kempf ihm dort die Hand geben wolle, den Peitschenstock hinzuhalten und sich dann nach Kutsche und Pferden nicht noch einmal umzusehen. So hat der Fuhrmann auf der Grenze auch getan, und der Peitschenstock ist sogleich kohlrabenschwarz gewesen, als Kempf ihn angefaßt hat. Pferde und Wagen aber sind plötzlich mit ihm verschwunden. (195)

Verkündigung des Friedens

Ehe nach den Franzosenkriegen Frieden wurde, zeigte sich einer Frau in der Lonau der liebe Gott am Himmel auf einem Stuhle sitzend. (196)

Der lange Schlaf

Im selben Jahr 1552 hat sichs zu Schartefeld [...] zugetragen, daß eine Dienstmagd, 16 Jahr alt, um Martini des 51. Jahrs sich schlafen gelegt und bis auf den Monat Junium des 52. Jahrs noch geschlafen hat. (197)

Der Scharzfelder Turmgeist

Man weiß, das zwischen Keyser Henriche dem vierdten vnd Marckg[raf] Eckbrechten dem Jüngern ein grosser Groll vnd vnversehentlicher Widerwill gewesen, nicht allein daher, das dieser Marckg[raf] dem Keyser viel Hindernis vnd Einhalt gethan, sondern eine andere Vrsach hat Marckg[raf] Eckbrechten zu dem Verhindern gros Vrsach geben.

Vnd wie eine alte Schrift helt, soll Keyser Henrich der vierdte vnzimliche Liebe zu eines Herrn Weibe auff Schartfeldt (die viel-

Scharzfeld. Lithographie von Ed. Pietzsch. Aus: F. von Sydow, Thüringen und der Harz, 1839ff.

leicht Marck[graf] Eckbrecht nahe verwandt gewesen) heimlich getragen haben und doch seinen Willen, wie er gern gewolt, nicht vollbringen können.

Einsmal kömpt Keyser Henrich ins Kloster Poelde fur dem Rodenberge an der Eder in der Vhralten Graffschafft Lutterberge gelegen, und daselbst mit einem Münche, welcher ein Nigromanticus [Schwarzkünstler] soll gewesen sein, einen Anschlag gemachet, wie er sein Fürnemen vollbringen möcht.

Nach gemachtem Anschlage hat Keyser Henrich den Herrn von Schartfelde zu sich ins Kloster Poelde fordern lassen, vnd als er sich eingestellet, hat ihm der Keyser eine weite Reis mit einer Werbung zu thun aufferlegt.

Der Ritter leistet dem Keyser in Vnterthenigkeit den aufferlegten Dienst vnd ist gehorsam der gentzlichen Zuversicht, das jhm solches zu sonderlichen Ehren geschehe. Des andern Tages ziehet Keyser Henrich vnd mit jhm der Münch in Weltlichen Kleidern auff die Jagt, verstecken sich aber im Gehöltz, kommen in aller geheim für das Haus Schartfeldt vnd mit List hinauff, der Keyser wird von dem Münche biß für die Kemnaden bracht, die Edle Fraw wird vom Keyser vberfallen, genotzüchtiget vnd jhrer ehelichen Ehre beraubet.

Da soll der Teuffel (welcher nach gemeinem Wahn in dem Thurm sein Wohnung haben soll) die Dachung vom Thurm abegeworfen vnd, in der Lufft hingefahren, vber den Münch kleglich geschryhen und geklaget, als das derselbe an der bösen That mehr schuldt hette als der Keyser.

Vnd als die Münche zu Poelde in einer Schrifft selbst zeugen, das obgedachter Teuffels Bruder, so lange er gelebet, bey jhnen kein frölich Gesicht gehabt, auch jmmer trawrig gewesen sein soll. Von dem Thurm aber auf Schartfeldt berichten viel alter Leut, das der keine Dachung erleiden müge vnd des Nachts viel Gerumpels droben sein soll. Ob ich aber wol dieses Orts manniche Nacht verharret, ist mir doch davon niemals etwas fürkommen. (198)

Der Scharzfelder Geist

Vor langen Jahren bewohnte die Burg Scharzfels ein wackerer Ritter Albrecht von der Helden mit seiner schönen Gemahlin, einem wahren Muster der Tugend und Sittsamkeit.

Still und geräuschlos flogen dem glücklichen Paare die Tage dahin, und es lebte mit aller Welt in Frieden, selbst mit dem Burggeiste, der seit undenklichen Jahren in der Gestalt eines kleinen alten Mannes auf der Burg hauste und, wie die Leute erzählen, selbst mit an den mächtigen Felsenhallen arbeiten half. Sein liebster Aufenthalt war aber in einem Turme, der kühn in die Wolken stieg und dort oben auf dem Platze stand, von welchem sie erst die Gegend überschauten.

In den Zeiten der Ruhe und des Friedens entzog er sich dem Anblicke der Menschen und lauschte am Tage in dem Geklüft des Felsens oder in dem riesigen Turme auf das Tun und Treiben der Burgbewohner, des Nachts aber säuberte er für wackere Knappen die Rose, für fleißige Mädchen das Geschirr und die Küche und stellte da verfallende Gemäuer des Schlosses wieder her.

Wenn dem Burgherrn ein frohes Ereignis bevorstand, verkündete er es mit fröhlicher Miene, nahte aber Unheil heran, dann sah man ihn in schwarzen Trauerfloren und mit trüben Anblicken durch die Gänge und Gemächer der Burg schleichen.

Der Ritter Albrecht von der Helden und seine wunderliebliche Gemahlin kamen einstmals von einem Feste heim, welches der Kaiser Heinrich IV. zu Goslar gegeben, als sie den Burggeist in Trauergewändern und tränenden Augen an dem Burgtor stehen sahen. Sie erschraken und befürchteten schon, es sei ein großes Unheil geschehen; als sie aber vernahmen, daß in ihrer Abwesenheit nicht das Geringste vorgefallen sei, mutmaßten sie, daß ihnen und ihrer Feste ein Unglück drohe, und harrten in banger Erwartung auf den Einbruch desselben. Aber Tage und Wochen vergingen, ohne daß sich das Geringste ereignete, und der Burgherr wurde ruhiger, und auch das Auge seiner treuen Gattin blickte wieder heiter. Dennoch hatte der Geist nicht ohne Ursache Schreckliches prophezeit.

Der allen Wollüsten ergebene Kaiser hatte nämlich auf jenem Fest zu Goslar Gefallen gefunden an der schönen Frau des von der Helden, und das Wohlgefallen war bald zu verbrecherischer Glut emporgelodert, die er um so mehr für jeden Preis zu befriedigen dachte, je mehr ihn das tugendhafte Weib bei jeder Andeutung mit empfindlicher Kälte zurückgewiesen hatte.

Da zog er einen Mönch aus dem nahegelegenen Kloster Pöhlde, der oft auf dem Scharzfels war, in sein Geheimnis und versprach ihm, wenn er zur Ausführung seines schändlichen Vorhabens behilflich sei, verschwenderische Belohnung und ein Bistum für ihn zu erwirken. Und der Pfaff weigerte sich nicht lange, sondern versprach seine verschwiegene Handreichung.

Auf Anraten des Mönchs sandte der Kaiser einen Boten an den Ritter von der Helden und ließ ihn zu sich ins Kloster Pöhlde bescheiden. Hier forderte er ihn auf, eine Reise für ihn an einen entfernten Ort zu tun, und so unlieb es diesem auch war, so durfte er doch seinem Lehensherrn den Gehorsam nicht verweigern. Zärtlich nahm er von seiner geliebten Gattin Abschied, schwang sich auf sein Roß und war bald aus den Blicken der Betrübten und ihm mit trüben Ahnungen Nachschauenden verschwunden.

Kaum erhoben am andern Morgen die Vögel ihre hellen Morgenstimmen, kaum flatterte das erste Gold der Sonne zwischen den bewegten Baumwipfeln, als auch schon der Kaiser mit einem zahlreichen Gefolge in der Nähe der Burg erschien.

Den ganzen Tag erscholl in den Wäldern das Hallo der Treiber, das Kläffen der Hunde und das Rufen der Jäger, das sich dumpf an den Klippen brach. Aber der Kaiser fand heute wenig Gefallen an dem edlen Waidwerk, sondern er schaute oft sehnend hinauf nach der stolzen Burg, die das Ziel all seiner Wünsche in sich verschloß und der er sich doch, von einem unerklärlichen Gefühl in seinem Innern zurückgehalten, nicht zu nähern wagte.

Als aber gegen Abend ein finsteres Wetter über dem Harze emporstieg, als langsam und hohl der Sturmwind in langanhaltenden, heisern Tönen heranzog, sich in den Bergen verfing und den Staub wirbelnd emporkräuselte, als der Wald rauschte, die Wolken sich immer düsterer auftürmten und die Ströme des Himmels prasselnd herabstürzten, da hatte der Kaiser einen schicklichen Vorwand, an das Tor der Feste zu reiten und um Einlaß zu bitten.

Der Mönch hatte schon längst seine Ankunft erwartet und führte ihn bei der Burgfrau ein. Sie erblaßte, als sie den unerwarteten Gast erblickte; eine ganz eigene Scheu, ja, eine Furcht ergriff sie in seiner Nähe. Sie zitterte, wenn er sie so anstarrte mit den großen, flammenden Augen. Die Taube, wenn sie das blitzende Auge des Raubvogels auf sich gerichtet sieht, kann keine größere Angst empfinden. Aber sie raffte ihren Mut zusammen und empfing ihn mit all der Aufmerksamkeit, die sie ihm schuldig zu sein glaubte.

Der Abend verging unter allerlei gleichgültigen Gesprächen. Als aber die Nacht schon angebrochen war und die Burgleute alle schon in tiefem Schlaf lagen, da sprang, auf einen Wink des Mönchs, der Kaiser plötzlich auf, umhalste das reizende Weib und suchte ihrer mit Güte Herr zu werden. Die Erschrockene setzte sich zwar verzeiflungsvoll zur Wehr und flehte den Priester um Hilfe und Erbarmen an. Aber dieser, statt der Unglücklichen beizustehen, eilte hinzu, überwältigte das schwache Weib und half die scheußliche Schandtat vollbringen. Durch die fürchterlichste Körperanstrengung erschlafft, durch die Verzweiflung des Geistes aufgerieben, blieb die Unglückliche entseelt auf dem Lager, und schaudernd vor der Schuld, die er auf sich geladen, floh der Kaiser mit seinem Helfer aus den Mauern der Burg.

Und kaum waren sie aus dem Tor der Feste, da begann ein dumpfbrausendes Getöse in dem Eingeweide der Erde, und die

Felsen unter und neben ihnen fingen an zu zittern und zu wanken, Eulen mit glühend rollenden Augen umkreisten ihre Häupter, schmutzige Fledermäuse flatterten pfeifend, wie Geister des Abgrunds, um die Zagenden. Und es krachte den Felsen hinan, im himmelhohen Turme hinauf, wie das von tausend Echos zurückgeworfene Rollen des Donners, und das schwarze Schieferdach hob sich über die Wolken und fiel, wie Hagelschauer, zertrümmert nach allen Seiten herunter, und zackige Blitze und Feuerflammen durchzuckten die Finsternis der Nacht, und zwischen ihnen stieg riesengroß und schwarz vermummt der Burgeist aus dem Innern des Turms empor, schwebte über Scharzfels, schrie es laut in die Gegend hinaus, daß der Kaiser Tugend und Unschuld, Recht und Sitte mit Füßen getreten habe, daß der Pfaffe mehr als der Kaiser an dieser Sünde schuldig sei, und versank wieder in der Tiefe des Turms unter Donner und Blitz.

Unterdessen waren die beiden bleichen Sünder an das steinige Ufer der Oder gelangt, und der Kaiser haderte mit dem Mönch und schalt ihn, daß er sich zu dieser Höllentat habe bereitwillig finden lassen, statt ihn davon zurückzuhalten, und schlug ihn verzweiflungsvoll mit geballter Faust in das Antlitz und stürzte von dannen.

Wild starrte der Mönch dem Enteilenden nach, und nicht länger imstande, die Gewissensqual, welche ihn peinigte, zu ertragen, bemächtigte sich seiner der gräßlichste Wahnsinn, und er erhenkte sich über dem schroffen Felsen am Gestade der Oder, da, wo noch jetzt der Berg die Schandenburg geheißen wird.

Nach einigen Tagen kehrte der Ritter von der Helden nach Scharzfels zurück, und die unerwartete Nachricht traf ihn wie ein Donnerschlag aus heiterm Himmel. Sein Herz schwoll in männlicher Wut, sein Auge flammte gen Himmel. Ohne eine Silbe zu sprechen, ohne seines Zustandes bewußt zu sein, hatte er einen furchtbaren Eid der Rache geschworen und war schon nach wenigen Minuten auf dem Weg nach Goslar, um den Zerstörer seines Lebensglücks für seine Freveltat zu bestrafen.

Dieser mochte aber die Ursache des Besuches ahnen und fand daher für gut, ihn nicht vor sich zu lassen. Um aber auch für die Zukunft ein unangenehmes Zusammentreffen mit dem beleidigten

Ritter unmöglich zu machen, gab er einigen seiner Diener Befehl, ihn auf eine gute Weise aus dem Weg zu räumen. Hiervon erhielt der von der Helden jedoch Nachricht. Er verließ Goslar sogleich und rächte sich nun dadurch, daß er die Bergleute auf dem Harz zum Aufstand reizte und mit ihnen die Gegend verließ, wodurch auch die Bergwerke ganz in Verfall gerieten.

Der Burggeist aber zog sich seit dieser Zeit ganz von den Menschen zurück, quälte die Bewohner von Scharzfeld und duldete wieder ein Dach auf dem Turm, denn wenn man schon am Tage eins drauf baute, warf er es doch des Nachts wieder herunter, und der Turm wurde deshalb auch seit der Zeit ohne Dach gelassen. (199)

Der Erlöser in der Wiege

Auf der Ruine Scharzfeld spukt auch eine weiße Frau. Einer, der sie einmal erlösen wollte, sollte ihr das lange Haar mit einem silbernen Kamme strähnen und sich durch nichts dabei abhalten lassen, was auch geschehe.

Wie es aber so weit kam, hat er sich doch nicht getraut. Übrigens sollte auch sie zur Osterzeit erlöst werden, und eine alte Verkündigung gab davon noch das Nähere an. Auf dem Schloßberge, hieß es, werde eine Tanne wachsen; wenn die so stark wäre, daß aus ihrem Stamm in der Quere eine Wiege könnte gemacht werden, dann werde der geboren und in der Wiege geschaukelt werden, der sie erlösen könne. Das ist aber eine halbe Ewigkeit, und wann die abgelaufen, wer weiß es. (200)

Der Teufelszoll der Venetianer

In der Höhle bei Scharzfels liegt ein großer Balken über dem unterirdischen Wasser, dahinter sitzt der Teufel neben Gold- und Silberhaufen. Wollen Leute davon haben, müssen sie zu dritt kommen und losen, wer ihm verfallen soll.

Zwei gehen dann frei aus und dürfen des Mammons nehmen, soviel sie tragen können. Den dritten, den das Unglückslos trifft,

Die Steinkirche bei Scharzfeld. Gezeichnet von Ludwig Richter, gest. von W. Buckle. Aus: W. Blumenhagen, Wanderung durch den Harz, 1836.

zerreißt der Teufel in Stücke. Zum öftern kamen ein paar Fremde, die waren Venetianer und konnten Schwarze Kunst und verlockten Leute, mit ihnen in das Loch zu gehen; denen spielten sie mit List das Todes- und Teufelslos zu, so daß sie stets leer und doch schätzebeladen ausgingen. Und da beredeten sie wieder einen Mann namens Schlosser aus Osterhagen, dem boten sie viel Gold. Er war sehr arm und hatte acht Kinder, aber er fürchtete sich. Doch hatte dieser Mann eine kluge Frau, die redete ihm zu, er solle nur getrost mitgehen. Sie wolle schon darfür sorgen, daß er wiederkomme.

Und da nähte sie ihm braunen Dost in die Jacke und hieß ihn in Gottes Namen gehen. Das Zauberkraut schützte ihn, das Los traf nicht ihn, wie schlau es auch die Venetianer anfingen, sondern einen von den beiden. Mit reichem Gut kehrte er aus der Höhle zurück, zog nach Andreasberg und baute sich dort ein schönes Haus. Was er aber in der Höhle Schreckliches gesehen, wie der Teufel den einen Venetianer lebendig zerrissen, das hat er all sein Lebtage nicht vergessen können. (201)

Von der Schartzfeldischen oder Schartzfelsichen Höhle

Nach der Baumans-Höle ist die Schartzfeldische oder vielmehr Schartzfelsiche Höle Besehens würdig; weilen darinnen ebenfalls curieuse Sachen anzutreffen sind: Die Einwohner des Landes nennen aber dieselbe insgemein die Zwerg-Löcher, und sind selbige am Unter-Hartz in der alten Graffschaft Hohnstein, nicht weit von dem Schloß Schartzfels im Gehöltze und Busch-Werck gelegen, [...] wo in etlichen Hölen oben an der Decke runde und andere in unterschiedener Gestalt verfertigte Löcher gefunden werden, wovon zwar viele mit Stein und Erde wieder verfallen und verstopffet sind.

Diese Löcher hält der gemeine Mann vor die Ein- und Ausgänge der Hölen, wodurch die Zwerge vor Alters, ihren Gedancken nach, vermittelst einer Leiter, sollen ein- und ausgestiegen sein. (202)

Der seltsame Fisch

Bei Barbis im Amt Scharzfeld ist ein Teich. Darin hatte einst ein Schäfer einen großen Fisch gefangen, ganz mit Moos bewachsen. Da hörte er aus dem Wasser rufen: »Ilian, hest de de Swine all bidan?« Jetzt sieht der Schäfer, daß der Fisch nur ein Auge hat. ›Das wird der Teufel sein‹, denkt er und wirft ihn ins Wasser zurück. (203)

Frau Holle in Lauterberg

Frau Holle erscheint in Lauterberg im Harze als eine Art Wettermacherin, wenn man den Kindern, wenn es schneit, sagt: Frau Holle mache ihr Bett, davon stöben die Federn. Auch droht man denselben noch mit ihr als einer bösen Hexe. Wenn sie unartig sind, heißt es, Frau Holle würde kommen mit ihrem großen, großen Sack und sie in denselben stecken. Den binde sie dann mit ihrem

Seil so fest zu, daß es kein Entrinnen gäbe. Zu den Zwölften, namentlich am Frau Hollen-Abend, mußte stets abgesponnen ein, sonst kam Frau Holle und zerzauste oder besudelte den Flachs oder, wie es überall ähnlich in derber Weise heißt: Frau Holle k . . . t in die Hede.

Daneben hörte ich im Jahre 1893: Frau Holle spinne mit dem Flachs, den sie noch vorfände, ein Netz, mit dem sie finge, die das nächste Jahr sterben müßten. Für diese etwas dunkle Redensart gab mir einst im Jahre 1895 der Fuhrherr Steinecke, ein alter Harzer, die volle Lösung, indem er meinte, was dann andere bestätigten, Frau Holle drehe aus dem Flachs einen Strick, mit dem sich die Spinnerin oder einer aus ihrer Familie im nächsten Jahr aufhängen werde. (204)

Brauhards Seejungfer

In Lauterberg ist vor alter Zeit ein Mann gewesen, der hat Brauhard geheißen, war weit weg über's Wasser gewesen und hatte sich von da eine Seejungfer mitgebracht, die er geheiratet. Die war oben wie ein Mensch, unten aber wie ein Fisch gestaltet. Und deshalb lebte sie auch in einer Tonne bei ihm in der Wohnung.

Seine Freunde aber, die das ungestalte Weib nicht leiden mögen, haben sie endlich vergiftet; da hat er sich denn nicht wieder verheiratet und das Geld, das er als Aussteuer mitbekommen, den Armen vermacht, und davon rührt die Brauhardsche Kasse her, die auf dem Amte Scharzfeld verwaltet wird und aus der die Armen der umliegenden Dörfer noch bis auf den heutigen Tag alljährlich Unterstützung erhalten. (205)

Das Glockenhaus von Lauterberg

Als die Lauterberger ihre Kirche gebaut hatten, wußten sie wie die Bewohner vieler Harzdörfer nicht, wo sie mit dem Glockenhaus hin sollten, denn wohin sie es auch an der Berglehne ihres Tales stellten, immer konnte man das Läuten nicht hören.

Endlich brachten sie es oben auf den Krummelberg, von wo aus allein der lange Ort zu übersehen ist, aber man hörte das Läuten immer noch nicht. Sie ließen dort das Glockenhaus die Nacht über stehen, und da trugen es in der Nacht Geister gegenüber auf den hohen Hausberg. Von dort aus konnten die Lauterberger nun das Läuten hören, und das Glockenspiel hat lange dort gestanden. Jetzt steht es dort nicht mehr. (206)

Das Grab nahe des Wiesenbeker Teiches

In der Nähe des Wiesenbeker Teiches auf der Bremer-Ruhe liegt im Walde ein Grab. Von weißen Spatsteinen umgeben, bildet es ein Rechteck. In diesem liegt ein Kreuz.

Alljährlich im Mai werden die Steine erneuert und im Juli mit Mennige rot angestrichen. Niemand weiß, wer die Steine wechselt und anstreicht. Nach einem Gerücht soll es eine schwarz verschleierte Dame tun und es sich um eine Mordstelle handeln. (207)

Sachsa und Umgebung

Die Römersteine und das Weingartenloch

Größeres Interesse als eine nur einen halben Kilometer vom Bahnhof Tettenborn entfernte Höhle, welche nach einer Inschrift schon 1776 bekannt gewesen ist, nimmt das Weingartenloch zwischen Nixei und Osterhagen durch die Sagen in Anspruch, welche sich an diese Höhle knüpfen.

Nordöstlich von Nixei ragen aus einem Hügel, als wenn sie aus diesem emporgewachsen, kahle Felsenzacken hinauf; dieses wegen seiner vorzüglich gut erhaltenen Versteinerungen auch für Geognosten höchst interessante Zechstein-Korallenriff trägt den Namen Römerstein.

Die Sage sucht in demselben die Ruinen einer großartigen Burg, welche vor alters die Riesen erbauten, um sich gegen die steten Belästigungen des Zwergvölkchens zu schützen, das im benachbarten Sachsenstein Wohnung genommen hatte.

Auf einem Jagdzuge begegnete einst der Riesenjüngling Romar der Zwergjungfrau Ruma, der Tochter des Königs. Sie gewannen einander lieb und trafen sich häufig in heimlichen Zusammenkünften. Doch bald wurden diese von dem Zwergkönig entdeckt. Voll Zorn über den mit einem seiner Todfeinde geschlossenen Herzensbund verbannte er seine Tochter in die Nacht des Weingartenloches. Hier verbrachte sie die langen Tage und Nächte unter Seufzen und Weinen, wovon die Höhle ihren jetzigen Namen erhielt.

Nach langem vergeblichen Harren glaubte Ruma endlich einen Ausweg aus ihrer unerträglichen Gefangenschaft gefunden zu haben. Sie verwandelte sich als Nixe in ein klares Bächlein und trat als solches unter dem Felsen zu Tage. Doch im selben Augenblicke entdeckte ihr Vater den Betrug und verfluchte sie, für immer ein Bergquell zu bleiben. Seitdem heißt der Bach die Rume und jene Stelle, wo Romar und Ruma sich trafen, die Nixei. (Der auf der Grenze zwischen Sachsen und Thüringen gelegene Römerstein erinnert an die Kämpfe der beiden einander feindlichen Völkerschaften, denn roma heißt Kampf. Nixei [Nüxei] ist aus Nußai entstanden.)

Beim Weingartenloch, das nach der Volksmeinung dem Kloster Walkenried das Baumaterial lieferte, werden die Mönche dieses Klosters einen Weingarten oder Weinberg gehabt haben. (208)

Schatzsuche im Weingartenloch bei Bartolfelde

Wenn du hinein wilt, so sey nur getrost und wende dich gleich anfangs auf die lincke Hand, so wirstu eine V. finden, da steig hinunter in die Tieffe und gehe 12 Schritt fort. Alsdann kriech auf die rechte Hand hinein, so wirstu hinunter fahren und daselbst an einem Stein 2 Finger aufwerts stehen.

Es ist auch ein Wässerlein da, krich auf dem Wässerlein fort, kanstu aber nicht wohl drüber kommen, so steig wieder den Stein hinauf und gehe gleich auf die lincke Hand, so wirstu in einen schmalen Gang kommen. Darinnen gehe fort, so wirstu graue Felsen antreffen und wird oben eine V. stehen, daselbst wird gleich vor die ein Loch hinunter gehen. Steig hinab und wann du hinunter bist, so krieche gleich zur lincken Hand auf den Bauche hinein (über ein paar Häuser lang gehet der Gang nicht) und stoß an die Mauern oder lehne dich daran, so wird die V. auffwarts weisen.

Gehe gleich fort, so wirstu noch in einen schmalen Gang kommen und wird gleich am Ende daselbst ein Loch hinein gehen, so mit Steinen verworffen ist, das mustu aufräumen, und wann du es aufgekratzet, krieche hindurch, so wirstu in einen Gang von ohngefehr 30 Klaffter weit kommen, da werden dir 2 Bergmänner mit Gruben-Lichtern begegnen, fahre nur kühnlich vorbey und rede nicht. Sie weichen dir an die Seite.

Darauf gehe noch weiter fort, so wirstu in weisse Felsen kommen, da wird ein rund Loch seyn, da mustu hindurch kriechen, so komstu wieder in die weite. Gehe darinnen fort, so wird dort ein Mönch an der Ecke stehen, eine Picke in der Hand habend und wird nach dem Wasser weisen. Und wann du hinein kommest bey das Wasser (ohngefehr einer guten Klaffter breit), da werden 2

Höltzer drüber liegen, gehe hinüber, es wird zur Lincken ein schwartzer Felß seyn, der gemeiniglich gediegen Silber hält. Und wenn du davon etwas loß machest, so wird es helle gläntzen. Machstu es aber mit dem Lichte schwartz, so wirds einen Schall von sich geben: Ich fresse dich.

Da kehre dich aber nicht dran, sondern gehe weiter auf die lincke hand und kratze allda ein wenig mit der Picken, so wird ein Stein loßfallen und ein eckigt Loch durchgehen, da mustu durch, und wenn du da hindurch kommst, so wird dort ein Mönch stehen, mit der Picken unter sich weisend auf ein Ertz, das lb. [Pfund] vor 30 Thaler. Wann dir das nicht gut genug ist, so geht 100 Schritt weiter fort, so wird es hinten an selben Ort anzusehen seyn, als wenn du in einen güldenen Kelch kämest, und werden die Felsen gediegen Gold halten, schlage nur ab nach deinem Gefallen und fürchte dich nicht, siehe aber, daß du dich wieder heraus findest, denn es leichtlich einen darinnen verführen kan, wie ich dann selbsten wohl weiß, indem ich anno 1680 drey Personen darinnen todt liegend gefunden und kurtz darauf anno 1681 wiederum ein Weibs-Bild, die zum andernmahl darinnen gewesen und sich doch nicht wieder heruas finden können, und dieses ist leicht geschehen, wann einem das Licht verlöschet.

Darum muß man vor allen Dingen ein gut Feuerzeug im Voraht haben und vorn im Eingang einen Bindfaden binden und solchen also nach sich ziehen, oder man kan auch Heckerling streuen, so kans einem nicht leichtlich nechst Gott fehlen: Bete fleißig, sey getrost und gib den Armen. (209)

Das Weingartenloch

Unweit Osterhagen und Steina und dem Forsthause Nüxei liegt das Weingärtnerloch oder Weingartenloch. Die es Weingärtnerloch nennen, erzählen, daß außer vielen andern Menschen auch einmal ein Weingärtner aus einer fremden Gegend, der dort nach Schätzen suchete, darin umgekommen sei.

Die es Weingartenloch nennen, erzählen, hier sei früher ein Garten gewesen, und dessen Eigentümerin habe ihren Kindern ein paar Weintrauben gebrochen. In ihrem Hause sei aber Besuch angekommen, und das jüngste Kind habe die Mutter deshalb gerufen, daß sie nach Haus kommen solle. Als die Mutter aus dem Garten getreten, sei derselbe untergegangen, und es sei ein großes Loch da gewesen, welches mit Wasser vollgefüllt gewesen sei. (210)

Der unglückliche Schatzsucher

Ein Mann aus Einbeck kroch in das sogenannte Weingartenloch, um einen Schatz zu heben. Doch da zwängten sich plötzlich die Gänge zusammen und hielten ihn fest. Da mußte eine Bergmannschaft kommen, um ihn zu befreien. Doch als sie arbeitete, zog und zerrte, riß sie dem Einbecker den Kopf ab. (211)

Der Hünenstein bei Bartolfelde

Bei dem Dorf Bartolfelde liegt nämlich ein großer Felsblock, von dem die Sage meldet: Ein wandernder Hüne habe einst von einem »Körnchen« ein Drücken im Schuh verspürt, diesen ausgezogen und ausgeschüttelt, so sei jener Stein dorthin gekommen. (212)

Der Uelenstein

Bei Steina liegt ein gewaltiger Felsblock, der heißt der Uelenstein, den hat eine Hüne dahin geworfen, als sie ein Sandkörnchen im Schuh gedrückt.

Andre sagen, die Hünen, die vormals hier am Stein gewohnt, hätten wegziehen müssen, und als die Vertreiber nun schon ganz nahe gewesen, hätten sie gesagt, nun müßten sie îlen, und davon habe der Stein den Namen Ilenstein oder Uelenstein bekommen. (213)

Die Katzenmühlen

In der Gegend von Steina ist mal ein Müller gewesen, der hat keinen Burschen behalten können, denn sie sind alle in seiner Mühle zu Tode gekommen.

Da kommt auch einmal wieder einer zu ihm und fragt, ob er nicht einen Burschen brauchen könne. Der Müller sagt ja, das könne er schon, aber es gehe den Gesellen schlimm bei ihm, denn noch sei keiner lebendig aus der Mühle gekommen, und erzählt ihm alles, wie's ihm bei den früheren gegangen. Sagt der Bursche, davor fürchte er sich nicht, er solle ihn nur nehmen, und so bleibt er da.

In der folgenden Nacht sitzt er und hackt Keile zu den Kammrädern, kommt eine Katze hinein, bald danach noch eine und dann mehrere, bis endlich die ganze Mühle voll ist. Die Katzen beginnen zu tanzen, und eine von ihnen sagt: »Wumme dran? Wumme dran?« Und indem springt sie auch schon auf ihn zu und will ihn bei der Kehle packen, er aber ist ein flinker Bursch, haut mit seinem Beile zu und hackt ihr die Vorderpfote ab. Da läuft sie mit allen andern schreiend davon.

Andern Morgens aber, wie er zum Müller kommt, da liegt die Müllerin im Bett, und die Hand ist ihr abgehauen. Da hat er denn wohl klar gesehen, daß sie eine Hexe sei. (214)

Werwolfsgürtel

Früher hat es Leute gegeben, die konnten sich durch Umlegung eines gewissen Gürtels in Wolfe verwandeln. So hatte auch einmal ein Mann in der Gegend von Steina einen solchen und vergaß einst, als er fortging, ihn zu verschließen, wie er es sonst zu tun pflegte.

Da kam nun sein kleiner Sohn darüber und schnallte sich das Ding um, und im Augenblick wurde er zu einem solchen Tier. Das war anzusehen wie ein Haufen Erbsstroh und kullerte sich schwerfällig fort wie ein Bär. Als das die Leute sahen, die im Zimmer waren, liefen sie eilig fort und holten den Vater, der gerade noch zur rechten Zeit kam, um dem Jungen, ehe er Schaden angerichtet, den Riemen abzuschnallen.

»Der Währ- oder Menschenwolf«. Flugblatt um 1700.

Der Kleine hat aber nachher immer gesagt, er hätte, als er den Gürtel umgeschnallt, so fürchterlichen Hunger bekommen, daß er alles, was ihm in den Weg gekommen, hätte zerreißen mögen. (215)

Die Jungfrau auf dem Büchenberg

Auf dem Büchenberg bei Sachsa hütet einmal ein Schäfer, und wie er so mit seinen Schafen dahintreibt, hört er einen wunderschönen Gesang; da geht er ihm nach und erblickt eine Jungfrau, die bittet ihn, er möge sie doch erlösen, dann wolle sie ihn zum reichen Mann machen. Zu dem Ende möge er am folgenden Mittag um zwölf Uhr an dieselbe Stelle zurückkehren und küssen, was ihm entgegenkommen würde, dann wäre sie erlöst.

Das tut er denn auch andern Tages, wie sie ihn geheißen, und als er den Berg hinaufkommt, rollt sich ihm ein gewaltiger Bär entgegen. Da faßt ihn aber ein mächtiges Grauen, und er läuft eilig davon. Aus der Ferne jedoch hört er noch ein gräßliches Gequiek, das weit hin durch die Berge schallt. (216)

Zwerg-Löcher bei Sachsa

In hiesigen Gegenden finden sich grosse Kalck-Berge, die nach der Bewandniß dieser Berge an manchen Orten hohle, daß man in selbigen theils hinein gehen, theils kriechen kan. Der gemeine Mann nennet die selben so wohl hierum, als auch in manchen andern Gegenden, so sich dergleichen zeigen, Zwerg-Löcher, weil sich einige einbilden, es hätten in denen alten Zeiten an hiesigen Orten Zwerge gewohnet, die sich in diesen Höhlen aufgehalten.

Dieses Volck will lauter ausserordentliche Sachen haben. Hier sollen es Zwerge seyn. Wenn sie in andern Höhlen hingegen entweder grosse Knochen von Thieren, oder auch Stücken von dem so genannten Unicornu fossili [Einhorn] antreffen, welche einige Aehnlichkeit mit denen menschlichen Gebeinen haben, nur daß sie dieselben an der gewöhnlichen Grösse übertreffen, so geben sie solche vor Knochen der Riesen aus, die in diesen Gegenden ihren Sitz aufgeschlagen hätten.

Sonst wohnten hier auf dem Römersteine gewaltige Riesen, auf dem jenseitigen Sachsensteine dagegen mächtige Zwerge mit ihrem Könige. Vor diesen kleinen Geschöpfen hatten aber die Riesen solchen Respect, daß sie sich, um vor ihnen sicher zu sein, diese Felsenburg aufthürmten. (217)

Der Abzug über die Brücke

Die Bewohner des kleinen preußischen Städtchens Sachsa mußten einst gar viel Diebstahl erdulden von den naschhaften Zwergen, die im Sachsensteine wohnten, und mit Nebelkappen, welche sie unsichtbar machten, in die Erbsenfelder und in die Bäckerläden einfielen.

Da gab ihnen ein Scharfrichterknecht den Rat, sie sollten eine Rute von einer Goldweide brechen und damit des Nachts um zwölf Uhr dreimal durch die Luft schlagen. Wenn dann ein Zwerg in der Nähe sei, so würde ihm die Nebelkappe vom Kopfe fallen, und sie könnten ihn greifen.

Ein Mann, der Erbsen auf dem Felde hatte, befolgte diesen Rat, und alsbald sah er ein Zwerglein vor sich stehen, das sich gar jämmerlich gebärdete. Der Sachsaer machte den Zwerg zu seinem Gefangenen, stellte ihn vor Gericht und klagte ihn des Diebstahls an. Vor Gericht hat das Zwerglein gar erbärmlich getan und unter Seufzen ausgesagt, wie die unterirdischen Wasser jetzt so groß wären, daß die Zwerge sich unter der Erde nicht mehr ernähren könnten und durch Hunger getrieben würden, sich an den Vorräten der Menschen zu vergreifen. Es versprach auch, wenn es ungestraft davongehen dürfte, so würden alle Zwerge abziehen, bat sich ein Rosenblatt aus, stippte lauter kleine Löcher hinein und gab den Leuten auf, in das mittelste Loch zu blasen, wo dann sogleich auch der Anführer der Zwerge sich vor dem Gerichte stellen würde.

Man blies in das Rosenblatt, und augenblicklich erschien vor dem Gericht der König des Zwergvolkes. Er erklärte ebenfalls, daß sein Volk abziehen und keinen Schaden mehr tun sollte, wenn er mit dem gefangenen Zwerge jetzt ungestraft davongehen dürfte. Dies wurde den beiden gestattet, und am anderen Tage zog wirklich das Zwergvolk mit einer schönen Musik ab, warf auch in Sachsa Geldmünzen aus, die daselbst noch zum ewigen Andenken aufbewahrt werden. Dann ging das Zwergvolk über eine Brücke, und niemand hat es mehr gesehen. (218)

Die Zwerge vom Sachsenstein

Der Weg, der jetzt von dem preußischen Städtchen die Sachse nach dem braunschweigischen Klosterort Walkenried aus Sachsenstein in der Grafschaft Hohenstein vorbeiführt, wurde früher fast gar nicht gegangen. Denn wie noch jetzt die Zwerglöcher zeigen, so wohnten im Sachsenstein gar viele Zwerge, und darum fürchteten sich die Leute, wiewohl die Zwerge sehr munter waren und immer eine flotte Musik vor dem Sachsenstein gehört wurde. Besonders scheuten sich die Frauen vorbeizugehen, denn eine Frau, die einst vorbeiging, hatten die Zwerge ergriffen und lange gefangen gehalten. Kein Erbsenfeld war vor ihnen sicher, und man hörte sie oft darin schmatzen, wie die Schweine, ohne daß man sie sah, denn sie hatten dabei ihre Hehlkappen oder Verheltniskappen auf.

Die Zwerge haben auch unter sich Hochzeit gehalten und Kindtaufen gefeiert und dazu Reisbrei gegessen, und es ist sehr lustig dabei hergegangen im Sachsenstein; auch gingen sie nach auswärts bei den Leuten auf Kindtaufen und Hochzeiten. Auf der Kindtaufe waren sie einmal beim alten Gödeke in Bräunrode mit ihren Hehlkappen; da aßen sie alles auf, ohne daß sie jemand sah. Der alte Gödeke aber braute Bier in einer Eierschale. Da verrieten sie sich, denn nun mußten sie sprechen:

»So bin ich doch so alt
Wie der Döringerwald
Und habe noch nicht gesehen
In einer Eierschale Bier brauen.«

An einer Hochzeit in Bräunrode fanden sie auf einem schönen Saale die Tafel gedeckt und setzten sich lustig zu Tische, wurden aber gar kleinmütig, als sie merkten, daß Kümmel im Brote war.

Einst hütete ein Schäfer in der Nähe des Sachsensteins. Da hörte er auch Musik, räumte mit seinem Hakstocke vor den Zwerglöchern auf und hat die Zwerge und Zwergmusikanten alle gesehen, ist auch eingeladen worden, an der Festlichkeit teilzunehmen, und dann ganz unversehrt wieder aus dem Sachsenstein hinausgegangen.

Ein andermal brachen Maurer Steine vor dem Sachsenstein. Da kamen abends Zwerge daher, hielten ihre Hehlkappen in der Hand, so daß die Maurer sie sehen konnten, und sprachen: Sie möchten jetzt nur heimgehen, ihr Werkzeug da lassen, sich um nichts kümmern und ihnen am andern Morgen Brot mitbringen, dann solle die Arbeit auch schon getan sein. Das taten die Maurer auch, kamen am andern Morgen wieder, legten das Brot vor den Sachsenstein, nahmen ihr Werkezug, welches da lag, dafür hin und luden die Steine auf den Wagen, den die Zwerge ihnen befohlen hatten sogleich mitzubringen.

Aber nicht immer waren die Zwerge vom Sachsensteine so gut und hilfreich gegen die Menschen. Sie stahlen ihnen Kinder und schoben ihre Wechselbälge dafür unter, brachen auch zu ganzen Haufen in die Bäckerläden in der Sachsa und zu Walkenried ein und stahlen Brot. Da riet ein Mädchen den Leuten, daß sie Kümmel ins Brot backen sollten; das konnten die Zwerge nicht vertragen und wurden krank davon, nahmen auch zur Strafe das Mädchen gefangen, als es einmal am Sachsensteine vorbeiging, und mißhandelten es gar sehr.

Von der Zeit an wurde kein Brot ohne Kümmel mehr gebacken, und nur wenige Zwerge, welche Kümmelzwerge genannt wurden, konnten das vertragen, denen gaben die Leute das Brot gerne, und sie gehen vielleicht jetzt noch in der Gegend. Die andern aber versammelten sich vor dem Rathause in der Sachsa zum Abmarsch, und als sie abgezogen sind, hat der Sachsenstein geklungen, als wenn ein großer Goldkessel drin wäre, und die Zwerge sind auch mit voller Musik oder, wie einige sagen, mit Gesang durch die Sachsa gezogen.

In der Sachsa war großes Leben, als es hieß: die Zwerge kommen jetzt durchgereist, und große Freude, daß sie fortzogen. Vor dem Rathause riefen sie immerfort, indem sie über ihren Abzug unterhandelten: »Wollt ihr ewiges Bergwerk haben oder von einem jeden von uns einen Pfennig?« Da antworteten die Leute in der Sachsa: von jedem einen Pfennig.

Manche erzählen auch, die Zwerge hätten gefragt, ob sie etwas Gewisses oder ob sie nach ihrem Belieben geben sollten, und da hätten die Sachsaer in ihrer Torheit etwas Gewisses von jedem verlangt und deshalb von jedem einen Pfennig bekommen. Es wurde aber ein geeichter Dresdner Scheffel auf dem Markt vors Rathaus hingestellt, da warf ein jeder Zwerg seinen Pfennig hinein, daß er über und über voll wurde. Einige sagen, daß es sechshundert Zwerge und die ersten davon schon am Tore gewesen wären, als die letzten in der Reihe noch vor dem Rathaus gestanden hätten.

Andere sagen gar, daß man die letzten noch bei den Zwerglöchern vor dem Sachsenstein hätte murmeln hören, als die ersten schon in der Steina, dem nächsten Dorfe zwischen der Sachsa und Lauterberg, gewesen wären.

Die Zwerge zogen nordwärts, und als sie zu den Zwergen nach Scharzfeld kamen, machten sie halt und gingen da in ihren Hehlkappen mit den Scharzfelder Zwergen in die Erbsenfelder. Darin fraßen sie wie die Mäuse, aber kein Mensch konnte sie sehen. Da nahm ein Bauer eine Bohnenstange und fuhr damit immer über den Erbsen herum. Dadurch schlug er ihnen die Kappen vom Kopfe, und so wurden die Zwerge sichtbar. Weil aber der Bauer die Zwergkappen nicht wieder hergeben wollte, so kündigten sie zuletzt ihm und den andern Scharzfeldern den Krieg an, und er mußte sie ihnen wieder zustellen. Darauf sind die Sachsaer Zwerge weitergereist und mögen wohl auch die Zwerge von Scharzfeld mit ihnen gereist sein. Als sie aber durch Osterode gekommen sind, haben sie an der Wirtstafel gespeist und dabei geschnattert wie die Gänse. (219)

Walkenried und Umgebung

Der Abzug des Zwergvolks über die Brücke

Die kleinen Höhlen in den Felsen, welche man auf der Südseite des Harzes, sonderlich in einigen Gegenden der Grafschaft Hohenstein findet und die größtenteils so niedrig sind, daß erwachsene Menschen nur hineinkriechen können, teils aber einen räumigen Aufenthaltsort für größere Gesellschaften darbieten, waren einst von Zwergen bewohnt und heißen nach ihnen noch jetzt Zwerglöcher.

Zwischen Walkenried und Neuhof in der Grafschaft Hohenstein hatten einst die Zwerge zwei Königreiche. Ein Bewohner jener Gegend merkte einmal, daß seine Feldfrüchte alle Nächte beraubt wurden, ohne daß er den Täter entdecken konnte. Endlich ging er auf den Rat einer weisen Frau bei einbrechender Nacht an seinem Erbsenfelde auf und ab und schlug mit einem dünnen Stabe über dasselbe in die bloße Luft hinein. Es dauerte nicht lange, so standen einige Zwerge leibhaftig vor ihm. Er hatte ihnen die unsichtbar machenden Nebelkappen abgeschlagen. Zitternd fielen die Zwerge vor ihm nieder und bekannten, daß ihr Volk es sei, welches die Felder der Landesbewohner beraubte, wozu aber die äußerste Not sie zwänge.

Die Nachricht von den eingefangenen Zwergen brachte die ganze Gegend in Bewegung. Das Zwergvolk sandte endlich Abgeordnete und bot Lösung für sich und die gefangenen Brüder und wollte dann auf immer das Land verlassen. Doch die Art des Abzuges erregte neuen Streit. Die Landeseinwohner wollten die Zwerge nicht mit ihren gesammelten und versteckten Schätzen abziehen lassen, und das Zwergvolk wollte bei seinem Abzuge nicht gesehen sein. Endlich kam man dahin überein, daß die Zwerge über eine schmale Brücke bei Neuhof ziehen und daß jeder von ihnen in ein dorthin gestelltes Gefäß einen bestimmten Teil seines Vermögens als Abzugszoll werfen sollte, ohne daß einer der Landesbewohner zugegen wäre. Dies geschah.

Doch einige Neugierige hatten sich unter die Brücke gesteckt, um den Zug der Zwerge wenigstens zu hören: Es war ihnen, als wenn eine sehr große Herde Schafe über die Brücke ging. Seit dieser letzten großen Auswanderung des Zwergvolks lassen sich nur selten einzelne Zwerge sehen. Doch zu den Zeiten der Eltervä-ter stahlen zuweilen einige in den Berghöhlen zurückgebliebene aus den Häusern der Landesbewohner kleine, kaum geborene Kinder, die sie mit Wechselbälgen vertauschten. (220)

Der Mann ohne Kopf in Walkenried

Der Mann ohne Kopf jagt in Walkenried oft zu Pferde umher. Dann sieht man aber nichts von ihm, sondern hört nur das Schnaufen seines Rosses. Am meisten wird er auf der Schäferwiese gesehen, wo auch viele Geister um ein Feuer herumstehen. Wer glühende Kohlen von dem Feuer in die Hand nimmt, fühlt kein Feuer in der Hand. (221)

Das Mönchsgespenst in Walkenried

In Walkenried hat sich ein Mönch gezeigt ohne Kopf. Besonders auf dem Fruchtboden des aufgehobenen Klosters, wo die Arbeitsleute alle Vierteljahr ihre Frucht bekommen, hat er rumort und gemessen, wenn der Amtmann betrogen hat. Auch in die Mühle ist er gekommen und hat in den Rumpf geguckt, ob die Frucht richtig wäre. Oft hat er auch das Vieh karbatscht, daß es laut gebrüllt hat, und die Krippen in den Ställen abgerissen. (222)

Von Itelsteich und Itelsklippe

Am Itelsteich und der Itelsklippe ist das Spielmannsloch. Da ist ein Spielmann, der Maiblumen gesucht hat, hineingestürzt. Dort liegt auch, wenn es nicht das nämliche Loch ist, das Gänseloch, und da hinein ist der Tuchfabrikant K. aus Ellrich gebannt. (223)

Kloster Walkenried. Stahlstich aus: Ey, A.: Harzbuch. 2. Aufl. Goslar 1855.

Das Mähholz

Nicht weit von Walkenried liegt das Mähholz, Mehholz oder Ehholz. Da haben die Mönche von Walkenried oft eine Frau aus einem andern Dorf hinbestellt, und der haben sie es zu ihrer Heirat geschenkt. Jetzt gehört es der Gemeinde, aus der die Frau gewesen ist. (224)

Von dem im Amte Klettenberg befindlichen See, das Kreisloch genannt

Dieser See lieget ohngefähr eine halbe Meile von dem Hochfürstlichen Braunschweigischen Lüneburgischen Wolffenbüttelischen Stift Walckenried im Clettenbergischen Teritorio bei einer Wiese, und meldet Eckstormius in seiner offt gedachten Epistel: daß dieser See eben zu der Zeit, oder doch nicht lange hernach, entstanden sei, als in Lusitanien im Januario A.C. [im Jahre Christi] 1531 die Stadt, Ulysippo oder Olysippo genannt, von denen stürmenden Wellen des Meeres und Flusses Tagi auch zugleich durch ein starckes Erd-Beben sehr grossen Schaden erlitten habe; denn als damahls, ohngefähr bei gelindem Wetter, ein Hirte auff gemeldeter Wiese gehütet, habe derselbe wahrgenommen, wie daselbst etwas Wasser aus dem Erd-Boden heraus quelle, worüber er erschrocken sei und eilends sein Vieh davon getrieben habe.

Als er nun eine ziemliche Weile weg gewesen und sich alsdenn umgesehen, hätte er nicht mehr die gantze Wiese, darauff er vorher gehütet, sondern, an Statt derselben, einen See erblicket.

Dieser See ist vor diesem bei viertzig Klafter tieff gewesen, nun aber ist er auf die Helffte mit der von Jahren zu Jahren nachfallenden Erde seines Ufers angefüllet worden. Sonst giebet es auch in demselben Fische, welche entweder mit Netzen und Angeln gefangen oder mit Schrott und Kugeln geschossen werden. Dan Nahmen hat dieser See daher bekommen, weilen in vorigen Zeiten ein Gräfflicher Hohnsteinischer Bedienter auff dem Schloß Clettenberge gewesen, so Creissius oder Kreisse geheißen und damahls der Richter genennet worden, ohnerachtet dessen Amt mehr darinnen bestanden, daß er denen Unterthanen die Frohn-Dienste ansagen und dieselben darzu antreiben, auch die ungehorsamen gefangen nehmen und mit dem Gefängnis bestrafen müssen.

Dieser Mensch hat nun ein sehr gottloses wüstes Leben geführet und sich offtmahls verlauten lassen, daß, wenn er stürbe, seine Seele nirgend anders hin als in diesen See fahren solte, dahero auch die Einwohner derer benachbarten Oerter ihr den Nahmen von diesem bösen Menschen gegeben haben, welchen sie biß auff den heutigen Tag behalten hat. (225)

Vom Kreisloch

Ohnweit von hier in dem Klettenbergischen Gebiete liegt das sogenannte Kreisloch. Es soll selbiges gar jähling entstanden sein und ein damal bei gelindem Winterwetter auf einer nahe dabeiliegenden Wiese hütender Hirte wahrgenommen haben, wie sie daselbst das Wasser aus dem Erdboden heraus quelle, worüber er erschrocken und sein Vieh eilends davon getrieben.

Als er nun eine ziemliche Weile weggewesen und sich alsdenn umgesehen, hätte er nicht mehr die Wiese, auf welcher er kurz vorher gehütet, sehen können, sondern anstatt derselben einen See erblickt. Behrens meldet in seiner Beschreibung des curiösen Harzwalds, daß dieser See vor diesem 40 Klafter tief gewesen, nun aber wäre er auf die Hälfte von der von Jahren zu Jahren nachfallenden Erde seines Ufers wieder angefüllt worden, inzwischen noch stark mit Fischen besetzt.

Dieser See soll seine Benennung von einem gräflichen hohensteinischen Bedienten, der auf dem Schloß Klettenberg gewohnt und Creissius geheißen, erhalten haben. Man hätte ihn den Richter genannt. Sein Amt aber hätte darinnen bestanden, daß er denen Untertanen die Frondienste ansagen und dieselben dazu antreiben, auch die Untertanen gefangen nehmen und mit dem Gefängnis bestrafen müssen.

Dieser Mensch hätte ein sehr gottlos wüstes Leben geführt und sich verlauten lassen, wenn er stürbe, so sollte seine Seele nirgends anders hinfahren als in dieses Seeloch. Daher auch die Einwohner der benachbarten Örter ihr den Namen von diesem bösen Menschen gegeben, welchen sie bis auf den heutigen Tag behalten. (226)

Creißens Loch oder das Creißloch

Es war bei sehr gelindem Wetter (im Januar?), als ein Hirt die Herde hütete und plötzlich Wasser aus dem Boden hervordringen sah. Eilig trieb er hinweg, und gleich nach seiner Entfernung entstand ein fischreicher See, der anfänglich vierzig Klafter tief war, nach und nach aber von der herabstürzenden Erde seichter wurde. Den Namen hat der See von einem gewissen Creißius oder Creiße bekommen, welcher gräflich hohnsteinscher Beamter auf Klettenberg war. Er lebte wüst und gottlos, und als einst der Pfarrer von den bösen Geistern predigte, welche in die Säue fuhren, verspottete Creißius den Prediger und meinte, sein Geist solle in den Erdfall fahren.

In derselben Nacht starb er, und die Einwohner sahen ihn seitdem jeden Abend mit schneeweißem Antlitze und gerungenen Händen um den Erdfall herumirren, der deshalb Creißen Loch oder das Creißloch genannt wurde. (227)

Vom Götzen Krodo

Der Fels selbst, auf welchem der alte Turm Klettenberg stand, soll, einstimmiger Erzählung alter Geschichtsschreiber zufolge, einer von denjenigen Punkten gewesen sein, auf denen der Gott Krodo verehrt wurde.

Er war der Sage nach einer der obersten Götter der heidnischen Sachsen und besonders der Harzbewohner. Sie nannten ihn de Grote, da sie ihn für den Vater der Menschen hielten. Er hatte die Gestalt eines Mannes mit magerm Gesichte, langem Barte und entblößtem Haupte, der mit nackten Füßen auf dem stachligen Rücken eines Barsches stand, in der rechten Hand einen Wassereimer mit Blumen, Obst und Früchten, in der linken ein Rad hielt und mit einem langen Rocke, den eine weißlederne Binde um den Leib festhielt, bekleidet war.

Auf der Harzburg wurde er besonders verehrt. Dort war ihm ein Altar aufgerichtet, der noch vorhanden und zu Goslar zu sehen ist, und die Opfer, welche man ihm darbrachte, waren erstgeborne Kinder. Die unschuldigen Schlachtopfer wurden auf Haken, die sich am Altare befanden, befestigt und hauchten hier das kaum begonnene Leben auf eine schmähliche Weise wieder aus.

Sein Hauptfest fiel auf den 17. Dezember, an welchem seine Verehrer, von den Priestern angeführt, zu seinem Altar zogen, ihm Tiere und Feldfrüchte darbrachten, Lichter anzündeten, zechten und schmausten. Nach Eckstorm (Walkenrieder Chronik) wurde derselbe auch bei Ellrich auf dem Frauenberg und hier auf dem Fels in Klettenberg verehrt und sucht es derselbe besonders dadurch zu beweisen, daß in der Nähe ein waldiger Strich Krodenhagen und ein Bach der Krodenbach genannt wird. (228)

Die besorgten Toten

Es gibt welche, die läßt die Sorge um Haus und Hof, die sie verlassen mußten, nicht zur Ruhe kommen. Sie denken, ohne sie ginge es nicht weiter. Solche waren die beiden adligen Fräulein Antoinette und Henriette, die auf dem Edelhof in Cattenstedt wohnten. Sie waren in der Wirtschaft außerordentlich tüchtig, beaufsichtigten die Drescher, waren beim Aufmessen des Getreides zugegen und verschlossen die Kornböden. Sie sagten schon zu Lebzeiten zu den Dreschern: »Fürchtet euch nicht, wenn wir wiederkommen und kontrollieren; wir tun niemandem was zuleide.« (229)

Die Trageburg

Nördlich von Trautenstein erhebt sich hart am rechten Ufer der Rappbode ein steiler Felsen, auf dessen Gipfel vor Zeiten die Trageburg lag. Noch ist der hufeisenförmige Ringwall deutlich erkennbar, sonst aber findet der Wanderer nur zerbröckeltes Gestein und kümmerliche Mauerreste hier oben.

Einst aber soll hier ein prächtiges Schloß gestanden haben, und noch jetzt soll dort ein großer Schatz vergraben liegen. Um Mitternacht erscheint auf dem Felsen eine Jungfrau, die ruft und winkt die etwa noch in später Stunde unten vorübergehenden Leute: »Kommt her, kommt hier herauf!«

Wer aber dem Ruf folgt, den führt das Burgfräulein tief in den Berg hinein und läßt ihn da versinken. Darum wird der Ort gemieden, und viele betreten ihn selbst am Tage nicht gern. (230)

Umgebung von Blankenburg

Bielsteine

Sonne und Mond waren's nicht allein, denen die alten Bewohner unseres Fürstentums [Blankenburg] göttliche Ehre erzeigten, sondern ihre Vielgötterei erstreckte sich weiter. Die heidnischen Sachsen beteten hier auch einen Götzen Biel an. Dieser war ein Waldgott, von welchem sie das Wachstum der Forsten und Beschützung der Holzhauer hoffeten, weshalb letztere ihre Beile von seinen Priestern weihen ließen. Ob diese cimbrische Gottheit mit dem Saturn der Römer eine Ähnlichkeit gehabt habe, läßt man dahingestellt sein.

Das aber ist gewiß, daß Biel auf dem Harze in großem Ansehen stand und verschiedene nach ihm benannte Berge sein Andenken bis jetzt erhalten haben. Der Dornenbiel, Eichenbiel, Espenbiel und Steinbiel bei Heringen, der Bielstein und die Bielshöhe bei Ilfeld, der Steinbiel im Zorger Forst und die Bielsteine bei der Stadt Blankenburg, bei Altenbrak und Rübeland sind Berge, welche von den darauf wachsenden Holzarten und von dem auf selbigen verrichteten Bielsdienste ihre Namen führen.

Wie fest die Herzen der Harzer an diesem Götzen gehangen, ist aus dem Vorfall abzunehmen, welcher sich zu den Zeiten des Bischofs Bonifatius auf der Bielshöhe, einer Klippe des Bielsteins bei Ilfeld, mit dem Biel ereignet hat. Als Bonifatius hier das Evangelium predigte, mußte Biel weichen. Kaum aber hatte sich der Bischof entfernt, so wurde der Götze wieder hervorgesucht, aufgestellt und verehrt. Der Apostel der Deutschen kehrte zurück und ließ den Abgott zermalmen. Aber auch die kleinsten Stückchen davon suchten die Harzer auf und verehrten sie.

Auf dem Bielsteine bei Blankenburg, einem Berge im Blankenburger Forst, trifft man auf der Morgenseite einer Schießhütte eine Ebene mit abgeteiltem länglichem Viereck und mit altem Mauerwerk an. Daß hier das Wohnhaus der Götzenpriester gestanden, ist daher mutmaßlich, weil 50 Schritte weiter nach Osten auf einem Felsen, in welchen der Blitz geschlagen, Zerstörungen alter Anstalten, wahrscheinlich für den Götzen, vor Augen liegen. Eine Seite des Felsen ist behauen, eine andere ist jener durch Mauerwerk gleich gemacht worden, und unter den Trümmern sind viele behauene Steine. Auf ein altes Schloß kann die Vermutung nicht gehen, weil weder Urkunden noch Tradition dafür sprechen, auch der Umfang des Felsen zu klein ist. Nimmt man aber an, daß hier der Götze und sein Altar gestanden, so bekommt diese Meinung durch das einen Büchsenschuß weiter gegen Osten belegene Walhalla die größte Wahrscheinlichkeit.

Auf dem Bielsteine bei Rübeland kommt die mündliche Überlieferung zustatten. Diese sagt, daß daselbst Götzendienst verrichtet worden. Man zeiget sogar die Stelle, worauf der Götze gestanden. Diese ist zwar gleich beim ersten Anblick auffallend, man sieht aber keine Trümmer. Sobald man aber den Rasen hin und wieder abstößt, kommt altes Mauerwerk zum Vorschein, welches die Ebene des Standorts des Götzen befestigt hat. So verfuhr man beim Aufsuchen dieses Altertums. Nach dieser Entdeckung war es leicht, das alte Mauerwerk vom ehemaligen Priesterhause hinter der Stelle des Götzen und zwei befestigte Ebenen vor derselben zu finden. (231)

Reinstein oder Regenstein

Ob diese Grafschaft Reinstein oder Regenstein zu benennen, ist in der Tat nicht so gar leicht zu bestimmen, inmaßen die Geographici wie auch andere Gelehrte und Ungelehrte ihr bald diesen, bald jenen Namen beilegen. Ziehet man die Landkarten oder alten Diplomata hierbei zu Rate, so kann man ebenfalls zu keiner rechten Gewißheit gelangen. Jedoch scheint es mir, als ob der Name Reinstein akkurater und daher auch bei den ältern und neuern Gelehrten gebräuchlicher als Regenstein.

Diejenigen Historici, die es Regenstein nennen, wollen den Ursprung dieses Worts von dem Worte Regen herführen, weil diese Festung auf einem Stein, der stets und oft beregnet worden, ange-

Der Regenstein. Gezeichnet von Ludwig Richter, gest. von I. J. Hinchliff. Aus: W. Blumenhagen, Wanderung durch den Harz, 1836.

leget, und gedenket eine alte in niedersächsischer Sprache geschriebene Chronica von deren Anlegung Folgendes:

Als anno 479 König Melvericus zu Thüringen mit seiner Macht über den Harz gezogen und die Sachsen vertreiben wollen; die Sachsen aber die Thüringer unterwegens bei dem Dorfe Veckenstedt angetroffen und sie geschlagen, so hätte man einen streitbaren edlen Mann aus denen Sachsen mit Namen Hateboldo die Freiheit erteilet, sich nach Gefallen eine Stätte vor dem Harze auszusuchen und sich anzubauen, wo er Lust hätte.

Wie er nun hierauf diesen Steinfelsen angetroffen und gesprochen: »Dieser Stein ist geregend oder beregnet, sie soll meine Wohnung sein, so hätte er auf diesem Stein eine Burg erbauet und wäre nachgehends der Graf von Regenstein genennet worden. Da aber andere bewährte Geschichtsschreiber hiervon nichts erwähnen, so kommt mir diese Erzählung gar verdächtig vor, und ich zweifle sehr, daß dieser Platz von dem Regen seine Benennung erhalten.

Andere nennen diese Festung, und zwar mit besserm Grund,

Reinstein, weil sie in einem reinen weißen Stein eingehauen. Wenn und von wem sie angelegt worden, kann man nicht so eigentlich sagen. Jedoch stimmen die meisten Historici darinnen überein, daß solches im X. seculo [Jahrhundert] geschehen, da man beinahe in ganz Deutschland nötig gehabt, sich wider das erschröckliche Wüten und Toben der Hunnen oder Ungarn zu beschützen. So hat man auch in hiesigen Gegenden sich in diesen Felsen verbergen wollen, damit der vorbeiziehende Feind nicht merken sollte, daß in demselben Leute wohnen.

Ob solches aber anno 919 oder etwas zeitlicher später geschehen, ist ungewiß. Am wahrscheinlichsten ist es, daß diese Berg-Gebäude nach und nach angerichtet und einer dieses Gewölbe oder vielmehr Loch zu der Zeit eingehauen, ein anderer aber zu einer andern Zeit wieder ein anders.

In [Friedrich] Lucae ›Grafensaal‹ findet man, man hätte vor Zeiten an einem gewissen Gewölbe, das Teufels-Loch genannt, weil ein Gespenst in demselben beständig frische Steine ausbreche, die römische Zahl M.C.X. Die Annae [1510] eingehauen observieret, man wüßte aber nicht, ob dieses Gewölbe zu der Zeit eingehauen oder zerstöret worden. (232)

Die Heimburg

Von Blankenburg aus, in jener weiten Ebene nach Nordosten hin, überblickt man, außer einer Menge von Dörfern und Weilern, Halberstadt, Quedlinburg, Ballenstedt und den Huy mit seinem Kloster und den Hackelwald, aus dessen Dunkel noch immer – sagen die Leute – von Zeit zu Zeit der alte Hackelberger auszieht zu nächtlicher Stunde mit dem Jagdtroß der Reisigen und den schauerlich heulenden Hunden, im Harze das zitternde Wild zu erlegen. Hier nach Süden und nach Westen hin erfreut dich ein Blick auf Waldesgrün und auf die duftigen Berge des Harzes. Hennig von Hackelberg hat wirklich im sechzehnten Jahrhunderte im Braunschweigischen gelebt; er war kühn und verwegen und ein gewaltiger Nimrod vor dem Herrn, weshalb er von seinen Bekannten den Namen des Wilden Jägers empfing.

Die Herzöge von Braunschweig luden ihn zu ihren großen Jagden ein; er ward zum Oberforstmeister ernannt und mußte sich am Hofe aufhalten. Das behagte ihm nicht, er ward ganz schwermütig; weshalb sein Fürst ihm die Harzburg mit ihren Forsten zu Lehn gab. Freudig ging er in die dichten Wälder seiner Besitzung. Täglich ertönte sein Horn in den Schluchten und Tälern.

Einst erlegte er einen gewaltigen Eber. Er betrachtete ihn näher und freute sich seiner Beute. Aber der Eber hatte noch Kraft und Leben und bohrte einen seiner Hauer in die Lende des Jägers. Dieser vernachlässigte die Wunde, sie verschlimmerte sich, und auf seiner Reise nach Braunschweig, bei Wülperode, starb der Ritter.

In dem Garten hinter dem Kleperkruge liegt ein halbversunkener Leichenstein, auf welchem ein Ritter auf einem Maulesel ausgehauen ist. Nach der Umschrift ruhen da die Gebeine des Hackelnbergers. Die Jahreszahl nennt 1581 als Todesjahr; der Wirt zeigt noch einen verrosteten Helm und ein Panzerstück des Ritters. (233)

Der Name Hüttenrode

Hüttenrooe hät eheeten Ripperooe. Hier oben liet en klein Höltchen, dat het Rittenbeek. Dä enteln Hüser, dä in Rittenbeeke staan hätt, häbben sik mit Ripperooe vereinbart un sind hier tauetoon. Und wie sik dä vereinbart häbben un maken Land urbar, da kummen Studenten un fraen einen Mann: »Was macht Ihr da?«

Da sächte: »Hei rooe da.«

Diese Studenten häbben naacher dat untemiddelt wegen der Hütte Niewerk (eine Viertelstunde von Hüttenrode) un häbben den Namen bielecht: Heiroo' da, Hüttenrode. (234)

Jakob Philipps

Jakob Philipps in Hüttenrode sagte dem Teufel, er solle ihm soundsoviel Geld bringen, und wenn das Laub von den Bäumen fiele, so wolle er ihm gehören.

Als nun im Herbst die Bäume kahl wurden, kam der Teufel und wollte ihn holen. Da sagte Philipps, sie wollten einmal in den Wald gehen und sehen, ob's auch wirklich herunter wäre. Da führte Jakob Philipps den Teufel in junge Buchen, deren Laub fällt nicht eher ab, bis im Frühjahr wieder das junge kommt.

Jakob Philipps ritt aber auf einem Schimmel. Da sagte Philipps, er sähe wohl, daß das Laub noch nicht von den Bäumen herunter wäre. Jedoch solle der Böse vier Gösseln (junge Gänse) vor eine Kutsche spannen, und wenn er mit diesen so scharf fahren könne als er mit seinem Schimmel ritte, so wolle er ihm doch gehören. Da konnte aber der Teufel mit seinen Gösseln geschwinder fort als er auf seinem Schimmel, faßte ihn und schlug ihn um einen Eichbaum, daß der Kopf weit hinflog. (235)

Der Teufel als Geldgeber

Zu Hüttenrode am Harz wohnte ein Mann, der machte mit dem Teufel einen Vertrag, worauf er so viel Geld bekam, als er nur immer wünschte. Als er bald darauf seines Lebens überdrüssig wurde, vergrub er sein Gold in einem großen Kessel und bestimmte, daß derjenige sein Erbe sein sollte, welcher auf einem Schatz geritten komme.

Es kam auch bald ein Mann auf dem Rücken seiner Frau, welche auf allen Vieren kroch, denn seine Frau, behauptete er, sei ein wahrer Schatz, nahm den Spaten zur Hand und grub den Kessel mit Gold heraus. Die Frau aber behauptete, das Gold gehöre ihr, denn sie sei der Schatz, dessen es bedürfte, den Schatz zu heben, und wie der Mann diese Folgerung bestritt, fuhr sie ihm mit beiden Händen in die Haare.

Ein schallendes Gelächter machte das Ehepaar stutzig; der Teufel war es, welcher leibhaftig mit Pferdefuß und Hörnern neben dem Kessel stand.

»Weib«, rief er, »nun zeige, daß du ein Schatz bist.«

Die Frau wollte es zeigen und stellte sich wieder auf alle Viere, der Teufel aber gab ihr lachend einen Fußtritt. Der Kessel mit dem Golde war verschwunden; und der Mann hatte einen lahmen Schatz und mußte es dem Bösen noch danken, daß er seine Frau nach Hause tragen konnte. (236)

Benneckenstein, Zorge und Hohegeiß

Aus der Bekehrungzeit

Die alten heidnischen Sachsen sollen hier eine Ziege verehrt und dadurch Gelegenheit zu dem Namen des Berges: Hohegeißberg, und des Dorfs: Hohegeiß, gegeben haben. Wahrscheinlicher aber kommt der Name von einer auf diesem Berge erbaueten Kapelle her. Dieser Berg hieß deshalb: zur hohen Kapelle. Weil nun capella auch eine Ziege oder Geiß bedeutet, so sprach man auch im Scherz oder im Ernst: zur hohen Geiß. (237)

Götzen im Harz

In der Gegend von Benneckenstein wird von einem Götzen Bennicke, auch Benniko geträumt, nach dem der Ort genannt sein soll. Desgleichen soll unweit Hohegeiß in einer Waldung der Sulze oder Sülze verehrt worden sein und der bei Ellrich gelegene Ort Sülzhayn daher seinen Namen haben.

In Hohegeiß selbst sollen nach Stübner die alten Sachsen eine Ziege verehrt oder auch Ziegen geopfert haben. Weil nun aber Ziege auch Geis heißt, so sei der Ort zur ›hohen Geiß‹ benannt worden. Hierzu bedarf es keines Kommentars, denn es ist hinlänglich bekannt, daß einstmals eine Elendskapelle daselbst stand, die dem Orte später den Namen gab. (238)

Die Freiheit

Der Freiherr von Minningerode ward außer mit dem Burgsitz noch mit einem andern Lehen, zunächst vom Grafen von Lutterberg, dann vom Grafen von Hohnstein belehnt. Es lag unten im Flecken von Benneckenstein, wird ein freies Berglehn genannt, mit zwei freien Höfen, mit allen Zubehörungen, Herrlichkeiten, Nutzungen und Gerechtigkeiten, gesucht und ungesucht, mit freien Hirten, eigenem Backhaus, freiem Ausschank von Bier und Wein.

Inmitten dieses Burglehens stand am Ufer der Bode das Haus, das heute noch im Volksmund ›Die Freiheit‹ genannt wird. Die Freiheit ist im Besitz dieser Familie bis ins Jahr 1839 geblieben, in dem dann am 16. November das alte Burglehen als freies Eigentum parzelliert und verkauft wurde.

Ob, wie der Volksmund erzählt, dieses Gebäude deswegen so hieß und heute noch heißt, weil der verfolgte Verbrecher oder Straffällige die Freiheit erlangte, wenn er den schützenden Boden der Freiheit erreichte, läßt sich geschichtlich wohl nicht feststellen. (239)

Das Steinkreuz zu Hohegeiß

Mitten im Dorfe steht an der Landstraße ein altes Steinkreuz, darein die Jahreszahl 1350 eingehauen ist. Es rührt von dem frühern Kirchhofe her und stand ehemals etwas weiter auf der Höhe, welche der Schellenberg genannt wird. Das soll eigentlich Kapellenberg heißen, denn dort hat die Kapelle des Ortes gestanden. Alte Leute haben sie noch gekannt. Später wurde sie abgerissen, und der Altarstein, auf dem sich noch Schrift befinden soll, kam als Trittstein hinter das Haus des Predigers. Alsdann, nachdem die Chaussee nach Zorge gebaut wurde, hat Schutt gefehlt.

Den holten die Arbeiter von dem Schellen- oder Kapellenberge und fanden dabei Totengebeine. Bei dieser Gelegenheit wurde auch das Steinkreuz von dem ehemaligen Kirchhofe genommen und achtlos beiseite geworfen. In der nächsten Nacht aber entstand in dem alten Glockenhause ein Getöse und Gelärme, daß die Arbeitsleute es rasch wieder aufrichteten, und zwar an seiner jetzigen Stelle. (240)

Fliegender Drache. Kupfer aus: H. Seyfrid: Medulla mirabilium naturae, 1679.

Der Haselwurm

Anno 1597 im Monath Julio gieng eine Frau aus Halbach in dem Hartz-Wald, Kräuter zu samblen, als sie aber auff den so genannten Spitzenberg kam, erblicket sie einen ungeheuren Hasel-Wurm, worauff sie alsobald die Flucht ergreifft und sich nach Zorge verfügt, alwo sie bey einem Holtzhauer, der alte Wilhelm genannt, einkehret. Sie erzehlet, was sie daselbst gesehen und wird von den Leuten ausgelacht. Es kombt aber dieser Holtzhauer 8 Tage hernach selber an gemeldten Orth, und als er denselben Wurm angesehen, hat er gemeinet, es sey ein von einem Eychbaum abgeschlagenen Ast, als er aber mercket, daß er sich rühret und den Kopff aus der Haselstaude herfür recket, laufft er schnell zurück nach Zorge und erzehlet, was er gesehen.

Es befunden sich ohngefehr damahl im Kloster die edlen Herrn Hans Müntzschefall [...] und andere, welchen der Holtzhauer alles haarklein erzehlen muste. Er behauptete, daß der Wurm 18 Fuß lang gewesen und sich also befunden, wie schon gemeldet worden. (241)

Das Fräulein von Staufenberg

Auf dem Harz bei Zorge, einem braunschweigischen Dorfe, liegt der Staufenberg, ehedem mit einer Burg bebaut. Man sieht jetzo eine Klippe da, auf der ein Menschenfuß eingedrückt stehet. Diese Fußtapfe drückte einst die Tochter des alten Burgherrn in den Fels, auf dem sie oft lange stand, weil es ihr Lieblingsplätzchen war. Noch von Zeit zu Zeit zeigt sich dort das verzauberte Fräulein in ihren goldgelben, geringelten Haaren. (242)

Der Untergang der Kirche in Zorge

Der Zorgefluß fließt durchs ganze Dorf Zorge, und weil er ein Bergwasser ist, so läuft er vom aufgetauten Schnee und vom Platzregen oft dergestalt an, daß er vieles mit sich fortreißt.

Vor geraumer Zeit soll derselbe durch einen Wolkenbruch bei einem starken Gewitter eine so große Überschwemmung verursacht haben, daß die Kirche während der Administration des heiligen Abendmahls nieder und der Priester samt den Kommunikanten von der Flut mit fortgerissen worden.

Von letztern sollen acht Personen dabei ums Leben gekommen sein. Es wird hinzugefügt, daß man diese traurige Begebenheit der Nachwelt dadurch habe bekannt machen wollen, daß man acht Kreuze von roten Sandsteinen an der Kirchenmauer des Kapitals Cyriaci und oben unterm Schieferdache einen knienden Priester mit dem Kelche in der Hand angebracht habe.

Die Glocken sollen lange danach in einer ziemlichen Entfernung von Schweinen bloß gemacht und derselbe Ort die Saugrube deshalb genannt worden sein.

Von gedachtem Hospital findet man aber keine Spur, und der Vorfall selbst ist den Zorgern unbekannt. (243)

Das Hüttenmännchen zu Vogtsfeld und Zorge

Die Hüttenmännchen von der Neuhütte zwischen Zorge und Vogtsfeld saßen auf der Eisenwaage und im Wasser am Hammerstock, wenn die Frauen einfüllen wollten.

Eine Frau aus Vogtsfeld wollte Klinze (Klümpe, auch Düwekens genannt) aufsetzen, da hüpfte das Hüttenmännchen auf der Ziege umher. Da ließ die Frau vor Schreck den Teig fallen. Man freute sich übrigens, wenn man es sah. In Zorge sagt man: es hatte einen grauen, in Vogtsfeld: es hatte einen grünen Rock, ein Schurzfell und ein Gesicht wie ein harter Taler, abends sah das aus wie Feuer.

Das Hüttenmännchen wandelte an den Bergen umher. Am Weihnachtsheiligenabend, wo es sich besonders bemerkbar machte, ging es in der Schmiede wie zehn Gebläse (Blasebälge). Ein alter Mann konnte von zwölf bis ein Uhr in dieser Nacht während dieser Zeit nicht vom Fleck kommen. An einem Sonntagabend hüpft das Hüttenmännchen von einer Hammerwelle zur andern. (244)

Von Ellrich und der Kelle

Die Kelle

Nachdem als jemand in die Höle hinunter gelanget ist, kömmet demselben eine Höle vor Augen, dessen Ober-Theil von der Natur mit einem starcken Stein-Felsen geschlossen und zusammen gewölbet worden. Die Länge derselben ist, soviel man abnehmen kan, über achtzehn, und die Breite über sechzehn Land-Messer-Ruthen, solcher Gattung, da eine jede sechzehn Werck-Schuh hat.

Vor sich aber siehet man in derselben ein Wasser, welches sich auff dem ganzen Boden der Höle ausbreitet, dassselbe ist helle, stille und sehr kalt, nimmet weder ab noch zu und sind keine lebendige Thiere darinnen befindlich, darneben ist es so tief, daß solches noch niemand hat ergründen können. Mitten durch die Höle der Länge nach über dem Wasser sind Felsen, welche wie eine Mauer aussehen und das Wasser von einander theilen. Wenn ein Stein über solche Felsen hingeworffen wird, höret man denselben in das andere jenseits derer jetzt gedachten Felsen vorhandene Wasser mit einem starcken Klange fallen, sehen kan man aber dasselbe nicht, weilen die vorgemeldeten Felsen solches verhindern [...].

Nechst diesem ist auch von dieser Höle merckwürdig: das vormahls im Pabstthum jährlich eine solenne Procession angestellt worden, weilen man geglaubet, es müsse in derselben jährlich ein Mensch umkommen, wenn ihr nicht auff solche Weise ein Genügen geschehe. Es ist aber solche vermeinte Versühnung folgender massen geschehen:

Auff dem Berge gegen der Höle oder Kelle über ist eine Capelle S. Johanni geheiliget, in diese ist ein papistischer Priester aus Ellrich alle Jahr zu gewisser Zeit, in Begleitung seiner Pfarr-Kinder und andern Benachbarten der Höle, in voller Procession mit vorher getragenem Creutz, Fahnen und Bildern derer Heiligen gegangen, so bald nun daselbst der heilige Johannes, papistischem Gebrauch nach, genugsam verehret worden, hat derselbe mit eben der Procession sich fort nach der Höle gemachet, und in dieselbe sein Creutz hinabgelassen, auch wieder heraus gezogen.

Als nun solches ebenfalls geschehen, hat er dem umstehenden Volcke diese Reime zugeruffen:

»Kommt und kucket in die Kelle,
So kommt ihr nicht in die Hölle.«

wie solche in des Eckstormii [Verf. der Walkenrieder Chronik] an Herr D. Brendeln geschrieben und albereit von mir angeführten Epistel zu ersehen ist. (245)

Das Menschenopfer

Von der Kelle weiß die Volkssage geheimnisvolle Geschichten zu erzählen. In der Tiefe des unheimlichen Sees wohnen Nixen, deren Töchter sich unter die tanzenden Mädchen auf Volkfesten mischten und zur Strafe vom Nixenvater in die Flut geschleift und getötet wurden, so daß ihr Blut auf der Oberfläche des Sees zu schauen war.

Große Fische bemoosten Hauptes lassen sich von Wernaer Dorfbewohnern fangen und beginnen unterwegs in der Rocktasche so eindringlich zu reden, daß ihre Träger sie entsetzt der Flut wieder übergeben.

Alljährlich aber fordert der See ein Menschenleben als Opfer. Deshalb veranstaltete man in alten Zeiten alljährlich zur Sühne eine Prozession nach der Höhle.

Dieser gegenüber auf dem Berge stand eine Kapelle, die dem heiligen Johannes geweiht war. Zu dieser zog alle Jahre am Johannistage ein Priester aus Ellrich in Begleitung seiner Pfarrkinder und vieler Bewohner der benachbarten Orte in voller Prozession. Nach einem Gottesdienste in der Kapelle begab sich der Priester nach der Höhle, ließ in den See ein Kreuz hinab und rief bei dessen Wiederherausziehen dem außenstehenden Volke zu: »Kommt und gucket in die Kelle, so kommt ihr nicht in die Hölle.« (246)

Der Schimmelreiter in der Kelle

Bei Werna liegt ein Erdfall und Teich, die Kelle; da soll es nicht recht richtig sein, denn oft hat man dort Reiter auf weißen Pferden gesehen, die haben die Leute mit hinabgezogen ins Wasser und sie dort furchtbar gequält. (247)

Die vier Hufeisen

Zu Ellrich waren ehedem an der Türe der alten Kirche vier ungeheure Hufeisen festgenagelt und wurden von allen Leuten angestaunt; seit die Kirche eingefallen ist, werden sie in des Pfarrers Wohnung aufbewahrt. Vor alten Zeiten soll Ernst Graf zu Klettenberg eines Sonntagsmorgens nach Ellrich geritten sein, um dort durch Trinken den ausgesetzten Ehrenpreis einer Goldkette zu gewinnen.

Er erlangte auch den Dank vor vielen andern, und die Kette um den Hals angetan, wollte er durch das Städtlein nach Klettenberg zurückkehren. In der Vorstadt hörte er in der Niklaskirche die Vesper singen; im Taumel reitet er durch die Gemeinde bis vor den Altar; kaum betritt das Roß dessen Stufen, so fallen ihm plötzlich alle vier Hufeisen ab, und es sinkt samt seinem Reiter nieder. (248)

Der Säuferkönig

Graf Ernst von Klettenberg ritt einst an einem Sonntagmorgen zu einem großen Gelage nach Ellrich. Viele Ritter waren es, die hier um den Ehrenpreis tranken. Eine goldene Kette war als Preis ausgesetzt.

Viele Stunden tranken die Ritter, bis der Sieg mehr entschied und hier einer, dort einer unter der Last der ungeheuren Humpen und unter lautem Gelächter der Zecher als Schwächling auf den Boden des Saals niedergelegt wurde. Endlich blieben noch vier von all den Edlen auf dem Kampfplatz. Doch drei von ihnen lehnten an der Wand und triumphierten mit lallender Zunge, daß die Willkommen den zitternden Händen nicht entsanken.

Saufteufel an der Totenbahre. Holzschnitt aus: Büchlein wider das Zutrinken. Augsburg 1534.

Nur Ernst von Klettenberg stand noch auf freien Füßen und ergriff siegestrunken die goldene Kette, die auf dem Tisch lag und hängte sie sich um den Hals. Um sich dem Volk als Sieger zu zeigen, wankte er aus dem Saal und befahl, sein Roß vorzuführen. Vier Knappen hoben ihn herauf, und so ritt er unter dem Gejohle der hinzuströmenden Menge durch das Städtlein, um nach Klettenberg heimzukehren. Als er durch die Vorstadt ritt, hörte er in der Kirche des heiligen Nikolaus die Vesper singen. Graf Ernst, in seinem Taumel, ritt durch das offenstehende Kirchentor ein, mitten durch die versammelte Gemeinde hindurch, bis vor den Altar. Der Gesang der Andacht ging in ungläubiges Staunen und bald in wildes Geschrei über.

Aber nicht lange freute Graf Ernst sich seines Frevels. Denn als das gespornte Roß jetzt die Stufen des Altars betrat, siehe, da fielen plötzlich alle vier Hufeisen ihm ab, und es sank mit seinem Reiter nieder.

Zum ewigen Andenken wurden diese vier Hufeisen an die Kirchentür genagelt, wo sie Jahrhunderte lang wegen ihrer Größe und der damit verbundenen Sage angestaunt wurden. Bei einem Kirchenbrand kamen sie aufs Rathaus oder auf das Inspektoramt zu Ellrich.

Noch jetzt spricht man in Ellrich viel von einem Gerippe, das sich alle siebzig Jahre auf dem Buntel, einem Teich, sehen läßt. Einige sagen, das sei das Gerippe des Klettenbergs, des Säuferkönigs; andere, es sei das Gerippe eines Mönchs von Walkenried. Alle aber sagen, wer das Gerippe erlöse, bekomme viel Geld dafür.

Einstmals waren auch die siebzig Jahre gerade wieder um, da kam eine Frau daher, die sah das Gerippe auf dem Wasser schwimmen und hörte, wie es schrie: »Erlöst mich! Erlöst mich!«

Und da lief die Frau so schnell wie möglich davon, verzählte auch alles daheim ihrem Mann. Der lief sogleich hin, den Säuferkönig oder wer das Gerippe sonst war, zu erlösen und das viele Geld zu gewinnen. Doch das war schon wieder im Wasser niedergesunken. Die Frau hat von der Zeit an weder Ruhe noch Glück gehabt. (249)

Die Wegweisung

Es lieget ein Städtlein, das heißt Ellrig; von der Stadt gehe in den Hartz nach der rechten Brücke auf die Haffen-See, von der Haffen-See halte dich auf die linke Seiten auf einer halben Meile, so siehe dich um, da wirst du einen Mönch in einen Stein gehauen und nicht weit davon ein Mauerstück finden von einer alten Kirche, und wenn du das findest, so halte dich auf die linke Hand einen Steinwurf weit und gehe gleich vor dich, so wirst du einen hohlen Platz finden, bei dem ein Wasser hinfleußt, so da heißt die Neyge, bei dem Wasser siehe dich um unter den Tannen, da wirst du einen Hort liegen finden, mit Laub und Moos überworfen, denselben hebe auf, da findest du einen Gang oder Stollen, darinnen gediegen Silber zu finden.

Solches Loch hat vor einigen Jahren ein Knecht gefunden, die Horte davon (weil er im Gehen unversehens hineingetreten) weggeworfen und war zum Loch hineingegangen, weil da Stiegen wie zu einem Keller hineingehen, da er denn weit hinten ein Licht wahrgenommen. Darnach war er gegangen weit hinein, aber endlich hatte sich das Licht verloren, daß ihn zu grausen angefangen. Doch hatte er hingegen hinter sich als nach dem Loche zu wieder ein Licht gemerket, darzu war er wieder zurückgewichen und weil er Erz vermerket, das schon ausgehauen gewesen, so hatte er einen Hut voll mitgenommen und herausgebracht gehabt. Aber nach der Zeit hat weder er noch andere das Loch wieder mögen aufsuchen, wie lange sie sich auch noch darnach beworben gehabt. (250)

Die weiße Jungfer von Gleisingen

Auf dem Weißen Berge bei Gleisingen unweit Ellrich ist so'n kellerartiger Eingang, da zeigt sich eine weiße Jungfer mit Schlüsseln. Nur Sonntagskinder sehen sie. (251)

Die weiße Jungfer

In der Mahlmühle zu Ilfeld zeigte sich auch eine Jungfrau mit Schlüsseln. Sie trug ein rotes Kleid und ging dreimal um einen Klotz herum.

Eine weiße Jungfer zeigte sich auch auf der Hatzburg, die bei Ilfeld liegt, in Werna auf dem Amte aber zeigte sich eine gespenstische Frau und kämmte sich das Haar. (252)

Der Nix an der Kelle

An der Kelle, einem kleinen See unweit der Werne im Hohensteinischen, wohnten sonst Nixen. Einmal holte der Nix des Nachts die Hebamme aus einem Dorfe und brachte sie unter großen Versprechungen zu der Untiefe hin, wo er mit seinem Weibe wohnte. Er führte sie hinab in das unterirdische Gemach, wo die Hebamme ihr Amt verrichtete. Der Nix belohnte sie reichlich. Ehe sie aber wegging, winkte ihr die Kindbetterin und klagte heimlich mit einem Tränenstrom, daß der Nix das neugeborene Kind bald würgen würde. Und wirklich sah die Hebamme einige Minuten nachher auf der Oberfläche des Wassers einen blutroten Strahl. Das Kind war ermordet. (253)

Ilfeld und Umgebung

Von Ilfeld

Ilfeld ist ein Kloster zum Fürstenthum Calenberg gehörig. Bey diesem Orte ist das so genannte Nadel-Oehr, welches ein enges und schmales Loch durch einen grossen Felsen, allwo die Knechte von Nordhausen (die zum erstenmahl in den Hartz fahren, Brenn-Holtz zu holen) gehänselt werden, indem sie dreymahl von ihren Mit-Knechten dadurch gepeitschet werden.

Sonst hat sich bey diesen Steinen in vorigen Zeiten eine Lehrreiche und lustige Begebenheit zugetragen, mit einem Professore Mathesio und seinen Auditoribus. Denn er einsmahls an das schwartze Brett geschlagen: Wie er diese grossen Steine auf einem gewissen benahmten Tage alle hinweg blasen wollte; als nun auf den bestimmten Tage die Studenten sich zu dieser Wunder-Kunst häuffig eingefunden, hat er dabey Gelegenheit genommen und denen Studenten gezeiget, daß solche Last nicht durch Blasen, wohl aber durch mathematische Künste gehoben werden könten, auch dieselben vermahnet, ein solches herrliches Studium besser als vorhero zu treiben und sowohl seine Collegia als öffentliche Lectiones fleißiger zu besuchen. (254)

Das Ilfelder Nadelöhr

Bei dem Kloster Ilfeld, zur linken Hand gleich bei dem Harzfahrwege, steht aus einem hohen Berg ein starker Stein hervor, der in seiner Mitte eine enge und schmale durchgehende Höhle hat.

Alle Knechte aus Nordhausen und den umliegenden Örtern, wann sie das erstemal in den Harzwald hinter Ilfeld nach Brennholz fahren, müssen durch dieses Nadelöhr dreimal kriechen, mit großer Müh und Beschwerde, und werden beim Ein- und Auskriechen von ihren Kameraden dazu mit Peitschenstielen tapfer abge-

Ilfeld. Gezeichnet von Ludwig Richter, gest. von Woods. Aus: W. Blumenhagen: Wanderung durch den Harz, 1836.

schlagen. Wollen sie die Kurzweil nicht ausstehen, so müssen sie sich mit Gelde loskaufen. Die Obrigkeit hat diese Sitte schon mehrmals bei ziemlicher Strafe, aber fruchtlos verboten, und der Knecht, der sich dem Brauch entziehen will, hat vor seinen Kameraden keinen Frieden und wird nicht bei ihnen gelitten.

Vom Ursprung dieses Steins gibt der gemeine Mann vor: Ein Hüne sei einstmals etliche Meilen Wegs gereist; als er nun hinter Ilfeld gekommen, habe er gefühlt, daß ihn etwas in dem einen Schuh drücke, ihn also ausgezogen und diesen Stein drin gefunden. Darauf habe er den Stein an den Ort, wo er noch liege, geworfen. (255)

Gründung des Klosters Ilfeld

Graf Ilger von Bielstein bewachte den Eingang in das Gebirge, den man später die Porta Ilfeldensis genannt hat. Der Graf beraubte und mordete jeden, der ihm in den Weg kam. So zog denn auch eines

Tages Graf Konrad von Beichlingen, Ottos von Northeim Sohn, diesen Weg. Da brach der Ilger aus seiner Burg und erschlug den Beichlinger.

Aber kaum war dieser Mord geschehen, da erhoben sich die Kobolde und Berggeister aus ihren Klüften und Höhlen, wälzten das ganze Tal voll Felsen, trieben dann die Behre aus ihren Ufern, so daß Ilgers ganzer Besitz in Wellen begraben wurde. Alle Wege waren versperrt, nur eine Öffnung hatte sich an einem Felsen gebildet, durch welche Ilger eben noch kriechen konnte, um auf die andere Seite des Tales zu kommen. Da gelobte er denn, wenn er gerettet würde, zur Sühne und Buße an dem Ort, wo er den Beichlinger erschlagen, eine ewige Lampe zu gründen. Alsbald öffnete sich das Tal wieder, und der Fluß trat ruhig in sein Bett, und Ilger ward ein frommer Mann. Aus seiner Stiftung entstand Ilfeld, der Klosterort.

Die Wahl des Ortes, auf welchem das Kloster Ilfeld, das jetzt eine namhafte Gelehrtenschule ist, gebaut ward, wird folgendermaßen erzählt.

Einst hat die Gräfin auf dem Schloß Ilburg mitten im Wald ein großes Licht brennen sehen. Sie weckte ihren Mann deshalb, aber als der kam, sah er nichts. Die Gräfin hatte es aber eine Stunde lang brennen sehen.

Die zweite Nacht sah sie es um dieselbe Zeit, sie weckte den Grafen abermals, aber der sah wieder nichts.

Die dritte Nacht, als die Gräfin es sah, sagte sie dem Grafen nichts, sondern sattelte stillschweigend ein Maultier und ritt damit auf das Licht zu, belud das Tier aber mit so viel Geld, als es nur tragen konnte. Wie nun das hinauskam, war das Licht ein großes Feuer, das rollte sich zusammen in ein großes feuriges Mühlrad und rollte immer weiter. Die Gräfin mit dem Maultier folgte dem feurigen Rad und kam so an eine Stelle, wo es erlosch.

Da ließ sie dann von dem Geld, das sie auf den Esel geladen hatte, eine Kirche bauen, und wie man an der Stelle, wo das Feuer gebrannt hatte, einen Graben aushob, um die Grundmauer hineinzusetzen, wurden noch überdies an der Stelle zwei Tonnen Gold gefunden, die zum Klosterbau mitbenutzt wurden. (256)

Das graue Männchen

Auf der Brücke zwischen Ilfeld und der Johannishütte saß ein kleines graues Männchen, das einem Vorübergehenden zuzurufen pflegte: »Helf dir Gott ins Himmelreich.«

Als einstmals ein armer Bergmann aus Ilfeld über die Brücke ging und der kleine graue Mann ihn mit dem gewöhnlichen Gruß: »Helf dir Gott ins Himmelreich« anredete, antwortete der Bergmann: »Und dir auch!«, worauf das graue Männlein verschwand und ein großer Schatz dastand. Der Bergmann nahm denselben zu sich und zog mit Frau und Kindern an einen anderen Ort, wo keiner was von ihrem Reichtum wußte. Das graue Männchen hat sich seitdem nicht wieder sehen lassen. (257)

Der Riesenstein an der Bähr

Im Tale über Ilfeld, hart an der Bähr, liegt ein großer Felsblock, den einst ein Riese aus dem Schuh schüttelte, weil ihn das Sandkorn drückte. (258)

Der Wurm bei Ilfeld

M(agister) Henricus Ekstormius in seiner Walkeridischen Chronick schreibet, daß vor 86 Jahren ohnweit dem Kloster Ilfelde in der Graffschaft Hohnstein bey den Ruderibus (Überresten) des alten Schlosses Hartzeburg dergleichen Wurm 3 Jahr lang gesehen sey und endlich von zwey Holtzbauern aus Sachswerffen, die Schonemänne zu genannt, umbgebracht worden, da dann das Volck hauffenweiß hingegangen und den abscheulichen Wurm, so an einem Baum gehangen, besehen: Er ist 12 Schue lang und mit dem Maul und Kopfe einem Wolff ähnlich gewesen. (259)

Die weiße Jungfer und Frau Holle

Frau Holle hat sich mit der Jungfer mit dem Bund Schlüssel an der Seite am Burgberge bei Ilfeld nicht gut vertragen können, denn beide haben dort auch zusammen gewohnt. Da hat einmal die Jungfer, die stärker als Frau Holle war, dieselbe in einen Kasten gepackt, und ein Junge hat sie nach Neustadt unterm Hohenstein bringen und dort ins Wasser werfen müssen. Seitdem hat sich Frau Holle noch nicht wieder sehen lassen.

Die Jungfer hat den Jungen später zur Belohnung bei einem Kaufmann in Neustadt in die Lehre gebracht und ist ihm jedesmal erschienen, wenn er Unrecht getan hat. (260)

Kloster Neuwerk

Johanne Kestner, eine Klosterfrau vom Nordhäuser Frauenberge, hat ausgesagt, man fände geschrieben, daß, ehe das Kloster auf diesem Berge geworden, da eine Festung gewesen sei, auf der habe ein Vogt des Reichs zu wohnen gepflegt. Also geschah es, daß er eines Tages in seinem Schlaf gelegen, da sah er ein solch Gesicht, daß graue Tauben flogen aus seinen Fenstern hoch in die Höhe und wieder nieder, aus und ein, und auf das Letzte flogen sie so hoch, daß er sie nicht mehr sehen konnte, und solch Gesicht brachte der obgenannte Vogt an seinen Beichtvater und offenbarte das mehrern andern Herren und Schrifterfahrenen. Also ward der Vogt unterwiesen und ihm ward eingegeben, daß er aus solcher Festung, da er auf wohnte von des Reichs wegen, ein Jungfernkloster graues Ordens stiftete. (261)

Der Tanzteich

Bei Niedersachswerfen, am Wolfleber Wege, liegt dicht am Fuße des Mühlberges ein Teich, der Tanzteich genannt, an dessen Stelle ehemals eine Schenke gestanden hat. In diesem Wirtshause wurde alle Sonntage getanzt, schon bevor am Nachmittag der Gottes-

Wassergeist. Holzschnitt aus: Münster, S.: Cosmographia, Basel 1628.

dienst zu Ende war. Als dies das erste Mal geschah, kam ein Gewitter und schlug in einen Baum ein. Als es das zweite Mal geschah, kam das Gewitter wieder und donnerte, daß die Balken des Hauses krachten und die Erde erbebte. Als es das dritte Mal geschah, schickte der Herr ein Wetter, welches das Haus mit allen Musikanten und Tänzern in die Tiefe schleuderte, und an die Stelle trat der Tanzteich, der über sechs Morgen im Umfange haben soll.

In diesem Teiche lebte ein Ungetüm, das ein fremder Wasserspringer einst heraufholen wollte, aber nicht aufzufinden vermochte. Dagegen sah eine Frau oben vom Rande des Mühlbergs, wo er jählings gegen den Tanzteich abfällt, einstmals ein Geschöpf mit menschlichem Antlitz und langen schwarzen Zotteln wie ein Pudel sich über das Wasser emporheben.

Im Jahr 1815 ging auch das Gerücht, daß das Ungetüm sich zeige. Jemand, der es damals gesehen, hält es aber für ein Rudel Fische, vielleicht Schleien, wenigstens schien die Masse sich selbständig fortzubewegen. Andere erklärten es für ein Bündel Schilf oder andere Wasserpflanzen.

Nahe beim Tanzteich ist das Ziegenloch, da hinein soll das Wasser aus dem Tanzteich strudeln.

Es wird auch erzählt, daß zu Nordhausen einst ein Schwarzkünstler mit Namen Wildtverer war, der stellte sich, als fräße er einen Bauern auf mit Wagen und Pferden. Der Bauer mit Pferd und Wagen wurde aber nachher einige Meilen Wegs von Nordhausen entfernt in einem Sumpf gefunden. Doch ist der Tanzteich hier schwerlich gemeint, da er nicht meilenweit von Nordhausen entfernt ist. (262)

Thale, Blankenburg, Altenbrak, Rübeland

Der Roßtrapp und der Kreetpfuhl

Den Roßtrapp oder die Roßtrappe nennt man einen Felsen mit einer eirunden Vertiefung, welche einige Ähnlichkeit mit dem Eindruck eines riesenmäßigen Pferdehufes hat, in dem hohen Vorgebirge des Nordharzes hinter Thale. Davon folgende abweichende Sagen:

Eines Hünenkönigs Tochter stellte vorzeiten die Wette an, mit ihrem Pferde über den tiefen Abgrund, Kreetpfuhl genannt, von einem Felsen zum andern zu springen. Zweimal hatte sie es glücklich verrichtet, beim drittenmal aber schlug das Roß rückwärts über und stürzte mit ihr in die Schlucht hinab. Darin befindet sie sich immer noch. Ein Taucher hatte sie einmal einigen zu Gefallen um ein Trinkgeld so weit außer Wasser gebracht, daß man etwas von der Krone sehen konnte, die sie auf dem Haupt getragen. Als er zum drittenmal dran sollte, wagte er's anfänglich nicht, entschloß sich zuletzt doch und vermeldete dabei: »Wenn aus dem Wasser ein Blutstrahl steigt, so hat mich die Jungfrau umgebracht; dann eilet alle davon, daß ihr nicht auch in Gefahr geratet.« Wie er sagte, geschah's, ein Blutstrahl stieg auf.

Vor alters wohnte ein König auf den herumgelegenen alten Schlössern, der eine sehr schöne Tochter hatte, diese wollte ein Prinz, der sich in sie verliebte, entführen und verband sich dazu mit dem Teufel, durch dessen schwarze Kunst er ein Pferd aus der Hölle bekam. So entführte er sie, und beim Übersetzen von Fels zu Fels schlug das Roß mit dem Hufeisen dieses Wahrzeichen ein.

Eine Königstochter wohnte am Harz und hatte wider den Willen ihres Vaters eine geheime Liebschaft. Um sich vor seinem Zorn zu retten, floh sie, nahm die Königskrone mit und wollte sich in den Felsen bergen. Auf dem Felsen jenseits, gegenüber dem Roßtrapp, sollen noch die Radnägel ihres Fuhrwerks eingedrückt sein. Sie wurde verfolgt und umringt. Es war keine Rettung übrig, als einen

Roßtrappe und Hexenkessel. Stahlstich aus: Ey, A.: Harzbuch. 2. Aufl. Goslar 1855.

Sprung ans andere Ufer zu wagen. Die Jungfrau sah das, da tanzte sie noch einmal zu guter Letzt, als wäre es ihr Hochzeittag, und davon bekam der Fels den Namen Tanzplatz. Dann tat sie glücklich den großen Sprung; wo ihr Roß den ersten Fuß hinsetzte, drückte sich sein Huf ein, fortan hieß dieser Fels der Roßtrapp. In der Luft war ihr aber die unschätzbare Krone vom Haupte gefallen in einen tiefen Strudel der Bode, davon das Kronenloch benannt. Da liegt sie noch auf den heutigen Tag.

Vor tausend und mehr Jahren, ehe noch die Raubritter die Hoymburg, Leuenburg, Steckelnburg und Winzenburg erbauten, war das Land rings um den Harz von Riesen bewohnt, die Heiden und Zauberer waren, Raub, Mord und Gewalttat übten. Sechzigjährige Eichen rissen sie samt den Wurzeln aus und fochten damit. Was sich entgegenstellte, wurde mit Keulen niedergeschlagen und die Weiber in Gefangenschaft fortgeschleppt, wo sie Tag und Nacht dienen mußten.

In dem Boheimer Walde hauste dazumal ein Riese, Bodo genannt. Alles war ihm untertan, nur Emma, die Königstochter vom

Riesengebirge, die konnte er nicht zu seiner Liebe zwingen. Stärke noch List halfen ihm nichts, denn sie stand mit einem mächtigen Geiste im Bund. Einst aber ersah sie Bodo jagend auf der Schneekoppe und sattelte sogleich seinen Zelter, der meilenlange Fluren im Augenblick übersprang; er schwur, Emma zu fahen oder zu sterben. Fast hätt er sie erreicht, als sie ihn aber zwei Meilen weit von sich erblickte und an den Torflügeln eines zerstörten Städtleins, welche er im Schild führte, erkannte, da schwenkte sie schnell das Roß. Und von ihren Spornen getrieben, flog es über Berge, Klippen und Wälder durch Thüringen in die Gebirge des Harzes.

Oft hörte sie einige Meilen hinter sich das schnaubende Roß Bodos und jagte dann den nimmermüden Zelter zu neuen Sprüngen auf. Jetzt stand ihr Roß verschnaufend auf dem furchtbaren Fels, der Teufels Tanzplatz heißt. Angstvoll blickte Emma in die Tiefe, denn mehr als tausend Fuß ging senkrecht die Felsenmauer herab zum Abgrund. Tief rauschte der Strom unten und kreiste in furchtbaren Wirbeln. Der entgegenstehende Fels schien noch entfernter und kaum Raum zu haben für einen Vorderfuß des Rosses. Von neuem hörte sie Bodos Roß schnauben, in der Angst rief sie die Geister ihrer Väter zu Hilfe, und ohne Besinnung drückte sie ihrem Zelter die ellenlangen Spornen in die Seite. Und das Roß sprang über den Abgrund glücklich auf die spitze Klippe und schlug seinen Huf vier Fuß tief in das harte Gestein, daß die Funken stoben.

Das ist jener Roßtrapp. Die Zeit hat die Vertiefung kleiner gemacht, aber kein Regen kann sie ganz verwischen. Emma war gerettet, aber die zentnerschwere goldene Königskrone fiel während des Sprungs von ihrem Haupt in die Tiefe. Bodo, in blinder Hitze nachsetzend, stürzte in den Strudel und gab dem Fluß den Namen. (Die Bode ergießt sich mit der Emme und Saale in die Elbe.) Hier als schwarzer Hund bewacht er die goldene Krone der Riesentochter, daß kein Gelddurstiger sie heraushole.

Ein Taucher wagte es einst unter großen Versprechungen. Er stieg in die Tiefe, fand die Krone und hob sie in die Höhe, daß das versammelte Volk schon die Spitzen golden schimmern sah. Aber zu schwer, entsank sie zweimal seinen Händen. Das Volk rief ihm zu, das drittemal hinabzusteigen. Er tat's, und ein Blutstrahl sprang hoch in die Höhe. Der Taucher kam nimmer wieder auf. Jetzo deckt tiefe Nacht und Stille den Ungrund, kein Vogel fliegt darüber. Nur um Mitternacht hört man oft in der Ferne das dumpfe Hundegeheul des Heiden. Der Strudel heißt der Kreetpfuhl und der Fels, wo Emma die Hilfe der Höllengeister erflehte, des Teufels Tanzplatz.

In Böhmen lebte vorzeiten eine Königstochter, um die ein gewaltiger Riese warb. Der König, aus Furcht seiner Macht und Stärke, sagte sie ihm zu. Weil sie aber schon einen andern Liebhaber hatte, der aus dem Stamm der Menschen war, so widersetzte sie sich dem Bräutigam und dem Befehl ihres Vaters. Aufgebracht wollte der König Gewalt brauchen und setzte die Hochzeit gleich auf den nächsten Tag. Mit weinenden Augen klagte sie das ihrem Geliebten, der zu schneller Flucht riet und sich in der finsteren Nacht einstellte, die getroffene Verabredung ins Werk zu setzen.

Es hielt aber schwer zu entfliehen, die Marställe des Königs waren verschlossen und alle Stallmeister ihm treu und ergeben. Zwar stand des Riesen ungeheurer Rappe in einem für ihn eigens erbauten Stalle, wie sollte aber eine schwache Frauenhand das mehr denn zehn Ellen hohe Untier leiten und lenken? Und wie war ihm beizukommen, da es an einer gewaltig dicken Kette lag, die ihm statt Halfters diente und dazu mit einem großen Schlosse verwahrt war, dessen Schlüssel der Riese bei sich trug?

Der Geliebte half aber aus, er stellte eine Leiter ans Pferd und hieß die Königstochter hinaufsteigen; dann tat er einen mächtigen Schwertesheb auf die Kette, daß sie voneinander sprang, schwang sich selbst hinten auf, und in einem Flug ging's auf und davon.

Die kluge Jungfrau hatte ihre Kleinode mitgenommen, dazu ihres Vaters goldene Krone aufs Haupt gesetzt. Während sie nun aufs Geratewohl forteilten, fiel's dem Riesen ein, in dieser Nacht auszureiten. Der Mond schien hell, und er stand auf, sein Roß zu satteln. Erstaunt sah er den Stall leer. Es gab Lärm im ganzen Schlosse, und als man die Königstochter aufwecken wollte, war sie auch verschwunden. Ohne sich lange zu besinnen, bestieg der Bräutigam das erste beste Pferd und jagte über Stock und Block. Ein großer Spürhund witterte den Weg, den die Verliebten genommen hatten; nahe am Harzwalde kam der Riese hinter sie. Da hatte aber auch die Jungfrau den Verfolger erblickt, wandte den Rappen flugs und sprengte waldein, bis der Abgrund, in welchem die Bode fließt,ihren Weg durchschneidet.

Der Rappe stutzt einen Augenblick, und die Liebenden sind in großer Gefahr. Sie blickt hinterwärts, und in strengem Galopp nahet der Riese, da stößt sie mutig dem Rappen in die Rippen. Mit einem gewaltigen Sprung, der den Eindruck eines Hinterhufes im Felsen läßt, setzt er über, und die Liebenden sind gerettet. Denn die Mähre des nacheilenden Riesen springt seiner Schwere wegen zu kurz, und beide mit gräßlichem Geprassel fallen in den Abgrund. Auf dem jenseitigen Rand stehet die Königstochter und tanzt vor Freuden.

Davon heißt die Stätte noch jetzt der Tanzplatz. Doch hat sie im Taumel des Sprungs die Krone verloren, die in den Kessel der Bode gefallen ist. Da liegt sie noch heutzutag, von einem großen Hunde mit glühenden Augen bewacht. Schwimmer, die der Gewinn geblendet, haben sie mit eigner Lebensgefahr aus der Tiefe zu holen gesucht, aber beim Wiederkommen ausgesagt, daß es vergebens sei, der große Hund sinke immer tiefer, sowie sie ihm nahe kämen, und die goldne Krone stehe nicht mehr zu erlangen. (263)

Die Teufelsmauer

Auf der Nordseite von Thale zeigen sich Überreste eines großen Felsen-Riffs, die das Volk auch mit dem Namen der Teufelsmauer bezeichnet. Diese doppelte Bezeichnung erklärt folgende Sage, die man ja wohl jetzt nicht wegen zu besorgender Ausbreitung des Manichäismus verketzern wird, den eine neuere Philosophie wieder zu Ehren erhebt.

Das böse Prinzip und das gute Prinzip stritten sich lange um die Herrschaft der Erde. Endlich wurde eine Teilung verabredet. Die Felsen, wo jetzt der Tanzplatz ist, sollten die Grenzline sein, und das böse Prinzip errichtete hier die Teufelsmauer.

Aber, bei seiner Habsucht, schien ihm bald seine Hälfte zu sehr beschränkt zu sein. Es entstand ein neuer Streit, der sich damit

Die Teufelsmauer. Gezeichnet von Ludwig Richter, gest. von S. Lacey. Aus: W. Blumenhagen, Wanderung durch den Harz, 1836.

endigte, daß ihm das gute Prinzip noch das am Fuße jenes Felsens gelegene Tal überließ, worauf das böse Prinzip auf der Nordseite die zweite Teufelsmauer auftürmte. (264)

Des Teufels Tanzplatz

Auf dem nördlichen Harz, zwischen Blankenburg und Quedlinburg, siehet man südwärts vom Dorfe Thale eine Felsenfläche, die das Volk ›Des Teufels Tanzplatz‹ nennt, und nicht weit davon Trümmer einer Mauer, denen gegenüber nordwärts vom Dorfe sich ein großes Felsenriff erhebt. Jene Trümmer und dieses Riff nennt das Volk Teufelsmauer.

Der Teufel stritt lange mit dem lieben Gott um die Herrschaft der Erde. Endlich wurde eine Teilung des damals bewohnten Landes verabredet. Die Felsen, wo jetzt der Tanzplatz ist, sollten die Grenze scheiden, und der Teufel erbaute unter lautem Jubeltanz seine Mauer. Aber bald erhub der Nimmersatte neuen Zank, der damit endigte, daß ihm noch das am Fuße jenes Felsens gelegene Tal zugegeben wurde. Darauf türmte er noch eine zweite Teufelsmauer. (265)

Die Siebenspringe

Unweit Thale, da wo jetzt die Fabrik steht, liegen die sogenannten Siebenspringe. Dicht daneben sollen sich Grabstellen aus heidnischer Zeit finden.

Einst verlangten sieben hohe Prinzen nach den Schätzen der Prinzessin, deren Roß seinen Huf in den Roßtrappfelsen eingrub. Sie wurden aber bei ihrem gefährlichen Unternehmen von sieben Riesen getötet. Als sie begraben waren, kamen sieben Prinzessinnen, ihre Geliebten, daher, warfen sich auf ihre Gräber und weinten sich zu Tode, da wo jetzt die Siebenspringe sind, denn diese entstanden gleichsam von ihren Tränen. Auch sieben Birnbäume pflanzten die Prinzessinnen auf die Stelle. (266)

Der Zug der Zwerge über den Berg

Auch auf der Nordseite des Harzes wohnten einst viele tausend Zwerge oder Kröpel in den Felsklüften und den noch vorhandenen Zwerglöchern.

Bei Seehausen, einem magdeburgischen Städtchen, zeigt man ebenfalls solche Kröpellöcher. Aber nur selten erschienen sie den Landesbewohnern in sichtbarer Gestalt, gewöhnlich wandelten sie, durch ihre Nebelkappen geschützt, ungesehen und ganz unbemerkt unter ihnen umher. Manche dieser Zwerge waren gutartig und den Landesbewohnern unter gewissen Umständen sehr behilflich; bei Hochzeiten und Kindtaufen borgten sie mancherlei Tischgeräte aus den Höhlen der Zwerge. Nur durfte sie niemand zum Zorn reizen, sonst wurden sie tückisch und bösartig und taten dem, der sie beleidigte, allen möglichen Schaden an.

In dem Tal zwischen Blankenburg und Quedlinburg bemerkte einmal ein Bäcker, daß ihm immer einige der gebackenen Brote fehlten, und doch war der Dieb nicht zu entdecken. Dieser beständig fortdauernde geheime Diebstahl machte, daß der Mann allmählich verarmte. Endlich kam er auf den Verdacht, die Zwerge könnten an seinem Unheil schuld sein. Er schlug also mit einem Geflechte von schwanken Reisern so lange um sich her, bis er die Nebelkappen einiger Zwerge traf, die sich nun nicht mehr verbergen konnten. Es wurde Lärm. Man ertappte bald noch mehrere Zwerge auf Diebereien und nötigte endlich den ganzen Überrest des Zwergvolks auszuwandern.

Um aber die Landeseinwohner einigermaßen für das Gestohlene zu entschädigen und zugleich die Zahl der Auswandernden überrechnen zu können, wurde auf dem jetzt sogenannten Kirchberg bei dem Dorfe Thale, wo sonst Wendhausen lag, ein groß Gefäß hingestellt, worin jeder Zwerg ein Stück Geld werfen mußte. Dieses Faß fand sich nach dem Abzuge der Zwerge ganz mit alten Münzen angefüllt. So groß war ihre Zahl. Das Zwergvolk zog über Warnstedt (unweit Quedlinburg) immer nach Morgen zu. Seit dieser Zeit sind die Zwerge aus der Gegend verschwunden. Selten ließ sich seitdem hier und da ein einzelner sehen. (267)

Zwerge stehlen beim Bäcker Brot

In dem Tal zwischen Blankenburg und Quedlinburg bemerkte einst ein Bäcker, daß ihm immer einige der gebackenen Brote fehlten, und doch war der Dieb nicht zu entdecken. Dieser beständig fortdauernde geheime Diebstahl machte, daß er allmählich verarmte. Endlich kam er auf den Verdacht, daß die Zwerge Ursache an seinem Unglück sein könnten.

Er schlug also mit einem Geflechte von schwanken Reisern so lange um sich her, bis er die Nebelkappen einiger Zwerge traf, die sich nun nicht mehr verbergen konnten. Es wurde Lärm. Man ertappte bald noch mehrere Zwerge bei Diebereien und nötigte endlich den ganzen Überrest des Zwergvolks auszuwandern.

Um aber die Landeseinwohner einigermaßen für das Gestohlene zu entschädigen und zugleich die Zahl der Auswandernden überrechnen zu können, wurde auf dem jetzt sogenannten Kirchberg bei dem Dorfe Thale, wo sonst Wendhausen lag, ein großes Gefäß hingestellt, worin jeder Zwerg ein Stück Geld werfen mußte. Dieses Faß fand sich nach dem Abzug der Zwerge ganz mit alten Münzen angefüllt. So groß war ihre Anzahl. (268)

Kloster Wendhausen

Da wo jetzt das Ökonomiegebäude des Guts in Thale steht, stand ehemals das Kloster Wendhausen, das berühmteste in der ganzen Gegend. Dicht bei dem Gebäude aber lag sonst ein großer Stein, von dem man noch allerlei zu erzählen weiß.

Oft wenn die Mädchen Zeug gewaschen hatten und es nun, um es schneller zu trocknen, erst auf dem Stein klopften, kam es des Nachts zu ihnen und schlug sie und warf sie aus den Betten, daß sie keine Ruhe hatten.

Auch dem Amtmann ist es mal übel ergangen. Dem lag der Stein im Wege, und da wollte er ihn fortbringen, allein er spannte zwölf Pferde vor und brachte ihn doch nur mit größter Mühe den Berg hinunter. Andern Tags aber kam der Pferdeknecht und meldete, das Sattelpferd sei gefallen, am dritten Tage kam der Kuhhirt heim, der meldete, die beste Kuh sei gestorben, und so ging's wohl acht Tage fort, so daß der Kaufmann endlich merkte, das müsse von dem Fortbringen des Steins herrühren. Da ließ er ihn schnell wieder holen, und jetzt brachten ihn zwei Pferde mit leichter Mühe wieder zurück.

Nachher hat man ihn denn endlich an der Stelle, wo er sonst gelegen, in die Mauer des Gebäudes gesetzt, und da steckt er noch. (269)

Die weiße Jungfrau von Blankenburg

Ein Soldat stand in Blankenburg auf Posten. Da schritt kurz nach zwölf Uhr nachts eine weiße Frau an ihm vorbei. Dann blieb sie stehen und winkte ihm. Doch er rührte sich nicht vom Flecke, weil es ihm gruselte.

Blankenburg vom Heidelberg aus. Gezeichnet von Ludwig Richter, gest. von S. Lacey. Aus: W. Blumenhagen, Wanderung durch den Harz, 1836.

Als er nach wenig Tagen wieder auf Wache gezogen war, erschien ihm dieselbe Gestalt. Mit wehmütiger Stimme sprach sie: »Komme mit! Hilf mir! Es soll dein Glück sein!« Er folgte aber dem Rufe nicht. Er hörte noch den Seufzer: »Ich komme nur noch einmal.« Dann war die Überirdische verschwunden. Der Soldat erzählte das Erlebnis seinen Kameraden, sagte es auch dem Hauptmann. Der gab ihm den Rat: »Wenn dich die Erscheinung wieder ruft, so gehe mit. Nimm aber Freunde mit, die dich begleiten.«

So geschah es auch. Als die Reihe an ihm war, auf Posten zu ziehen, bat ihn die verschleierte Jungfrau aufs neue mitzukommen. Er erfüllte ihren Wunsch. Andere Soldaten folgten ihm in einiger Entfernung. Er wurde am Ziegenrücken vorbei in eine Höhle geführt. Eine Tür öffnete sich. Der Krieger trat in eine matterleuchtete geräumige Halle. An der linken Seite derselben stand ein steinerner Tisch, auf dem befand sich ein Hahn. Darunter lag ein schwarzer Höllenhund mit feurig funkelnden Augen. Die Jungfrau sprach: »Töte den Vogel; ich will dich dafür unendlich reich machen.«

Der Soldat trat näher an den Tisch und zog sein Seitengewehr. Doch sobald er Miene machte, den Hahn zu fassen, knurrte das schwarze Ungetüm zu seinen Füßen und wollte nach ihm schnappen. Nach wiederholten Versuchen verließ ihn der Mut. Da verkündeten Glockenschläge vom Kirchturm in Blankenburg, daß die Mitternachtsstunde zu Ende ist. Mit entsetzlichem Geheul versanken Hahn und Hund. Die Jungfrau war verschwunden.

Die Soldaten, die ihren Kameraden lange vergebens gesucht hatten, fanden ihn gegen Morgen bewußtlos vor einem großen Felsen. Nach langem Rütteln gelang es erst, ihn zu ermuntern, und mit innerem Grauen erzählte er, was ihm geschehen. (270)

Der Auszug der Zwerge

Die Hütte des Bergwerkes von Altenbrak stand früher auf der Riefenswiese. Dorthin kamen die Zwerge gar oft. Sie aßen und tranken in der Hütte und wärmten sich am Ofen. Aber die Hammerschmiede, die Kerle, konnten die Kleinen nicht in Ruhe lassen. Sie schmissen glühenden Kram zwischen sie hinein und trieben es so toll, daß sie einem Zwerg ein Bein abschlugen.

Am nächsten Abend kam der Kleine wieder. Und auf seiner Schulter trug er sein Bein. Und sagte: »Das ist der alte Brak (Brach, wüste Stelle) und soll es auch bleiben!«

Von der Zeit an ging in der Hütte alles verkehrt. Da mußten die Hammerknechte fort. Und die Zwerge kamen und rissen die Hütte ein. Da sonnen sich heute nur noch Schlangen auf den Brinken. Die Zwerge selbst zogen in das Langesche Gebirge an der Lupbode. (271)

Seltsam gebildete Sachen

Unweit von dannen [der Baumannshöhle] sind nahe bei dem Kloster Michelstein im Walde zwei hohe Klippen, die von der Natur also gebildet, daß sie die Gestalt und das Ansehen zweier Mönche gar artig präsentieren, inmaßen dann auch daher der eine

Fels Hans Mönch und der andere Henning Mönch vor undenklichen Jahren genennet worden und noch heute solche Namen führen.

Etwa eine halbe Meile davon, in selbigem Amt Blankenburg auf der Höhe, zwischen den Dörfern Wienrode und Timmenrode, ist ein Steinbruch, darin die Steine in Form runder Schüsseln aneinanderstehen, nicht anders, als ob sie mit Fleiß von Menschenhänden also gerundet, gehöhlet und ineinander gefüget wären, daher die Nachbarschaft für Trinkgeschirr zum Behuf ihres Viehes gar nicht zu sorgen hat, sondern wer dessen bedarf, gehet nur zu gedachter Gruben, da ihm dann nach advenant [Ankunft] ein ganz oder halb Dutzend dieser Stein-Schüsseln ohne Entgelt gereichet werden.

Gegen diesem Ort über nach Mitternacht siehet man einen langen Zug hoher Stein-Klippen, der Heidelberg genannt. Derselbe streicht von der Stadt Blankenburg gegen Morgen eine halbe Meil Wegs und weiter in einer so geraden Neige hinunter, daß einer, der es nicht wüßte, einen Eid schwüre, es wäre nicht natürlich, sondern von Menschenhänden nach der geraden Linie eine Mauer dahin gezogen. (272)

Die Baumannshöhle

Der Eingang der Höle nun war gantz niedrig und enge, also daß wir auf Händen und Füßen einer nach dem andern uns hinein dringen mußten; darauf war es ein wenig weiter, hernach wieder ziemlich enge, und dann hierauf ie tieffer ie weiter, daß wir also nachgehends ie länger ie tieffer hinunter, gleich einem Berge und Steinfelsen, hinunterwerts steigen und klettern müssen. Es ist gleichsfals ein großes Wunder-Werck Gottes darinnen zu verspühren gewesen, daß also tief in die Erde hinunter ein solcher von Natur zugerichteter Fels, darinnen eine sehr große Weite und Umfang, von allen Seiten zu sehen war, und ie tiefer man hinunter kam, ie stärckere und hefftigere Kälte wir empfunden, da es hingegen oben vor der Höle und in der Lufft ein sehr heißes Wetter und schöner heller Sonnenschein war. Ziemlich weit unten in der Höle ist ein Fels, so das Pferd genennet wird, so eine ziemliche harte Schärffe hat oben, da man darauf Sitzende herumb klettern

Einhorn. Kupfer aus: Seyfrid, J. H.: Medulla mirabilium naturae, 1679.

muß, und also wegen Gefahr sich nicht ein ieder darauf zu steigen oder zu klettern getrauet.

Von demselben Pferde und Felsen weiter hinunter muß man sich durch sehr enge Löcher und Päße zwischen den Steinen durchdringen. Daselbst findet sich wiederumb eine tieffe Höle, da man auff Leitern und Riemen sich hinunter lassen muß und dann von demselben Ort wiederumb in eine Höle noch tieffer hinunter, daselbst dann und vornehmlich in der tieffsten oder eußersten Höle gefunden wird Horn, Kinbacken und Zähne, so dem Vorgehen nach von Einhorn etwas gleich befunden wird. Allein ohne große Mühe und Arbeit, ja gar Leibes und Lebens-Gefahr kan man zu solchen eußersten Höle nicht wohl gelangen, maßen dann in der gantzen Höle es ohne diß sehr gefährlich herumb zu gehen und zu steigen ist. Dahero dann ein ieder von uns eine brennende Kertze in der Hand haben und also damit herumb steigen und klettern mußte.

Der Berg-Voigt oder Weg-Weiser aber hatte das Feuerzeug bey sich, damit (im Fall ja endlich die Liechter alle außlöschen solten, wie vor diesem einmal oder zwey soll geschehen seyn) man sich wiederumb des Liechtes erholen konte. Dann ohne brennend Liecht unmüglich aus der Höle wegen der unterschiedenen vielen Gänge hin und her wiederumb heraus zu kommen.

In der Höle wurden insonderheit Steine gefunden, so auß Wasser darzu verwandelt seyn, da denn vor unsern Augen das Wasser, so hin und wied durch das Erdreich und den Steinfelsen sich von oben herunter dringet und Tropfen weise zur Erden fället, gantz hart und Anfangs wie Eyß oder Eyßzapfen darnach gantz zu Steine wurde, wie dann solche Eyßzapfen von Stein in der Höhe hin und wieder in großer Mänge herab hingen. Wenn man eine Pistol darinnen loß gebrennet, hat es einen trefflichen Knall gegeben, fast als wenn ein Canon abgangen wäre, und darauf ein großer Dampf entstanden, so eine ziemliche Weile iedesmahl gewehret.

Es waren viele Gänge hin und wieder darinnen und dahero das Ende der Höle nicht zu finden, wie denn die Irrwege und die Vielheit der Gänge verursachet, daß man sich gar leicht drinne verirren kan, und daher berichtet wurde, daß vor ietzlichen Jahren ein feiner Mann, so sich am selben Ort aufgehalten und den Reisenden dieselbe (Höle) iedesmahl gezeiget, sich einmal gantz alleine mit brennenden Liechtern in die Höle begeben, in Meinung, die Gelegenheit darinnen weiter zu erforschen.

Als ihm nun in seiner Arbeit die Liechter eines nach dem andern darinnen erloschen und er sein mitgehabt Feuerzeug gleichfals gar nicht finden können, wäre ihm gantz unmüglich gewest, den Außgang aus der Höle wieder zu finden. Dahero er dann gantzer drey Tage darinnen verharren und also in der Irre ungessen und ungetruncken herumb wandern müssen, biß endlich ein Engel in Gestalt eines brennenden Feuers oder Liechtes erschienen, der ihn dann aus der Höle hinaus geführet, der Mann aber darauf nur drey Tage noch gelebet und hernach Todes verfahren.

Als wir nun also acht Personen starck in der Höle bey nahe in die zwo Stunden verblieben und uns darinnen zur Genüge umbgesehen, auch ziemliche Kälte erleiden müssen, sind wir endlich einer nach dem andern mit unsern in den Händen habenden brennenden Liechtern (davon uns nur zwey verloschen, aber also fort iedesmahl wieder angezündet worden. Dann dem Bericht nach das Auslöschen der Liechter von den Erd-geistern, welche ohne Zweifel allda sich mit aufhalten müssen, unterweilen beschehen soll) aus der Höle wiederumb hinaus gegangen, geklettert und gekrochen. Da wir dann vor der Höle eine große Hitze wegen des hellen Sonnenscheins und heißen Lufft gefunden und also gleich, als wann wir uns in eine Badstube aus kühler Lufft begeben, erfahren müssen.

Die Höle soll sonst daher Baumans Höle genennet werden, weil derjenige, so sich zum ersten in die Höle gewaget und die Gelegenheit derselben erfunden, Baumann geheißen. (273)

Die entsetzliche Höhle

In dem dritten Tomo [Band] unserer Relationen [Mitteilungen, Nachrichten, Berichte] haben wir der so genannten Baumans- oder Bumans-Höhle Erwähnung getan, aber wir haben dieser Seltsamkeit ihr Recht aus Mangel völligen Berichts damals nicht abstatten können. Solches wollen wir allhier ersetzen. Gehet man demnach von beschriebenen Orte nach Westen zu den Eisen-Hütten zum Rübeland, zwischen Blankenburg und Elbingerode gelegen, so ereignet sich abermals ein neues Wunder der Natur, nämlich die Baumanns-Höhle, davon mit Wahrheit kann gesagt werden:

Ludit in humanis divina potentia rebus.
[Die Menschen sind unseres Herrgotts Kartenspiel.]

Diese Höhle, so von ihrem Erfinder Specus Bumanni, die Baumanns-Höhle, genannt wird, ist nahe beim Rübeland an einem ziemlich hohen Berge, von der Natur selbst in einen harten Felsen gemacht. Der Eingang ist rund, daß derjenige, so darein will, etliche Klafter weit hinein schlupfen oder kriechen muß.

Bald darnach eröffnen sich Höhlen von solcher Größe, daß ganze Häuser drin stehen könnten: etliche gegen Abend, etliche gegen Mitternacht, welche samt den übrigen in so festem Stein sein, als wann sie mit großem Fleiß in Form eines Gewölbes hinein gehauen wären. Hinter solchen großen Höhlen oder Gewölben finden sich immerfort nach Abend und Mitternacht mehr und mehr Höhlen, jedoch daß man oft aus einer in die andere durch enge Löcher kriechen muß.

Wann man 100 Schritt drin fortgegangen und gekrochen, trifft man einen spitzigen Felsen zwischen 2 Klüften an, das Roß genannt, über welchen man hinüber hutschen und hernach sich unterweilen gar mit Stricken hinunterlassen muß. Dann kommt man erst in die rechte Höhle, da viel Knochen gefunden werden. Hier siehet man auch viel Säulen oder Pfeiler von Tropfstein.

Und weil von Natur in dieses unterirdische Gebäu kein Licht fallen kann, darneben solche Höhlen samt und sonders mit stetigen dicken Dünsten und Nebeln angefüllet und dazu stets Wasser von oben herabtröpfelt, ohne daß auch der Ort wegen darin befindlicher Gespenst sehr beschrien ist, als versammeln sich gemeiniglich derjenigen, so den Ort zu besehen willens, eine ziemliche Gesellschaft und versehen sich mit einer Menge Fackeln samt etlichen Feuerzeugen, auf daß, wann etwa durch die dicke Dünste oder Gespenste die Lichter ausgelöscht wurden, dieselben wieder angezündet werden könnten, brauchen auch, wann sie keinen Führer haben, dieser Höhle genugsam kundig, das Mittel, das Theseus von der Ariadne gelernet und in dem Labyrinth gebrauchet: binden nämlich an dem Ort, da sie hineingehen, einen Strick an, damit sie sich wieder herausfinden können, zumal wann sich einer einmal in den unzählig vielen Höhlen verwirret, unmöglich ist, sich wieder herauszufinden, wie man dessen Exempel an denen darin gefundenen Toten-Körper oder Sceleris [Skeletten] hat, als die darin verwirret und verstorben sind. Es ist aber kein Mensch, der sagen könnte, daß er dieser grausamen unzähligen Höhlen ein Ende wüßte oder gefunden hätte, wie wohl ihrer viel gewesen, welche sich etliche Tage darin aufgehalten und mit mehreren Demonstrationibus (daran es des Orts bergwerkskundigen Leuten nicht ermangelt) dargetan, daß sie unter der Erden fast in die Gegend der Stadt Goslar kommen, welche doch vier großer deutscher Meil Wegs von dem Eingang dieser Höhlen ist.

Etliche, die gar weit hineinkommen, berichten, daß sie von ferne ein sehr großes Wasser brausen gehöret, als wann ein starker Fluß von einem Felsen sich herabstürzte. Viel wollen auch vorgeben, als ob sie durch verschiedne Gespenste lange Zeit darin umgetrieben und endlich starke eiserne verschlossene Kisten unglaublicher Größe angetroffen, welche von greulichen Hunden verwahret wurden, welches alles auf seinem Ort, weil es Illusiones des Satans sein können, man billig beruhen läßt. Dieses ist gewiß und mit glaubhaften Leuten zu bezeugen, daß ungefähr vor 80 Jahren ein junger starker Vieh-Hirte aus dem Harz sich allein hineingewaget, und weil er sich verirret und ihm die Lichter verloschen, ganzer 8 Tage darin mit großer Angst und Schrecken zugebracht, bis er endlich durch Gottes sonderbare augenscheinliche Schickung wieder herauskommen und noch eine gute Zeit gelebet.

Es ist aber derselbe in besagten 8 Tagen ganz eisgrau und von den Gespensten über alle Maßen geängstet worden, zumal er von etlichen ergriffen, als ein Dieb angeklagt und zum Galgen verdammet, geführet und ihm der Strick um den Hals geleget worden. Wann er von selbigen kaum erlediget, ist er einer andern Partei in die Hände geraten, von denen er als ein Mörder zum Tode verdammet und alsofort von vielen andern auf mancherlei andere Weise aufs äußerste geplaget und geängstiget worden.

Über solche wunderbare Struktur dieser erschröcklichen Höhlen davon kein Mensch bis dato einige beständige Relation beibringen können, befinden sich noch andere denkwürdige Sachen darin;

zumal bald im ersten Gang ein Brünnlein sehr klares Wasser ist, welches von vielen für die Schmerzen des Blasensteins täglich nicht ohne Nutzen gebrauchet wird. Wann dieses Wasser in einem Glase aufgehoben wird, hält sich über ein und mehr Jahre wider alle Fäulung und hat man nicht befunden, daß sich die geringste Häfen darunter gesetzet.

Und demnach das Wasser in der Höhlen stets von oben herab tropfweise niederfället, so hängen sich oben an die Steine von solchen Tropfen in Gleichnis der Eiszapfen lange dünne Steine ganz weißer Farben, welche mit Verwunderung in großer Menge herausgebracht, verkauft, zu Pulver gestoßen und dem schadhaften Vieh in die Wunden mit großem Nutzen gestreuet werden.

Zudem wird eine große Menge allerhand Knochen und Beinlein, so teils fast vermodert, von unbekannten Tieren hinter dem Roß fast in allen Höhlen gefunden und dem gemeinen Manne für Einhorn hingegeben. Unter solchen werden zum öftern Zähne gefunden von unglaublicher Größe, wie dann vor etlichen Jahren drei herausgebracht sind, deren einer viel stärker als 3 Pferdszähne gewesen, woraus leicht abzunehmen, was für ungeheure Tiere solche Zähne gebraucht haben, inmaßen auch vor Jahren ein ganz Sceleron eines Menschen unglaublicher Größe darin gefunden worden. (274)

Von der Entdeckung der Baumannshöhle

Der Archivar Hoffmann erzählt in seiner Handschrift vom Jahre 1670 die Entdeckungsgeschichte dieser in den ersten Zeiten des vorigen Jahrhunderts noch völlig unbekannten Höhle auf folgende Art:

Ein Bergmann namens Baumann befuhr sie zuerst, in der Absicht, Erze darin aufzusuchen. Als er aber diese nicht antraf und zurückkehren wollte, fand er den Ausgang nicht, welchen er nachher noch weniger entdecken konnte, als sein Grubenlicht verloschen war. Er kroch nun zwei Tage und Nächte in der dicksten Finsternis über manchen Block und durch so manche Kluft.

Erst am dritten Tage kam er, nach einer gänzlichen Entkräftung, zufälligerweise an den Ausgang. Die Angst und der Hunger hatten ihn dermaßen angegriffen, daß er bald darnach starb. Sein Name ward nun die Veranlassung zur jetzigen Benennung der Höhle. Da er auf dem Sterbebette ausgesagt hatte, daß man merkwürdige Seltenheiten darin antreffe, so wagten sich bald mehrere in dies deutsche Labyrinth, aber mit mehr Vorsicht als jenes unglückliche Schlachtopfer seiner Wißbegierde. Auch ist sie wegen dieses einzelnen Verunglückten in der Tat gar nicht als gefährlich für diejenigen zu halten, die sie nach ihm befuhren [...]. (275)

Der Engel Gottes leitet aus der Baumannshöhle

Ein gewisser Mann, welcher nicht gar weit von der Höhle wohnete und dieselbe den neugierigen Reisenden auf ihr Verlangen zeigte, hat sich einstmals einfallen lassen, ganz allein, ohne einigen Gefährten, mit brennenden Lichtern wie gebräuchlich in die Höhle zu steigen, um darin noch eines und des andern weiter zu erkundigen.

Nachdem aber demselben die Lichter, in währender Durchsuchung der Höhle, eines nach dem andern verloschen und er zu seinem Unglück das mitghabte Feuerzeug nicht finden können, hat er sich vergebens bemüht, die Ausfahrt wieder zu treffen, derowegen er darin drei Tage und Nächte ohne Speise zugebracht, im Finstern herumgetappt und so lange in der Irre gewandert, bis ihm endlich ein Engel in Gestalt eines brennenden Lichtes oder Feuers erschienen und ihn aus der Höhle geführt hat.

Als er nun also wunderlich errettet worden und unverhofft wieder aus derselben an das Tageslicht kommen, hat er solches erzählt, aber nur drei Tage darauf noch gelebt, und ist hernach gestorben. (276)

Die Marmormühle bei Rübeland. Lithographie von Ed. Pietzsch. Aus: F. von Sydow, Thüringen und der Harz, 1839 ff.

Die Hundekirche

Unweit Rübeland bei der alten Burg liegt über der tiefen Sitte (dem tiefen Bruch) die Hundekirche, von der ein Mann in Rübeland sagte, daß sie eine heidnische Kirche gewesen sei. Dort leitete ein schwarzer Mann die Menschen irre. (277)

Die Jungfrau auf dem Garkenholzberge

In der Nähe des Dorfes Rübeland im Harz erstreckt sich nördlich vom Dorfe ein Höhenzug, der den Namen Garkenholzberg führt. Auf dessen breiter Hochfläche sind weite Wiesen, die von muntern Quellen bewässert werden.

An einem Sommertage weidete hier ein Schäfer seine Herde und lagerte sich gegen Mittag an einer Quelle. Mit dem Glockenschlag zwölf sah er, wie ihm zur Seite aus dem Tannenwalde eine Jungfrau hervortrat. Sie hatte ein großes Schlüsselbund am Gürtel hängen und war auch sonst wie eine Wirtschafterin angetan. Unhörbar kam sie näher und schwebte über die Bäche dahin gerade auf den Schäfer zu.

Von großer Angst gefesselt, konnte er ihr nicht entweichen. Die Jungfrau sagte, sie sei eine verzauberte Prinzessin und bat ihn mit freundlichen Worten gar sehr, er möge sie doch erlösen.

»Zweimal komme ich in Gestalt häßlicher Tiere zu dir«, so sprach sie, »und doch mußt du mich küssen. Morgen, pünktlich um zwölf Uhr, erscheine ich dir als großer Frosch, und am zweiten Tage, wiederum zu Mittag, komme ich zu dir in Gestalt einer Schlange. Endlich am dritten Tage trete ich wie heute zu dir, und dann folge mir. Dort am Berge kommen wir vor ein mächtiges eisernes Tor, das bei unserm Nahen mit Krachen auseinander fährt. In einem weiten, dunklen Gewölbe werden wütende Hunde mit feurigen Augen dir entgegenspringen: Gehe aber nur mutig hindurch, sie werden dir nichts anhaben. Dann kommen wir weiter zu einer Halle, da stehen zwölf Männer um eine lange, schwarzbehängte Tafel, auf der zwei Lichter brennen. Hinterwärts aber findest du viel Gold und Edelgestein aufgeschüttet. Das alles wird dein sein. Aber nicht gar zu lange darfst du bei diesen Schätzen weilen. So wie der letzte Glockenschlag ertönt, mußt du wieder fort sein, sonst bist du selbst gefangen und mußt da drinnen verzaubert weilen.« So sprach die Jungfrau und entschwand.

Zur Mittagstunde des folgenden Tages erschien wirklich ein riesengroßer Frosch, aber voller Schrecken wandte der Schäfer sich ab. Am zweiten Tage kroch eine Schlange daher, aber auch dieser wandte der Schäfer voll Abscheu den Rücken. Und dann erschien zuletzt die Jungfrau wieder, wie er sie zuerst gesehen, und nochmals forderte sie ihn mit bewegten Worten zum Werk ihrer Erlösung auf. Aber auch da blieb der Schäfer unerbittlich und kehrte sich von ihr ab.

Mit großem Getöse verschwand die Prinzessin und rief klagend zurück: »Nun muß ich abermals sieben Jahre schlafen!«

In der Quelle, neben der der Schäfer die Tage über saß, sollen sich während jener Zeit öfters goldene Perlen gezeigt haben. (278)

Neudorf, Stiege, Harzgerode

Die Venediger vom Schätteritzgrund

Im Schätteritzgrunde oder Loddenbeek bei Dankerode befand sich eine Höhle, das Kuxloch genannt. Hier sollen Venetianer vorzeiten eine rotgelbe Farbe geholt haben. Die Kuxträger hat man öfter mit Säckchen auf dem Rücken durch Königerode kommen sehen. (279)

Der Mägdesprung

Zwischen Ballenstedt und Harzgerode in dem Selketal zeigt das Volk auf einen hohen, durch eine Säule ausgezeichneten Felsen, auf eine Vertiefung im Gestein, die einige Ähnlichkeit mit der Fußtapfe eines Menschen hat und achtzig bis hundert Fuß weiter auf eine zweite Fußtapfe. Die Sage davon ist aber verschieden.

Eine Hünin oder Riesentochter erging sich einst auf dem Rücken des Harzes, von dem Petersberge herkommend. Als sie die Felsen erreicht hatte, die jetzt über den Hüttenwerken stehen, erblickte sie ihre Gespielin, die ihr winkte, auf der Spitze des Ramberges. Lange stand sie so zögernd, denn ihren Standort und den nächsten Berggipfel trennte ein breites Tal. Sie blieb hier so lange, daß sich ihre Fußtapfe ellentief in den Felsen drückte, wovon heutzutag noch die schwachen Spuren zu sehn sind.

Ihres Zögerns lachte höhnisch ein Knecht des Menschenvolks, das diese Gegend bewohnte, und der bei Harzgerode pflügte. Die Hünin merkte das, streckte ihre Hand aus und hob den Knecht samt Pflug und Pferden in die Höhe, nahm alles zusammen in ihr Obergewand und sprang damit über das Tal weg, und in einigen Schritten hatte sie ihre Gespielin erreicht.

Oft hört man erzählen: Die Königstochter sei in ihrem Wagen gefahren gekommen und habe auf das jenseitige Gebirg gewollt.

Der Mägdesprung. Gezeichnet von Ludwig Richter, gest. von W. Deeble. Aus: W. Blumenhagen, Wanderung durch den Harz, 1836.

Flugs tat sie den Wagen nebst den Pferden in die Schürze und sprang von einem Berg nach dem andern.

Endlich werden die Fußtritte einer Bauerdirne zugeschrieben, die zu ihrem Liebhaber, einem Schäfer, jenseits den Sprung gemacht und beim Ansatz so gewaltsam aufgetreten habe, daß sich ihre Spur eindrückte. Auch ein Ziegenbock scheint hierbei im Spiel gewesen zu sein. (280)

Die Teufelsmühle

Auf dem Gipfel des Ramberges im Haberfeld liegen teils zerstreute, teils geschichtete Granitblöcke, welche man des Teufels Mühle heißt.

Ein Müller hatte sich am Abhang des Bergs eine Windmühle erbaut, der es aber zuweilen an Wind fehlte. Da wünschte er sich oft eine, die oben auf dem Berggipfel stünde und beständig im Gang bliebe. Menschenhänden war sie aber unmöglich zu erbauen.

Weil der Müller keine Ruh darüber hatte, erschien ihm der Teufel, und sie dingten lange miteinander. Endlich verschrieb ihm der Müller seine Seele gegen dreißig Jahre langes Leben und eine tadelfreie Mühle von sechs Gängen auf dem Gipfel des Rambergs, die aber in der nächstfolgenden Nacht vor Hahnenschrei fix und fertig gebaut sein müßte.

Der böse Feind war das zufrieden und begann den Bau zur gesetzten Zeit; da aber der Müller aus der geschwinden Arbeit merkte, daß noch vor dem Ziel alles vollendet sein könnte, so setzte er den schon fertig daliegenden Mühlstein insgeheim auf die runde Seite und ließ ihn den Berg hinablaufen. Wie das der Teufel sah, dachte er noch den Stein zu haschen und sprang ihm nach. Allein der Mühlstein tat einen Satz stärker als den andern, so daß ihm der Böse nicht folgen konnte, sondern ganz bergab mußte, eh er ihn zu fassen bekam. Nun mühte er sich, ihn schnell wieder bergan zu wälzen, und noch hatte er ihn nicht ganz oben, als der Hahn krähte und den Vertrag zunichte machte.

Wütend faßte der böse Feind das Gebäude, riß Flügel, Räder und Wellen herab und streute sie weit umher, um dem Müller, der eine beinah fertige Mühle umsonst zu erhalten glaubte, das Wiederaufbauen zu vereiteln. Dann schleuderte er auch die Felsen, daß sie den Ramberg bedeckten. Nur ein kleiner Teil der Grundlage blieb stehen zum Angedenken seiner Mühle. Unten am Berge soll noch ein großer Mühlstein liegen. (281)

Von der Teufelsmühle

Der Platz dort oben [auf dem Ramberg] hieß einst im Volke die Teufelsmühle, und zwei Granitblöcke von ausgezeichnetem Umfange und famoser Dicke, wie absichtlich aufeinander gelegt, tragen den Namen noch zur Zeit. An dem Namen haftet eine alte Mär.

Unten am Berge besaß vor Zeiten ein Müller eine Windmühle. Aber die Mühle, ein Erbstück vom Urgroßvater, war baufällig, und wenn der Wind aus Norden oder Westen blies, standen die Flügel unbeweglich, denn Berg und Wald fingen und hielten den

Gotteshauch. So konnte der Mann nimmer auf einen grünen Zweig gelangen, verarmte mehr und mehr, und auch das Gottvertrauen, die beste Stütze der Armut, wich von ihm. Oft saß er oben auf dem Berggipfel und träumte, wie schön es sein müßte, wenn hier im freien Luftzug die Mühle stände, ein fester Turm, erbaut von dem Material, das überflüssig in der Nähe umherlag, und schalt auf die Großeltern, daß sie nicht diesen Platz erwählt, bedachte jedoch nicht, wie es auch ihnen wohl gemangelt hätte an Geld und helfenden Armen, das Werk dort oben in die Wildnis zu stellen.

Da trat einst im Dämmerlicht, als die Fledermäuse und Eulen ihren Flug begannen, ein stämmiger Werkmeister ihm entgegen in schlichter Handwerkstracht, doch mit schwarzgelbem Angesicht und hinkendem Fuße. Verwundert vernahm der Müller, wie der Fremde sein Trachten kannte und ihm seinen Dienst anbot, ja sich vermaß, zwischen Mitternacht und Hahnschrei die schönste Mühle hinzustellen, sobald der Müller durch einen Blutschein verspräche, sich ihm leibeigen und seeleneigen zu geben nach dreißig Jahren.

Not, Habsucht und Eitelkeit, drei der schlimmsten Zwingherrn der Menschenkinder, verführten den Müller, und der böse Pakt war abgeschlossen. Da sah der Entsetzte in einer Mitternacht, in welcher ihn der finstere Architekt auf den Berg bestellt, plötzlich die Einsamkeit mit grauenhaftem Leben erfüllt. Eine Schar schwarzer Gesellen tauchte mit dem zwölften Glockenschlag des nächsten Kirchturms aus der Nacht. Sie fegten den Raum kahl im Augenblick. Kräftige Beilschläge schallten im Walde. Zahllos klangen Meißel und Hammer am Gestein, und das Werk wuchs mit Zauberschnelle, aber der Mut sank dem Zuschauer, je mehr es aus der Nacht sich erhob.

Seine Angst stieg zuletzt zur Verzweiflung, und als schon das Dach mit den riesigen Flügeln fertig gezimmert zur Seite stand, nur noch der letzte Mühlstein eingesetzt werden sollte, faßte er diesen mit der Kraft, welche Todesangst weckt, und stieß ihn von den Rollhölzern hinab, daß der runde Stein den Berghang hinunter tanzte.

Mit wütendem Zorngekreisch stürzte der höllische Werkmeister ihm nach, lange vergebens. Jetzt faßte er ihn, da – krähte ein munterer Hahn unten im Gehöft des Müllers. Ingrimmig hob der Höllische den ungeheuren Stein, seine Kleider fielen von ihm wie verbrannter Zunder, seine schwarzen Fittiche entfalteten sich, er schwang sich hoch in die Lüfte und ließ den Mühlstein fallen und begrub unter ihm sein nächtliches Werk und den, für welchen er es gebaut, und der noch heute darunter verschüttet liegt. (282)

Von denen bei Stiege und Herzberg gelegenen Wolfsgärten

Weilen die Wölfe in dem Harz großen Schaden verursachen und nicht allein das wilde, sondern auch allerhand zahme Vieh, insonderheit die von Nordhausen und andern Orten zu Sommerszeit in die Weide dahin getriebene Kühe und Rinder, wie ich selber einesmals mit meinem Schaden erfahren, zu Schanden reißen und auffressen, so wird solchen auf viele Art und Weise nachgestellet, am meisten aber ihnen mit denen Wolfsgärten Abbruch getan, weilen dieselben an einem Ort, wo das Holz am dickesten ist und der Wolf sich gern aufhält, angeleget worden.

Einen solchen Garten trifft man nicht weit von dem Hochfürstlichen Braunschweigischen Lüneburgischen Wolfenbüttelischen Amt Stiege an, welcher viereckig, über eine Viertelmeile lang und breit, auch mit hohen Planken umgeben ist.

Der Eingang ist wie ein ziemlich breiter Torweg weit und befindet sich gegen Morgen zur Rechten des Gartens an der Ecke, allwo auch auswendig ein Häuslein gebauet worden, darinnen ein Tuch und Gran zum folgenden Gebrauch verwahret wird: Von diesem Eingange geht ein breiter Weg durch das in dem Garten befindliche dicke Holz nach einem gegen Abend zur Linken in der Ecke des Gartens vorhandenen bloßen Platze, allwo man das Luder, als tote Pferde oder Kühe, auf diesen Weg hinschleifen lässet. Gegen Mittag ist, nicht weit von der gegen Morgen zu gehenden Ecke, die Planke etwas niedrig und dahinter, außerhalb des Gartens, ein Fall oder eine große und tiefe Wolfsgrube gemacht, die mit Reisholz bedecket wird.

Ferner hat dieser Garten inwendig an der Planke herum einen schmalen Weg oder Fußsteig, auswendig aber einen rechten breiten Fahrweg, an welchem gegen dem Luderplatz über auf einem sehr hohen Baum, damit die Wölfe von dem hierinnen zuzeiten vorhandenen Jäger keinen Wind haben können, ein Jägerhäusgen stehet und ist noch ein anders und größers Jägerhäuslein nach Mitternacht gegen die Ecke des Gartens gebauet, in welchem ein Glöcklein hänget, so von einer Linie oder dünnem Strick gezogen wird, welcher auf den Bäumen hin in Rollen bis zu dem vor besagten auf dem Baum befindlichen Häuslein gehet und, der Länge wegen, einen halben Zentner schwer sein soll.

Endlich ist von dem auf der Erde vorhandenen größeren Häuslein gegen den um die Planken gehenden Fahrweg ein Fußsteig bis zu dem Eingang des Gartens gemacht. Wenn dann die Jäger vermerken, daß die Wölfe das Luder gerochen und davon gefressen haben, so steiget einer zu der Zeit, da die Nächte etwas helle sind, auf den Baum in das Häuslein, die anden hingegen begeben sich in das andere, wo das Glöcklein hänget.

Sobald nun zu Nacht die Wölfe sich in dem Garten bei dem Luder versammlet haben, ziehet der Jäger so vielmal an dem Stricke, als er Wölfe vermerket, auf welches Zeichen die andern Jäger sich nach dem Eingang eilends fortmachen und vor denselben das vorgemeldete Tuch und Garn ziehen, bei welcher Arbeit einer von denselben mit einem oder mehr hierzu abgerichteten Hunden in den Garten geht und auf einen gegen der Wolfsgrube überstehenden Stamm oder Baum steiget, allda er Achtung geben muß, wie viele Wölfe in die Grube springen, ingleichen rufet er auch die Hunde wieder zurücke, wenn dieselben etwa denen Wölfen nachfolgen wollen. Unterdessen gehen die Hunde auf die Wölfe los, die denn nicht ermangeln, einen Ort zu suchen, wo sie durchzukommen gedenken, doch vergebens, maßen die Planken viel zu hoch sind, derohalben sie so lange in dem Garten an denen Planken herum laufen, bis dieselben in die Grube kommen.

Weilen es nun allhier nicht so dunkel als an andern Orten des Gartens ist, indem nicht allein die Planke sich etwas niedriger, sondern auch zu Nacht die Gegend nach Mittag heller als andere befindet, so vermeinen die Wölfe da hinauszukommen und springen also in die Grube hinein. Hierauf wird des Morgens früh ein sonderlich zugemachter Karren bei der Grube geführet, in welche ein Jäger mit einer Leiter steiget, wirft einem Wolf den Strick um den Hals, leget demselben einen Knebel um das Maul, damit er nicht beißen kann, bindet dessen Vorderfüße zusammen und zieht also einen nach dem andern aus der Grube in den Karrn, welcher alsdenn nach Wolfenbüttel, oder wohin sonst die Gnädigste Herschaft verlanget, geführet wird.

Auf solche Art weren die Wölfe lebendig gefangen und stellet man damit Lustjagden an. Zu verwundern ist es, daß solche dem Bericht nach, wenn sie also gefangen worden, sehr geduldig und fromm sind, da sie doch sonst trefflich um sich beißen. Diese Invention [Erfindung] von Wolfsgärten wird vor die beste gehalten.

Und bin ich berichtet worden, wie man im vergangenen 1702en Jahr vierundzwanzig Wölfe darinnen gefangen.

Nächst vorgedachten ist auch ein anderer Wolfsgarte nicht weit von Herzberg im Harz vorhanden, er soll aber nicht so gut als dieser sein, weil der Fang inwendig im Garten ist. (283)

Wie die Dasenburg fiel

Dieweil aber Graff Wedekind von Dasenburg Hertzog Heinrichen auffs new angriff, da gerieth er dem zornigen Lewen zwischen seine scharpffe Klawen, ward gefangen und muste anloben, sich hinfort des Raubens zu enthalten. Und als solches noch nit helffen wolte, berennet und belagert ihn der kühne Lew auff seinem Schlosse Dasenburg, und dieweil das Hauß sehr hoch auff dem Hartze gelegen, daß mans nicht wol stürmen oder ersteigen köndte, hat der Hertzog Bergleute vom Rammelsberge bey Goslar holen lassen, die einen Stollen in den Berg, darauff das Haus gelegen, getrieben und den Belagerten einen Brun, den sie zu ihrer Notturfft auff dem Hause gehabt, abgestollet, darumb dann die in der Besatzung (mangels halben des Wassers) benötiget worden, das Haus auffzugeben, und ist der Graff gefenglich angenommen, die andern aber hinweg gelassen worden. (284)

Der Teufelsschacht bei Straßberg

Eine Viertelstunde von Straßberg entfernt liegt der Teufelsschacht, wo Eisen gegraben ist. Da arbeitete ein Straßberger Bergmann, dem niemand gleich arbeiten konnte, und so beschwerte er sich, daß alle seine Kameraden faul wären. Jeden Lohntag (das heißt alle vier Wochen) bekam er einen anderen Kameraden. Endlich aber wollte keiner mehr mit ihm arbeiten. Da meldete sich ein fremder Bergmann und sprach um Arbeit an. Er bekam sie, doch wurde ihm gesagt, er müsse mit einem Manne arbeiten, mit dem noch niemand habe arbeiten können. Er antwortete: Wenn ihm der könne gleich arbeiten, er könne jedermann gleich arbeiten.

Am Morgen sagte er, er arbeite für drei Mann. Der Fremde fing an zu fahren und hing den Karren an. Kaum hatte er eine Stunde gefahren, da war der ganze Vorrat, der schon seit einigen Monaten gelegen hatte, fort. »Geh weg und laß mich losbrechen, du kannst nicht genug loskriegen«, sagte er zu dem anderen. Der Straßberger mußte den Karren anhängen, war aber nicht imstande, so viel fortzuschaffen, als der andere losbekam.

So ging's einen Monat hindurch. Am Lohntage bekamen sie zusammen 400 Taler und einen Pfennig. Sie schoben den Pfennig hin und her, der Straßberger warf ihn zuletzt in den Schacht, da fuhr der Fremde dem Pfennige nach.

Dies war der Teufel, oft mußten die Bergleute unter ihm durchgehen, wenn er die Beine auseinander gespreizt hatte. Jetzt will diesen Schacht kein Bergmann mehr befahren, obgleich der Schacht sehr reichhaltig ist. (285)

Wernigerode und Umgebung

Ansicht von Wernigerode. Lithographie von Ed. Pietzsch. Aus: F. von Sydow, Thüringen und der Harz, 1839 ff.

Die Sage von der Harburg

Etwas südwestlich von dem Schlosse der Grafen zu Stolberg-Wernigerode lag auf einem Berge, dessen Spitze einen nur verhältnismäßig geringen Raum bietet, die alte Harburg, wahrscheinlich nur aus einem einzigen, großen, geräumigen Turme bestehend, welchen in sehr frühen Zeiten die Grafen von Wernigerode bewohnten. Die Zahl ihrer Hausgenossen und Mannen mehrte sich, sehr lebhaft empfand also Graf Botho den Wunsch, eine größere Burg zu besitzen. Oft sprach er darüber mit Mechtildis, seiner tugendsamen, frommen Hausfrau. Eines Abends saßen beide auf der steinernen Bank und blickten hinab auf die wahrhaft paradiesische Gegend. Endlich ruhte ihr Blick auf dem nordöstlich gelegenen Berge unter ihnen, dessen Gipfel heutigen Tages das Schloß trägt. »Wenn dort unsere Feste stände«, sprach der Graf.

»Wie erwünscht würde dir das sein, Mechtildis! Da könnte man anbauen: bequeme Zimmer auf geräumigen Kellergewölben und eine stattliche Kapelle der heiligen Jungfrau zu Ehren und starke Mauern und Zinnen und Brustwehr. Um den ganzen starken Bau sollte dann noch ein Graben breit und tief sich ziehen und neben ihm, zu fast überflüssiger Deckung, ein hoher Wall sich erheben.«

Darauf versetzte Mechtildis, er möge doch dem guten Schutzgeist seines Hauses, der von jeher ihm soviel Gutes erwiesen, seinen Wunsch vortragen. Graf Botho sagte zu sich selbst: »Noch in dieser Nacht tu ich's.«

Alles ruhte in der Feste. Die Glocke verkündete die Mitternacht. Da wandte sich der Graf in seinem Gebet zuerst an den Herrn des Himmels und der Erde und an dessen Sohn, den Hochgelobten, und flehte um Schutz für sich und die Seinigen. Dann bat er den sein Haus behütenden Geist, ihm den Wunsch seines Herzens zu erfüllen, wenn die Erfüllung zum Heil gereiche. Kaum hatte er sein Gebet vollendet, so zog ein wunderbarer Klang leise tönend durch das Gemach. Der Graf glaubte in demselben eine Gewährung seiner Bitte zu finden und begab sich mit frohem Herzen zur Ruhe.

Als er am anderen Morgen erwachte und sich von seinem Lager erhoben hatte, öffnete er, wie er es zu tun pflegte, das Fensterlein seines Klosetts. Wie erschrak er, als er dicht unter sich und rechts und links einen weiten freien Raum erblickte und die Häuser der Stadt so nahe, daß er sie mit einem Steinwurf erreichen konnte. Sein Erschrecken wandelte sich jedoch bald in die innigste Freude und in den herzlichsten Dank gegen den mächtigen wohlwollenden Geist, der so schnell seine Bitte erhört hatte.

Der Geist hatte, nachdem der Graf entschlafen war, sich hinter die Turmfeste begeben und das einzige Wort gesprochen: ›Rucke fort!‹ Leise hatte auf diesen Befehl das ganze gewaltige Gebäude sich in Bewegung gesetzt und von unsichtbaren Händen gehalten dahin gestellt, wo ihm der Geist nach dem Wunsche des edlen Herrn seine Stätte angewiesen. Der Graf rief sogleich seine Hausfrau, damit sie seine Freude teile. Bald bewegte sich nun ein reges tätiges Leben um den Turm her und allgemach entstand unter den Händen emsiger Werkleute alles das, was der Graf mit seiner Mechtildis besprochen. (286)

Gold- und Silberhöhlen im Harz

Herr Bruckmann ertheilet aus einem ungenandten Autore eine Nachricht, wie man in der Gegend um Wernigerode viel Silber und Gold einsammlen könnte. Er sagt, man sollte, wenn man von Wernigerode gen Berenberg gienge, bey zwey Säge-Mühlen vorbey passiren, daselbst stünde eine Buche, die wäre abgestümpelt, man sollte sich mit dem Rücken dran lehnen und nach den Abend sehen, so würde man 4. oder 5. Schritte von dem Baum ein Loch finden, darinnen schwartze Kohlen-Ertze, welche Gold und Silber hielten, es sollte auch ein gelber Leim drinnen seyn, der Gold hielte.

Diesem ist noch eine andere Nachricht beygefügt: Wenn man von Wernigerode nach dem Brocks-Berge, nach dem Closter-Berge und nach Drübenack, (welches vermuthlich Drübeck heißen soll) gehen wollte, sollte man sich rechter Hand des Brockens gegen dem Thal zu halten, so würde man an einem Baum diese Zeichen B.7. angeschnitten finden, drey Schritte davon wäre das Gut mit Bohlen bedeckt, sehe wie Weitzen-Kleyen und wäre Gold und Silber. (287)

Der geldgierige Graf muß nach seinem Tode büßen

Einstmals lebte ein alter Schäfer zu Wernigerode. Derselbe hatte sich durch Fleiß und Sparsamkeit ein kleines Vermögen erworben und hoffte, damit seine alten Tage erheitern zu können.

Nun wohnte aber in der Gegend, zwischen Halberstadt und Wernigerode, ein Graf, der war böse und raubgierig, und weil er wußte, daß der Schäfer Geld hatte, trat er unvermutet in dessen Hütte und lieh es ihm unter Bitten, Versprechungen und Drohungen auf nur ganz kurze Zeit, wie er sagte, ab. Allein so oft der Schäfer nachmals auch zu ihm ging und ihn darum mahnte, erhielt er von dem Grafen jedesmal schnöde und abweisende Antworten. Auf einmal verschwand der Graf, und es hieß, er wäre in fernen Landen gestorben. Der Schäfer schlich betrübt umher und klagte über seinen Verlust, denn die Erben und Hinterlassenen des Grafen wollten von seiner Forderung nichts wissen und jagten ihn, als er sich meldete, die Burg hinab.

Da geschah es, daß, als er zu einer Zeit im Walde war, eine Gestalt zu ihm trat und sprach: »Willst du deinen alten Schuldner sehen, so folge mir nach!« Der Schäfer folgte und ward durch den Wald geführt bis zu einem hohen, nackten Berge, der sich alsbald vor beiden mit Getöse öffnete, sie aufnahm und sich wieder schloß. Innen war alles ein Feuer. Der zitternde Schäfer erblickte den Grafen, sitzend auf einem Stuhle, um welchen sich, wie auch an den glühenden Wänden und auf dem Boden, tausend Flammen wälzten. Der Sünder schrie: »Willst du dein Geld haben, Schäfer, so nimm dieses Tuch und bringe es den Meinigen. Sag ihnen, wie du mich im Höllenfeuer sitzen gesehen, in dem ich bis in Ewigkeit leiden muß.«

Hierauf riß er ein Tuch von seinem Haupt und gab es dem Schäfer, und aus seinen Augen und Händen sprühten Funken. Der Schäfer eilte mit schwankenden Füßen, von seinem Führer geleitet, zurück, der Berg tat sich wieder auf und verschloß sich hinter ihm. Mit dem Tuche ging er dann auf des Grafen Burg, zeigte es und erzählte, was er gesehen; worauf sie ihm, ohne weiteres Weigern, sein Geld gaben. (288)

Ursprung der Stadt Wernigerode und des Rathauses

Zwei Schwestern, so wird erzählt, erbauten Wernigerode, zuerst das Westerntor und die Westernstraße. Über dem Westerntor erbauten sie auch den Turm, darin wohnten sie, denn sie hatten eine große Furcht, daß der Feind käme, der damals noch mit Flitzebogen schoß und dem Turm nichts anhaben konnte.

Sie schauten aber von ihrem Turm weit ins Land, und was sie bedurften, ward an einer Winde, woran ein Kasten war, heraufgezogen, denn sie hatten unten eine Frau stehen, die für sie einkaufen mußte.

Damals waren die Preise zwar ganz gering, für vier Groschen

kaufte man einen Scheffel Roggen, und der Arbeitslohn betrug nur zwei Pfennig. Beide Schwestern sind auf dem Westerntorturm gestorben und dort verfault, das Seil aber, das mitten im Turm herunterging, war noch lange zu sehen. Nachher war ein Kuhhirt auf dem Feld und rodete mit seinem Stock eine ganze Braupfanne voll Geld heraus. Der erbaute das Rathaus. Er soll auch oben am Rathaus mit Hund und Horn abgebildet sein. (289)

Der Name von Wernigerode

Vor alter Zeit haben auf dem Schloß zu Wernigerode drei Brüder gehaust, deren einer Wolfgang geheißen, die sind Raubgrafen gewesen und in der ganzen Gegend weit und breit gefürchtet worden. Nun gingen sie aber gewöhnlich rot gekleidet, so daß es bald eine allgemeine Rede im Lande wurde, wenn einer in jene Gegend gehen wollte, daß man ihm sagte: »Ik werne jü vör de roden«, und daraus ist allmählich der Name Wernigerode entstanden. Das Wernigeroder Schloß hat übrigens nicht immer an seiner gegenwärtigen Stelle gestanden. Ehemals befand es sich auf dem Kapitelsberg, von wo es jedoch in einer Nacht auf den jetzigen Schloßberg fortgerückt ist, und darum nennen sich auch die Grafen mit ihrem vollen Namen Wernigerode-Rockefort oder Rutschefort. (290)

Der spukende Schimmel vom Wernigeröder Rathause

Einst ließ der Bürgermeister in Wernigerode einen Fuhrmann ein Pferd abpfänden, gleich danach kam die Unrechtmäßigkeit der Pfändung heraus. Der Bürgermeister aber ließ das Pferd – anstatt es zurückzugeben – nun sogleich totschlagen.

Der Fuhrmann machte kurzen Prozeß mit dem Bürgermeister und sagte: »Ich wünsche, daß mein Pferd Ihnen auf ewig den Besuch abstattet!«

Hiernach stand einstmals ein Mann auf Posten vor der (alten)

Post des Nachts von zwölf bis zwei Uhr. Auf einmal ist ein Schimmel ohne Kopf von dem Ratshof herausgekommen, ist über den Markt weggegangen, in der Heidegasse nieder und neben dem sogenannten Klarenloch in dem Heidemühlengraben heruntergegangen und unter der Stadtmauer durch bis auf den Kirchhof, von da denselben Weg wieder zurück, und der Posten hat es hin und zurück verfolgt. Auf dem Rückweg ist es zwei Menschen begegnet, vor denen hat sich der Schimmel aufgebäumt, als wollte er die beiden Menschen niedertrampeln. Diese haben sich aber so erschrocken, daß sie zur Erde gesunken sind, dann sind sie nach Hause gegangen, und am andern Morgen haben beide Menschen dicke Köpfe gehabt, und einer davon ist kurz darauf gestorben.

Den Schimmel hat mancher am sogenannten Wasser- oder Mühlenkulke watscheln sehen, darum heißt es immer noch:

Auf dem Mühlenkulke spukt das Pferd ohne Kopf. (291)

Feuersbrunst

Es war einst ein junger Bursch in Wernigerode, der wohnte auf der Heide. Er hatte eine Braut, die diente auf der Burgstraße.

Eines Abends ging er hin zu seiner Braut nach der Burgstraße. Bis elf Uhr hatte er sich bei ihr aufgehalten, und als er von ihr wegging und unten auf die Burgstraße vor das H.'sche Haus kam, da fegte eine weiße Gestalt vor der Haustür mit einem Besen. Weil ihm das auffällig vorkam, so fragte er: »Was soll denn das bedeuten, daß hier bei Nachtzeit noch die Tür gefegt wird? Man kann doch gar keinen Staub sehen.«

Darauf antwortete die weiße Gestalt: »Ich bin ein Geist, und so rein wie ich die Straße diese Nacht fege, so rein wird über's Jahr die Straße von Häusern sein. Denn es wird eine große Feuersbrunst ausbrechen, da werden die ganzen Häuser auf dieser Straße abbrennen.« Was denn auch wirklich geschehen ist.

Doch soll der alte Graf (Christian Ernst) das Feuer besprochen haben, so daß es sich nicht hat richtig ausbreiten können. So sind denn noch einige Häuser auf der Burgstraße stehengeblieben, aber das Feuer hat ordentlich laut gebrüllt, und hinter den alten Grafen ist die Flamme immer so rasch durchgeschlagen, wie er auf seinem Pferd zur Straße herauf galoppiert ist. (292)

Spuk bei Wernigerode

In Nöschenrode bei Wernigerode erzählt man, daß alle Nacht zwischen elf und zwölf Uhr ein Wagen mit zwei oder – wie andere sagen – mit vier Pferden bespannt vom Burgtor herab bis zur Neschenroder Kirche fährt und dort verschwindet. In dem Wagen aber sitzt eine Dame ohne Kopf, und die Pferde sind gleichfalls kopflos.

In Hasserode läßt sich gleichfalls allnächtlich ein Reiter auf einem Schimmel ohne Kopf sehen.

Unweit Charlottenthal bei Wernigerode steht eine alte Warte, in der spukt's gewaltig. Denn darin ist ein Pastor namens Reckard gebannt, der spukte ehemals an einer anderen Stelle, aber da hat ihn ein Geisterbanner in einen Sack gesteckt und hierher getragen, und da kann er nun nicht fort. (293)

Die Kaisersteine zu Altenrode

Manchmal liegen Steine im Lande, an die sich keine Erzählung einer Untat anknüpft. Dennoch werden sie von den Leuten mit ehrfurchtsvoller Scheu betrachtet. Dazu gehören die Kaisersteine, die sieben Kaisersteine auf dem Kirchhof zu Altenrode bei Drübeck. Sieben Bäume rauschen über dem Steinkreis. »Wer da hen ekomen is, der is frie ewest«, erzählt noch heute der Schäfer im Felde. Niemand wagte den Feind, den Verfolgten, anzutasten, sobald er diesen Kreis erreicht hatte. Und wenn die Drübecker Grenzumgang hielten und dabei nach Altenrode kamen, ritten sie siebenmal um die Kirche des nahen Darlingerode. Dann mußten sie die Einwohner bewirten. (294)

Der Weinkeller von der Himmelpforte

In Drübeck war eine Hochzeit, da wurde der Wein zuletzt alle, und das Mädchen sollte mehr holen. Sie fragte: wo? und aus Scherz sagte man ihr, aus der Himmelpforte. Als sie da hinkam, war da ein Keller mit Fässern und auch ein großer Mann, der füllte ihr schweigend das Faß. Der Wein mundete der Hochzeitsgesellschaft köstlich, und als er alle war, wurde das Mädchen noch einmal nach der Himmelpforte geschickt. Da fand es aber den Keller nicht wieder.

Eines Dingemeiers Tochter brachte Bier zu ihrem Vater, die Arbeitsleute tranken es aus und hatten noch Durst. Darum schickten sie die Kleine nach der Himmelpforte, Wasser zu holen. Sie pflückte aber erst Erdbeeren, da kam ein kleines Männchen und fragte, wer ihr die Erlaubnis dazu gegeben hätte. Da sagte sie, weshalb sie gekommen, und er führte sie in die Himmelpforte. Dort erhält sie zwei Flaschen. Die Arbeiter wurden davon ganz berauscht und verfielen in Schlaf. Als dieses Dingemeiers Frau später niederkam, sollte das Mädchen aus der Schenke in Drübeck ihrer Mutter eine Erquickung holen, die aber ging jetzt nach der Himmelpforte und brachte auch wirklich der Wöchnerin von daher Wein. (295)

Der verhängnisvolle Hahnenkräh

Im Bauernkrieg konnten die Bauern das Kloster Himmelpforte nicht finden. Da verriet es in der Morgenfrüh ein Hahnenkräh. (296)

Der goldene Mönch von der Himmelpforte

Der alte H... aus Altenrode hatte oftmals gehört: Wenn man in der Johannisnacht mit zwei schwarzen Ziegenlämmern nach der Himmelpforte ging, eine Wickerute [Weidenrute] mitnehme und die ungefähr zehn Schritt vor das alte Mauerwerk lege, so würde die Wickerute hinspringen, wo die alten Mönche ihr Geld vergraben hätten. Zuerst würde ein Licht hervorkommen, und ein goldglänzender Mönch würde neben dem Licht stehen. Dann müsse man zwei schwarze Ziegenlämmer dicht vor den goldenen Mönch treiben, dann würde dieser verschwinden, eine Nonne würde kommen, die würde genau zeigen, wo das vergrabene Geld sich befände.

Der alte H... ging also in der Johannisnacht mit zwei schwarzen Ziegenlämmern nach der Himmelspforte. Die Wickerute legte er vor dem alten Mauerwerk nieder, sie hüpfte aber gleich fort, und auf einmal kam ein Licht aus der Erde, und ein goldglänzender Mönch stand bei dem Licht.

Sogleich ließ H... seine Lämmer vor den Mönch hinlaufen, darauf verschwand dieser. Im selben Augenblick erschien eine weiße Nonne, die bedeutete ihm, er solle ein weißes Tuch nehmen und auf das Licht werfen und sich dann niederlegen. Er nahm ein Tuch, warf es auf das Licht und legte sich nieder. Als er aufwachte, waren seine Lämmer und das Licht verschwunden. Er hob sein Tuch auf, und es steckte ein Topf mit Silbergeld darunter, jedoch war das Geld viereckig. (297)

Die Prinzessin mit dem Schweinerüssel

Die Prinzessin des Kaisers von Österreich (andere sagen: eine Prinzessin aus Italien) zog aus und sagte, sie wollte so lange wandern, bis sie ein Wasser fände, das ein Kreuz bilde, da wolle sie ein Nonnenhaus bauen.

Als sie an einen solchen Ort kam, baute sie das Kloster Drie-Beek. Sie hatte aber einen Schweinerüssel und ließ sich silberne Töpfe machen. Daraus hat sie gegessen.

Das Kloster wurde im Dreißigjährigen Krieg verwüstet. Als sie starb, gab sie den Drübeckern den großen Forst. (298)

Drachenschwanz

Ein preußischer Soldat aus Wernigerode kam nach Flandern. Im Quartier wurde er gefragt, wo er her sei. Er sagte: »Ich bin am Blocksberg zu Hause.«

Da sagte jemand: »Nun, in Drübeck ist ein Pfeiler, daran steht mein und meines Bruders Namen. Wir hüteten als Jungen die Schafe und unterhielten uns oft, wieviele Hexen es in unserem Ort wohl geben möchte. Am 12. Mai, von welchem Tage an die Hirten am Harz ins Gebirge treiben und nicht mehr auf den Wiesen hüten dürfen und der der Walpurgistag am Harz ist, machten wir einen Kreis von Drachenschwanz oder Schlangenkraut, auch Hörkenkraut genannt, um uns her. Um elf Uhr aber kamen die Hexen auf Besen, Heugabeln usw. an, zuletzt aber fuhr unsere Nachbarin auf einem Fuder Heu ohne Pferde daher. ›Nawersche, nehmt uns mit!‹ riefen wir.

›Ja, Jungens, sett üch op!‹ rief sie. Das taten wir, nahmen aber den Kranz mit auf das Fuder und steckten ihn um uns her.

›Jungens‹, sagt sie, ›nu sett üch wisse (fest)‹, und da geht's davon, als wie ein Vogel fliegen tut. Als wir wieder zur Besinnung kommen, waren wir auf einem hohen Berg, da waren große Feuer, viele Gäste auf Gabeln und Ziegenböcken, da wurde getanzt, und überall hörte man schöne Musik.

Einer, der der Satan war, hatte zwei große Hörner auf dem Kopf, ordnete die Tänze an, und danach spielte er selbst mit. Die Alte war abgestiegen, wir Jungen aber zogen auf dem Heuwagen unter Schalmei heraus und spielten auch mit. Nun kam der mit den Hörnern zu uns und sprach: ›Jungens, ihr könnt ja gut spielen, ich will euch ein besseres Instrument leihen.‹ Da warf er uns eine andere Schalmei in den Kreis, die ging nun aber ganz prächtig. Da huckten die alten Hexen wie die Stube hoch und freuten sich. Als wir nun so eine halbe Stunde gespielt hatten, winkte er, und wir mußten aufhören.

Da knieten alle vor dem Hexenaltar, dann nahm er mit den Hörnern aus dem Hexenbrunnen Wasser, goß auch zwei Eimer in das Hexenwaschbecken, daraus mußten sie sich alle waschen und wurden auch von ihm damit besprengt. Dann ging der Tanz wieder an, und um zwölf Uhr war alles verschwunden, wir Jungen aber saßen in ihrem Kranz von Kraut auf der platten Erde. Da kam der Anführer und fragte, was wir für unser Spielen haben wollten, wir aber baten nur um die Schalmei.

›Die sollt ihr behalten‹, sagte er.

Am andern Morgen aber sahen wir, daß es eine alte Katze war, das Mundstück war der Schwanz, den hatten wir kurz und klein gekaut. Jetzt gingen wir herunter und kamen erst nach Drübeck, wo wir unsere Namen an die Säule schrieben. Mein Bruder tötete die Hexe, weil er in unser Dorf zurückkehrte, ich aber hütete mich vor ihr und ging hierher.«

Die Säule hat mit den Namen im Krug zu Drübeck gestanden, bis dort ein großer Bau vorgenommen wurde. (299)

Elbingerode und Ilsenburg

Der Ilsenstein mit Eingang ins Ilsetal. Lithographie von Ed. Pietzsch. Aus: F. von Sydow, Thüringen und der Harz, 1839ff.

Die Bewohnerin des Ilsensteins

Bei der Sündflut, als das Wasser der Nordsee die Täler und Ebnen von Niedersachsen überströmte, flohen ein Jüngling und eine Jungfrau, die sich schon lange liebten, aus dem Nordlande dem Harzgebirge zu, um hier ihr Leben zu retten.

Mit dem Steigen des Wassers stiegen auch sie immer höher und näherten sich immer mehr dem Brocken, der ihnen von fern her eine sichre Zuflucht darzubieten schien. Endlich standen sie auf einem ungeheuern Felsen, der weit über dem wogenden Meere hervorragte. Von hier sahen sie das ganze umliegende Land von der Flut überdeckt; und Hütten und Tiere und Menschen waren verschwunden.

So standen sie hier einsam und starrten in die Wogen hin, die an dem Fuße des Felsens sich brachen. Doch noch höher stieg das

Wasser, und schon dachten sie darauf, über einen noch unbedeckten Felsenrücken noch weiter zu fliehen und den Brocken heranzuklimmen, der wie eine große Insel über die wogende See hervorragte.

Da erbebte unter ihren Füßen der Fels, auf dem sie standen, spaltete sich und drohte in einem Augenblick die Liebenden zu trennen. Auf der linken Seite, dem Brocken zugewandt, stand die Jungfrau, auf der rechten der Jüngling. Fest waren ihre Hände ineinander verschlungen. Die Felsenwände bogen rechts und links aus, und die Jungfrau und der Jüngling stürzten miteinander in die Fluten.

Ilse hieß die Jungfrau. Sie gab dem reizenden Ilsetal, der Ilse, die sie durchströmt, und dem Ilsenstein, worin sie noch hauset, den Namen. (300)

Prinzessin Ilse

Auf dem Ilsenstein lebte vor langen Jahren ein Ritter, der hatte eine wunderschöne Tochter namens Ilse, die liebte den Ritter, der in der Burg auf dem gegenüberliegenden Westerberg wohnte. Damals aber waren die beiden Berge noch nicht durch das dazwischenliegende Tal getrennt.

Der Vater der Prinzessin Ilse wollte nun aber eine Heirat zwischen den beiden nicht zugeben, und da sie sich dessen ungeachtet beide fast täglich sahen, schlug er, der ein gewaltiger Riese war, die Felsen mittendurch, daß das Tal entstand.

Da stürzte sich Ilse verzweiflungsvoll hinab in den unten brausenden Fluß und gab ihm den Namen, und seitdem erscheint sie nun oft in langem weißem Gewande mit breitem schwarzem Hut, und man heißt sie nur schlechthin die Jungfer.

In früherer Zeit sah man sie jeden Morgen zu einem Steine bei der zweiten Ilsebrücke hinabsteigen, in dem war eine große Vertiefung, in welcher auch beim trockensten Wetter Wasser stand, und darin wusch sie sich. Jetzt ist der Stein aber fortgeschafft, und da erscheint sie denn auch nicht mehr in Thale. Zum letzten Male soll sie sich vor dreihundert Jahren und zwar an einem Himmelfahrts-

Der Ilsenstein. Gezeichnet von Ludwig Richter, gest. von J. Carter. Aus: W. Blumenhagen, Wanderung durch den Harz, 1836.

tage haben sehen lassen, darum hat man auch lange Zeit an diesem Tage dort ein Fest gefeiert, zu dem die Leute weit und breit aus der ganzen Umgegend zusammengekommen sind, wobei denn zugleich ein Markt gehalten wurde.

Es sind auch dabei zwei Musikchöre auf den Ilsenstein und den Westerberg, in dem der verzauberte Prinz sitzt, gezogen, die haben dort schöne Musik gemacht. Jetzt aber ist das Fest mehr und mehr in Abnahme gekommen, und man musiziert nur noch an diesem Tage im Gasthofe zu den Forellen.

Allgemein aber glaubt man, daß die Prinzessin an einem Himmelfahrtstage gen Himmel fahren werde, und noch vor wenigen Jahren haben die Bauern von Stunde zu Stunde darauf geharrt.

Man hält auch in Ilsenburg den Himmelfahrtstag so heilig, daß man glaubt, wer an ihm etwas nähe oder flicke, der werde vom Blitz erschlagen.

Ein Schäfer treibt einmal mit seiner Herde über den Ilsestein fort und ruht dabei, auf seine Keule gestützt, an einem Spring ein wenig aus, da öffnet sich auf einmal der Berg, denn in seiner Keule war, ohne daß er's wußte, eine Springwurzel, und vor ihm steht die Prinzessin. Die heißt ihn folgen, und als er drinnen ist, sagt sie ihm, er solle dabei so viel von dem Golde nehmen, als er nur wolle. Der Schäfer steckt sich auch alle Taschen voll, und als er nun genug hat, will er gehn.

Da ruft die Prinzessin: »Vergiß das beste nicht«, und da er denkt, sie meine, er habe noch nicht genug, füllt er auch noch den Hut. Sie meinte aber seine Keule mit der Springwurzel, die er gleich beim Eintritt an die Wand gestellt hatte. Als er nun aber hinausgehen will, da schlägt die Klippe plötzlich zu und schlägt ihn mitten durch.

Einem Heijungen (Pferdejungen) waren einmal ein paar Pferde fortgelaufen, und wie er nun ausgeht, um sie zu suchen, und sich dabei am Ilsestein hinsetzt und meint, daß er sie nicht finden kann, öffnet sich auf einmal der Berg, und vor ihm steht die Prinzessin und fragt, weshalb er weine. Da klagt er ihr sein Leid, und sie heißt ihn folgen.

Drauf gehen sie in den Berg hinein und kommen in einen großen Stall, darin stehen eine Menge Pferde und auch seine Braunen, die er suchte. Da war er ganz froh und wollte sie hinausführen. Die Prinzessin aber sagte ihm, er könne sie nicht wiederbekommen. Indes wolle sie ihm soviel Geld dafür geben, daß er wohl hundert andre dafür kaufen könne. Und damit füllt sie ihm sein Ränzel, befiehlt ihm aber, es nicht eher zu öffnen, als bis er die dritte Ilsebrücke fort sei.

Er war aber neugierig und wollte gern wissen, wieviel sie ihm gegeben, und als er an die zweite Brücke kommt, kann er es nicht länger aushalten, öffnet das Ränzel und – findet nichts als Pferdemist darin. ›Was‹, denkt er, ›sollst du damit‹, und schüttet alles in die Ilse. Aber da geht's kling! klang! Da sieht er schnell nach, ob nicht noch etwas im Ränzel geblieben, und da saß auch noch etwas, das sind lauter Pistolen gewesen. (301)

Die Zwerglöcher

Am Harz in der Grafschaft Hohenstein, sodann zwischen Elbingerode und dem Rübenland findet man oben in den Felsenhöhlen an der Decke runde und andere Öffnungen, die der gemeine Mann Zwerglöcher nennt, wo die Zwerge vor alters vermittelst einer Leiter ein und aus gestiegen sein sollen. Diese Zwerge erzeigten den Einwohnern zu Elbingerode alle Güte. Fiel eine Hochzeit in der Stadt vor, so gingen die Eltern oder Anverwandten der Verlobten nach solchen Höhlen und verlangten von den Zwergen messingne und kupferne Kessel, eherne Töpfe, zinnerne Schüsseln und Teller und ander nötiges Küchengeschirr mehr. Darauf traten sie ein wenig abwärts, und gleich hernach stellten die Zwerge die geforderten Sachen vor den Eingang der Höhle hin. Die Leute nahmen sie sodann weg und mit nach Haus; wann aber die Hochzeit vorbei war, brachten sie alles wieder zur selben Stellen, setzten zur Dankbarkeit etwas Speise dabei. (302)

Elend, Schierke und Braunlage

Der Erdgeist im Mönchenloch

Es mähten zwei in Schierke, da kam abends jemand und fragte, ob sie ihn nicht nach dem Mönchenloch hinbringen könnten. Sie gingen mit bis zum Mönchenloch, welches immer voll Wasser steht. Dort sagte er, er wolle den Erdgeist kommen lassen, las in einem Buche, und es kam jemand, mit dem er sich unterredete. Der Erdgeist bezeichnete ihm einen Gang, wo das Erz stehen sollte. Der Fremde schlief bei ihm in Schierke auf einer Bank, gab ihm am andern Morgen einen Zettel, den sollte er vier Wochen weiter legen, aus einer der vier Ecken in die andere. Er sollte es aber nicht versäumen. Es stand darauf: »Alles in allem.« Er versäumte es aber über die Zeit, da war sein Zettel verschwunden.

Nach einer andern Erzählung ging nur ein Schierkaner namens O. mit nach dem Mönchenloch, und als der Fremde zu lesen begann, »da war es, als kämen die Klippen und die Bäume herunter«. (303)

Der Wormsberg bei Braunlage

An der östlichen Seite des Wormsberges, der etwa eine dreiviertel Stunde von Braunlage nach dem Brocken zu liegt und nächst dem Brocken der höchste Gipfel dort ist, geht eine Treppe von hingelegten Ackersteinen hinauf.

Auf der Spitze des Berges fand man nach 1850 zuerst das Signal von der neuesten Harzvermessung, daran vorbei führte jener steinerne Weg zu einem Steinhaufen. Diese Steine sollen jeder zwei bis drei Fuß groß und 60 hoch wie eine Stube übereinandergeschichtet sein. Es wurde mir erzählt, daß dort ein heidnischer Tempel gewesen wäre, zu dem jener Steinweg den Berg hinangeführt habe. (304)

Pferdekulk, Kaisersumpf, Wehrsumpf

Aus dem Pferdekulk zu Schierke, wo die Pferde durchgeritten wurden, werden die kleinen Kinder, auch die Kälber, herausgezogen. Ebenso aus dem Kaisersumpf, welcher seinen Namen von der Kaiserwiese hat, die einem verstorbenen Manne namens Kaiser gehörte. Die Kinder werden in Elend aus dem Wehrsumpf in der Bode geholt. (305)

Der große Mann

Auf der Hütte in Schierke zeigte sich in der Ecke stehend oft ein großer Mann. Wenn ein Stück Eisen nachts abgehackt war und es in diese Ecke fiel, so ließen die Leute es aus Furcht dort liegen.

Ein Hüttenmann in Schierke ging während der Arbeit in Schierke über's Wasser, da stand der große Mann aus der Hütte und warf ihn in den Sumpf. (306)

Von Räubern

Die Gegend von Schierke und Elend am Brocken soll einst viel von Räubern gelitten haben. Wo jetzt Elend liegt, soll früher nur eine Sägemühle gewesen sein. Da ist der Sägmüller einst von Räubern überfallen und zwischen das Räderwerk geworfen. Wie nun die Räder angefangen haben, ihn zu zermalmen, hat er ausgerufen: »O Elend, o Jammer!« und daher hat die Stelle den Namen Elend erhalten. (307)

Die Klippe im Elendstal

Im Elendstale ist eine große Klippe, darin wohnt eine Jungfer, die zeigt sich zwischen elf und zwölf mit einem silbernen Schlüssel, und wer daran rührte, bekam eine Ohrfeige. Einem Hüttenmann schenkte sie Knöpfe, er schüttete sie auf dem Schierke ins Wasser, da klimperte es und war Gold. Bei der Höhle oder dem Keller, worin sie wohnt, ist Wasser, in ihrem Keller Gold. Sie winkt und will erlöst sein. (308)

Die Jungfer und der Köhler

Wem die Jungfer von Elend ihren silbernen Schlüssel hin hielt, der sollte ihn mit einem Stocke hinnehmen. Das tat ein Köhler, da öffneten sich durch den Schlüssel drei Türen, dann kam er in eine Höhle, da standen gesattelte Rosse, dahinter lag Pferdemist. Er mußte sich davon mitnehmen, als er aber über eine Brücke ging, schüttelte er ihn ins Wasser, da klingelte er und war Gold. Nach andern hieß der Köhler Hanmichel, und die Jungfer legte sich zu ihm auf die Bank. (309)

Achtermannshöhe

Auf die Achtermannshöhe sollte der Böse über Nacht ein Schloß bauen, dafür war ihm eines Mannes Seele verschrieben, die Steine wurden mit 1000 Mäusen zusammengefahren. Dem Hahn stopfte der Teufel den Hals zu, damit er nicht krähen und den Tag verkünden könnte. Die Frau des Mannes aber, dem er das Schloß bauen sollte, erschreckte den Hahn, indem sie auf ihre Schürze schlug, da vermochte er doch zu krähen. Der Teufel brachte eben den Trittstein, der liegt nun noch da und ist ein breiter Stein. Er befindet sich eine Viertelstunde von der Achtermannshöhe. Das ganze Schloß auf Achtermannshöhe wurde also nicht fertig, und die Seele des Mannes, der sich ihm verschrieben hatte, wenn er es zustande bringe, war gerettet. (310)

Der Kindtaufsvater von Schierke

Ein Kindtaufsvater will einkaufen und lädt unterwegs den armen Sünder vom Galgen ein; der erscheint und lädt ihn wieder ein. Als er hinkommt, steht ein Tisch gedeckt unterm Galgen, und der arme Sünder ermahnt ihn, am Galgen jedes Mal ein Vaterunser zu beten. (311)

Vom Kapellenfleck

Ein Bergmann kam einmal des Nachts zur Schichtzeit aus der Grube heim und nicht weit vom Kapellenfleck vorüber. Er wohnte noch nicht lange in der Gegend und wußte deshalb nicht von dem, was hier vorgefallen. Als er nun Glöckchen in der Nähe schallen hörte, schloß er, es müsse eine Kirche dort stehen, und weil er ein frommer, gottesfürchtiger Mann war, beschloß er, dort sein Gebet zu verrichten; er ging also dem Schalle nach und langte bei einer Kapelle an, die von gar mannigfachen Zelten und von einer lauten Volksmasse [...] umgeben war. Da gab es vielerlei zu kaufen und zu schmausen, aber der Bergmann hielt sich dabei nicht auf, sondern legte seine Axt wie auch Schlegel und Eisen auf die Schwelle des Kirchleins, setzte sein Grubenlicht daneben und trat andächtig hinein.

Während er aber in sein Gebet versunken war, hatte einer der sich Herumtummelnden heimlich die Gerätschaften des Bergmanns weggenommen, und dieser fand sie nicht wieder und begann zu klagen und zu jammern. Denn er war ein armer Mann, und der Wochenlohn, den er bei sich trug, war nötig, um Frau und Kinder zu ernähren, und wollte er sich davon die Gerätschaften wieder kaufen, so mußten jene darben.

Wie er aber so klagte und sich gar so jämmerlich gebärdete, sammelte sich die Menge um ihn und lachte ihn aus und verspottete den Armen, ohne daß einer ihm die Geräte wieder zurückgegeben hätte. Was sollte er tun? Wohl oder übel, er mußte seinen Wochenlohn daran wenden, sich wieder mit dem Arbeitszeuge zu versehen, und trat vor eins der Zelte, was ihm fehlte, zu erhandeln.

Darauf gab er mit einem schweren Seufzer seinen Wochenlohn hin, erhielt eine Handvoll blanker Pfennige darauf zurück, nahm die erkauften Werkzeuge und ging schweren Herzens von dannen, unterwegs überlegend, wovon nun Weib und Kinder leben sollten.

Die Kinder hüpften ihm wie immer bei seinem Eintritt entgegen, und obwohl er ein verdrießliches Gesicht zog, hingen sie sich doch liebkosend an ihn, und sein Weib trug die warme Wassersuppe auf den Tisch und bat ihn liebevoll, sich nun zu pflegen. Da fing er fast an zu weinen vor Traurigkeit, daß die lieben Geschöpfe nun eine Woche lang hungern sollten wegen seiner Unachtsamkeit, und er erzählte, was ihm begegnet. Als er aber dabei die neuen Werkzeuge hervorlangte, sie zu zeigen, da fuhren alle mit einem freudigen Schreck in die Höhe, denn Axt und Hammer und Eisen mitsamt dem Grubenlichte waren eitel gediegenes Gold; ebenso die Pfennige, die der Bergmann zurückerhalten hatte. So groß vorher der Kummer gewesen war, so groß war nun die Freude, und die ganze Familie stimmte ein Danklied an, daß der Himmel ein solch Wunder an ihnen getan, sie aus der Armut zu erlösen. (312)

Der Kappelfleck

Auf dem Kappelfleck (Kapellenfleck) zwischen Wieda und Braunlage ist ein Born. Ein Köhlerjunge sollte die Pferde suchen. Als er bei dem Born ankam, schwamm darauf eine große Glocke, die war ihm beschert. Sie kam, daß er sie greifen konnte, und er trug sie nach der Köte. Sein Meister verlangte aber, er sollte sie wieder hintragen, das geschah auch, da tat sie einen Klang, daß der Junge taub wurde. Nachher ist sie nicht wieder zum Vorschein gekommen.

Einst sollte die Glocke auch ausgegraben werden, da kamen Mäuse, die waren vor eine Molle gespannt, und immer mehr. Die hinteren fragten immer, ob die anderen schon lange durch wären, die Leute antworteten endlich: nein. Da fiel die Glocke wieder hinein. (313)

Stolberg und Umgebung

Die Hebamme und die Kinder in der Räder-See

In Rodishain, welches früher ein Kloster gewesen sein soll, war eine Hebamme, bei der klopfte es abends nach 10 Uhr. Da stand eine Kutsche mit vier Schimmeln vor der Tür, und sie mußte sich in die Kutsche setzen, und die vier Schimmel fuhren in die Rädersee wie auf einer Straße. Unten in der Rädersee fanden sie mehrere Familien (Hütten- oder Bergleute, die das Geschäft der früheren Bergleute unterirdisch fortsetzten), auch eine Wöchnerin. Die Hebamme mußte sich drei Tage aufhalten, wurde reich beschenkt, und es ward ihr versprochen, so lange Rodishain stände, solle dort keine Feuersbrunst sein. Man sagt auch, daß deshalb hier keine Feuerspritze gehalten werde. (314)

Die unsichtbare Stimme

In einer Sommernacht ging ein Brautpaar von Rottleberode nach dem Totenwege zu spazieren. Als es zur Brücke kam, die kurz vor dem Totenwege über die Thyra führt, sahen beide mitten im Wege ein paar schöne Hausschuhe stehen. Das Mädchen wollte sich gerade danach bücken. »Wirst du sie stehen lassen!« schalt der Bräutigam, »wer weiß, wem sie gehören.« Wie sie über die Brücke gehen, klingt eine Stimme herauf:

»Hätt'st sie genommen die Kummoden
Wär' es gewesen dir zum Tode.« (315)

Der Gemeindewald

In der Grafschaft Stolberg-Roßla liegt der Gemeindewald. Ehe sich die Grafen zu Stolberg in die drei Linien Stolberg-Stolberg, Stolberg-Wernigerode und Stolberg-Roßla teilten, war einst eine kleine Gräfin verschwunden. Die in der Nähe liegenden Dörfer wurden aufgeboten, sie zu suchen. Da versammelten sich die Rottleberöder in der Schänke und ließen sich Bratwürste bereiten. Unterdessen wurde das Kind von sieben Gemeinden gesucht und gefunden, zu welchen Schwenda, Dietersdorf, Wolfsburg, Uftrungen, Görsbach und noch zwei andere gehörten.

Ihnen wurde dafür so viel Wald zugestanden, als eine schwangere Frau an einem Tag auf einem Esel umreiten könne. Diese umritt den jetzigen Gemeindewald. Die Gemeinde Rottleberode wurde aber von dessen Mitbesitz ausgeschlossen, weil sie die junge Gräfin nicht mitgesucht hatte. Deshalb sagt man noch jetzt: Die Rottleberöder verfressen ihr gutes Recht in Bratwürsten. (316)

Über das Glockenloch

Nicht weit von der Grasburg liegt nach Rottleberode zu das Glockenloch. Darin liegt eine Glocke. Die stammt von der Grasburg. Als die zerstört wurde und die Flammen zum Glockenstuhl hinausschlugen, stürzte sie herunter, kollerte den steilen Hang hinab und sang:

»Ich heiße Anne Susanne
Und komm nicht wieder zu Lanne.« (317)

Der Güldene Altar unweit der Josephshöhe

Am Beginn des Krummschachttales unweit der Josephshöhe liegt eine weit vorspringende Porphyrklippe, der ›Güldene Altar‹ genannt, von der die Sage folgendes berichtet.

Vor vielen Jahren kamen einmal fremde Bergleute nach Schwenda. Kein Mensch kannte sie, und niemand wußte, was sie dort wollten. Sie wohnten bei einem Schneider, der ihnen gegen gute Bezahlung Unterhalt gewährte. Jeden Morgen gingen sie fort und kamen erst am Abend wieder nach Hause. Der Schneider hätte gar zu gern gewußt, wo sie den Tag über waren und was sie trieben. Die fremden Bergleute aber hatten ihm verboten, ihnen nachzuschleichen; denn sonst würden sie ihn töten. Die Neugierde plagte den Schneider aber so sehr, daß er den Venedigern – so nannte man die fremden Bergleute – nachlief. Da sah er denn, daß sie am Güldenen Altar in dem Berge verschwanden; denn dort gruben sie Gold und Silber. Als sie längere Zeit bei dem Schneider gewohnt hatten, sagten sie ihm, daß sie jetzt in ihre Heimat zurückkehren, bald aber wiederkommen würden. Als sie fort waren, glaubte der Schneider, jetzt könne er unbemerkt in den Berg gehen. Und er holte Gold und Silber heraus, so viel er tragen konnte.

Nach ihrer Rückkehr merkten die Venediger sofort, daß jemand in dem Berge gewesen sei. Sie hatten Verdacht auf den Schneider. Um ihn zu überraschen, zogen sie zum Scheine wieder fort, versteckten sich aber am Güldenen Altar im Gebüsch, um dem Schneider aufzulauern. Bald kam er auch und holte wieder Gold und Silber aus dem Berge. Als er heraus kam, packten ihn die Venediger und wollten ihn töten. Er bat sie aber flehentlich um sein Leben. Sie erfüllten seine Bitte, hieben ihm aber zur Strafe die rechte Hand ab. Dann bezahlten sie ihm alles, was sie noch schuldig waren, und kehrten in die Heimat zurück. Seitdem sind sie auch nicht wieder gekommen. (318)

Geisterkirche zu Stolberg

In Stolberg wird die Christmette zu Weihnachten am Christmorgen um halb sechs Uhr sehr feierlich gehalten. Eine alte Frau stand des Nachts um 12 auf und meinte, schon die Zeit verschlafen zu haben, um zur Christmette zu gehen. Sie machte sich also mitten in der Nacht auf, sah auch schon die Kirche erleuchtet, die unter dem Schlosse am Berge liegt. Die Tür stand offen, sie ging hinein und setzte sich in ihren Stuhl.

Nach einer Weile drehte sie sich um, da sah sie mehrere Bekannte als Geister um sich sitzen, die vor kurzem erst gestorben waren. Daran bemerkte sie erst, daß sie unter lauter Geistern saß, und eilte aus der Kirche. Indem sie aus der Tür ging, wurde die Tür hinter ihr zugeschlagen. Die Tür faßte ein großes Stück von ihrem Mantel, der wurde sogleich durchgerissen, und das Stück vom Mantel wurde am andern Morgen auf dem Altar gefunden. (319)

Der Slovak im Zwißelsberg

Nach dem Zwißelsberg hinter dem Stolberger Schlosse ging früher immer ein Slovak (Venediger). Einst bat ihn jemand, ihn mitzunehmen, da sagte er: Er ginge jetzt drei Jahre im Dienst eines Herrn, dem er alle Schätze bringen müsse. Später wolle er ihn mitnehmen, wenn er die Schätze für sich selbst hole. Dieser sah ihn dann nachher auch in den Berg hineingehen, aber später ist er nicht mehr wieder gekommen. (320)

Eruna, Auerine, die weiße Jungfer

Eine Viertelstunde von Stolberg liegt der Klosterkopf, wo früher ein Kloster gestanden hat. Auf der Stelle, wo es war, steht eine Eiche. Von dieser Stelle aus soll die weiße Jungfrau ausgehn. Ein Mann fand dort nachts um 12 frischen Pferdemist, der sich in Gold verwandelt haben würde, wenn er etwas darüber geworfen hätte. Die Jungfer geht durch die Wälder bis zu dem Holzkopf, der der Taubentritt heißt. Ein Knabe von sieben Jahren soll sie einst erlösen und bekommt dann zwölf Tonnen Goldes dafür, die am Klosterkopf verborgen sind. Sie sieht groß und hager aus, hat große gelbe lange Zähne und große lange Finger. An der Seite hat sie ein großes Bund Schlüssel hängen. Sie zeigt sich auch besonders im Stolberger Engelgäßchen. (321)

Das Diebsloch

Es stösset in der Graffschafft Stolberg ein Wald an den nicht weit von Ufftrungen so genannten See-Berg, und wird der Arns-Wald geheissen, darinnen ist die vielfältige Höle, welche man insgeheim das Diebes-Loch nennet, weilen, dem Bericht nach, sich vormahls eine zusammen-rottirte Diebes-Gesellschaft sich heimlich darinnen soll auffgehalten haben.

Diese Höle ist sehr dunckel, und richtet man darinnen ohne brennende Fackeln und Lichter nichts aus, wie auch mehrentheils in andern geschiehet. Der Eingang zu derselben ist sehr enge, und so niedrig, daß man nicht anders, als durch Kriechen, in die Höle gelangen kan; ist man nun also hinunter in die erste Höle kommen, so steiget man aus derselben in die andere hinab, und so weiter, weilen der Hölen viel nach einander sind; man wird aber nicht in alle geführet, sonderlich in die äuserste, darein man, derer Führer Bericht nach, nicht, ohne die größte Gefahr Leibes und Lebens, kommen kan, weilen man gleich hinter dem Eingange über ein grausam tieffes Loch springen müsse.

Ingleichen wird von ihnen und andern Leuthen gevermeldet, daß es in dieser letzten Höle nicht allein wie in der Baumanns-Höle ein kleines Bächlein gebe, darinnen Gold-Körner unter dem Sande gefunden würden, sondern man treffe auch darinnen solche reiche Ertze an, daß davon etliche so wohl in denen nahe dabey gelegenen als auch weit entfernten Oertern wohnende Personen heimlich reich worden wären, es hätten aber dieselben die Löcher und Gänge zu denen gedachten Ertzen so genau und künstlich versetzet und verstopfet, daß niemand anders dieselben finden könne als sie selber, weilen andere die Merck-Zeichen nicht wüsten und verstünden, die sie dieser Gänge wegen gemachet hätten. Sonst werden auch in dieser Höle unterschiedene Menschen-Hirn-Schädel angetroffen, welche mit Fleiß nach einander gelegt sind, fraget man nun die Führer um die Ursache, so geben dieselben zur Antwort: daß insgemein davor gehalten werde, wie solches von denenjenigen geschehen sey, so gemeldete Ertze daraus holeten, um dadurch andere, die auch Ertz daselbst suchen wolten, abzuschrecken und glaubend zu machen, daß sich in der Höle Mörder auffhielten, und solche Hirn-Schalen von denen Menschen wären, die von ihnen ermordet worden, welche Muthmaßung mit vor gedachter Erzehlung man dahin gestellet seyn lässet. (322)

Die kalte Höhle

Oberhalb des Dorfes Questenburg, dabei ein altes dem Herren Grafen von Stolberg gehöriges Schloß, vornen am Harz, ist kaum eines halben Büchsenschusses weit vom Dorf ein sehr starker Brunnen, welcher daselbst ein Teichlein in seinem Auslauf machet und von dannen stracks unter einen sehr hohen Felsen lauft und mit einem ziemlichen Geräusch sich daselbst verlieret, und berichten die Leute des Orts eine gewisse Wahrheit, daß solcher Bach in den Aschersleben er See, der 8 Meil davon belegen, wieder ausfließe. Etwa einen guten Büchsenschuß unterhalb dem Dorf, gegen dem gedachten Bergsloß über, ist eine geraume, nicht allzu tiefe unter sich in einen Felsen gehende Höhle, gleich einem halb abgebrochenen und offenstehenden Keller, also daß es lichthell darinnen ist. Diese Höhle wird genannt das Eisloch daher, weil Sommerszeit, je heißer die Sonne scheinet (da doch die Höhle recht gegen Süden offen stehet) es je härter drinnen gefrieret, auch zuweilen recht schneiet. Maßen dann die Leute, so den obangezogenen Reisenden damalen im Augusto diese Höhle gezeiget, für wahr berichtet, daß sie sich noch vor 2 Tagen mit Schneeballen lustig drin herum geworfen hätten.

Hingegen je härter und schärfer es im Winter gefrieret, je heißer es in dieser Höhle ist, daß es auch einen Schwaden gibt wie in einer Badstuben. Gleich neben diesem besagtem Dorf Questenburg abwärts zur Rechten halb am Berge ist noch eine Höhle in einem Felsen, auch unterwärts gehend, in welcher man hinunter steiget und klettert zu einem natürlichen hohen und weit umfangenen Gewölbe voller Wasser, wie ein Teich sehr tief und nicht zu ergründen, und allda es ganz still, die besagte Höhle aber ist ganz voll einer gewissen Art Tropfstein, so ganz kraus wie Wolle ist. (323)

Ballenstedt und Umgebung

Schloß Ballenstedt. Gezeichnet von Ludwig Richter, gest. von I. J. Hinchliff. Aus: W. Blumenhagen, Wanderung durch den Harz, 1836.

Gegensteine

Nördlich von Ballenstedt, nicht weit von dem Wege nach Quedlinburg, erblickt man zwei riesig und ungeheuer aus der schönen Ebene empor steigende dunkle Massen und weiß sich nicht zu deuten, was man sieht. Ob die Natur diese Kolosse, Produkte ihrer Allgewalt, als Zeichen ihrer Größe hinstellte oder ob es die Trümmer eines Titanenbaus sind, mit welchen die Wogen der Sintflut ihr zerstörendes Spiel trieben. Je näher man aber kommt, desto mehr wird man überrascht, denn man erkennt, daß es zwei einzeln stehende Felsen oder Bruchstücke einer Felsenwand sind, welche sich von einer mäßigen Anhöhe mehr als achtzig Fuß hoch erheben, deren einer jedoch beträchtlich höher liegt als der andere. Der am niedrigsten liegende dieser Felsen gibt, wenn man nach seiner

Mittagsseite spricht, in starkem Echo alles zurück und heißt daher ›der laute‹. Der höher liegende besaß diese Eigenschaft früher gar nicht und heißt von daher noch jetzt ›der stumme‹, obgleich er, wahrscheinlich seit Wegräumung von Gesträuch und Abtragung einer Erhöhung, auch eine wiederholende Stimme, jedoch nicht in so hohem Maße wie sein Bruder, von sich gibt.

Über nichts sind die chronistischen Notizen mangelhafter als über die Entstehung der Naturdenkwürdigkeiten. Daher bleibt uns nur die Vermutung bzw. die Vorstellung von der Wahrscheinlichkeit. Daher sei es auch fern, der Enststehung und Umwandlung der Gegensteine bis zu ihrer jetzigen Gestalt nachspüren zu wollen. Aber der Hang zum Wunderbaren und Märchenhaften ist zu mächtig und war es besonders in früheren Zeiten, die dem Geist keine befriedigenden Resultate seiner Forschungen boten, als daß sich nicht auch an den Gegensteinen die geschäftige Sage hätte versuchen sollen, und ich will dem geehrten Leser daher nicht vorenthalten, was noch heutiges Tages, als Übertragung von Urvätern und Müttern, die Bewohner der Umgegend sich von den Gegensteinen erzählen und den Reisenden, welche nur irgendeine Wißbegier zeigen, mit wichtiger Miene, als ob sie es selbst erlebt hätten, erzählen:

Zu jener Zeit, als noch dichter, undurchdringlicher Wald die Gegend bedeckte, welche man jetzt als lachende, mit Erntesegen geschmückte Gegend sieht, wo in den Tälern Sümpfe und Moräste lagen und die Höhen von wilden Tieren wimmelten, noch kein Weg und Steg war, auf welchen ein menschlicher Fuß wandeln konnte, da trieben auf der Stelle, wo jetzt die beiden Felsen herausragen, die man die Gegensteine nennt, böse Geister ihr Wesen.

Aus der Ferne sah man es, wie sie zur Nachtzeit, besonders in der Mitternachtsstunde, bald wie feurige Kugeln, bald wie hüpfende Flämmchen erschienen und tobten oder reizende Töne hören ließen, damit die Menschen anzulocken und zu verderben. Viele, die ihrer spotteten, auf keine Warnung hörten und das Treiben der Unholde in der Nähe sehen wollten, sich auch wohl gar bis zu der Erscheinung durch das Dickicht drängten, kamen nicht zurück. Sie wurden von den bösen Geistern durch die Lüfte geführt, man hörte ihr Wimmern und fand sie meilenweit von der Höhe herabgeschleudert tot zur Erde liegen. Nur wer ein Gott geheiligtes Leben führte, reines Herzens, fromm und gläubig unsrem Herrn und Heiland eigen war, dem konnten die Bösen nichts anhaben.

Da ritt ein Ackersmann aus dem damals kleinen Dörfchen Ballenstedt früh vor Sonnenaufgang aus, um in der Stiftskirche zu Quedlinburg, welche die Kaiserin Mathilde kaum erst gestiftet hatte, sein Gebet zu verrichten und die Absolution zu holen, denn Ballenstedt besaß damals weder eine Kirche noch einen Pater. In frommen Gedanken und daher ohne Furcht ritt er langsam vor sich hin. Es überfiel ihn aber eine unwiderstehliche Müdigkeit, und er schlief ein. Der Gaul, der keine lenkende Hand mehr am Zügel fühlte, ging vom Wege ab, sich Grünes zu suchen, und blieb stehen und fraß. Da erwachte der Bauersmann. Er rieb sich verwundert die Augen, denn er sah sich in einer ganz unbekannten Gegend, im dunklen Dickicht, ohne Weg und Steg. Rings um ihn her türmten sich hohe Felsen auf, die ihn beinahe einschlossen. Er hörte Wasser brausen und unter sich ein tobendes Geräusch, im Vordergrund aber gähnte ihn eine tiefe Höhle an.

Der Ackersmann hatte von all dem nie etwas gehört und kannte eine solche wilde Gegend in der Nähe seines Wohnortes nicht. Er meinte, durch Zauberei in ein fernes Land versetzt zu sein. Besorgt schaute er vom Gaule herab alles an und überzeugte sich endlich, daß er nicht träume, denn die Sonne glänzte über der schauerlichen Gegend, und der Gaul graste munter fort. Wohl kam ihm der Gedanke, daß er sich in dem Bereich böser Geister befinde, und eiskalt lief es ihm über den Rücken hinab. Doch hatte er auch nicht den Mut umzukehren, denn er fürchtete, die Unholde möchten ihn verfolgen. Er befand sich daher in einer peinlichen Lage, denn hier verweilen durfte er auch nicht. Indessen verlor sich alles unheimliche Geräusch und Toben, es ward ruhig um ihn her, munter flatterten die Vöglein der Sonne entgegen, und kein Zeichen von Unsicherheit und Gefahr war bald mehr vorhanden. Da faßte der Ackersmann Zuversicht und Vertrauen, blickte ohne Scheu umher und besah alles genau, wobei er sich vornahm, am anderen Tage mit Weib und Kindern an dieselbe Stelle zu gehen und sie zu überzeugen, daß es Lügen wären, wenn die Leute sprächen, es sei hier nicht geheuer.

Aber was dort wohl in der finsteren Höhle sein möge? Das mochte er denn doch zu gern wissen, und es entstand ein Kampf zwischen der Neugierde und Furcht in ihm. Doch die Neugierde trug den Sieg davon. »Ach, ich wage es!« rief er aus, sprang vom Pferd, band es an einen Baum und schlich leisen Trittes, als ob es niemand hören sollte, über die umherliegenden Felsbrocken nach der Höhle. Endlich stand er am Ziel, beugte sich vorwärts und blickte mit langem Hals in den Schlund. »Jesus, Maria und Joseph!« schrie er auf, indem er die Hände über dem Kopf zusammenschlug.

»Was sehen meine Augen!« Und was sahen sie? Mitten in der Höhle eine große Braupfanne voller lauter Goldstücke, wie eine inwendige Hand, so groß. Darauf lag eine silberne, glänzende viereckige Tafel mit rotfeurigen karfunkelnden Steinen eingefaßt und Buchstaben und Zahlen in der Mitte von großen Granaten. Daneben lehnte eine nagelneue Fuhrmannspeitsche, und auf der anderen Seite lag ein grimmiger großer schwarzer Bullenbeißer mit feurig glühenden Augen, die hin und her rollten. Mit verschränkten Armen stand der Ackersmann wohl zehn Minuten vor dem überschwenglich großen Schatze, sinnend, was zu tun sei. Denn der grimmige Wächter flößte ihm zu viel Respekt ein, und er hatte auch nicht einmal etwas in seinen Taschen, womit er ihn vielleicht hätte beschwichtigen können. Endlich rief er, sich ein Herz fassend, aus: »Ich versuche es, ich wage es, ich will mir ja nicht viel nehmen. Aber die schöne Peitsche, die muß ich auch haben.«

Beherzt schritt er nun vorwärts in die Höhle, jedoch unverwandten Auges nach dem schwarzen Wächter blickend, ob er sich nicht rührte. Er schritt immer weiter vor, der Schwarze rührte sich nicht. Er beugte sich über den Rand, hob die Hand zum Zugreifen, und immer blieb er ruhig. Nun griff er mit beiden Händen in die goldenen Taler, füllte die Taschen und sprang mit zwei Sätzen wieder herauf an den Rand der Höhle.

Hier sank er ermattet von Angst und Freude nieder. Aber kaum hatte er sich erholt, da leerte er die Taschen und zählte die Taler. Und in der Freude über den unerwarteten Reichtum überließ er sich den ausschweifendsten Träumen einer beglückenden Zukunft.

Da wieherte sein Roß und scharrte mit dem Fuße. »Geduld, alter Gaul!« rief der Ackersmann, »ich komme gleich. Erst muß ich mir nur noch die neue Peitsche holen, die ich vorhin vergaß.«

Und wieder stieg er ohne alle Besorgnis vor dem schwarzen Wächter, der ganz ruhig blieb, hinab in die Höhle, ergriff die Peitsche und wollte schon umkehren, da fiel sein Blick noch einmal auf die goldenen Taler, und er konnte nicht widerstehen, griff ein- und zweimal hinein mit voller Faust und barg die Beute in der Tasche. Da erhob sich langsam der schwarze Wächter und fletschte knurrend die scharfen Zähne. Aber Jakob fürchtete ihn nicht mehr, sondern dachte: ›Knurre du nur, aller guten Dinge müssen drei sein, ich nehme noch eine Handvoll. Aber wie er den dritten Griff tun wollte, da sprühten die Augen des Tieres sengende Feuerstrahlen, ein fürchterliches Geheul und Getöse, ein Brausen und Stürmen, Blitzen und Donnern und Krachen entstand. Die Erde erbebte, die Felsen umher stürzten zusammen, die Bäume brachen nieder, Sturzbäche rauschten hervor, der Himmel umhüllte sich mit Nacht, und Flammen stiegen hoch empor aus der Tiefe.

Zwar wußte der Landmann nicht, wie er aus der Tiefe gekommen war, aber so viel Besinnung behielt er doch, um zu sehen, wie der Gottseibeiuns unter gräßlichem Getümmel und Feuerregen, in riesiger Gestalt, in der einen Kralle die Braupfanne mit den Goldstücken, in der anderen die glänzende Tafel haltend, aus der Höhle heraufstieg, umgeben von tausend kleinen Teufelsgestalten, und wie alles verschwand und versank und nur zwei Felsstücke einzeln stehen blieben. Wie sich das Teufelsheer hohnlachend in die Luft schwang nach dem am tiefsten liegenden von den beiden Felsen (dem lauten), ihn mit einem Fußtritt spaltete, in die Öffnung hinabfuhr, aus welcher stinkender Schwefeldampf heraufstieg, sie sich dann wieder schloß und nur im Innern des Felsens, die Goldtaler klingend, wie von Stufe zu Stufe immer tiefer hinabstürzten, dann alles wieder ruhig ward, sich der Himmel klärte, die Sonne leuchtete und der Gaul immer ungeduldiger scharrte.

Der Bauersmann zitterte und bebte, würde jedoch gern alles für einen Traum gehalten haben, wenn ihn nicht die Peitsche in seiner Hand vom Gegenteil überzeugt hätte. Und in den Taschen fühlte er ja auch das Gewicht der Goldstücke. Er wollte aufstehen, aber die Last in den Taschen zog ihn wieder nieder. Hocherfreut über die Größe des eroberten Schatzes griff er in die Tasche. Doch was brachte er hervor? Für jedes Goldstück einen doppelt so großen Kieselstein, und nichts als lauter Kieselsteine, nicht einen einzigen Taler. Da starrte er mit gefalteten Händen auf den Kieselsteinhaufen, wimmerte und zitterte vor Schmerz und Jammer über das selbstbereitete Geschick. Weinend setzte er sich auf seinen Gaul, von dem er zu Hause ermattet sank, sich niederlegte und nicht wieder aufstand, denn nach zwei Wochen deckte die Erde seinen Sarg.

Seitdem dieses passiert ist, soll nun der Gottseibeiuns im lauten Gegensteine sitzen, bei seinem Golde, der Vorübergehenden durch Nachäffen ihrer Töne und Nachsprechen ihrer Worte spotten, damit die ruhigen Wanderer schrecken, und wer ihn foppt, zu viel auf den Felsen einspricht und lacht, den soll er mit Steinen werfen. (324)

Der Meisdorfer Förster in Venedig

Der Förster von Meisdorf – er ist noch nicht so gar lange tot – ging eines Tages den Kirchberg hinan, der sich hart an der Selke hinzieht. Da sah er unter einer großen Eiche zwei unbekannte Männer in grünen Kitteln sitzen und frühstücken. »Gott zum Gruß! und wohlbekomm's!« grüßte er sie, als er an sie herankam; und »Großen Dank!« erwiderten sie freundlich. »Wollt ihr unser Gast sein, Jägersmann«, fuhr dann einer von ihnen fort, »so kommt und setzt euch!« Gern folgte jener der Einladung und ließ sich Speise und Trank der Fremden gut schmecken. Dabei erzählte er ihnen anfangs gar viel, aber bald wurde seine Zunge schwerer, leise sank er zurück in das Waldmoos und schlief ein.

Als er die Augen wieder auftat, sah er sich erstaunt um, denn er befand sich in einer wildfremden Gegend. Da niemand in der Nähe war, den er hätte fragen können, so schritt er der großen, prächtigen Stadt zu, die er ganz in der Nähe vor sich sah; und hier erfuhr er denn, daß er sich in Venedig befand. Wie bist du hierher gekommen? Was willst du hier beginnen? Wie wirst du nach dem Harze zurückkommen? Diese Fragen schwirrten ihm im Kopfe herum, so daß er kaum ein Auge hatte für die herrlichen Paläste, die glänzenden Kaufläden, die Menge der Schiffe und das bunte Gewimmel am Hafen.

Da hörte er sich plötzlich bei Namen rufen, und als er erstaunt aufschaute, sah er im offenen Fenster einer der schönsten Paläste einen vornehmen Herrn, der ihm lächelnd winkte, einzutreten. Eiligst kam dieser dann die breite Treppe herunter, hieß unseren guten Förster, der vor Überraschung kein Wort zu sagen wußte, herzlich willkommen und führte ihn in sein Zimmer. »Ihr kennt mich wohl nicht?« fragte er hier scherzend. »Ich wüßte nicht, Herr, daß ich euch je gesehen hätte«, antwortete der Förster. Da ging der Unbekannte hinaus und kehrte gleich darauf im grünen Kittel zurück. Und nun sah der Förster: Das war ja einer von den Fremden, mit denen er unter der Eiche im Selketal gefrühstückt hatte.

Er wurde nun aufs beste bewirtet, und sein gefälliger Wirt führte ihn im ganzen Palaste umher und zeigt ihm alle seine Kostbarkeiten und Schätze. »Seht«, sagte er, »all diesen Reichtum verdanke ich eurem Selketal und seinem Golde. Und auf gleiche Weise ist auch mein Freund, den ihr kennt, reich geworden.« Am Abend kam auch dieser, um ihn nur zu begrüßen, aber trotz aller Liebenswürdigkeit der beiden Venediger ergriff das Heimweh den Förster immer mächtiger. Da führten ihn die beiden am andren Morgen auf eine Anhöhe vor der Stadt und setzten sich hier mit ihm zum Frühstück nieder. Und da erging's ihm wie am Tage zuvor: Er wurde müde und schlief ein. Und als er erwachte, lag er zu seiner Freude wieder unter der Eiche auf dem Kirchberg im Selketal. (325)

Die Kindsmörderin von Pansfelde

Am westlichen Saume des Bergwaldes bei Pansfelde steht noch heute ein gewaltiger uralter Baum, die schwarze Eiche genannt, weil er der Gerichtsbaum der heiligen Feme gewesen sein soll. Dieses schreckliche Gericht soll auf einer Höhe bei Altenrode unweit Wernigerode seine Gerichtsstätte gehabt haben, und noch führt eine düstere Schlucht unweit des sogenannten ›Gartenhauses‹

in einem Dickicht des Falkensteiner Schloßwaldes den Namen des heimlichen Gerichts. In der Nähe jener Eiche wächst kein Gras, der Boden ist kahl und wird vom Tau und Regen nicht naß, da wurde einst eine Kindsmörderin hingerichtet.

Sie war die schöne Tochter des Pfarrers von Pansfelde und hatte sich von einem jungen Grafen von Falkenstein betören und um ihre Unschuld betrügen lassen. Er hatte sie glauben gemacht, er wolle sie heiraten, allein nachdem sie sich in der am Pfarrhaus befindlichen Laube ihm ergeben hatte, dachte er nicht mehr daran, sein Wort zu halten. Zwar erinnerte sie ihn, als sich die Folgen ihres Leichtsinns anfingen bemerkbar zu machen, an sein Versprechen, aber er wußte sie immer durch verschiedene Ausreden hinzuhalten, doch endlich vermochte sie das Geschehene nicht mehr zu verbergen. Ihr ungehaltener Vater mißhandelt sie und warf sie aus dem Haus. In Verzweiflung eilte sie aufs Schloß, um zu letzten Mal ihren Verführer zu mahnen, ihr die geraubte Ehre wiederzugeben. Aber umsonst, er wies sie kalt ab und erklärte ihr geradezu, er habe nie beabsichtigt, sie zu heiraten, was ja allein schon der große Standesunterschied zwischen ihnen beweise.

Da verließ sie halb wahnsinnig das Schloß und eilte in finsterer Nacht in die Nähe ihres Heimatortes zurück. Da sie sich natürlich nicht in das Haus ihres Vaters wagen durfte, so suchte sie ein Obdach in jener Laube, wo sie einst den Schwüren des Treulosen Glauben geschenkt hatte. Die Aufregung und Verzweiflung führten eine vorzeitige Entbindung an diesem Ort herbei, und nicht ihrer selbst mächtig nahm sie eine silberne Nadel aus ihrem Haar und stieß sie dem neugeborenen Knäblein ins Herz.

Erst als sie die gräßliche Tat verübt, ward sie sich bewußt, was sie getan. Sie ergriff die kleine Leiche und machte ihr mit ihren Nägeln am nahen Unkenteich ein Grab. Dann aber ging sie selbst hin und überlieferte sich dem Gericht. Das Gericht bestrafte damals Kindsmörderinnen noch sehr hart: Sie wurde zur Strafe des Rades von unten auf verurteilt, und noch jetzt sieht man sieben unberaste Stellen in der Nähe jener Eiche, wo die Unglückliche an Füßen, Schenkeln, Armen und Brust die Schläge des Rades empfing. Sie selbst aber ward aufs Rad geflochten, und ihr Leichnam diente als Futter für die Raben.

Schloß Falkenstein. Kupfer aus: Friedrich Gottschalck, Die Ritterburgen und Bergschlösser Deutschlands, 1811.

Wie das Volk erzählt, soll aber allnächtlich an jenem Teiche die Seele ihres unglücklichen Kindes in Gestalt eines Flämmchens herumirren und sie selbst als weiße Schauergestalt demselben nacheilen, um es zu erhaschen oder zu löschen, es aber nie erreichen.

Da nun noch heute im Archivgewölbe des Schlosses Falkenstein Fetzen einer weiblichen Kleidung und ein halbvermodertes Gebetbuch aufbewahrt werden, die man in der schauervollen Tiefe des grausigen Burgverlieses, wo hinab die Unglücklichen mittels einer Winde versenkt wurden, gefunden hat und man im abgelegensten Teile der Burg selbst ein verstecktes Gemach zeigt, wovon die Sage geht, daß zur Zeit der alten Grafen von Falkenstein daselbst einer von ihnen sein Liebchen versteckt gehalten und wo, um verräterisches Kindergeschrei zu verhüten, unschuldiges Blut geflossen sei, so scheint entweder die Tat nicht zu Pansfeld geschehen zu sein, oder aber es müssen zwei verschiedene Untaten verübt worden sein. Jedenfalls aber kann nicht durch die Feme jenes grausige Urteil vollstreckt worden sein, denn zu der Zeit, wo es (protestantische verheiratete) Pfarrer zu Pansfelde gab, war die Feme längst aufgehoben. (326)

Von der Tidianshöhle bei Falkenstein

Geht man von der Burg Falkenstein im Selketale flußaufwärts, so kommt man unweit der anhaltischen Grenze an den Fuß des Tidianberges, der am linken Ufer dort ansteigt, wo die Straße den Fluß wieder überschreitet. In knapp halber Höhe des Berges öffnet sich der Eingang zu einer kleinen Höhle, aus der ein Wässerlein gelben Sand herausschwemmt. Der Eingang heißt das Venediger Tor, die Höhle aber die Tidianshöhle. Vor Zeiten, als man noch tief in sie hineingehen konnte, sind jedes Jahr drei fremde Männer gekommen, haben mit dem Sand, der darin lag, ganze Säcke angefüllt und sind damit davongegangen. Man hat ihnen das nicht gewehrt, denn kein Mensch wußte, was das für Sand war. Und wenn man sie fragte, wozu sie den Sand gebrauchten, so haben sie geantwortet: »Zum leichteren Schmelzen des Eisens.«

So haben sie viele Jahre lang eine Menge Sand weggetragen. Als sie nun einmal wiederkamen, da fanden sie die Höhle mit großen Felsstücken angefüllt, konnten kaum noch zehn Schritt weit hineingehen und fanden den Sand nicht mehr, der sonst da lag. Da haben sie den Leuten erzählt, der Sand sei reiner Goldsand gewesen, der sie zu reichen Leuten gemacht, und gemeint, ein böser Geist müsse die Höhle verrammelt haben, denn Menschenhände könnten das nicht gewesen sein.

Wiewohl ihnen das niemand geglaubt, so sind doch viele aus Neugierde hingegangen, haben aber nur ganz gewöhnlichen Sand darin gefunden und gesehen, daß die Höhle, die früher tief in den Berg hineinging, mit Felsstücken ganz wie zugewachsen war. Da hieß es nun, das habe der Böse getan, und seitdem hat es jeder gemieden, der Tidianshöhle zu nahe zu kommen. Aber dieselbe hat sich wegen einer unmenschlichen Schandtat geschlossen. (327)

Literatur

Abel, C.: Sammlung etlicher alter Chroniken. Braunschweig 1732.

Am Urquell. 1899 ff.

Asche, Theodor: Geschichts-, Kulturbilder und Sagen aus Goslars Vergangenheit. Goslar 1901.

Aus der Heimat 1885–1896.

Behrens 1703/1899 = Behrens, Georg Henning: Hercynia Curiosa oder Curiöser Hartz-Wald. Nordhausen 1703 (Walluf 1973) (hier zitiert nach dem Neudruck Nordhausen 1899).

Berckenmeyer 1729 = Berckenmeyer, P. L.: Vermehrter Curieuser Antiquarius. Hamburg [um 1729, Erstausgabe 1712].

Berckenmeyer, Fortsetzung = Berckenmeyer, P. L.: Fortsetzung des curieusen Antiquarii. Hamburg o. O.

Bertram, Karl: Märchen und Sagen aus den Harzbergen. Clausthal-Zellerfeld 1964.

Blankenstein: Sagen und Märchen des Harzgebirges. Thale/Suderode 1896.

Blumenhagen 1836 = Blumenhagen, Wilhelm: Wanderung durch den Harz. Leipzig [1836] (Nachdr. Hildesheim 1984).

Bodenstedt, H.: Funkheinzelmanns Harz-Märchen. Thale [1929] (Neuausgabe Thale 1975).

Braunschweigisches Magazin. 1801 ff.

Brederlow, C. G. F.: Der Harz. Zur Belehrung und Unterhaltung für Harzreisende. Braunschweig 1846.

Bröherr, Christian Daniel s. Documenta

Bruckmann 1727 = Bruckmann, Franciscus Ernestus: Magnalia Dei in locis svbterraneis Oder Unterirdische Schatz-Cammer Aller Königreiche und Länder in Ausführlicher Beschreibung [...] 1–2. Braunschweig 1727/Wolfenbüttel 1730.

Bünting 1620 = Bünting, H.: Braunschweigische und Lüneburgische Chronica. Magdeburg 1620.

Busch 1910 = Busch, W.: Ut öler Welt. München 1910.

Büsching 1812 = Büsching, Johann Gustav: Volks-Sagen, Märchen und Legenden. Leipzig 1812 (Nachdr. Hildesheim 1969).

Calvör 1714 = Calvör, Caspar: Saxonia Inferior Antiqua Gentilis et Christiana. Das ist: Das alte Heydnische und Christliche Niedersachsen. Goslar 1714.

Calvör/Ergker = Calvör, Henning: Historische Nachricht von der Unter- und gesamten Ober-Harzischen Bergwerke [...]. Braunschweig 1765 (darin ist eine Chronik aus dem Besitz des Lazarus Ergker abgedruckt: Vom Rammelsberge, und dessen Bergwerk, ein kurzer Bericht, durch einen wohlerfahrnen und versuchten desselbigen Bergwerks etlichen seinen guten Freunden, und Liebhabern der Bergwerke zu Ehren und Nutz gestellet, Anno 1565. In: Calvör 1765, 195–214) (Nachdr. s.l. s.a.).

Carstensen, Richard: Typisch niedersächsisch. Einst und jetzt – Land zwischen Nordsee und Harz, Elbe und Weser. Würzburg 1985.

Cörber, Caspar: Historia Goslarensis oder Geschichte der Stadt Goßlar. Goslar 1679.
Corvinus s. Unentbehrlicher Führer
Cramm, Walter: Sagenwelt des Harzes. Osterode 1954.
Curieuse Untersuchung 1702 = Curieuse Untersuchung des Solennen-Convents der Hexen auf dem Brockels-Berge. Aus dem Lateinischen ins Deutsche übersetzt von M. M. Dresden/Leipzig 1702.
Denecke, Rolf: Goethes Harzreisen. Hildesheim 1980 (3. Aufl. 1991).
Denecke, Rolf: Romantische Harzreisen. Reiseaufzeichnungen von Joseph von Eichendorff, Heinrich Heine und Hans Christian Andersen. Hildesheim 1971 (3. Aufl. 1987).
Der Harz. Vereinsblatt des Harzklubs. 1895 ff.
Der Harzfreund (1830).
Der kuriose Harz. Ein Buch der Merk- und Denkwürdigkeiten des Harzes. Bad Harzburg 1925.
Diederichs, Ulf/Hinze, Christa: Sagen aus Niedersachsen. Zwischen Harz, Heide und Meer. Düsseldorf/Köln 1977 (1993).
Documenta 1747 = Documenta oder Alte Uhrkunden und Nachrichtungen, wo hin und wieder im Roemischen Reiche, Gold- und Silber-Ertze, Gold-Körner, Wächswerck, Seiffenwerck etc. zu finden seyn sollen. Von [...] C. D. B. L. [= Christian Daniel Bröherr, Lieutenant]. o. O. 1747.
Dreßer, M.: Saechsisch Chronicon. Wittenberg 1596.
Eckart 1920 = Eckart, Rudolf: Südhannoversches Sagenbuch 1–4. Leipzig [um 1920].
Eichler, Maria: Harz-Sagen. Die schönsten Sagen und Märchen aus dem Harze. Bad Harzburg [1893] (u. ö.).
Eichler, Maria: Harzblumen. Sagen und Geschichten aus dem Harze. Bad Harzburg 1886 (u. ö.).
Ercker, Lazarus s. Calvör
Ey 1854 = Ey, August: Harzbuch oder Der Geleitsmann durch den Harz. (Goslar) 1854 (2. Aufl. 1855).
Ey 1862 = Ey, August: Harzmärchenbuch oder Sagen und Märchen aus dem Oberharze. Stade 1862 (Nachdr. Hildesheim/New York 1971).
Eynatten, Carola Freiin von: Harzsagen. Weimar 1889 (2. Aufl. Leipzig [1904]).
Fieke, Karl: Altenau im Harz und Umgebung in Poesie, Sage und Geschichte. Wernigerode 1908.
Fincel = Fincel, J.: Wunderzeichen 1–3. Jena 1556/Leipzig 1559/Jena 1562.
Fischer, Heinrich: Sagen des Kreises Osterode am Harz. Herzberg 4. Aufl. 1973.
Förstner, C. J.: Aus der Sagen- und Märchenwelt des Harzes. 1: Unterharz; 2: Oberharz. Quedlinburg 1888/Quedlinburg 1907/Quedlinburg 1926 (u. ö.).
Förstner, C. [J.]: Neues und Altes aus dem Sagenkreise des Vater Brocken. Märchen und Sagen. Quedlinburg 1891 (2. Aufl.[1924]).
Förstner, C. [J.]: Sagen und Märchen aus dem Harz. Zur Unterhaltung und Erinnerung. Atzbach 1978 (Neudruck).
Förstner, C[lara] [Johanna]: Aus der Sagen- und Märchenwelt des Harzes. Kyffhäusersagen. ed. Arthur Richter-Heimbach. Quedlinburg [1907].
Frahm 1890 = Frahm, L.: Norddeutsche Sagen von Schleswig-Holstein bis zum Harz. Altona/Leipzig 1890.
Frauenstein 1853 = Frauenstein, J. H.: Romantische Harzwanderung. Sagen.

Mährchen und Legenden des Harzes aus Volks- und Dichtermunde. Wolfenbüttel 1853.
Freiesleben, J. C.: Bemerkungen über den Harz. Leipzig 1785.
Führer und Sagen aus dem Gebiete der Bahnstrecken. 1. Halberstadt-Blankenburg; 2. Minsleben-Blankenburg; 3. Blankenburg-Rübeland-Elbingerode-Rothehütte-Tanne. Harzburg o. J.
Gebser, T.: Die Sagen vom Bodfeld bei Elbingerode. Wernigerode 1885.
Gillwald, Albert: Der Harz in Geschichte und Sage. Bernburg 1883.
Gillwald, Albert: Die Sagen vom Ober- und Unterharz und die neu entdeckte Hermanns-Höhle bei Rübeland. Thale [ca 1892].
Görges, W.: Vaterländische Geschichten und Denkwürdigkeiten der Vorzeit 1–3. Braunschweig 1843–45.
Gottschalck 1814 = Gottschalck, Friedrich: Die Sagen und Volksmährchen der Deutschen 1. Halle 1814.
Grässe 1868 = Grässe, Johann Georg: Sagenbuch des Preußischen Staates 1. Glogau [1868].
Gregorius 1715 = Gregorius, Johann Gottfried: Die curieuse Orographia, Oder Accurate Beschreibung derer berühmtesten Berge/ In Europa/ Asia/ Africa und America [...]. Frankfurt/Leipzig 1714 (benutzt wurde die 2. Aufl. 1715).
Griep, Hans-Günther/Laub, G./Stolberg, Friedrich: Harzer Höhlen in Sage und Geschichte. Blaubeuren 1969 (Abhandlungen zur Karst- und Höhlenkunde F 3).
Griepentrog, Gisela: Der ewige Faden. Frauen in den Sagen um Harz und Kyffhäuser. Leipzig 1988.
Grimm DS = Grimm, Brüder [d. i. Jacob und Wilhelm]: Deutsche Sagen. Bd. 1–2 ed. H.-J. Uther; Bd. 3 ed. B. Kindermann-Bieri. München 1993.
Grimm, Mythologie = Grimm, J.: Deutsche Mythologie. Bd. 1–3. ed. E. H. Meyer. Gütersloh/Berlin 1875–78 (Nachdr. Frankfurt/Berlin/Wien 1981).
Grimm, Nachlaß = Der unbekannte Bruder Grimm. Deutsche Sagen von Ferdinand Philipp Grimm. Aus dem Nachlaß herausgegeben von G. Hoffmann/H. Rölleke. Düsseldorf/Köln 1979.
Grosse, W.: Die Geschichte des Harzes im Spiegel der Sage. Wernigerode 1931.
Grubenhagenscher Heimatkalender
Günther 1888 = Günther, Friedrich: Der Harz in Geschichts-, Kultur- und Landschaftsbildern. Hannover 1888.
Günther = 1893 Günther, Friedrich: Aus dem Sagenschatz der Harzlande. Hannover-Linden/Leipzig 1893.
Günther, G.: Die Rose vom Harz. Sagen von Halberstadt, Quedlinburg, Wernigerode, Aschersleben, Blankenburg, sowie den übrigen Harzlandschaften und Thüringen. Halberstadt 1878.
Hake 1583 = Hake, Hardanus: Die Bergchronik des Hardanus Hake, Pastors zu Wildemann [1583]. ed. H. Denker. Wernigerode 1911.
Hannoversches Magazin.
Happel = Happel, E. G.: Groeste Denkwuerdigkeiten der Welt Oder so genannte Relationes Curiosae [...] 1–5. Hamburg 1683/85/87/89/91.
Harrys 1862 = Harrys, H.: Volkssagen, Mährchen und Legenden Niedersachsens 2. Celle 2. Aufl. 1862 (Erstaufl. 1840).
Hartmann, F. W.: Goslars Sagenschatz. Goslar 1923.
Harweck-Waldstedt, G. M.: Was die Ilse rauscht! Sagen [...] über die Ilse von Andersen [u. a.]. Harzburg [1888].

Harweck-Waldstedt[G. M.]: Was die Selke plätschert! Geschichtliches, Gedichte, Sagen und Märchen aus dem Selkethale. Osterwieck [1891].
Harzer Monatshefte. Zeitschrift für Kunde der Vergangenheit und die Interessen der Gegenwart im Harze (1890–94).
Harzsagen: vom Wilden Mann, vom Bergmönch, vom Zwergenkönig Hübich, von Burgen, Riesen und der Prinzessin Ilse. Clausthal-Zellerfeld 2. Aufl. 1968.
Heimatsagen 1 und 2. Osterwieck/Berlin [1939].
Hein, Gerhard: Sagen unserer Heimat zwischen Südharz und Hainleite. ed. Rat des Kreises Nordhausen, Abt. Kultur. Nordhausen 1985.
Heine, Heinrich: Harzreise. Hamburg 1826.
Henniger, Karl/Harten, J. von: Harz-Sagen. Hildesheim/Leipzig [1915 u. ö.].
Hercynisches Archiv. ed. Christian Erdwin Philipp Holzmann. Halle 1805.
Herlitze, Günter: Die Schalmei des Teufels. Die schönsten Sagen aus dem Harz. Wernigerode 1988.
Hertzer, H. W.: Harzmärchen. Wernigerode 1883.
Heyse, Gustav: Beiträge zur Kenntniß des Harzes, seiner Geschichte, Literatur und seines Münzwesens. Aschersleben/Leipzig 2. Aufl. 1874.
Hildebrand, W.: Goêtia, wahre und eigentliche Entdeckung fürnehmer Articul der Zauberey. Leipzig 1632.
Hoffmann 1836 = Hoffmann, F. A.: Die Burgen und Burgfesten des Harzes. Quedlinburg/ Leipzig 1836.
Hoffmann, Hans: Märchen aus dem Harz. Hildesheim/Zürich/New York 1985 (Nachdr. [in Auswahl] der u. d. T. erschienenen Ausg. Das Sonnenland und andere Erzählungen aus dem Nachlaß. München/Leipzig 1911).
Holzmärker-Gerbode, Josephine: Der poetische Harz oder Sagen und Märchen des Harzes [...]. 6. Heft der Gedichte. Worbis 1852.
Honemann = Honemann, Rudolf Leopold: Die Alterthümer des Harzes 1–4. Clausthal 1754–55.
Hubrich-Messow, Gundula: Sagen und Märchen aus dem Harz. Husum 1991.
Hundstägige Erquickstund = Hundstägige Erquickstund, d. i. schöne, lustige, moralische und historische Discurss durch drey [...] Reissgesellen [...] 1–3. Frankfurt a. M. 1650/50/53.
Kahlo 1923 = Kahlo, G. (ed.): Sagen des Harzes. Leipzig 1923 (Eichblatts Deutscher Sagenschatz 9).
Karstens, Heinrich: Vom Harz zur Heide. Hannover (1964) (Niederdeutsche Sagen 2).
Karstens, Heinrich: Zwischen Harz und Nordsee. Niedersächsische Sagen. Frankfurt a. M. 1930.
Kaufhold, Karl Heinrich (ed.): Bergbau und Hüttenwesen im und am Harz. Hannover 1992.
Körber, Fritz A.: Sagen aus dem Harz. Halberstadt 1960.
Kornmann 1614 = Kornmann, H.: Mons Veneris, Frau Veneris Berg, Das ist Wunderbare und eigentliche Beschreibung der alten Haydnischen und Newen Scribenten Meynung [...]. Frankfurt a. M. 1614 (Nachdr. Leipzig 1978).
Krantz 1563 = Krantz, A.: Saxonia. Weithleufftige, Fleissige und richtige Beschreibung der Ankunfft, Sietten [...] Geschichten, Hendel und tapfferer thaten der Sachsen [...] verdeutscht, erkleret unnd gebessert Durch B. Faber. Leipzig 1563.
Kuhn/Schwartz 1848 = Kuhn, A./Schwartz, W.: Norddeutsche Sagen, Märchen und Gebräuche. Leipzig 1848 (Nachdr. Hildesheim/New York 1972).

Kutschmann, Margarete: Im Zauberbann des Harzgebirges. Harz-Sagen und Geschichten. Glogau [um 1889/90].
Leibrock, Gustav A.: Die Sagen des Harzes und seiner nächsten Umgebung. 2 Teile. Nordhausen 1842/43 (u. ö.).
Leonhard, E. J. G.: Die Harzburg und ihre Geschichte. Helmstedt 1825.
Letzner 1596 = Letzner, J.: Dasselische und Einbeckische Chronika 1–8. Erfurt 1796.
Lothar 1820 = Lothar [i. e. Ferdinand Philipp Grimm]: Volkssagen und Mährchen der Deutschen und Ausländer. Leipzig 1820.
Merian 1654 = Merian. Topographia und Eigentliche Beschreibung Der Vornembsten Stäte, Schlösser und anderer Plätze und Örter in denen Herzogthümern Braunschweig vnd Lüneburg, vnd denen dazu gehörenden Grafschafften, Herrschafften vnd Landen. Frankfurt 1654 (Neue Ausg. 1961 [Faksimile]).
Müller, Horst: Auf den Spuren der schönsten Harzsagen 1–2. Quedlinburg ca. 1990 (Quedlinburger Lesebogen 1).
Müller, Horst: Aus dem Sagenschatz des Harzvorlandes. Quedlinburg ca. 1991 (Quedlinburger Lesebogen 2).
Müller, Wilhelm Ferdinand.: Meine Streyfereien in den Harz und in einige seiner umliegenden Gegenden 1–2. Weimar 1801/02.
Nachtigal, J. C. C. s. Otmar
Niedersachsen (Zeitschrift).
Nordhäuser Monatshefte (1889–90).
Oberharzer Heimatklänge. Clausthal Zellerfeld 1919.
Oeffentliche Anzeigen für den Harz (1836).
Otmar 1797 = Otmar [i. e. Johann Carl Christoph Nachtigal]: Oertliche Volkssagen am Unterharz. In: Erholungen 3 (1797) 250–268.
Otmar 1800 = Otmar [i. e. Johann Carl Christoph Nachtigal]: Volcks-Sagen. Bremen 1800.
Otmar [i. e. Johann Carl Christoph Nachtigal]: Einige Winke über Volkssagen und Volkserzählungen. In: Erholungen 2 (1796) 163–207.
Paetz, W.: Ansichten des Harzes nach der Natur gemalt. Braunschweig [1828].
[Petersen, Marie]: Prinzessin Ilse. Ein Märchen aus dem Harzgebirge. Berlin 1850 (u. ö.).
Petschel, G. s. Peuckert, W.-E.
Peuckert, W.-E.: Niedersächsische Sagen. Bd. 1 ff. (Bd. 4 a ed. G. Petschel; Bd. 5 ed. G. Petschel/E. H. Rehermann). Göttingen 1964/66/69/68/75/93.
Pomarius 1589 = Pomarius, J.: Chronica der Sachsen und Niedersachsen. Wittenberg 1589.
Praetorius 1669 = Praetorius, J.: Blockes-Berges Verrichtung. Leipzig 1669 (Nachdruck Hanau 1968 + Leipzig 1968).
Praetorius 1681 = Praetorius, J.: Alctryo-Mantia seu Divinatio magica [...]. Frankfurt a. M./Leipzig 1681.
Prinzessin Ilse s. Petersen, M.
Probst, Anneliese: Sagen und Märchen aus dem Harz. Berlin 1954 (Neuaufl. Berlin 1992).
Pröhle 1854 = Pröhle, Heinrich: Harzsagen. Gesammelt auf dem Oberharz und in der übrigen Gegend von Harzeburg und Goslar bis zur Grafschaft Hohenstein und bis Nordhausen. Leipzig 1854.
Pröhle 1856 = Pröhle, Heinrich: Unterharzische Sagen. Aschersleben 1856 (Nachdr. Lindlar 1979). Privat; EM: Prö 1.3

Pröhle 1863 = Pröhle, Heinrich: Deutsche Sagen. Berlin 1863.
Pröhle 1886 = Pröhle, Heinrich: Harzsagen zum Teil in der Mundart der Gebirgsbewohner. Leipzig 2. Aufl.1886 (Erstaufl. 1854).
Pröhle, Heinrich: Arx Hercinia. In: Deutsches Museum 2 (1852) 241–255.
Pröhle, Heinrich: Aus dem Harze. Skizzen und Sagen. Leipzig 1851 (Nachdr. Hildesheim/Zürich/New York 1989) (2. Aufl. 1857).
Pröhle, Heinrich: Brockensagen. Harzburg 1888.
Pröhle, Heinrich: Feldgarben. Leipzig 1859.
Pröhle, Heinrich: Harzbilder. Sitten und Gebräuche aus dem Harzgebirge. Leipzig 1855.
Pröhle, Heinrich: Harzsagen. In: Deutsches Museum 2 (1852) 81–99.
Pröhle, Heinrich: Oberharzische Sagen. Leipzig 1854.
Pröhle/Peuckert 1957 = Pröhle, H.: Harzsagen. Gesammelt auf dem Oberharz und in der übrigen Gegend von Harzeburg und Goslar bis zur Grafschaft Hohenstein und bis Nordhausen. ed. W.-E. Peuckert. (= erw. Neudruck der Ausgabe Pröhle 1886). Göttingen 1957.
Rehermann, E. H. s. Peuckert, W.-E.
Reichenbach, M.: Teufelsstreiche 1–2. Sagen aus dem Harzgebirge. Leipzig 1840.
Richter, Wolfram: Der Brocken – ein deutscher Berg. 5. Aufl. Clausthal-Zellerfeld 1991.
Rohr 1736 = Rohr, Julius Bernhard von: Geographische und Historische Merckwürdigkeiten des Vor- oder Unter-Hartzes [...]. Frankfurt a. M./Leipzig 1736 (2. Aufl. 1748).
Rohr 1739 = Rohr, Julius Bernhard von: Geographische und Historische Merckwürdigkeiten des Ober-Hartzes. Frankfurt/Leipzig 1739.
Sagen des Kreises Osterode s. Fischer, Heinrich
Sagen und Geschichten aus der Vorzeit 1847 = Sagen und Geschichten aus der Vorzeit des Harzes und der Umgegend. Bearbeitet von mehreren Sachkundigen. Halle [1847].
Schambach/Müller 1855 = Schambach,Georg/Müller, Wilhelm: Niedersächsische Sagen und Märchen. Göttingen 1855 (Neudr. Stuttgart 1948).
Schönermark, Otto: Die schönsten Harz-Sagen aus Thale und dem Bodetale. Braunschweig 2. Aufl. 1922 (3. Aufl. 1923 u. d. T. Die schönsten Harz-Sagen aus Thale, dem Bodetal, Treseburg und Altenbrak mit 45 Sagen).
Schönermark, Otto: Harz-Sagen von Blankenburg und dem Regenstein, Kloster Michaelstein, Heimburg, Hüttenrode [...]. Braunschweig 1936.
Schönermark, Otto: Zur Harzer Volkskunde. Sitten, Gebräuche und anderes aus dem Harzgebiet. Thale (1924).
Schrader, W.: Harz-Sagen aus Thale, dem Bodetal, Altenbrak und Treseburg. 2. Teil. Braunschweig 1941.
Schramm, Rudolf: Venetianersagen von geheimnisvollen Schatzsuchern. Einführung Helmut Wilsdorf. Leipzig 1986 (3. Aufl. 1990).
Schreiber, Thomas: Kurtzer Historischer Bericht Von Aufkunft und Anfang Der Fuerstlichen Braunschweig-Lueneburgischen Bergwercke an und auf dem Hartz. Rudolstadt 1678 (Erstaufl. 1666).
Schulz, G.: Harzmärchen. 20 Harzmärchen. Braunschweig [1946].
Schuster, Carl Georg: Sagen des Harzes. Hannover 1832.
Schwengen, Caspar: Wahrhaftige Geschichten, so sich die Bauern in denen Gegenden des Hartzgebirges erzählen [...]. Frankfurt 1698.

Seidel, Heinrich: Wintermärchen. Stuttgart 1901.
Seyfrid, J. H.: Medulla mirabilium naturae. Das ist: Auserlesene, unter den Wundern der Natur allerverwunderlichste Wunder [...]. Sulzbach 1679.
Sieber 1928 = Sieber, Friedrich: Harzland-Sagen. Jena 1926.
Silberborth, H.: Die Lande zwischen Harz und Harzleite in der Sage. Nordhausen 1931.
Stolle, Rudolf: Die schönsten Harz-Sagen von Blankenburg und dem Regenstein, von Kloster Michaelstein, Heimburg, Hüttenrode, Rübeland und Elbingerode. Braunschweig 1924.
Stübner 1788 = Stübner, Johann Christoph: Denkwürdigkeiten des Fürstenthums Blankenburg [...]. Wernigerode 1788.
Stübner, Johann Christoph : Merkwürdigkeiten des Harzes überhaupt und des Kurfürstenthums Blankenburg insbesondere 1–2. Halberstadt 1793.
Sydow, F. von s. Thüringen und der Harz
Tecklenburg, A.: Geschichten, Sagen und Denkmale des niedersächsischen Berglandes. Göttingen 1922.
Theobaldus 1628 = Theobaldus, Zacharias: Arcana naturae. Das ist: Sonderliche geheimnus der Natur. Nürnberg 1628.
Thiede-Paris 1934 = Thiede-Paris, M.: Gesammelte und nacherzählte Harzsagen. Wernigerode [1925] (5. Aufl. [1934]).
Thiede-Paris, M.: Harzsagen und Märchen. Wernigerode [ca 1905].
Thüringen und der Harz = Thüringen und der Harz, mit ihren Merkwürdigkeiten, Volkssagen und Legenden [ed. F. von Sydow] 1–7. Sondershausen 1839–42, Supplement 1844 (Nachdr. u. d. T. Der Harz mit seinen Merkwürdigkeiten, Volkssagen und Legenden. Leipzig 1986).
Trautner, Hanns: Sagen vom Harz. Magdeburg 1926 (u. ö.).
Unentbehrlicher Führer für Harzreisende [verfaßt nach Heyse 1874, 34 von Albert Corvinus:]. Quedlinburg [1809] (1814 u. d. T.: Sagen der Vorzeit aus Herzyniens romantischen Gegenden).
Vaterländisches Archiv
Voges 1895 = Voges, T.: Sagen aus dem Lande Braunschweig. Braunschweig 1895.
Wagener 1797 = [Wagener, Samuel Christoph:] Reise durch den Harz und die Hessischen Lande. Braunschweig 1797.
Wehrmann, E.: Der Berggeist des Harzes. Quedlinburg/Leipzig 1824.
Werner, D. (ed.): Bergmannssagen aus dem Harz. Leipzig 1988.
Wiese, A.: Oberharzer Kaleidoskop: Historik, Volkstum, Kuriosa, Schnurren, Mundart-Anekdoten [...]. (Clausthal-Zellerfeld 1980).
Winckler 1925 = Winckler, Gustav: Sagen des Mansfelder Landes. Eisleben 1925.
Wolfersdorf, P.: Die niedersächsischen Berggeistsagen. Göttingen 1968.
Zeiller, M.: Itinerarium Germaniae nov-, antiquae. Teutsches Reißbuch durch Hoch- vnd Nider Teutschland. Straßburg 1632.
Zeitschrift des Harzvereins für Geschichte und Altertumskunde. 1868 ff.
Zeitschrift für deutsche Mythologie. 1853 ff.
Zeitschrift für Ethnologie.
Zobel 1936 = Zobel, F.: Die Sagen des Landkreises Goslar. Goslar 1936.

Quellennachweis

Die vorangestellten Ziffern beziehen sich auf die Texte in ihrer Reihenfolge. Die entsprechende Nummer ist jeweils am Ende des Sagentextes angegeben.

Vom Brocken

1 Kornmann 1614, 380–383
2 Praetorius 1669, 30f.
3 Curieuse Untersuchung 1702, 4–9 (gekürzt)
4 Hundstägige Erquickstund, Bd. 1 (1650), 365–367
5 Gregorius 1715, 216f.
6 Gregorius 1715, 217
7 Honemann, Teil 1 (1754), 11f.
8 Thüringen und der Harz, Bd. 4 (1841), 17
9 Calvör 1714, 27
10 Karstens 1935, 199f.
11 Pröhle 1886, Nr. 67
12 Grimm, Nachlaß, Nr. 19
13 Kuhn/Schwartz 1848, Nr. 201
14 Frahm 1890, 210
15 Busch 1910, 113f.
16 Zobel 1936, 70 (E. Bennhardt)
17 Pröhle 1886, Nr. 72
18 Pröhle 1886, Nr. 75
19 Pröhle 1886, Nr. 51
20 Peuckert, Bd. 1 (1964) (nach Moriz Haupt)
21 Documenta 1747, 29f.
22 Peuckert, Bd. 6 (1983) (nach Moriz Haupt)
23 Pröhle 1856, Nr. 340
24 Pröhle 1886, Nr. 78
25 Pröhle 1856, Nr. 28
26 Sagen und Geschichten aus der Vorzeit 1847, 343f.

Harzburg und Umgebung

27 Wagener 1797, 99
28 Krantz 1563, XCV
29 Pomarius 1589, 28f. (Auszug)
30 Ey 1854, 210f., 212
31 Kahlo 1923, Nr. 139
32 Der Harz 25 (1922), 27 (nach Studienrat Dr. Lüders, Harzburg)
33 Frahm 1895, 283f.
34 Grimm DS 311
35 Pröhle 1886, Nr. 92
36 Pröhle 1886, Nr. 63
37 Frahm 1895, 230
38 Sieber 1928, 233
39 Pröhle 1886, Nr. 101
40 Pröhle 1886, Nr. 103
41 Pröhle 1886, Nr. 102
42 Pröhle 1886, Nr. 109
43 Pröhle 1886, Nr. 108
44 Thiede-Paris 1934, 57f.

Goslar und Umgebung

45 Calvör/Ergker, 197
46 Calvör/Ergker, 195f.
47 Happel, Bd. 1 (1683), 753f. (Auszug)
48 Grimm DS 475
49 Der Harz 33 (1931), 142f. (nach Theobaldus 1628)
50 Lothar 1820, 110
51 Oeffentliche Anzeigen für den Harz 2 (6. Jan. 1836), 5f.
52 Kuhn/Schwartz 1848, Nr. 208 (1)
53 Grimm DS 183
54 Kuhn/Schwartz 1848, Nr. 210
55 Grimm, Nachlaß, Nr. 37
56 Kuhn/Schwartz 1848, Nr. 226 (2)
57 Berckenmeyer 1729, 467f., 469
58 Der Harz 8 (1901), 177f.
59 Pröhle 1886, Nr. 121
60 Grubenhagenscher

Heimatkalender (1930), 22 (gekürzt)
61 Der Harz 8 (1901), 179f. (gekürzt)
62 Behrens 1703/1899, 105f.
63 Berckenmeyer, Fortsetzung, 685
64 Der Harz 29 (1927), 72f.
65 Der Harz 29 (1927), 74 (H. Karstens)
66 Vaterländisches Archiv 1 (1819), 256 (W. Lohmann)
67 Ey 1854, 201f.
68 Kahlo 1923, 85
69 Grubenhagenscher Heimatkalender (1930), 22
70 Sieber 1928, 172f.
71 Pröhle 1886, Nr. 120
72 Pröhle 1886, Nr. 123
73 Pröhle 1886, Nr. 113

Hahnenklee, Lautenthal, Münchehof, Gittelde, Windhausen

74 Ey 1854, 176–178
75 Kuhn/Schwartz 1848, Nr. 214
76 Der Harz 37 (1935), 34 (H. Karstens)
77 Ey 1862, 185–188
78 Kuhn/Schwartz 1848, Nr. 216
79 Kuhn/Schwartz 1848, Nr. 215
80 Kahlo 1923, Nr. 49
81 Kahlo 1923, Nr. 24
82 Zeitschrift für deutsche Mythologie, Bd. 1 (1853), 195–197 (H. Pröhle) (Auszug)
83 Pröhle 1886, Nr. 133
84 Ey 1862, 29–32
85 Sieber 1928, 146–148
86 Pröhle 1886, Nr. 134
87 Voges 1895, 8 (mitgeteilt von Frau Küchenthal aus Alversdorf, Lehrerin)
88 Zeitschrift des Harzvereins für Geschichte und Altertumskunde (1877) 82
89 Hoffmann 1836, 116f.
90 Pröhle 1886, Nr. 129
91 Kuhn/Schwartz 1848, Nr. 217 (1) und (2)
92 Kuhn/Schwartz 1848, Nr. 212
93 Schambach/Müller 1855, Nr. 247

Wildemann und Grund

94 Zeitschrift des Harzvereins für Geschichte und Altertumskunde (1895), 274f. (nach dem Chronicon Zellerfeldense des Albert Cuppius, um 1629)
95 Ey 1862, 204–206; drittletzter Abschnitt nach Günther 1888, 95; die letzten beiden Abschnitte nach Niedersachsen 19, 376
96 Ey 1854, 117f.
97 Der Harz 27 (1925), 26 (R. Krieg)
98 Pröhle 1886, Nr. 136
99 Ey 1862, 208–210
100 Ey 1862, 121f.
101 Hake 1583, 10f.
102 Sieber 1928, 239
103 Kuhn/Schwartz 1848, Nr. 221 (III)
104 Sieber 1928, 304f. (stark gekürzt nach Sagen und Geschichten aus der Vorzeit 1847, 524ff.)
105 Harrys 1842, Bd. 2, 1
106 Harrys 1842, Bd. 2, 21–24

Clausthal, Zellerfeld, Buntenbock

107 Kuhn/Schwartz 1848, Nr. 220
108 Harrys 1862, Bd. 2, Nr. 4
109 Frauenstein 1853, Nr. 79
110 Harrys 1862, Bd. 2, Nr. 6
111 Pröhle 1886, Nr. 142 (II)
112 Pröhle 1886, Nr. 139 (VIII)
113 Pröhle 1886, Nr. 155
114 Pröhle 1886, Nr. 157
115 Harrys 1862, Bd. 2, Nr. 3
116 Ey 1862, 139–141
117 Pröhle 1886, Nr. 145
118 Pröhle 1886, Nr. 138 (II)
119 Ey 1862, 5f.
120 Ey 1862, 18f.
121 Pröhle 1886, Nr. 147
122 Harrys 1862, Bd. 2, 15
123 Pröhle 1886, Nr. 143
124 Ey 1854, 213–215
125 Sieber 1928, 307f. (nach Sagen

und Geschichten aus der Vorzeit 1847, 534ff.)
126 Thüringen und der Harz 4 (1841) 78
127 Ey 1854, 123
128 Harrys 1840, Bd. 2, Nr. 16
129 Ey 1862, 193f.
130 Pröhle 1886, Nr. 149
131 Der Harz 29 (1927), 166 (H. Morich)
132 Pröhle 1886, Nr. 162 (1)
133 Pröhle 1886, Nr. 150
134 Harrys 1840, Bd. 2, Nr. 12
135 Hake 1583, 92f.
136 Ey 1862, 181–184
137 Sieber 1928, 261
138 Günther 1888, 653f.
139 Ey 1862, 194–196
140 Kuhn/Schwartz 1848, Nr. 211
141 Pröhle 1886, Nr. 183
142 Pröhle 1886, Nr. 181
143 Pröhle 1886, Nr. 182

Altenau und Andreasberg

144 Pröhle 1886, Nr. 168
145 Peuckert, Bd. 4 (1968), Nr. 2330 (nach Mitteilung des Lehrers Heinz Sohn)
146 Harrys 1842, Bd. 2, 5
147 Pröhle 1886, Nr. 176
148 Pröhle/Peuckert 1957, Nr. 104
149 Grimm DS 3
150 Pröhle 1886, Nr. 169
151 Pröhle 1886, Nr. 174
152 Merian 1654, 44
153 Pröhle 1886, Nr. 175 (2)
154 Pröhle 1886, Nr. 170 (I)
155 Grimm DS 98
156 Pröhle 1886, Nr. 271
157 Pröhle 186, Nr. 173
158 Frahm 1890, 194
159 Ey 1862, 21–24

Osterode, Lerbach, Herzberg, Scharzfeld und Umgebung

160 Pröhle 1886, Nr. 186
161 Pröhle 1854, Nr. 10
162 Pröhle 1886, Nr. 186
163 Pröhle 1886, Nr. 191
164 Zeitschrift für deutsche Mythologie, Bd. 1 (1853), 197f. (H. Pröhle)
165 Frahm 1890, 195 (Auszug)
166 Niedersachsen 17 (1911/12), 459 (H. Altendorf, nach Calvör 1714)
167 Hannoversches Magazin (1841), 741
168 Ey 1854, 101f.
169 Thüringen und der Harz, Bd. 3 (1840), 7–10 (geringfügig gekürzt)
170 Thüringen und der Harz, Bd. 3 (1840), 17
171 Thüringen und der Harz, Bd. 3 (1840), 16f.
172 Pröhle 1886, Nr. 192
173 Eckart 1920, 45–50 (gekürzt = Peuckert, Bd. 4 [1968], Nr. 2394)
174 Pröhle/Peuckert 1957, 138
175 Pröhle 1886, Nr. 200
176 Pröhle/Peuckert 1957, Nr. 202
177 Pröhle/Peuckert 1957, Nr. 153
178 Pröhle 1886, Nr. 214
179 Rohr 1739, 336
180 Der Harz 29 (1927), 95 (C. Fahlbusch)
181 Pröhle 1886, Nr. 209
182 Kuhn/Schwartz 1848, Nr. 207
183 Peuckert, Bd. 1 (1964), Nr. 31 (2) (H. Duensing; vgl. Schambach/Müller 1855, Nr. 254)
184 Thüringen und der Harz, Bd. 3 (1840), 278
185 Rohr 1739, 317f.
186 Ey 1854, 377
187 Kuhn/Schwartz 1848, Nr. 223
188 Pröhle 1886, Nr. 211
189 Pröhle 1886, Nr. 212
190 Harrys 1842, Bd. 2, 19
191 Pröhle 1886, Nr. 177
192 Zeitschrift für deutsche Mythologie, Bd. 1 (1853), 197 (H. Pröhle)
193 Pröhle 1886, Nr. 218
194 Pröhle 1886, Nr. 217
195 Pröhle 1886, Nr. 219

196 Pröhle/Peuckert 1957, Nr. 166
197 Fincel, Bd. 1 (1556), F1, Q 3 r
198 Letzner 1596, Teil 6, 60
199 Thüringen und der Harz, Bd. 2 (1840), 107–110
200 Zeitschrift für Ethnologie 28 (1896), 160 (aus Lauterberg)
201 Eckart 1920, 55
202 Behrens 1703/1899, 35 f.
203 Sieber 1928, 22
204 Zeitschrift für Ethnologie 28 (1896), 159 (W. Schwartz)
205 Kuhn/Schwartz 1848, Nr. 259
206 Pröhle 1886, Nr. 225
207 Der Harz 25 (1922), 140 (W. Keidel)

Sachsa und Umgebung

208 Günther 1888, 404
209 Bruckmann 1727, 129
210 Pröhle 1886, Nr. 228
211 Sieber 1928, 238 f.
212 Hannoversches Magazin (1848), 284 f.
213 Kuhn/Schwartz 1848, Nr. 226 (1)
214 Kuhn/Schwartz 1848, Nr. 225 (1)
215 Kuhn/Schwartz 1848, Nr. 258
216 Kuhn/Schwartz 1848, Nr. 224
217 Rohr 1739, 179 f.
218 Pröhle 1863, Nr. 12
219 Pröhle 1886, Nr. 229

Walkenried und Umgebung

220 Grimm DS 153
221 Pröhle/Peuckert 1957, Nr. 186
222 Pröhle 1886, Nr. 231
223 Pröhle/Peuckert 1957, Nr. 187
224 Pröhle/Peuckert 1957, Nr. 188
225 Behrens 1703/1899, 93 f.
226 Rohr 1739, 130 f.
227 Thüringen und der Harz, Bd. 5 (1841), 174
228 Thüringen und der Harz, Bd. 5 (1841), 174 f.
229 Sieber 1928, 183
230 Voges 1895, 19

Umgebung von Blankenburg

231 Stübner 1788, 197–200
232 Rohr 1736, 49–51
233 Hoffmann 1836, 145 f.
234 Pröhle 1886, Nr. 17
235 Pröhle 1886, Nr. 19
236 Frahm 1895, 255

Benneckenstein, Zorge und Hohegeiß

237 Stübner 1788, 589
238 Der Harz 8 (1901), 254
239 Der Harz 24 (1917), 88 f.
240 Voges 1895, 235
241 Happel, Bd. 4 (1689), 524 f.
242 Grimm DS 228
243 Stübner 1788, 594 f.
244 Pröhle 1886, Nr. 235

Von Ellrich und der Kelle

245 Behrens 1703/1899, 80–82
246 Der Harz 8 (1901), 355
247 Kuhn/Schwartz 1848, Nr. 256
248 Grimm DS 355
249 Pröhle 1886, Nr. 237
250 Praetorius 1681, 85
251 Pröhle/Peuckert 1957, Nr. 198
252 Pröhle 1886, Nr. 249 (Auszug)
253 Grimm DS 305

Ilfeld und Umgebung

254 Berckenmeyer, Fortsetzung, 641 f.
255 Grimm DS 324
256 Pröhle 1886, Nr. 246
257 Harrys 1862, Bd. 2, Nr. 36
258 Grimm, Mythologie, Bd. 1, 448
259 Happel, Bd. 4 (1689), 124
260 Pröhle 1886, Nr. 249 (Auszug)
261 Pröhle 1886, Nr. 213
262 Pröhle 1886, Nr. 241

Thale, Blankenburg, Altenbrak, Rübeland

263 Grimm DS 319
264 Otmar 1797, 258f. (Anm.)
265 Grimm DS 190
266 Pröhle 1886, Nr. 8
267 Grimm DS 154
268 Hannoversches Magazin (1827), 598
269 Kuhn/Schwartz 1848, Nr. 195
270 Peuckert, Bd. 4 (1968), Nr. 2452 (nach Niedersachsen 4, 368)
271 Sieber 1928, 61
272 Happel, Bd. 4 (1689), 529
273 Praetorius 1669, Vorrede (Auszug)
274 Happel, Bd. 4 (1689), 525–527
275 Wagener 1797, 59f.
276 Büsching 1812, Nr. 76
277 Pröhle 1886, Nr. 22
278 Voges 1895, 18f.

Neudorf, Stiege, Harzgerode

279 Winckler 1925, Nr. 202
280 Grimm DS 320
281 Grimm DS 184
282 Blumenhagen 1836, 145f.
283 Behrens 1703/1899, 168–170
284 Bünting 1620, 148
285 Pröhle 1856, Nr. 455

Wernigerode und Umgebung

286 Grässe 1868, Bd. 1, Nr. 582 (nach Hoffmann 1836, 130f.)
287 Rohr 1736, 343
288 Thüringen und der Harz, Bd. 3 (1840), 198f.
289 Pröhle 1886, Nr. 44
290 Kuhn/Schwartz 1848, Nr. 198
291 Pröhle 1886, Nr. 45
292 Pröhle 1886, Nr. 48
293 Kuhn/Schwartz 1848, Nr. 199
294 Sieber 1928, 159
295 Pröhle 1886, Nr. 52
296 Pröhle 1886, Nr. 50
297 Pröhle 1886, Nr. 54
298 Pröhle 1886, Nr. 56
299 Pröhle 1886, Nr. 66

Elbingerode und Ilsenburg

300 Otmar 1800, 173f.
301 Kuhn/Schwartz 1848, Nr. 200 (1–3), 2, 5
302 Grimm DS 303

Elend, Schierke und Braunlage

303 Pröhle 1856, Nr. 352
304 Pröhle 1886, Nr. 87
305 Pröhle 1886, Nr. 88
306 Pröhle 1856, Nr. 353
307 Pröhle 1886, Nr. 232
308 Pröhle 1856, Nr. 360
309 Pröhle 1856, Nr. 361
310 Pröhle 1856, Nr. 389
311 Pröhle 1856, Nr. 359
312 Sagen und Geschichten aus der Vorzeit 1847, 403–405
313 Pröhle 1886, Nr. 233

Stolberg und Umgebung

314 Pröhle 1856, Nr. 429
315 Sieber 1928, 36
316 Pröhle 1886, Nr. 253
317 Sieber 1928, 167
318 Kahlo 1923, Nr. 104
319 Pröhle 1856, Nr. 423
320 Pröhle 1856, Nr. 447
321 Pröhle 1856, Nr. 401
322 Behrens 1703/1899, 71f.
323 Happel, Bd. 4 (1689), 558f.

Ballenstedt und Umgebung

324 Thüringen und der Harz, Bd. 1 (1839), 120–124 (gekürzt)
325 Günther 1893, 196
326 Grässe 1868, Nr. 653
327 Winckler 1925, Nr. 206

Ortsregister

Das Ortsregister enthält die in den abgedruckten Sagentexten genannten Orte. Erfaßt sind außerdem topographische Besonderheiten sowie die Namen von Schlössern und Klöstern. Die Ziffern verweisen auf die Nummern der Texte.

Bildnachweis

Bildarchiv des Herausgebers: S. 27, 31, 37, 42, 49, 67, 96, 103, 128, 131, 166, 175, 186, 189, 204, 218, 224, 233, 248, 254, 260, 265, 269, 276, 280, 283, 290, 293, 300, 311, 313, 327, 335

Staats- und Universitätsbibliothek, Göttingen: S. 39, 71, 93, 122, 179, 191, 209, 241, 272

Verlagsarchiv: S. 160